改正商法實用　完
附　商業登記申請手續
〔第一分冊　總則・會社〕

清浦奎吾題辭
波多野敬直序文
梅謙次郎序文
古川五郎著

明治三十二年發行

改正商法實用 完

〔第一分冊 總則・會社〕

附 商業登記申請手續

日本立法資料全集 別巻 1227

信山社

司法大臣清浦奎吾君題辭

司法次官波多野敬直君序文

改正商法實用 完

附 商業登記申請手續

法典調査會委員
法科大學教授
法學博士梅謙次郎君序文

判事法學士古川五郎君著

明

明治己亥夏

奎堂題

法ノ要ハ之レヲ實際ニ應用スルニ在リ法ノ規定如何ニ完美ナルモ應用其宜ヲ得サレハ法ハ其効用ヲ全フスルコト能ハサル可シ蓋法ハ應用ニ由テ其美果ヲ收ムルヲ得ベク國民ガ法ノ恩澤ニ浴スルハ一ニ應用ノ妙ニ存スルモノト謂フ可シ就中商法典ノ規定ノ如キハ便宜ト迅速トヲ主眼トスル商業ニ關スルヲ以テ實際ノ運用ニ俟ツ所尤モ多シトス輓近我國ノ商業ハ從來ノ面目ヲ一洗シ其發達大ニ見ルベキモノアリ且商業上ノ關係ハ外國トノ通商ニ因テ頗ル重要トナリ國際商業ノ消長ハ國ノ盛衰興廢ニ影響ヲ及ホスコト、ナレリ是ニ於テ此新局面ニ對シ商業上ノ關係ヲ整理スルガ爲メ新法制定ノ必要ヲ生シ今ヤ編纂新タニ成リテ漸ク實施ノ域ニ入レリ此時ニ際シ新法典ノ規定ヲ實際ニ應用スルノ道ヲ講スルハ啻ニ目下ノ急務ナルノミナラズ又能ク立法ノ要旨ニ適合スルモノト謂フ可シ近者法學士古川五郎君商法實用ヲ携ヘ來リテ予ニ序ヲ求ム予全篇ヲ通覽スルニ其說ク所簡明ニシテ理論ニ走ラズ各條字解問答欄等ヲ設ケ例證ヲ示シ關係法律ヲ援用スル等專ラ應用ヲ旨トシ且法律規則ノ商事ニ關ルモノハ盡ク之レヲ卷尾ニ集錄シ新商法ノ適用上毫モ遺憾ナカラシム蓋此著ガ我國ノ商業界ニ裨益スル所アルベキハ予ノ信シテ疑ハサル所ナリ予ハ古川君ガ着眼ノ予ノ所信ニ

合スルヲ悦ヒ氏ノ爲メニ一言ヲ序スト爾云フ
明治三十二年九月
波多野敬直

古川法學士新商法ノ註釋書ヲ著ハス題シテ商法實用ト曰フ今之レヲ一覽スルニ實ニ其名ニ負カス其文ヤ簡明其解ヤ的切殊ニ字解、義解、問答、參照等ノ欄ヲ設ケ專ラ實用ニ便ニセリ近來商法ニ關スル著書汗牛充棟モ啻ナラスト雖モ多クハ是レ杜撰、疎笨、咄嗟ノ著ニシテ信ヲ措クニ足ルモノ鮮シ本書ノ如キハ法曹タルト商人タルト學生タルトニ論ナク皆座右一本ヲ缺クヘカラサルモノナリ是レ予カ喜テ之ヲ世ニ紹介スル所以ナリ

明治三十二年八月下浣

洋々學人　梅　謙次郎撰

緒言

本書ハ普通ノ法律解釋書ト全ク其目的ヲ異ニシ、偏ニ一般國民日常行爲ノ參照ニ資スル爲メニ著ハシタルモノナルヲ以テ、學者社會ニ行ハル、深遠ナル法理ノ如キハ全然之ヲ避ケ務テ平易ヲ旨トシ可成實地ノ活用ヲ裨補スルニアリ、此目的ヲ達センカ爲メニ各條文ノ一般解釋ノ外ニ「字解」欄ヲ設テ法文中解シ難キ字義ヲ釋明シ、「問答」欄ヲ設ケ取引上屢起ルヘシト思量スル問題ヲ決定シ、「參照」欄ヲ設ケ民法其他關係法文ヲ援用シ一見其法意ノ大要ヲ知ラシム、亦最後ニ商業登記申請手續ヲ掲ケテ彼ノ複雜ナル法條ヲ繙キ徒ニ時日ト腦醬ヲ費スノ勞ヲ省クノ便ニ供シタリ、

終ニ臨テ一言スヘキハ當改正商法實施後ハ別ニ疑ヲ生スヘキ

點ナキモ、舊商法時代ニ生シタル事項法令等ノ效力ニ就テハ往々世人ノ疑ヲ懷クモノ少カラサルヘキヲ以テ茲ニ新舊商法ノ關係ノ大綱ヲ示サントス、

本法施行ノ以前ニ生シタル事項ニ付テハ本法ニ別段ノ定ヲ設ケラレタル場合ヲ除クノ外ハ舊商法ノ規定ニ依ルヘキモノトス(商法施行法第一條)又商事ニ關係スル特別ノ法律命令ハ本法施行ノ後ト雖モ法令トシテ仍ホ其效力ヲ有ス(同第二條)特ニ本法施行後ト雖モ特別法令中舊商法ノ規定ニ依ル旨ヲ明ニ定メタル場合ニ於テハ舊商法モ其事項ニ關シテハ仍ホ其效力ヲ有ス(同第三條)尚詳細ノ事項ハ各條ノ下ニ之ヲ掲ク、

著者識

改正 商法實用目錄

第三編　商行爲

改正 商法實用

判事 法學士 古川五郎 著

第一編 總則

總則トハ本法規定ノ各條項一般ニ適用スヘキ規則ニシテ。各種ノ商行爲及ヒ商人ハ皆コノ支配ヲ受クヘキモノトス。

第一章 法例

本章ハ本法其他商事ニ關スル法規ノ適用ノ方法ヲ定ム。

第一條 商事ニ關シ本法ニ規定ナキモノニ付テハ商慣習法ヲ適用シ商慣習法ナキトキハ民法ヲ適用ス

字解 商事トハ本法第二百六十三條乃至第二百六十五條ニ規定スル商行爲其他商行爲ニ附屬シ又ハ關聯スル事項ヲ云フ。

本法トハ本商法ハ勿論本商法以外ノ商事ニ關スル法規ヲモ包含ス。卽チ商法施行法及ヒ非訟事件手續法、競賣法ノ如キ又ハ銀行條例、鐵道條例、古物商取締條例、取引所法等是ナリ
商慣習法トハ商人間平常ノ取引其他一切ノ取引ニ付商賣上常ニ適用スル所ノ慣習法ニシテ法律タル效力ヲ有スルモノヲ云フ。而シテ商慣習法ノ效力ヲ有スルニハ(一)全國一般又ハ或地方ノ商人總體カ公認シタルコト(二)永年間慣行シ來レルコト(三)屢々適用セラレタルコト(四)慣習カ禁止法ニ違反セス公安風俗ヲ害セサルコト(五)法律上遵由スヘキモノトシテ行ハルヽコトノ五條件ヲ具備シ且其事ノ商事上ノ權利義務ニ關スルモノタルヲ要ス。換言スレハ此五條件ヲ具ヘ且商事ニ關スルモノニアラサレハ商慣習法ニアラス。

義解

本條ハ商事ニ關シテ適用スヘキ法律ノ順序ヲ規定シタルモノナリ。

商法ハ商事ヲ支配スル爲メ制定シタルモノナレハ。本法ニ明文アルモノハ其明文ヲ適用スヘク若シ或商事ニ付本法中明文上又ハ推理上適用スヘキ規定ナキトキハ商慣習法ヲ適用スヘク。商慣習法ニシテ適用スヘキモノアラサルトキ初メテ民法ヲ適用スヘキモノトス。故ニ商事及ヒ商事ヨリ生スル諸般ノ行爲ヲ定ムルトキ又ハ商事ニ付キ爭訟アリタルトキ。之カ法律關係卽チ權利義務ヲ定ムルニハ。第一ニ商法ノ規定第二ニ商慣習法第三ニ民法ソ規定ノ順序ニ從フヘキモ

ノトス。

問答

問　商慣習法ノ例示如何。

答　例ヘハ量目一斤ト稱スルハ物ノ種類ニ依リ又ハ地方ニ依リテ百二十匁、百六十匁、又ハ二百匁ナルアリ。又仲買人ハ現金取引ヲ爲サス即チ掛ニテ販賣スル如キ皆是商慣習法ナリ。

問　商事ニ付爭訟アルトキ其事柄カ商法ノ規定ト商慣習法若クハ民法ト牴觸スルトキハ如何。

答　其場合ニハ商法ノ規定ヲ適用シテ處分スヘキモノトス。

問　商慣習法ト民法ト牴觸スルトキハ如何。

答　其場合ニハ商慣習法ヲ適用シテ處分スヘキモノトス。

問　一般ノ商慣習法ト一地方ノ商慣習法ト牴觸スルトキハ如何。

答　其場合ハ特別法ハ普通法ニ勝ツト云フ通義ニ因リ地方商慣習法ニ依ルヘキモノトス。

問　甲地人ト乙地人トノ取引ニ付兩地商慣習法ヲ異ニスルトキハ如何。

答　其場合ハ契約ノ取結及ヒ其履行上各地方例規ノ異ナル場合ニ適用スヘキ普通ノ原則即チ民法ノ規定ニ依ルヘキモノトス。

第二條　公法人ノ商行爲ニ付テハ法令ニ別段ノ定メナキトキニ限リ本法ノ規

定ヲ適用ス

字解　法人トハ社團即チ人ノ集合體又ハ財團即チ無主財産ノ集合體ニシテ法律上自然人ト同シク私權ノ主格タルヘキ無形人ナリ。而シテ法人ニハ公私ノ別アリ國、郡、市、町、村等ヲ公法人ト云ヒ會社、學校、病院等ヲ私法人ト云フ。

參照　民法第三十三條　法人ハ本法其他ノ法律ノ規定ニ依ルニ非サレハ成立スルコトヲ得ス

民法第三十四條　祭祀、宗敎、慈善、學術、技藝其他公益ニ關スル社團又ハ財團ニシテ營利ヲ目的トセサルモノハ主務官廳ノ許可ヲ得テ之ヲ法人ト爲スコトヲ得。

民法第三十五條　營利ヲ目的トスル社團ハ商事會社設立ノ條件ニ從ヒ之ヲ法人ト爲スコトヲ得。

前項ノ社團法人ニハ總テ商事會社ノ規定ヲ準用ス。

法令トハ法律其他ノ命令ヲ凡テ包含ス。

義解　本條ハ公法人ノ商業ヲ營ムニ付法令ニ別段ノ定メナキトキハ商法ノ規定ニ從フヘキ旨ヲ定ム。

公法人カ商業ヲ營ムトハ政府カ鐵道ヲ布設シテ運送業ヲ爲スモノ即チ官設鐵道ノ如キ又ハ印刷出版ヲ爲スモノ即チ印刷局ノ如キ又ハ煙草賣買ヲ爲スモノ即チ煙草專賣所ノ如キ是ナリ。

右ノ如ク公法人カ商業ヲ營ムトキ特別ノ法律命令ニ依リ其商行爲ニ適用スヘキ定アルトキハ固ヨリ之ニ從フコト勿論ナルモ、若シ特別ノ法律命令ニ別段ノ定ナキトキハ普通ノ商人ト同シク商法ノ規定ニ從フヘキモノトス。

問答 問 法令ニ別段ノ定アルトキハ如何。

答 公法人ノ商行爲ヲ爲スニ付テハ法令ニ別段ノ定アルコト多シ。例ヘハ官制、官設鐵道ノ條例、葉煙草專賣法、市町村制等アルヲ以テ先ツ其法令ノ規定ニ從ヒ。其規定ナキ場合ニノミ本法ノ規定ヲ適用スヘキモノトス。

第三條 當事者ノ一方ノ爲メニ商行爲タル行爲ニ付テハ本法ノ規定ヲ雙方ニ適用ス

字解 當事者トハ賣買其他ノ行爲ヲ爲ス雙方ノ當人ヲ云フ。

義解 本條ハ商法適用ノ範圍ヲ示シタルモノナリ。

凡ソ一個ノ取引ニシテ一方ノ爲メニハ商行爲タルモ他ノ一方ノ爲メニハ商行爲タラサルコトアリ。例ヘハ物品ノ小賣ヲ爲ス如キ販賣者ニ在テハ商行爲ナレトモ購買者ニ在テハ全ク自用ノ爲メニ買入レルモノニテ明ニ民事上ノ行爲ナリ。此ノ如ク一個ノ取引ニシテ一方ニ於テハ商行爲タルモ他ノ一方ニ於テハ商行爲タラサルトキハ。理論上ヨリ之ヲ言ヘハ一方ニハ商法ヲ適用シ他ノ一方ニハ民法ヲ適用シテ不可ナキカ如シト雖トモ。商法ハ民法ノ特別法ニシテ其規定往々民法ト牴觸スル所アルヲ以テ雙方各別ニ法律ヲ適用スルコトヲ得サル場合アリ。例ヘハ賣掛代金ノ如キ支拂期限ヲ過クレハ法律上ノ利息ヲ生スルコト民法商法共ニ其規定ヲ同フスルモ。其利率ニ至テハ民法ハ年五分ニシテ商法ハ六分ナルヲ以テ若シ賣主ニ商法ヲ適用シ買主ニ民法ヲ適用セハ。賣主ハ年六分ノ利息ヲ請求スルノ權利アルニ買主ハ單ニ年五分ノ利息ヲ支拂フ義務アルノミナルカ如シ。斯ル牴觸ヲ生スルカ故ニ法律ハ實際ノ便宜ヲ計リ雙方ニ商法ヲ適用スヘキモノト定メ。民事行爲ヲ爲シタル他ノ一方即チ前例ノ買主ヲシテ年六分ノ利息ヲ支拂ハシムルコトトナセルナリ。

問答 問 本條ノ規定ハ商人ト非商人トノ間ノ取引ノミニ適用スヘキヤ。

答 否。商人相互間ノ取引ニモ亦之ヲ適用ス。例ヘハ呉服商カ自家消費ノ爲メ米商ヨリ白米ヲ買フカ如キハ民事上ノ行爲ナルモ商法ノ支配ヲ受クルカ如シ。

第二章 商人

第四條 本法ニ於テ商人トハ自己ノ名ヲ以テ商行爲ヲ爲スヲ業トスル者ヲ謂

フ

字解 商行爲トハ第二百六十三條第二百六十四條ニ規定スル所ノ行爲ニシテ。約言セハ直接ト間接トヲ問ハス貨物及ヒ物品ノ移轉卽チ物品ヲ産出セシメ又ハ製出スル爲メ貨物及ヒ物品ノ流通ヲ爲ス總テノ行爲ヲ謂フ。

義解 本條ハ商人ノ定義ヲ示シタルモノナリ。

所謂商人タルニハ左ノ三要件ヲ具備スルヲ要ス。

(一) 自己ノ名ヲ以テスルコト○商人タルニハ自己ノ名ヲ以テ商行爲ヲ爲スヲ要ス。例ヘハ後見人カ被後見人ノ爲メニ商行爲ヲ爲ストキハ。其行爲ハ後見人之ヲ爲スモ自己ノ名ヲ以テセス被後見人ノ名ヲ以テスルモノナルカ故ニ。其行爲ニ因リ商人タルハ後見人ニアラスシテ被後見人ナリ。又支配人カ商業主人ノ爲メニ商行爲ヲ爲スニモ。自己ノ名ヲ以テセス主人ノ名ヲ以テスルモノナレハ。其行爲ニ因リ商人タルハ支配人ニアラスシテ主人ナルカ如シ。

(二) 商行爲ヲ爲スコト○商人タルニハ其取引スル所ノ行爲カ商行爲ナラサルヘカラス。民事上ノ行爲ヲ爲ス如キハ商人ニアラス。

（三） 商行爲ヲ爲スヲ業トスルコト○商人タルニハ平素商行爲ヲ爲スヲ以テ常業トスルコトヲ要ス。故ニ僅ニ一回又ハ時アリテ偶〻商取引ヲ爲シタリトテ之ヲ商人ト云フヲ得ス。例ヘハ貯金預ケ人ハ銀行ニ對シ常ニ商取引ヲ爲ス者ナリト雖トモ其振出ノ行爲ハ固ヨリ其人ノ職業ニ非サルヲ以テ直チニ之ヲ商人ト云フヲ得サルカ如シ。

以上ノ三要件ヲ具備スル者之ヲ商人トス。既ニ商人タレハ商法ノ規定ニ從ヒ或特殊ナル權利ヲ得義務ヲ負フモノトス。權利トハ商號ヲ專用スル權、商業帳簿ニ依リ自己ノ權利ヲ主張シ得ル如キヲ云ヒ。義務トハ商業帳簿ヲ備フルコト商業登記ヲ爲スコト破産ノ制裁ヲ受クル如キ是ナリ。

第五條 未成年者又ハ妻カ商業ヲ營ムトキハ登記ヲ爲スコトヲ要ス

字解 未成年者トハ滿二十年ニ達セサル幼者ヲ云フ。

參照 民法第三條 滿二十年ヲ以テ成年トス

義解 本條ハ未成年者及ヒ妻卽チ無能力者カ商業ヲ營ムニ付履行スヘキ方式ヲ定ム。

未成年者及ヒ妻ハ元來無能力者ニシテ商業ヲ營ムコトヲ得サルヲ以テ原則トスルモ。民法ノ規定ニ依リ未成年者ハ其父、父ナキトキハ母若クハ後見人ノ同意ヲ得タルトキ又妻ハ夫ノ許可ヲ得タルトキハ商業ヲ營ムヲ得ルナリ。而シテ未成年者及ヒ妻カ同意又ハ許可ヲ得テ商業ヲ營ムトキハ商業登記簿ニ登記ヲ爲スコトヲ要ス。既ニ登記ヲ爲セハ社會ハ其未成年者カ成年者ト同一ノ能力ヲ有スルコト其妻カ獨立人ト同一ノ能力ヲ有スルコトヲ確認シ安心シテ取引ヲ爲スニ至リ未成年者又ハ妻ハ之カ爲メ盛ンニ商業ヲ營ムコトヲ得ルナリ

參照　民法第六條　一種又ハ數種ノ營業ヲ許サレタル未成年者ハ其營業ニ關シテハ成年者ト同一ノ能力ヲ有ス

前項ノ場合ニ於テ未成年者カ未タ其營業ニ堪ヘサル事跡アルトキハ其法定代理人ハ親族編ノ規定ニ從ヒ其許可ヲ取消シ又ハ之ヲ制限スルコトヲ得

民法第十五條　一種又ハ數種ノ營業ヲ許サレタル妻ハ其營業ニ關シテハ獨立人ト同一ノ能力ヲ有ス

非訟事件手續法第百六十六條　未成年者カ商業ヲ營ム場合ニ於テ其登記ヲ申請スルニハ申請書ニ營業ノ種類ヲ記載シ法定代理人ノ同意ヲ得タルコトヲ證スル書面ヲ添附スルコトヲ要ス但法定代理人カ之ニ連署スルトキハ此限ニ在ラス

親權ヲ行フ母又ハ後見人カ同意ヲ爲シタル場合ニ於テハ親族會ノ同意ヲ得タルコトヲ證スル書面ヲ併セテ添附スルコトヲ要ス繼父、繼母、又ハ嫡母カ同意ヲ爲シタルトキ亦同

シ
非訟事件手續法第百六十七條 妻カ商業ヲ營ム場合ニ於テ登記ヲ申請スルニハ申請書ニ營業ノ種類ヲ記載シ夫ノ許可ヲ得タルコトヲ證スル書面ヲ添附スルコトヲ要ス但夫カ之ニ連署スルトキハ此限ニ在ラス
夫カ未成年者ナルトキハ前項ノ許可ヲ爲スニ付キ必要ナル同意ヲ得タルコトヲ證スル書面ヲ併セテ添附スルコトヲ要ス
妻カ夫ノ許可ヲ得ルコトヲ要セサル場合ニ於テ營業ノ登記ヲ申請スルニハ申請書ニ其事由ヲ證スル書面ヲ添附スルコトヲ要ス

問答

問 未成年者及ヒ妻ハ登記ヲ爲サヽレハ商業ヲ營ムコトヲ得サルヤ。
答 登記ハ一ノ方式ニ過キサレハ之ヲ爲サヽルモ商業ヲ營ムヲ得ヘシト雖トモ。唯ヽ第三者ニ對シテ其商業ヲ營ミ得ルコト卽チ商人タルコトヲ對抗シ得サルモノトス。
問 妻ハ如何ナル場合ニモ夫ノ許可ヲ得サレハ商業ヲ營ムコトヲ得サルヤ。
答 妻カ商業ヲ營マントスルトキ民法第十七條ノ場合ノ一アルトキハ夫ノ許可ヲ要セスシテ商業ヲ營ムコトヲ得ルナリ。
問 商法施行前ヨリ商業ヲ營ム未成年者及ヒ妻ハ商法ノ規定ニ從ヒ登記ヲ要スルヤ。

答　商法施行法第四條ニ依リテ登記ヲ爲スコトヲ要ス。

第六條　會社ノ無限責任社員ト爲ルコトヲ許サレタル未成年者又ハ妻ハ其會社ノ業務ニ關シテハ之ヲ能力者ト看做ス

字解　無限責任トハ會社ノ負債ニ對スル社員ノ責任ガ出資額ニ止ラス其固有ノ財産ニマテ及ブヲ云フ。

能力者トハ(一)權利上ノ能力、(二)行爲上ノ能力(三)自身ヲ自由ニ處置シ得ル權力ヲ具備スルモノヲ云フ。

義解　本條ハ法律ヲ以テ無能力者ヲ特ニ能力者ト看做スヘキ場合ヲ規定ス。民法ノ規定ニ依リ一種又ハ數種ノ營業ヲ許サレタル未成年者又ハ妻ハ商業登記簿ニ登記ヲ爲ストキハ營業上能力者ト同シク權利ヲ得、義務ヲ負フコトヲ得。然ルニ元來無能力ナル未成年者又ハ妻カ數人集合シテ商業ヲ營ム所ノ會社ノ無限責任社員ト爲ルコトノ許可ヲ得タルトキハ。無能力者ナリヤ又ハ能力者ナリヤノ疑アルヲ以テ本條ハ之ヲ普通ノ能力者ト看做ス旨ヲ規定セリ。故ニ會社ノ業務ヲ執行スルニ付テハ事毎ニ父母若クハ後見人ノ同意又ハ夫ノ許可ヲ得ルコトヲ要セスシテ其業務ヲ營ムコトヲ得ルノミナラス。會社ノ債務ニ對スル責任ハ出資額ニ止マラス自己ノ資産全體ニ及フヘキモノトス。

參照 第五條參照參看

問答

問 未成年者又ハ妻カ會社ノ無限責任社員ト爲リ業務ヲ執行スルトキハ之ニ因リテ商人ト爲ルヘキヤ。

答 否。會社ノ業務ハ商行爲ナルモ社員ハ會社ノ代表者トシテ會社ナル法人ノ名ヲ以テ之ヲ爲スモノナレハ社員ハ商人ト爲ルモノニアラス。

問 商法施行前ニ會社ノ無限責任社員ト爲ルコトヲ許サレタル未成年者又ハ妻ハ商法施行後ハ如何

答 商法施行ノ日ヨリ商法施行ニ依リテ其會社ノ業務ニ關シ之ヲ能力者ト看做ス

第七條 後見人カ被後見人ノ爲メニ商業ヲ營ムトキハ登記ヲ爲スコトヲ要ス」後見人ノ代理權ニ加ヘタル制限ハ之ヲ以テ善意ノ第三者ニ對抗スルコトヲ得ス

字解

後見人トハ未成年者ニ對シテ親權ヲ行フ者ナキトキ又ハ親權ヲ行フ者カ管理權ヲ有セサルトキ及ヒ成年者カ禁治產ノ宣告ヲ受ケタルトキ是等無能力者ノ行爲ヲ代表スル所ノ

法律上ノ代理人ヲ云フ。

參照　民法第九百條　後見ハ左ノ場合ニ於テ開始ス

一　未成年者ニ對シ親權ヲ行フ者ナキトキ又ハ親權ヲ行フ者カ管理權ヲ有セサルトキ

二　成年者カ禁治產ノ宣告ヲ受ケタルトキ

被後見人トハ未成年者及ヒ禁治產者等ヲ云フ。

善意トハ道德上ニ所謂善意、惡意ヲ意味スルニアラス或事實ヲ知ラサルヲ善意ト云ヒ之ヲ知リタルヲ惡意ト云フ。

對抗トハ或事ニ付キ自己カ權利ヲ有スルコトヲ他ノ者ニ對シテ主張スルヲ云フ。

第三者トハ或事實ノ當事者ニアラサルモ之ニ關係アル者ヲ云フ。

義解　本條ハ後見人カ被後見人ノ爲メニ商業ヲ營ム場合ノ規定ナリ。

被後見人ハ無能力者ニシテ自ラ商業ヲ營ムコト能ハサルヲ以テ。之ヲ營マントセハ後見人ニ依ラサルヘカラス。而シテ後見人ヲシテ商業ヲ營マシムルトキハ商業登記簿ニ登記ヲ爲スコトヲ要ス。若シ後見人カ被後見人ノ爲メ商業ヲ營ムトキ之カ登記ヲ爲サヽルトキハ。社會ハ其事實ヲ知ラサルヲ以テ第三者ヲ害スルノ恐アリ。例ヘハ被後見人カ世間ニ信用アルヲ奇貨トシ巨額ノ取引ヲ爲シタル後其取引ハ被後見人ノ關知セサル所ナリト唱ヘテ自身ニ責任ヲ負ヒ以テ相手方ニ不測ノ損害ヲ被ラシムルコトナキヲ保セス。是レ後見登記ノ必要ナル所以ナリ。

本條ニ後見人カ被後見人ノ爲メ商業ヲ營ムトハ後見人カ自己ノ名ヲ以テ營業ヲ爲サス被後見人ノ名ヲ以テ商行爲ヲ爲スノ謂ナリ。故ニ後見人ハ商人ニアラス。

參照　本法第九條乃至第十五條

民法第四條　未成年者カ法律行爲ヲ爲スニハ其法定代理人ノ同意ヲ得ルコトヲ要ス

但單ニ權利ヲ得又ハ義務ヲ免ルヘキ行爲ハ此限ニ在ラス

前項ノ規定ニ反スル行爲ハ之ヲ取消スコトヲ得

民法第八條　禁治產者ハ之ヲ後見ニ付ス

非訟事件手續法第百七十一條　後見人カ被後見人ノ爲メ商業ヲ營ム場合ニ於テ登記ヲ申請スルニハ申請書ニ親族會ノ同意ヲ得タルコトヲ證スル書面ヲ添附スルコトヲ要ス

後見人カ被後見人ノ爲メニ商業ヲ營ムニハ完全ナル代理權ヲ有スルヲ原則トス。故ニ後見人ノ代理權ニ制限ヲ加フルモ其制限ハ善意ナル第三者ニ對シテ無效ナリ。例ヘハ親族會ノ決議ヲ以テ後見人ハ他ヨリ借財ヲ爲スヘカラストノ制限ヲ加ヘタルニ拘ハラス借財ヲ爲シタル場合。被後見人ヨリ後見人ノ代理權ニ付借財ヲ許サヽルノ制限ヲ加ヘアルヲ理由トシ其辨濟ヲ拒ムコトヲ得サルカ如シ。故ニ後見人ノ代理權ニ加ヘタル制限ハ後見人、被後見人間ニ效力アルノミニシテ。善意ナル第三者卽チ其制限アル事實ヲ知ラサル者ニ對シテハ何等ノ效力ナシ。然レトモ第三者ニシテ若シ後見人ノ代理權ニ制限アル事實ヲ知リナカラ之ト取引シタルトキハ。卽チ惡意ナルヲ以テ被後見人ハ其制限アルコトヲ主張シテ第三者ニ對抗スルコトヲ得ルモノトス。

問答 問 被後見人ト商取引ヲ爲シタルトキ其取引ハ當然無效ナリヤ。

答 其取引ハ取消シ得ヘキ行爲ニシテ當然無效ニアラス。

問 商法施行前ヨリ商業ヲ營ム後見人ハ登記ヲ要スルヤ。

答 然リ商法施行法第四條ニ依リテ登記ヲ要ス。

問 本條第二項ノ規定ハ本法施行前ニ定メタル制限ニ付テハ如何。

答 此規定ハ本法施行ノ日ヨリ其施行前ニ定メタル制限ニモ亦之ヲ適用スルモノトス。

參照 民法第百二十條 取消シ得ヘキ行爲ハ無能力者若クハ瑕疵アル意思表示ヲ爲シタル者其代理人又ハ承繼人ニ限リ之ヲ取消スコトヲ得

妻カ爲シタル行爲ハ夫モ亦之ヲ取消スコトヲ得。

第八條 戸々ニ就キ又ハ道路ニ於テ物ヲ賣買スル者其他小商人ニハ商業登

記、商號及ビ商業帳簿ニ關スル規定ヲ適用セス

字解　小商人トハ例ヘハ露店商人、背負呉服商、紙屑買、笊振商人、一文菓子商ノ如キ小商人ヲ云フ。但小商人ノ範圍ハ勅令ヲ以テ之ヲ定メラル。

義解　本條ハ小商人ニ關スル規定ナリ。

戸々ニ就キ物ヲ賣買スルトハ魚類若クハ青物ノ行商、紙屑買ノ類ヲ云ヒ。道路ニ於テ物ヲ賣買スルトハ露店ヲ設ケテ果實若クハ古道具ヲ販賣スルノ類ヲ云フ。是等ノ商業ヲ營ム者及ヒ之ニ準スヘキ總テノ小商人ニハ商號、商業登記、商業帳簿ニ關スル規定ヲ適用セサルモノトス。蓋シ戸毎ニ就キ又ハ道路ニ於テ物ヲ賣買スル者ノ如キ商人タルニ相違ナシト雖トモ其商行爲タル極メテ微々ニシテ僅ニ其ノ日ノ飢渇ヲ凌クニ過キス。此ノ如キ商人ヲシテ普通資本ヲ運轉スル大商人ニ適用スヘキ複雜ナル規定ニ從ハシムル酷ニ失スルノミナラス實際其ノ必要ヲ見サルナリ

問答　問　行商又ハ露店商ノ如キハ如何ニ資本ヲ有シ盛ンニ商取引ヲ爲スモ所謂小商人ナリヤ。

答　常設ノ店舖其他ノ營業所ヲ有シテ自ラ行商ヲ爲シ又ハ雇人ヲ以テ行賣セシムルカ如キハ小

商人ノ中ニ包含セス

第三章　商業登記

本章ハ商業登記ノ手續及ヒ其效力ヲ規定セルモノナリ。

登記トハ或法律上ノ事實ヲ官署ニ備ヘタル簿册ニ登錄シ廣ク一般ニ公示スルヲ目的トスルモノニシテ世人ヲシテ容易ニ其事實ヲ知ラシムル方法ヲ云フ。所謂商業登記トハ其事實カ商業取引ニ關スル事實ヲ公示スル方法ニシテ商人ノ商業ヲ營ムヤ個々ノ商行爲ヲ個々ノ相手方ニ對シテ爲スノミナラス。繼續シテ世間一般ニ之ヲ爲スニ在ルカ故ニ商行爲ニシテ第三者ニ效力ヲ及ホスヘキ事項ハ之ヲ公示シテ廣ク世人ニ知悉セシムルハ商業ノ安全ト信用トヲ保維スルニ必要ナル方法ナリ。若シ登記公告ノ方法ヲ設ケスシテ或事項カ第三者ニ效力ヲ及ホスモノトセハ第三者ハ不測ノ損害ヲ被ムルノ虞アリ。是レ登記ノ制アル所以ナリ。而シテ商業登記ニ關スル事項ハ非訟事件手續法ニ規定セルヲ以テ宜シク同法ヲ參看スヘシ。

第九條　本法ノ規定ニ依リ登記スヘキ事項ハ當事者ノ請求ニ因リ其營業所ノ裁判所ニ備ヘタル商業登記簿ニ之ヲ登記ス

字解　營業所トハ營業ノ本據ニシテ必シモ住所ニ非ス。普通ノ場合ニ於テ商人ノ住所ハ營

業所ナレトモ或地方ニ住所ヲ有シ都會ニ商店ヲ設クル如キハ住所ハ營業所ニ非ス

本條ハ登記ヲ爲ス手續ヲ規定セリ

義解

登記ニハ法律ノ命令ニ依リ必ス登記ヲ要スヘキモノト登記スルト否ハ當事者ノ隨意ニ任カスモノトアリ。而シテ本法ノ規定ニ依リ登記スヘキ事項トハ未成年者（五）妻（五）後見人（七）商號（二〇）支配人（三一）會社（四五、四六、五一、一〇七、一四一、二四二）ニ關スル事項其他本法ニ規定セル一切ノ登記事項ヲ云フ。是等登記事項ノ請求者ハ其事項ノ當事者ニシテ例ヘハ未成年者ニ關スル登記ハ未成年者、妻ニ關スル登記ハ妻、商號ニ關スル登記ハ商號使用者、支配人ニ關スル登記ハ主人、會社ニ關スル登記ハ其會社ヲ代表スヘキ社員、取締役、清算人等ナリトス。而シテ是等登記義務者ハ自己ノ營業所ノ所在地ヲ管轄スル裁判所（區裁判所又ハ其出張所）ニ登記ヲ請求スヘキモノニシテ。其請求ヲ受ケタル裁判所ハ豫メ備付アル商業登記簿ニ請求ニ係ル事項ヲ登記スヘキモノトス。

參照　非訟事件手續法第百三十九條　商法ノ規定ニ依リテ登記ノ申請ヲ爲ス者ノ營業所所在地ノ區裁判所又ハ其出張所ヲ以テ管轄登記所トス

非訟事件手續法第百四十條　各登記所ニ左ノ商業登記簿ヲ備フ

一　商號登記簿

二　未成年者登記簿

三　妻登記簿

四　後見人登記簿

五　支配人登記簿

六　合名會社登記簿

七　合資會社登記簿

八　株式會社登記簿

九　株式合資會社登記簿

十　外國會社登記簿

非訟事件手續法第百四十一條　各登記所ニ各商業登記簿ノ見出帳ヲ備フ

非訟事件手續法第百四十九條　登記ノ申請ハ書面ヲ以テ之ヲ爲スコトヲ要ス

一　申請人ノ氏名、住所、會社カ申請人ナルトキハ其商號及ヒ本店又ハ支店

二　代理人ニ依リテ申請ヲ爲ストキハ其氏名、住所

三　登記ノ目的及ヒ事由

四　年月日

五　登記所ノ表示

問答

問　商號讓渡ノ登記ハ讓渡人及ヒ讓受人双方ヨリ請求スヘキヤ。

答 讓受人ノ一方ヨリ登記ヲ請求スヘキモノトス。
問 後見人ニ關スル登記ハ後見人自ラ本人トシテ之ヲ請求スヘキヤ。
答 被後見人ノ法定代理人トシテ登記ヲ請求スヘク後見人自身カ本人トシテ請求スヘキモノニアラス。
問 一旦登記ヲ受ケタル商人カ其營業所ヲ他ノ裁判所ノ管轄内ニ移轉シタルトキハ如何。
答 他ノ裁判所ノ管轄内ニ營業所ヲ移轉シタルトキハ本條ニ依リ新ニ其地ノ裁判所ニ登記ヲ請求スヘク原登記ハ世間ニ對シテ其效力ヲ失フモノトス。
問 同一裁判所ノ管轄内ニ營業所ヲ移轉シタルトキハ如何。
答 同一裁判所ノ管轄内ニ營業所ヲ移轉シタルトキハ第十五條ノ規定ニ依リ既ニ登記シタル事項ノ變更トシテ變更ノ登記ヲ受クヘキモノトス
問 商法施行前ニ舊法ノ規定ニ依リテ爲シタル登記ハ如何。
答 商法ノ規定ニ從テ爲シタルモノト同一ノ効力ヲ有ス

第十條 本店ノ所在地ニ於テ登記スヘキ事項ハ本法ニ別段ノ定ナキトキハ支店ノ所在地ニ於テモ亦之ヲ登記スルコトヲ要ス

字解　本店トハ主タル營業所ヲ云ヒ支店トハ其出店ヲ云フ。

義解　本條ハ登記ヲ請求スル商人及ヒ商事會社等カ本店、支店等數個所ヲ有スルトキハ何レノ地ニテ登記ヲ受クヘキカヲ規定シタルモノニシテ。此場合ハ本店支店双方ノ所在地ニ於テ各別ニ同一事項ノ登記ヲ受クヘキヲ原則トシ。本法ノ規定中特ニ支店所在地ニ於ケル登記ヲ必要トセサルコトヲ定メタル場合ヲ例外トス

本法ニ別段ノ定アル場合トハ會社ノ設立ヲ第三者ニ效力アラシメ、又開業準備ニ着手スルトキ、又外國會社ノ日本ニ支店ヲ設ケタルトキ、又本店支店ヲ有スル商人カ本店ノミニ支配人ヲ置キタルトキハ何レモ本店所在地ニ於テ登記スルヲ以テ足レリトスル如キヲ云フ。

問答　問　本店ト支店ト同一管轄裁判所内ニ在ルトキハ本店ノ登記ヲ爲スノミニテ足ルヤ。

答　然リ。本店支店双方ノ登記ヲ爲スハ其所在地ヲ管轄スル裁判所ノ異ナル場合ノミニシテ。支店カ二個以上アリテ各別ノ裁判所管轄内ニ在ルトキハ其各地ニ於テ登記スヘキモノトス。

問　本店ニ於テ登記シタル事項ヲ支店ニ於テ登記セサリシトキハ其結果如何。

答　其場合ハ支店ニ於ケル商取引ニ付テハ全ク登記ナキモノニシテ。本店ニ於ケル登記ヲ援用シテ善意ナル第三者ニ對抗スルコトヲ得ス。

問 支店ノミニテ登記スヘキ事項ヲ其支店ニ於テ登記セサルトキハ其結果如何。

答 其場合ハ支店ニ於テ爲シタル商取引ニ付テハ善意ナル第三者ニ對抗スルコトヲ得ス

問 支店ノミニテ登記スヘキ事項ヲ本店ニ於テ登記スヘキヤ。

答 本店ニ於テ登記スルコトヲ要セサルハ勿論ナリ(一三參照)

第十一條 登記シタル事項ハ裁判所ニ於テ遲滯ナク之ヲ公告スルコトヲ要ス

字解 遲滯ナクトハ實際上爲シ得ル限リ速カニスヘキノ意ナリ。

義解 本條ハ登記ヲ爲シタル事項ハ速カニ公告スヘキコトヲ規定ス。

登記ノ要ハ之ヲ公告シテ社會ノ信用ヲ保持スルニ在リ。然ルニ單ニ裁判所ニ備ヘタル簿冊ニ登記スルノミニテハ普子ク世人ヲシテ之ヲ知悉セシムルコトヲ得スシテ未タ公示ノ目的ヲ達シタリト云フヘカラス。故ニ法律ハ登記シタル事項ハ裁判所ニ於テ速カニ之ヲ公告スルコトヲ要スルモノト爲セリ。而シテ登記事項ノ公告ハ官報及ヒ新聞紙ニ之ヲ爲スヘキモノニシテ其詳細ハ非訟事件手續法ニ規定セリ。

登記事項ハ遲滯ナク之ヲ公告スルコトヲ要スルモノト爲シ其期間ヲ一定セサルハ地方ノ狀況ニ依リ大ニ事情ヲ異ニスル所アルヘク若シ强テ之ヲ一定セハ却テ不便ナシトセサルニ因レハナ

リ。

登記ノ公告ハ登記ヲ爲スヘキ裁判所カ職務トシテ之ヲ爲スヘキモノニシテ當事者ヨリ之ヲ請求スヘキモノニアラス。

參照　非訟事件手續法第百四十四條　登記シタル事項ノ公告ハ官報及ヒ新聞紙上ニ少クモ一回之ヲ爲スコトヲ要ス

公告ハ之ヲ掲載シタル最終ノ官報及ヒ新聞紙發行ノ日ノ翌日之ヲ爲シタルモノト看做ス

非訟事件手續法第百四十五條　區裁判所ハ毎年十二月ニ翌年登記事項ノ公告ヲ掲載セシムヘキ新聞紙ヲ選定シ官報及ヒ新聞紙ヲ以テ之ヲ公告スヘシ

公告ヲ掲載セシムヘキ新聞紙カ休刊又ハ廢刊ヲ爲ストキハ更ニ他ノ新聞紙ヲ選定シ前項ト同一ノ方法ヲ以テ之ヲ公告スヘシ

非訟事件手續法第百四十六條　區裁判所ハ其管轄內ニ公告ヲ爲サシムルニ適當ナル新聞紙ナシト認ムルトキハ新聞紙上ノ公告ニ代ヘ登記所及ヒ其管轄內ノ市町村役場ノ掲示場ニ公告ヲ爲スコトヲ得

第十二條　登記スヘキ事項ハ登記及ヒ公告ノ後ニ非サレハ之ヲ以テ善意ノ第

三者ニ對抗スルコトヲ得ス登記及公告ノ後ト雖トモ第三者カ正當ノ事由ニ因リテ之ヲ知ラサリシトキ亦同シ

義解　本條ハ登記ノ効力ニ付テノ規定ナリ

既ニ前條ニ述ヘタル如ク登記スヘキ事項ヲ商業登記簿ニ登記スルノミニテハ未タ完全ナル登記ノ効力ヲ生セス。必スヤ登記シタル後之ヲ公告シテ初メテ完全ナル効力ヲ生シ。其登記事項ニ付善意ナル第三者ニ對抗スルコトヲ得ルモノトス。故ニ本條ノ規定ニ依ルトキハ一旦登記公告ヲ爲シタル以上ハ他人カ正當ノ事由ヲ以テ其登記事項ヲ知ラサリシトキハ格別。縱ヒ眞實之ヲ知ラサリシトキト雖トモ正當ノ事由ニアラスシテ過失即チ知ルヲ得ヘキニ之ヲ知ラサル如キヲ理由トシテ自已ノ責任ヲ免カルコトヲ得ス。例ヘハ未成年者ノ爲メニ商業ヲ營ム後見人カ後見ノ登記公告ヲ爲シ第三者ト取引ヲ爲シタルニ其第三者ハ正當ノ事由ニアラス過失ニテ其登記ヲ知ラサリシトキハ眞實之ヲ知ラサリシニモセヨ後日其登記ヲ知ラストシテ爭フコトヲ得ス。又主人カ其支配人ヲ選任シテ登記公告ヲ爲シ第三者ト取引ヲ爲サシメタルニ第三者ハ其過失ニ依リテ支配人タルコトヲ知ラサリシトキモ亦後日ニ至リ支配人タルコトヲ知ラサリシト云フヲ得サルカ如シ。故ニ一度登記公告シタルトキハ縱令善意即チ眞實之ヲ知ラサリシ者ト雖トモ之ヲ知

ヲサルヲ理由トシテ爭フコトヲ得ス
又假令登記公告ヲ爲シタル後ト雖トモ第三者カ或特別ノ事由ニ因リ登記アリシコトヲ知ラサリシトキハ其登記ノ効力ニ服從スルヲ要セス。例ヘハ洪水ノ爲メ交通ヲ絶チテ官報新聞紙ノ到達スル能ハサリシトキ、公告アリシ當時洋行中ナリシトキ、又ハ其當時嫌疑ノ爲メ入獄中ニテ之ヲ知ルニ由ナキ境遇ニアリシトキノ如キハ毫モ過失アラサルヲ以テ其登記ニ服スルヲ要セサルモノトス。
今本條ノ規定ヲ解剖スレハ第三者ニ對スル登記ノ効力ハ左ノ三場合ニ依リ各相異ナルヘシ。
(一)登記前○此場合ハ善意ノ第三者ニ對抗スルコトヲ得サルハ勿論ナルモ。其登記公告スヘキ事項ヲ知リ居ル者即チ惡意ノ第三者ニハ對抗スルコトヲ得ヘシ。
(二)登記後公告前○此場合ニ在テハ惡意ノ第三者ハ勿論善意ノ第三者ト雖其過失ニ依リテ善意ナリシ者ニ對シテハ之ニ對抗スルコトヲ得
(三)登記及公告後○此場合ハ一切善意ノ第三者ニ對抗スルコトヲ得但正當ノ原因ニ由リテ登記公告ヲ知ル能ハサリシトキハ例外トス。
問答
問　登記後公告前ニ第三者カ惡意ナルトキ即チ現ニ或事項ヲ知リ居リシトキ登記ノ效力

如何。

答 登記シテ未タ公告ナキ以前ハ勿論假令登記公告セサル以前タリトモ第三者カ現ニ其事項ヲ知悉シ居リシトキハ卽チ惡意ナルヲ以テ其ノ事項ノ效力ヲ主張スルコトヲ得ルモノトス。

問 未タ登記セサル以前ノ登記事項ノ效力如何。

答 登記以前ニ在テハ善意ノ第三者ニ對抗スルヽコトヲ得サルハ勿論ナリト雖トモ惡意ノ第三者ニ對シテハ之ニ登記ノ效力ヲ援用シテ對抗スルコトヲ得ヘシ。

問 第三者ノ善意及ヒ惡意ノ擧證ノ責任ハ如何。

答 第三者ヲ惡意ナリトスルニハ其擧證ノ責ハ之ヲ惡意ナリトスル者卽チ登記シタル本人ニ在リ。又正當ノ事由ニ依リ登記公告アリシコトヲ知ラサルトノ擧證ノ責ハ善意ナル第三者ニ在リトス

第十三條 支店ノ所在地ニ於テ登記スヘキ事項ヲ登記セサリシトキハ前條ノ規定ハ其支店ニ於テ爲シタル取引ニ付テノミ之ヲ適用ス

義解 本條ハ登記ノ效力ニ限定アルコトヲ規定ス。

本店ノ所在地ニ於テ登記スヘキ事項ハ通例支店ノ所在地ニ於テモ登記スヘキコトハ既ニ第十條

ノ規定セシ所ナリ。然ルニ若シ登記スヘキ事項ヲ本店ノミ登記シ支店ニテ登記ヲ爲サヽリシ場合ニ於テ其支店ト第三者トノ間ニ取引上ノ紛爭ヲ生シタルトキハ如何。此場合ハ支店ハ其支店ニ於テ爲シタル取引ニ限リ本店ノ既ニ登記公告ヲ爲シタルヲ主張シ其第三者ニ對抗スルコトヲ得ス。之ニ反シ本店ニ於テ爲シタル取引ニ付テハ既ニ登記公告後ニシテ效力ヲ生シタルカ故其權利ヲ主張シテ第三者ニ對抗スルコトヲ得ルモ支店ニ於テ爲シタル取引ニ付テハ全ク登記ナキモノナルヲ以テ其效力ヲ生セス。即チ其取引ニ付テハ善意ノ第三者ニ對抗スルコトヲ得ス。然レトモ惡意ノ第三者ニ對シテハ其事項ヲ主張スルコトヲ得ルモノトス。

問答　問　甲支店ニ於テハ既ニ本店ト共ニ登記シタルモ乙支店ニ於テハ未タ登記セサルトキハ如何。

答　其場合ハ甲支店ハ本店ト共ニ登記ヲ爲シタルモノナレハ登記ノ效力ヲ生シタルモ其乙支店ト取引シタル第三者ハ假令本店ノ登記アリトスルモ之ヲ知ラストシテ本店及ヒ甲支店ノ登記ノ效力ニ服從スルニ及ハサルモノトス

第十四條　登記ハ其公告ト牴觸スルトキト雖トモ之ヲ以テ第三者ニ對抗スルコトヲ得

義解

本條ハ登記ト公告ノ事項トカ互ニ牴觸シタル場合ニ於ケル效力ヲ規定ス抑登記シタル事項ハ第十一條ノ規定ニ依リ裁判所ハ速ニ之ヲ官報新聞紙ニ公告スヘキモノナリト雖トモ。時トシテハ登記官吏ノ故意若クハ過失又ハ公告ノ活版誤植等ノ爲メ登記ト公告ト其事項ノ符合セサルコトナシトセス。此場合ニ於テ第三者ニ對シテ其公告ノ效力アリト爲スヘキカ蓋シ公告ハ固ト第三者ヲシテ登記シタル事項ヲ容易ニ知悉セシムルカ爲メ設ケタルモノナレハ公告ノ效力ヲ優レリトスヘキカ如シト雖トモ。登記ハ根本ニシテ公告ハ枝葉ナルカ故。法律ハ本末ノ關係上若シ登記セシ事項ト公告セシ事項ト符合セサルトキハ其根本タル登記ノ效力ヲ以テ優ルモノトセリ。是畢竟登記ト公告トノ牴觸ニ止マリ登記ノ實體ニ於ケル效力ニ影響ヲ及ホスヘキモノニ非サレハナリ。故ニ登記ト公告ト牴觸シタルトキハ當事者ハ其公告ノ如何ニ關セス登記ヲ以テ第三者ニ對抗スルコトヲ得ルモノトス。

問答

問 登記ト公告トノ事項カ相符合セサル場合ノ例示如何。

答 例ヘハ登記簿ニハ社員ノ責任有限ト登記シアルニ公告ニハ其責任無限ト掲載アリ第三者ハ無限責任社員ト信シ取引ヲ爲シタルトキト雖トモ會社ハ登記ノ效力ヲ主張シ有限責任社員トシテ對抗スルヲ得ルカ如キ是ナリ。

問　公告事項ハ何人タリトモ信ヲ置クヘキハ通常ニシテ公告ニ信ヲ措カス登記簿ノ閲覽又ハ謄本ノ交付ヲ受クル者稀ナルヘシ果シテ然ラハ第十一條ニ於ケル正當ノ事由ニ因リ其登記公告ヲ知ラサリシ者トシ當事者ニ對抗シ得ルカ如シ如何。

答　登記簿ヲ閲覽セス又ハ謄本ノ交付ヲ受ケサルヲ以テ正當ノ事由ニ因リ登記公告ヲ知ラサリシ者ト看做セハ本條ハ徒法ニ歸スヘキヲ以テ之ヲ知ラサリシト主張シテ當事者ニ對抗スルコトヲ得ス。

第十五條　登記シタル事項ニ變更ヲ生シ又ハ其事項カ消滅シタルトキハ當事者ハ遲滯ナク變更又ハ消滅ノ登記ヲ爲スコトヲ要ス

義解　本條ハ既ニ登記シタル事項ノ變更及ヒ消滅ニ付テノ規定ナリ

一旦登記簿ニ登記シタル事項ハ之ヲ公告シ世人一般ニ之ヲ知悉シタルモノト看做スヘキヲ原則トス。故ニ其登記シタル事項ニ變更ヲ生シ又ハ其事項カ消滅シタルトキハ速ニ其變更又ハ消滅ノ登記ヲ爲サシムルハ必要ニシテ。若シ之ヲ爲サヽルトキハ其變更又ハ消滅ハ第三者ニ對シテ效力ヲ生セサルヲ以テ。第三者ハ其變更消滅ヲ知ラサリシニ因リ損害ヲ被ムリタルトキハ當事者ハ之カ賠償ノ責ヲ免カルヽコトヲ得サルモノトス。

後見人ニ依リ營業ヲ爲ス未成年者カ其許可ヲ得テ自身營業ヲ爲スニ至リシトキ、甲支配人ニ代ユルニ乙支配人ヲ以テシタルトキ、同一裁判所管轄内ニ營業所ヲ移轉シタルトキ、會社資本ノ增減シタルトキノ如キハ登記事項ノ變更ニシテ又夫ノ許可ノ取消ニ因リ妻カ營業ヲ廢シタルトキ、未成年者カ登記後成年ニ達シタルトキ、營業所ヲ他ノ裁判所管轄内ニ移轉シタルトキノ如キハ登記事項ノ消滅ナリ。

問答 問 當事者カ變更又ハ消滅ノ登記請求ヲ怠リタルトキハ如何。

答 其場合ハ當事者ハ世人ニ對シ其變更又ハ消滅前ノ事項ヲ以テ對抗シ得サルハ勿論變更消滅後ノ事項ヲ以テモ亦對抗スルコトヲ得ス。

問 商法施行前ニ登記シタル事項ニ變更ヲ生シ又ハ其事項カ消滅シタル場合ニ於テ商法施行前ニ登記ヲナサヽリシトキハ如何。

答 當事者ハ其施行ノ後遲滯ナク登記ヲ爲スコトヲ要ス

第四章 商號

本章ハ商號ノ撰定、商號ノ效力、商號ノ廢止及ヒ變更抹消等ニ關スル規定ナリ。

抑商號ナルモノハ各商人カ其營業上自己ヲ表示スル爲メ用ユル名稱ニシテ從來ノ所謂屋號及

ビ營業者ノ氏名其他ノ名稱ヲ云ヒ。商家ノ利益ト信用トヲ保持スル必要ノ標章ナリ。而シ商號ハモト是レ一ノ財產權ニシテ聲價アルモノハ。實際多額ヲ以テ賣買スルノ慣例ナレハ奸商輩カ之ヲ利用シテ正當ノ營業者ヲ害スルコト少ナシトセス。是レ本章ヲ設ケテ之ヲ保護スル所以ナリ。

第十六條　商人ハ其氏、氏名、其他ノ名稱ヲ以テ商號ト爲スコトヲ得

義解　本條ハ如何ナルモノヲ以テ商號ト爲スヘキカヲ規定ス

商人ハ其氏名其他ノ名稱ヲ隨意ニ選擇シテ自己ノ商號ト爲スコトヲ得ルモノニシテ。從來屋號ト稱シ來リシモノヲ用ユルヲ通例トシダリシモ近時ハ屋號ノ外商人ノ氏名又ハ氏名以外ノ名稱ヲ用ユルニ至レリ。例ヘハ小西勝藏ナル商人アリ其小西ハ氏ニシテ勝藏ハ名ナリ故ニ氏トハ小西ヲ指シ氏名トハ小西ト勝藏トヲ併稱スルモノニシテ其氏タル小西、近藤、古河等ノミヲ以テ商號ト爲ス可ナリ又小西勝藏、近藤吉兵衞等ノ如ク其氏名ヲ併稱スルモ亦可ナリ。其他ノ名稱トハ例ヘハ尾張屋、風月堂、精養軒、紅葉館、開花樓、泰山書房、岩谷商會、大倉組、大丸、雁鍋、八百善ト稱スル如キ苟モ商業ヲ標示スルモノハ總テ之ヲ商號ト爲スコトヲ得ルモノトス。

本條ノ商人中ニハ會社ヲモ包含ス。而シテ會社ハ商業ヲ營ム法人ニシテ亦一ノ商人ニ外ナラサ

レハ會社モ亦如何ナル名稱ヲ以テ商號ニ選定スルモ隨意ナリト雖トモ。第十六條第十七條ノ制限ニハ從ハサルヘカラス。

玆ニ注意スヘキハ商號ハ元來商人ノ利益ト信用トヲ保持スル爲メ定メタルモノナルモ。商人ハ必スシモ之ヲ選定シテ登記ヲ受クヘキ義務ハナキモノトス。唯商號ヲ選定シテ之カ登記ヲ爲シ置カサルトキハ同一ノ商號ヲ使用スル者ノ爲メ往々損害ヲ被ムルコトアルヘキヲ以テ。商人タルモノハ自己ノ利益ヲ保護スル爲メ必ス之ヲ登記セサルヘカラサルヘシ。

問答

問 商號使用ハ一人一種ニ限ルヤ。

答 本法ニハ別段規定セサルモ一商人カ資本ヲ分チ數種ノ營業ヲ爲ストキハ其各營業ニ付各別ノ商號ヲ有スルコトヲ許スヘキハ當然ナリ。何トナレハ此場合ニハ其異種ノ營業上ニ付取引シタル相手方カ各々別人ナルトキハ其相手方ノ要求ノ區分、負債ノ分離、計算ノ分界及ヒ破産ノ場合等ニ於テ各營業ニ付各別ノ商號ヲ有スルコト最モ緊要ナレハナリ。

問 資本ヲ分チ呉服商ト米商トヲ營ム商人カ破産シタル場合其各營業ニ付取引シタル第三者ハ如何ナル權利ヲ實行スルコトヲ得ルヤ。

答 呉服商ニ對スル債主ハ呉服商ニ屬スル財産ニ對シ、米商ニ對スル債主ハ米商ニ屬スル財産ニ對シ各自先取ノ特權アルモノトス。

問　他人カ一定ノ商人ヲ指定スル爲メ附シタル綽名ノ如キモ商號ト爲スヲ得ヘキヤ。

答　商號ハ商人カ自己ヲ表彰スル爲メ自ラ撰定シタル名稱タルコトヲ要シ綽名ノ如キハ商號ト爲スコトヲ得ス。

問　商號ハ商人ヲ表彰スル名稱ナリヤ又ハ商品ヲ表彰スル名稱ナリヤ。

答　商號ハ商人ヲ表彰スル名稱ニシテ商品ヲ表彰スル名稱ニアラス。其商品ヲ表彰スルモノハ所謂商標ナリ。

第十七條　會社ノ商號中ニハ其種類ニ從ヒ合名會社、合資會社、株式會社、又ハ株式合資會社ナル文字ヲ用ユルコトヲ要ス

義解　本條ハ會社ノ商號ニ關スル制限ヲ規定ス

會社ノ商號トハ卽チ其社名ニシテ是亦如何ナル名稱ヲ用ユルモ其自由ナリト雖トモ。會社ノ商號ニハ必ス其會社ノ種類ニ從ヒ某合名會社、某合資會社、某株式會社、某株式合資會社ナル文字ヲ用ユルコトヲ要ス。例ヘハ三井物産合名會社、大倉合資會社、日本鐵道株式會社ト稱スルカ如キ是ナリ。

右ノ如ク商號ニハ必ス其會社ノ種類ヲ明示スル文字ヲ用ユルコトヲ必要ト爲シタルハ他ナシ。會社ハ一般商人ト異ナリ社會ニ對スル信用及ヒ責任一層重大ナルノミナラス其性質ノ異ナルニ從ヒ亦其責任ヲ異ニスルヲ以テ。會社ノ商號ニ合名會社、合資會社、株式會社等ノ文字ヲ用ユルハ卽チ其會社ノ性質ヲ表彰スル所以ニシテ一目ノ下ニ會社責任ノ限度ヲ了知スル便アリ。若シ單純ナル記號ノミヲ以テ商號ト爲ストキハ容易ニ其性質種類ヲ判別シ難ク從テ往々第三者ヲ害スルノ恐アルニ由ルナリ。

問答 問 商號中合名會社、合資會社、株式會社、株式合資會社ナル文字ハ聯續シテ用ユルヲ要スルヤ。

答 否ナ某會社ナル文字ハ之ヲ商號ノ上部ニ冠シテ株式會社第一銀行ト云ヒ又之ヲ下部ニ用ヒテ村井合名會社ト云ヒ又ハ文字ヲ割キ合資岩谷會社、若クハ株式大阪商船會社ト云フモ總テ會社ノ隨意ナリ。

問 商法施行前ニ設立ノ登記ヲ爲シタル會社ノ社名ハ有効ナリヤ。

答 商法ノ規定ニ從テ登記シタル商號ト同一ノ効力ヲ有ス。

第十八條 會社ニ非スシテ商號中ニ會社タルコトヲ示スヘキ文字ヲ用ユルコ

トヲ得ス會社ノ營業ヲ讓受ケタルトキト雖トモ亦同シ

前項ノ規定ニ違反シタル者ハ五圓以上五十圓以下ノ過料ニ處セラル

字解 讓受トハ賣買又ハ贈與等ニ因リ權利ヲ取得スル行爲ヲ云フ。

義解 本條ハ各個商人ノ商號ニ關スル制限ヲ設クルノ規定ナリ。

會社ハ其資本多額ニシテ取引廣大ナルヲ以テ世間ニ對スル信用及ヒ責任ハ普通一商人ニ比シテ重キヲ加フルモノナレハ。若シ本法ノ規定ニ從ヒ完全ナル會社ノ資格ヲ具ヘサル者カ妄リニ其商號ニ會社タルコトヲ示スヘキ文字ヲ用ユルトキハ。世人ヲシテ之ヲ會社ト誤信セシメ其結果意外ノ損害ヲ被ラシムルノ恐アルカ故ニ本條ハ之ヲ嚴禁シタリ。是ヲ以テ商號ニ合名會社、合資會社、株式會社等ノ文字ヲ附シ又ハ單ニ會社ノ二字ヲ附スル等ハ勿論假令明カニ會社ナル文字ヲ用ヒサルモ會社ト混視シ易ク世人ヲシテ會社ト誤信セシムル文字ヲ用ユルコトモ亦之ヲ許サヾルモノトス。

此制限ハ一個人カ會社ノ營業ヲ讓受ケタル場合ニモ亦適用セラルヽモノトス。營業ノ讓受ケトハ通例其營業所卽チ店舖、商品、商業帳簿、得意先及ヒ營業上ノ債權債務ヲ併セテ承繼シ其商號ヲモ讓受クルモノトス。故ニ一個人カ他ノ一個人ヨリ又ハ一ノ會社カ他ノ同種ナル會社ヨリ營業ヲ讓受ケタルトキハ其商號ヲ續用スルコトヲ得ヘシト雖トモ。之ニ反シ一個人カ會社ノ營業ヲ讓受ケタルトキハ假令其商號ヲモ併セテ取得シタリトスルモ。若シ之ヲ續用セハ會社ニ非スシテ會社ナリト誤信セシメ大ニ世人ヲ陷害スルノ結果ヲ生スルカ故此場合モ尙ホ會社ナル文字ヲ削ル等總テ會社タルコトヲ示スヘキ文字ヲ存スルコトヲ得ス。然レトモ其之ヲ讓受ケタル者ニ於テ更ニ相當ノ手續ヲ爲シ完全ナル會社ノ資格ヲ具備スルニ至ルトギハ從來會社ノ商號ヲ續用スルコトヲ得ルハ勿論ナリトス。

若シ本條ノ規定ニ違反シ會社ニ非サル組合若クハ一箇人カ濫リニ其商號中ニ其責任ヲ表彰スヘキ會社ノ種類ニ付テノ文字ヲ用ユルハ卽チ社會ヲ欺瞞シ自己ヲ利セントスル奸商ノ所爲ニ外ナラサルヲ以テ。斯ル所爲アル者ニ對シテハ五圓以上五十圓以下ノ過科ニ處シ以テ社會一般ヲ保護スヘルト共ニ會社ノ信用ヲ厚カラシムルコトヽセリ。

問答

問 會社ニ非サル者カ會社タルコトヲ示スヘキ文字ヲ用ヒテ其商號ト爲シ他人ト取引シタルトキハ其相手方ハ如何ナル行爲ヲ爲シ得ルヤ。

答 相手方ハ民法ノ意思表示ノ原則ニ從ヒ或ハ其取引ノ無效ヲ主張スルヲ得ヘク又ハ之カ取消ヲ爲スコトヲ得ヘシ。其他損害ノ賠償ヲ求ムルコトヲ得ルモノトス

參照　民法第九十五條　意思表示ハ法律行爲ノ要素ニ錯誤アリタルトキハ無效トス但表意者ニ重大ナル過失アリタルトキハ表意者自ラ其無效ヲ主張スルコトヲ得ス

民法第九十六條　詐欺又ハ强迫ニ因ル意思表示ハ之ヲ取消スコトヲ得

或人ニ對スル意思表示ニ付キ第三者カ詐欺ヲ行ヒタル場合ニ於テハ相手方カ其事實ヲ知リタルトキニ限リ其意思表示ヲ取消スコトヲ得

詐欺ニ因ル意思表示ノ取消ハ之ヲ以テ善意ノ第三者ニ對抗スルコトヲ得ス

問　會社カ他ノ會社ノ營業ヲ讓受ケタルトキハ其商號ヲ用ユルコトヲ得ヘキヤ。

答　同一種類ノ甲會社カ乙會社ノ營業ヲ讓受ケタルトキハ本條ノ規定ニ牴觸セサルト雖トモ異種類ノ會社カ營業ヲ讓受ケタルトキ依然其會社ノ商號ヲ使用スルコトヲ得ス例ヘハ甲ナル合名會社カ乙ナル合資會社ノ營業ヲ讓受ケシ場合ノ如シ

問　本法施行前ヨリ使用スル商號ニシテ本條ノ規定ニ牴觸スルモノハ如何。

答　從前ヨリ使用セル商號ハ本條ニ牴觸スルモ差支ナシ。

參照　商法施行法第十二條　商法第十八條ノ規定ハ商法施行前ヨリ使用スル商號ニハ之ヲ適用セス

第十九條　他人カ登記シタル商號ハ同市町村內ニ於テ同一ノ營業ノ爲メニ之ヲ

ヲ登記スルコトヲ得ス

義解　本條ハ商號登記ノ效果卽チ商號ノ專用權ヲ規定ス。

商人ハ前二條ノ規定ニ反セサル限リハ隨意ニ其商號ヲ撰定シテ之レカ登記ヲ爲スコトヲ得ルト雖モ。他人カ既ニ登記シタル商號ト同一ナル商號ハ同市町村內ニ於テハ登記スルコトヲ得サルモノトス。蓋シ商號ハ商人ト營業トヲ世人ニ表示シ大ニ商業取引ニ利便ヲ加ヘ信用ノ基本ト爲ルモノナルカ故ニ世人ニ知ラレタル商號ハ或ハ他ノ奸商ノ爲メ借用セラレ往々意外ノ損害ヲ被ムルコトアルヲ以テ本條ハ此弊害ヲ豫防シ其商號ヲ一人ニ專用セシムルノ權利ヲ得セシムルモノトセリ。然レトモ此專用ニハ二個ノ制限アリ。

一　同一營業ノ爲メニスルコト○例ヘハ呉服營業ノ爲メ越後屋ト云フ商號ノ登記ヲ受ケタルトキハ卽チ同一ナル呉服營業ニ付テノミ他人ヲシテ越後屋ナル商號ヲ使用セシメサルニ止マルノミ。故ニ酒屋、米屋、紙屋等ノ如キ別種ノ營業ニ付越後屋ナル商號ヲ用ユル者アルモ固ヨリ之カ使用ヲ停止スルコトヲ得ス。

二　同一ノ市町村內ニ於テスルコト○市町村トハ商法施行法第十四條ニ之ヲ規定セリ曰ク市制又ハ町村制ヲ施行セサル地方ニ在テハ從來ノ町村其他之ニ類スル區域トシ東京市、京都市、大阪市ニ在テハ其各區トスト此規定中「之ニ類スル區域」トハ從來ノ宿驛町村等ヲ云フ。是等一地域内ニ於テ同一ノ營業ニ付既ニ他人カ登記シタル同一ノ商號ヲ使用スルコトヲ得サルモノトス。但使用地域ヲ異ニスルトキハ妨ケナシ

以上ノ二條件ヲ具備スルトキハ先ニ登記シタル者カ其商號ニ付專用權ヲ得ヘキモノニシテ。若シ他人カ同一ノ商號ヲ登記シ之ヲ使用スルトキハ其停止及ヒ損害賠償ヲ求ムルコトヲ得ルモノトス。

參照　非訟事件手續法第百五十八條　商號ノ登記ハ同市町村内ニ於テハ同一ノ營業ノ爲メ他人カ登記シタルモノト判然區別シ得ルトキニ非サレハ之ヲ爲スコトヲ得ス

非訟事件手續法第百五十九條　商法施行法第八條第一項ノ規定ニ依リ他人カ登記シタル商號ト同一ノ商號ノ登記ヲ申請スル者ハ商法施行前ヨリ之ヲ使用スルコトヲ證明スルコトヲ要ス

問答

問　同一市町村内ニ於テ同一營業者ノ登記シタル商號ノ彼此類似スルトキハ如何ニ處分スヘキヤ。

答　商號ノ彼此相類似スル卄ハ之ヲ使用スルヿヲ得ス。例ヘハ先ニ伏見屋ナル商號ヲ登記シ後同市町村内ニ於テ同一ノ營業者ヨリ伏見家ナル商號ノ登記ヲ受タリトセンカ。同音ニシテ且

字體相類スルヲ以テ其類似ノ一部又ハ全部ノ抹消ヲ裁判所ニ請求スルノ權利アルモノトス

問　同一商號ニ符號ヲ附スルトキハ同一ノ營業ナルモ之ヲ使用スルヲ得ヘキヤ。

答　然リ。商號ニ符合ヲ付スルトキハ彼此ノ區別判然セルヲ以テ之ヲ使用スルモ妨ケナシ。例ヘハ既ニ三河屋ナル商號ノ登記アル場合タリトモ新三河屋又ハ小三河屋ナル商號ヲ用ユル如キハ妨ケナシ。

問　一括ノ名義ヲ以テ數種ノ商品ヲ販賣スル者カ越後屋ナル一個ノ商號ヲ登記シタルトキ他人カ既ニ同一ノ商號ヲ登記シ置キタル場合ハ如何。

答　其場合ハ數種ノ商業ヲ一括シテ一個ノ商號ヲ專用スルモノナレハ假令既ニ登記シタル者ノ商品ト同一ノ商品ヲ營業トスルモ其他人ハ商號ヲ借用スルモノトメ之ヲ停止スルヿヲ得ス。

問　登記ヲ爲サスシテ他人ト同一ノ商號ヲ使用スルコトヲ得ルヤ。

答　登記ヲ爲サスシテ他人ト同一ノ商號ヲ使用スルコトハ法律ノ禁スル所ニ非サレハ使用スルモ妨ケナカルヘシ。

問　從來使用スル商號ト雖モ本條ノ支配ヲ受クヘキヤ。

答　舊商法施行前ヨリ使用スル商號ニハ本條ノ規定ヲ適用セサルモノナレハ假令同一市町村內

ニ於テ同一ノ商業ノ爲メニ他人カ登記シタル商號ト同一ノ商號ヲ登記スルモ妨ケナシ。

問 既ニ他人カ登記シタル商號ト同一ノ商號ヲ舊商法施行前ヨリ使用シ之カ登記ヲ爲シタル後他ノ營業ニ轉シタル場合ハ如何。

答 其轉シタル營業ト同一ノ營業ヲ爲ス者アリテ既ニ其商號ノ登記ヲ受ケタルトキハ之ヲ使用スルコトヲ得ス。

第二十條 商號ノ登記ヲ爲シタル者ハ不正ノ競爭ノ目的ヲ以テ同一又ハ類似ノ商號ヲ使用スル者ニ對シテ其使用ヲ止ムヘキコトヲ請求スルコトヲ得但損害賠償ノ請求ヲ妨ケス

同市町村內ニ於テ同一ノ營業ノ爲メニ他人ノ登記シタル商號ヲ使用スル者ハ不正ノ競爭ノ目的ヲ以テ之ヲ使用スルモノト推定ス

字解 不正ノ競爭トハ他人ノ營業ヲ妨害シ自己ノ營業ヲ盛大ナラシメントスルノ意思ヲ以テ競爭ヲ爲スヲ云フ。

類似ノ商號トハ二個ノ商號互ニ相似寄ルヲ云フ例ヘハ山形屋ヲ山縣屋トシ富士見屋ヲ富士見家ト擬似スルノ類ナリ。

損害賠償トハ他人ノ加害行爲ニ因リ自己ニ生シタル損失及ヒ失ヒタル利益ノ辨償ヲ包括スルモノヲ云フ。

推定トハ左樣テアルナリト道理上事實上ヨリ推シ量リテ假定スルニ止マリ當事者ハ之ニ反對ノ證據ヲ擧ケテ抗抵スルコトヲ得ルヲ云フ。

義解

本條モ前條ト同シク商號登記ノ效果即チ商號ノ專用權ヲ規定ス。

既ニ一旦商號ノ登記ヲ爲シタル者ハ其商號ニ付テ專用權ヲ得ルモノナレハ其營業所ヲ設ケタル同一市町村內ニ於テ同一ノ營業ヲ爲ス他人ハ最早同一ノ商號ヲ用ユルコトヲ得サルモノトス。然レトモ此專用權ハ唯不正ノ競爭ノ目的ヲ以テ同一又ハ類似ノ商號ヲ使用スルヲ得サラシムルニ過キスシテ其營業ヲ異ニスル者ハ勿論假令營業ヲ同フスルモ不正ノ競爭ノ目的ニ出テサルトキハ之ト同一又ハ類似ノ商號ヲ使用スルコト。固ヨリ不可ナシ。故ニ從來ノ慣習上彼ノ年期奉公ヲ爲ス手代番頭カ主人ノ承諾ヲ得テ同一ノ商號ヲ使用スル如キハ不正ノ競爭ノ目的ナキモノナレハ專用權ノ効力ヲ及ホサヽルモノトス。之ニ反シ苟クモ不正ノ競爭ノ目的ヲ以テ既ニ登記セル商號ト同一又ハ類似ノ商號ヲ使用スル以上ハ其同市町村內ナルト同府縣內ナルトヲ問ハス又同一ノ營業ノ爲メニスルト異種ノ營業ノ爲メニスルトヲ問ハス使用者ニ對シ商號ノ使用ヲ停止セシメ且之ニ因リテ損害ヲ被ムリタルトキハ賠償セシムルヲ得ルモノトス。然レトモ遠隔ノ地ニ在テ同一又ハ類似ノ商號ヲ使用シ又ハ種類ヲ異ニスル商業ノ爲メニ同一又ハ類似ノ商號ヲ使用スルカ如キハ事實上多クハ不正ノ競爭ノ目的ヲ缺キ商號專用權ノ效力ヲ此等ノ場合ニ及ホスコトヲ得サルヘシ。

右ノ如ク商號ノ登記ヲ爲シタル者ハ其權利ヲ侵害スル者即チ不正ノ競爭ノ目的ヲ以テ同一又ハ類似ノ商號ヲ使用スル者ニ對シテ其商號ノ使用ヲ止ムヘキコトヲ裁判所ニ請求スルコトヲ得ルノミナラス又損害賠償ヲ請求スルコトヲ得ルモノトス。而シテ其請求ノ訴ヲ起ス場合ニ當リ若シ使用者カ不正ノ競爭ノ目的ニ出テタルコトヲ證明スルノ責任ヲ被害者ニ負ハシムルモノトセハ被害者ハ擧證ノ困難ナルカ爲メ遂ニ十分ノ救濟ヲ得ルコト能ハサルニ至ルヘキヲ以テ此場合ハ假令惡意ヲ以テ他人ト同一ノ商號ヲ使用シ又ハ之ト相類似スル商號ヲ使用シタルニアヲサル者即チ善意ノ使用者タリト雖モ苟モ同一市町村內ニ於テ同一ノ營業ノ爲メニ他人ノ登記シタル商號ヲ使用スルトキハ唯其使用スルノミヲ以テ其所爲ハ全ク不正ノ競爭ノ目的ニ出タルモノト推定セラルヘキ旨ヲ規定シタリ。

問答

問　商號使用ノ差止ハ商業登記ヲ爲シタル者カ直接加害者ニ對シテ執行スヘキヤ。

答 否ナ。被害者ハ管轄裁判所ニ出訴シ裁判所ハ命令ヲ以テ僭用者ニ差止ヲ爲サシムル者トス。

問 商號使用ヲ差止メシメ尚ホ損害ヲ被ムリタル場合ハ賠償ヲ請求スルコトヲ得ヘキヤ。

答 然リ。使用ノ差止ハ將來ノ爲メニシテ損害賠償ハ已往ノ償金ナレハ兩ナカラ請求スルコトヲ得ルモノトス

問 使用者カ反對ノ證明ヲ擧ケ差止ヲ拒ミタルトキハ如何。

答 不正ノ競爭ノ目的ニ非サルノ反證ヲ擧ケタルトキハ依然其商號ヲ使用スルコトヲ得ヘシ。

問 商法施行後ニ商號ノ登記ヲ爲シタルトキ舊商法施行前ヨリ同一又ハ類似ノ商號ヲ使用スル者ニ對シテ本條ノ權利ヲ行フコトヲ得ルヤ。

答 本條ノ權利ヲ行フコトヲ得ス是蓋シ他ノ商號ハ本法施行前ヨリ使用セラレ居ルモノナルヲ以テナリ。

第二十一條 商號ノ讓渡ハ其登記ヲ爲スニ非サレハ之ヲ以テ第三者ニ對抗スルコトヲ得ス

字解 讓渡トハ賣買、贈與ノ如キ權利移轉ノ行爲ヲ云フ。

義解 本條ハ商號讓渡ノ效力ヲ規定ス。

商號ハ商人カ自己ノ信用ヲ標示スルモノニシテ其商人ニシテ信用ノ大ナル者ハ其商號ノ聲價モ亦大ニシテ。之ヲ第三者ニ賣買讓與シ得ヘキコト亦他ノ財産ト異ナル所ナシ。而シテ其讓渡ヲ爲シタルトキハ當事者間ニ在テハ固ヨリ意思ノ表示ノミニ因リ有效ナルコト勿論ナリト雖モ。登記ヲ爲スニ非サレハ第三者ニ對シテ其效力ヲ生セサルコト猶ホ物權ノ讓渡ニ登記ヲ要スルカ如シ。例ヘハ讓受人タル乙者ト取引シタル者カ讓渡人ナル甲者ニ對シ其取引ヨリ生シタル事柄ニ付要求スルコトアルモ甲者ハ之ヲ拒絶スルコト能ハス。何トナレハ甲者ハ其商號ヲ乙者ニ讓渡シタルノ登記ヲ怠リシカ爲メ乙者ト取引シタル者即チ第三者ハ甲者ヲ以テ現ニ其商號使用者ト見做シタルヘケレハナリ(非訟一六參照)又例ヘハ甲者カ登記セル商號ヲ乙者ニ讓渡シテ未タ其登記ヲ爲サヽル場合不正ノ競爭ノ目的ヲ以テ其商號ト同一又ハ類似ノ商號ヲ使用スル者アリトセンカ乙者自ラ之ニ對シテ使用差止又ハ損害賠償ヲ請求スルコトヲ得スシテ甲者之ヲ請求スヘキモノトス。然レトモ甲者カ第三者ヨリ得タル損害賠償額ノ如キハ自ラ之ヲ取得スルコトヲ得スシテ商號權ヲ有スル乙者ニ交付セサルヘカラサルモノトス。

問答　問　既登記ノ商號ノ讓渡ニ付テハ登記ヲ要スヘキモ未登記ノ商號讓渡モ登記ヲ要スルヤ

答　本條ハ既登記未登記ノ區別ナキヲ以テ第三者ニ對抗センニハ未登記商號タリトモ必ス登記

ヲ爲サヽルヘカラス。

問 商號讓渡ニ付登記ヲ申請スル者ハ何人ナリヤ。

答 商號ノ讓受人ヨリ登記ヲ申請スヘキモノトス。

問 從來商家ニ行ハルヽ暖簾別ケナルモノハ商號ノ讓渡ニ當ルヤ。

答 然リ。

第二十二條 商號ト共ニ營業ヲ讓渡シタル場合ニ於テ當事者カ別段ノ意思ヲ表示セサリシトキハ讓渡人ハ同市町村内ニ於テ二十年間同一ノ營業ヲ爲スコトヲ得ス

讓渡人カ同一ノ營業ヲ爲サヽル特約ヲ爲シタルトキハ其特約ハ同府縣内且三十年ヲ超ヘサル範圍内ニ於テノミ其效力ヲ有ス

讓渡人ハ前二項ノ規定ニ拘ラス不正ノ競爭ノ目的ヲ以テ同一ノ營業ヲ爲スコトヲ得ス

字解 意思表示トハ自己ノ意思ヲ書面、口頭其他ノ方法ニテ外部ニ現ハスヲ云フ。

義解　本條ハ商號ト共ニ營業ヲ讓渡セシ場合ノ效果ヲ規定ス。

商號ハ左ノ三個ニ區別シテ之ヲ讓渡スルコトヲ得ルモノトス。

（一）商號ノ讓渡
（二）商號ト營業トノ讓渡
（三）商號ト分離シ營業ノミノ讓渡

抑商號ト營業トハ兩々相待テ效用ヲ生スルモノニシテ之カ賣買贈與ノ場合ニ於テモ必ス二者ヲ併合シテ其目的トスルハ普通ノ情態ナリ。而メ商號ト共ニ營業ヲ讓渡スニ當リ双方間ニ於テ果シテ何年間何レノ地ニ於テ營業ヲ爲サヽルコトヲ契約シタルヤ判然セサルトキ卽チ別段ノ意思表示アラサルトキハ。讓渡人ハ其附近ノ地ニ於テ同一ノ商號ヲ用ヒテ同一ノ營業ヲ爲サヽルコトヲ默約シタルモノトシ。法律上讓渡ノ當然ノ效果トシテ讓渡人ハ二十年間同一ノ市町村內ニ於テ同一ノ營業ヲ爲スコトヲ得サルモノトセリ。蓋シ商號ヲ讓受クルモ讓渡人カ尙ホ同一ノ營業ヲ爲ストキハ讓受人ハ其讓受ノ目的ヲ十分達スルコト能ハスシテ何等ノ益スル所アラサルヘシ。例ヘハ東京市日本橋區ノ越後屋ナル商人カ其商號ト共ニ其吳服營業ヲ他人ニ讓渡シタル場合ニ於テ其賣主ハ以後二十年間同區內ニ於テ吳服營業ヲ爲スコトヲ得サルカ如シ。

右ハ別段ノ意思表示卽チ何等ノ約束ナカリシ場合ノ規定ナリ。若シ讓渡契約ノ當時ニ於テ之ニ異ナル意思ヲ表示シ其場所ノ範圍ヲ一町內ノミニ限リ若クハ其期間ヲ十年五年等ト爲シ又ハ是等ノ制限ナク同時ニ同市町村內ニ於テ同一營業ヲ爲スノ特約ヲ爲シタルトキハ其特約ニ從フヘキコト言ヲ俟タス。

右ニ反シ讓渡ノ當時讓渡人ハ日本國內ニ於テ永久間同一ノ營業ヲ爲サヽル旨ノ特約ヲ爲シタリトセンカ。此特約ノ效力ヲ無限ニ保護シテ何レノ時何レノ所ニテモ之ト同一ノ營業ヲ爲スヲ得サラシムルトセハ。啻ニ營業ノ自由ヲ覊束シテ各人ノ利益ヲ害スルノミナラス商業ノ發達ヲ妨ケ公益ヲ害スルニ至ルヘキヲ以テ。此ノ如キ營業禁止ニハ制限ヲ加ヘサルヘカラス。卽チ法律ハ此特約ノ效力ハ同府縣內且三十年間ヲ限リ有效ナルモノト規定シタリ。

本條第一項及ヒ第二項ハ讓渡人ニ不正ノ競爭ノ目的ナキ場合ノ規定ニシテ。其制限區域外ニ於テハ同一ノ商號ヲ用ヒテ同一ノ營業ヲ爲スコト固ヨリ自由ナリト雖モ。若シ讓受人カ同市町村內ニアラサレハ妨ケナシトシ僅々數町數十間ヲ隔ツル隣府縣若クハ隣市町村ニ在テ不正ノ競爭ノ目的ヲ以テ同一ノ營業ヲ爲サントスル讓渡人アルトキハ。其商號使用ヲ差止メ且損害賠償ヲ請求スルコトヲ得セシメサルヘカラス。是レ第三項ノ規定アル所以ナリ。

問答　問　讓渡人カ五十年間同一ノ營業ヲ爲サスト特約シタルトキハ全然無效ナリヤ。

答　全然無效トハナラスシテ三十年ノ制限マテ短縮セラレ有效ト爲ル

第二十三條　前條ノ規定ハ營業ノミヲ讓渡シタル場合ニ之ヲ準用ス

字解　準用トハ多少差異アルモ相類似スル規定ヲ用ユヘキ場合ヲ云フ。

義解　本條ハ營業讓渡ノ效力ヲ規定ス。

前條ハ商號ト營業トヲ合併シテ讓渡シタル場合ノ規定ナルモ。本條ハ商號ト營業トヲ分離シ單ニ營業ノミヲ讓渡シタル場合ノ規定ナリ。而シテ營業ノミ讓渡セシ場合ハ前條ノ規定ヲ準用スヘキモノナルカ故ニ。讓渡人カ別段ノ意思ヲ表示セサルトキハ同市町村內ニ於テ二十年間（前條一項）又特約アルトキハ同府縣內ニ於テ三十年間（前條二項）ハ從前ノ商號ヲ使用シテ同一ノ營業ヲ爲スコトヲ得ス。又不正ノ競爭ヲ目的トスルトキハ此區域ト年限トノ制限ナク一切同一ノ營業ヲ爲スコトヲ得サルモノトス（前條三項）。

問答　問　營業讓渡人ハ其商號ヲ自ラ續用シ又ハ之ヲ他人ニ讓渡スコトヲ得ルヤ。

答　讓渡人ハ依然其商號ヲ續用スルコトヲ得ヘシト雖ﾓ同一ノ營業ヲ爲スコトヲ得ス又其商號ヲ他ニ讓渡スコトハ妨ケナシ。

問 營業讓受人ハ同一ノ商號ヲ使用シ其土地ニ於テ引續キ同一ノ營業ヲ爲スコトヲ得ルヤ。

答 讓渡人カ其登記シタル商號ヲ第三者ニ讓渡シタルトキハ讓受人ハ之ヲ使用スルコトヲ得サルモ何人ニモ讓渡サヽルトキハ當然其商號ヲ使用スルコトヲ得ヘキモノトス。

第二十四條 商號ノ登記ヲ爲シタル者カ其商號ヲ廢止シ又ハ之ヲ變更シタル場合ニ於テ其廢止又ハ變更ノ登記ヲ爲サヽルトキハ利害關係人ハ其登記ノ抹消ヲ裁判所ニ請求スルコトヲ得

前項ノ場合ニ於テ裁判所ハ登記ヲ爲シタル者ニ對シ相當ノ期間ヲ定メ異議アラハ其期間內ニ之ヲ申立ツヘキ旨ヲ催告シ若シ其期間內ニ異議ノ申立ナキトキハ直チニ其登記ヲ抹消スルコトヲ要ス

字解 期間トハ幾日間又ハ幾週間ト云フ如シ○異議トハ裁判所カ爲シタル登記ノ手續ニ付キ不服アルコトヲ云フ。

義解 本條ハ商號ノ廢止、變更ニ關スル第三者ノ權利ヲ規定ス。

一旦登記シタル商號ヲ廢止又ハ變更シタルトキハ遲滯ナク其廢止又ハ變更ノ登記ヲ爲スコトヲ

要スルハ第十五條ニ於テ既ニ規定スル所ナリト雖モ。當事者ハ自己ノ利害關係薄キヲ以テ時トシテ此登記ヲ怠ルコトナキヲ保セス。然ルニ商號ナルモノハ商人ヲ標示シ且信用ヲ表彰スルモノニシテ一旦之ヲ登記スルトキハ同市町內同一ノ營業者ニ對シテ專用權ヲ取得シ不正競爭ノ目的ヲ以テ之ヲ使用スルモノアルトキハ差止メノ權利ヲ有スルモノナレハ。若シ之カ登記ヲ怠ルトキハ第三者ハ其廢止シ又ハ變更シタル舊商號ト同一商號ヲ使用セントスルモ舊商號ノ登記ニシテ依然存在スルニ於テハ之ヲ使用スルコト能ハス。是レ必要ナキニ他人ノ自由ヲ拘束シ無用ノ迷惑ヲ被ラシムルモノナルヲ以テ。此場合ハ第三者ヲ保護スル爲メ其利害關係アル事由ヲ疏明スルトキハ商號登記ノ抹消ヲ裁判所ニ請求スルコトヲ得ルモノトセリ。

參照　非訟事件手續法　商法第二十四條第一項ノ規定ニ依リテ商號登記ノ抹消ヲ申請スル者ハ其登記上利害ノ關係ヲ有スルコトヲ疏明スルコトヲ要ス

此ノ如ク利害關係アル第三者ヨリ登記ノ抹消ヲ裁判所ニ請求シタルトキハ。裁判所ハ其請求ヲ採用シテ直チニ之カ抹消ヲ爲スヲ得ス。先ツ商號使用者ニ對シ相當ノ期間ヲ定メ何某ヨリ從來使用ノ商號ニ登記抹消ノ請求アリタルニ因リ異議アレハ其期間內ニ申出ツヘキ旨ヲ催告シ。若シ期間內異議ナキ旨ヲ申立ツルカ又ハ異議ノ申立ナクシテ期間ヲ經過シタルトキ始メテ之ヲ抹消スヘキモノトス。而シテ此抹消ヲ爲シタルトキハ其商號專用權ハ消滅シ他ノ營業者カ其商號ヲ使用スルモ妨ケナキニ至ルナリ。

問答

問　一營業ニ付或商號ヲ登記セシ者カ其營業ヲ變更セルモ尙ホ其商號ヲ使用スルコトヲ得ルヤ。

答　營業ヲ變更セシ場合ニ其營業及ヒ商號ニシテ他ニ同一ノモノアラサルトキハ從來ノ商號ヲ使用スルモ妨ケナシ。但シ商號登記ノ要件ニ變更ヲ生スルヲ以テ營業ノ變更ハ之ヲ登記スヘキモノトス。

問　若シ催告期間內ニ異議ノ申立アリシトキハ如何。

答　裁判所ハ異議ノ裁判ヲ爲シ。其異議ヲ正當トセハ抹消ノ請求ヲ却下シ。又異議ヲ不當トセハ之ヲ却下シテ抹消ヲ爲スヘキモノトス。

問　本條ノ所謂利害關係人トハ果シテ如何ナル者ヲ指スヤ。

答　商號登記前ヨリ同一商號ヲ使用スル者及ヒ商號登記後不正競爭ノ目的ニ出テスシテ同一若クハ類似ノ商號ヲ使用セントスル者ノ如キヲ云フ。

問　開業前豫メ商號ノ登記ヲ爲シ得ルヤ。

答　商號ハ商人ヲ表示スル名稱ナリ。營業ヲ爲サヽルニ商人ノ資格ヲ生スヘキ筈ナケレハ開業前ニ商號ノ登記ヲ爲スコトヲ得ス。

第五章　商業帳簿

商業ノ取引ハ多クハ信用ニ基キ其關係頗ル複雑ナルノミナラズ。金錢其他商品ノ受取リ又ハ引渡シ極メテ頻繁ナルヲ以テ其取引ノ事實ヲ他日ニ證明スルノ必要ヲ生スヘシ。其證明方法ハ營業上ニ關スル一切ノ事項ヲ書面ニ記錄スルノ外ナク。其之ヲ記錄スルモノハ所謂商業帳簿ナリ。故ニ苟クモ商人タル者ハ此商業帳簿ヲ備ヘテ確實詳密ノ記載ヲ爲ストキハ。商業ニ關スル訴訟ニ於テ特別簡易ノ證據方法タルヲ得ヘク。又破產ノ場合ニ於テ其商人ノ營業財產ノ實況ヲ知ルヲ得ヘクシテ商業上貴重ノ記錄ナリ。是レ法律カ商業帳簿ニ關スル規定ヲ設ケテ之レカ設備及ヒ保存ノ義務ヲ商人ニ負ハシメ或場合ニハ之ヲ設備セサル爲メ義務違背者トシテ制裁ヲ加フル所以ナリ。

玆ニ注意スヘキハ本章ノ商業帳簿トハ一般ノ商人カ作成スルノ義務アル所ノモノヲ云ヒ。商法ニ規定セル總テノ帳簿ヲ指稱スルニアラス。則チ彼ノ株式會社ニ於ケル株主名簿又ハ船長ノ航海日誌ノ如キハ特ニ其會社又ハ船長ニノミ必要ナル帳簿ニシテ一般商業人ニ必要ナルモノニ非サレハ是等ノ帳簿ヲ謂フニアラス。卽チ本章第二十五條以下ノモノヲ謂フ。

第二十五條　商人ハ帳簿ヲ備ヘ之ニ日日ノ取引其他財産ニ影響ヲ及ホスヘキ一切ノ事項ヲ整然且明瞭ニ記載スルコトヲ要ス但家事費用ハ一ケ月毎ニ其總額ヲ記載スルヲ以テ足ル

小賣ノ取引ハ現金賣ト掛賣トヲ分チ日日ノ賣上總額ノミヲ記載スルコトヲ得

字解　整然トハ順序ノ亂レヌ樣ニスルコト。

義解　本條ハ商人タル者ハ商業帳簿ヲ設備スルノ義務アルコト及ヒ其帳簿ノ記載方ヲ規定ス。

本條ニ依レハ商業帳簿ノ種類及ヒ其調製方法等ハ別ニ一定ノ規定ナキヲ以テ商人タル者ハ舊來商業ノ種類ニ從ヒ使用シ來レル慣習ニ則リ完全ナル帳簿ヲ調製スヘク强ヒテ新式ナル帳簿ヲ調製スルヲ要セサルモノトス。是ヲ以テ銀行、會社ノ如キハ彼ノ簿記法ニ依リ記帳シ居レハ其簿記ニ適スル帳簿ヲ調製スレハ可ナリ。又普通商人ニシテ舊來ノ日本風ニ倣ヒ當座帳、大福帳、仕入帳、現金帳、掛賣帳、日記帳、水揚帳、荷送帳等ヲ使用シ來ルモノハ此等ノ帳簿ヲ調製スルヲ以テ可ナリトス。其調製方法ノ如キ舊來ノ慣例ニ依リ洋綴、竪帳、横帳、半紙四ツ折帳、等各自ノ隨意ナリ。

本條ノ帳簿ハ所謂日記帳トモ稱スヘキ一種ノ商業帳簿ニシテ其記載方ハ左ノ四種ニ分テリ。

(一) 日々ノ取引〇日々其日ニ於テ爲シタル取引ハ其日ニ於テ記載スヘキハ本則ナルモ。多少之ヲ遷延シ昨日ノ事項ヲ今日記載スルモ之ヲ不法ト云フヲ得ス。唯タ日々ノ事等ヲ逐次一件毎ニ記載スヘク數日分ヲ一括シテ一ト口ニ記載スルコトヲ得サルノミ。

(二) 財産ニ影響ヲ及ホスヘキ一切ノ事項〇財産ニ影響ヲ及ホスヘキ事項トハ財産ヲ増殖シ若クハ減少スル事項ヲ云ヒ。商取引ハ勿論贈與若クハ受贈ニ因リ財産ヲ増減シ又ハ店舗ヲ買入レ器械ヲ賣却スル如キ事項ハ日々ノ取引ヲ記載スルト同様ノ方法ニ依リ記載スルコトヲ要ス。

(三) 家事費用〇家事費用トハ商業ニ關係アラサル一家生計上ノ費用ニシテ例ヘハ日々ノ小使錢ヨリ臺所ノ費用及ヒ衣服什器等ノ買入費用ノ如キヲ云フ。此等ノ費用ハ日々毎件ニ記載スルハ其煩雜ニ堪ヘサルヲ以テ一ケ月分ヲ一括トシ毎月其總額ヲ記載スルヲ以テ足レリトス。而シテ家事費用ノ如キハ營業ニ直接ノ關係ヲ有セサルモノナルモ亦是レ財産ニ影響ヲ及ホスヘキ事項ナルヲ以テ之ヲ記載スルコトヲ要スルモノトス。

（四）小賣ノ取引○小賣モ亦徽細煩雜ニシテ一件毎ニ列記スルハ煩ニ堪ヘサルヲ以テ。一日分ノ小賣總額ヲ一括シ毎日其賣上總額ヲ記載スルヲ以テ足レリトス。但小賣ノ取引ニ付テハ現金賣ト掛賣トアリ。現金賣ハ後日ノ關係ナキモ掛賣ナルモノハ單ニ代價ヲ請求スル債權ヲ生シ後日ノ關係ヲ殘スニ付帳簿上二坐ヲ設ケ其各坐ニ何月何日現金小賣若干圓掛小賣若干圓ト記載スルモノトス。

以上帳簿ノ記載方ハ整然且明瞭ナルヲ要スルカ故。第一日ノ記事ヲ第二日ノ後ニ記載スルカ如キ日附ノ順序ヲ轉倒シ又ハ空白、隔字、欄外記入ナク又文字ノ改竄、削除、訂正、記入ヲ爲シタルトキハ之ヲ讀得ヘキ爲メ字體ヲ存スルコトヲ要シ力メテ記載事項ヲシテ曖昧模糊ナラシムルコトヲ避ケサルヘカラス。

問答

問 商人ハ必ス商業帳簿ヲ備フルノ義務アリヤ

答 各種ノ會社及ヒ古物商、質商ノ如キハ必ス商業帳簿ヲ備フルノ義務アルモ。普通商人ハ必ス之ヲ備フルノ義務ナシ。然レトモ商業帳簿ハ裁判上ノ證據ト爲ルヘキモノナレハ。若シ紛爭ノ生シタル場合之カ備ヘナキトキハ自己ニ不利益ナル推測ヲ受クヘキヲ以テ。苟クモ自己ノ利益ヲ保全セントスルニハ必ス之ヲ備ヘサルヘカラス

問　本條規定ノ記載方法ニ依ラサル帳簿タリトモ尙ホ證據力アリヤ。

答　本條ノ規定ニ依リ記載シタル帳簿ニアラサレハ他人ニ對シ證據力ナシ。從來商業上ノ帳簿記載法ナルモノナク各人隨意ニ記載シテ只備忘ニ供スルヲ主トシ他人ニ對シ後日ノ證據ト爲スヘキ考ヲ以テ之カ記載ヲ爲ササリシカ故。其記事頗ル錯綜シ他人一見シテ容易ニ其計算ノ適否ヲ知ル能ハス。此ノ如キ帳簿ハ何等ノ證據力ナシ。

問　家事費用ヲ商業上ノ帳簿ニ記載スルハ慣習上亦タ見サル所ナルカ其之ヲ記載スル必要如何。

答　商人カ若シ不相應ノ奢侈ヲ事トシ爲メニ破產ヲ招キタルトキハ啻ニ債主ヲ損害スルノミナラス。商人ノ破產ハ間接ニ國家經濟ニ影響アルヲ以テ斯ル場合ニ於テ有罪破產者トシテ罰セヲルヘク。其他破產者カ破產後ノ生計ニ詐欺ノ申立ヲ爲シタルトキノ如キ容易ニ其取調ヲ爲スヲ得ルノ利益アルニ因リ。家事費用モ亦之ヲ帳簿ニ登載スヘキノ必要アルナリ。

問　小賣トハ舊來ノ卸賣ニ對スル小賣ヲ云フヤ。

答　小賣トハ卸賣ヲ爲スモノカ直接ニ需用者ノ求メニ應シ僅カナル商品ヲ賣渡ヲ云ヒ。彼ノ卸商ヨリ商品ヲ買入レ之ヲ需用者ニ賣渡ス如キ小賣ヲ指シテ云フニアラス。

問 財產ニ影響ヲ及ホスヘキ事項ハ細大洩サス記載ヲ要スルヤ。

答 財產ヲ增加シ又ハ減少スル事項ハ細大記載ヲ要スヘシト雖モ。例ヘハ紙屑ノ賣拂、洋燈ノ破損ノ如キ輕少ナル增減ハ記載スルニ及ハサルヘシ。

問 商業帳簿ハ商人自身ニ之ヲ記載スルコトヲ要スルヤ。

答 必スシモ自身カ記載スルヲ要セス支配人、番頭、手代、其他ノ使用人等ヲシテ之ニ當ラシムルモ妨ケナシ。

第二十六條 動產、不動產、債權、債務其他ノ財產ノ總目錄及ヒ貸方、借方ノ對照表ハ商人ノ開業ノ時又ハ會社ノ設立登記ノ時及ヒ每年一回一定ノ時期ニ於テ之ヲ作リ特ニ設ケタル帳簿ニ之ヲ記載スルコトヲ要ス

財產目錄ニハ動產、不動產、債權、其他ノ財產ニ其目錄調製ノ時ニ於ケル價格ヲ附スルコトヲ要ス

字解 ◎動產不動產トハ物ノ性質用方及ヒ法律ノ規定ニ依リ區別シタル法律上ノ稱語ニシテ。卽チ物トハ彼ノ空氣瓦斯等ノ如キ無形物ヲ云フニアラス必ス有形ノ實體ヲ備ヘタル物

ヲ云フ。此有形ノ實體ヲ備ヘタル物卽チ有體物ヲ法律上大別シテ動產不動產ノ二トス。其動產トハ土地及ヒ土地ニ定着スル物ヲ除ク外ハ何物タリトモ總テ之ヲ動產トス例ヘハ諸道具類土地ヨリ分離シタル米穀、野菜、樹木ヨリ分離シタル果實ノ類ヲ云フ不動產トハ土地家屋ノ如キモノヲ云フ。

債權、債務トハ金錢其他ノ物件ノ貸借上權利義務ヲ區別シテ其實體ヲ表現セシ法律上ノ稱語ニシテ。卽チ債權トハ貸方ニシテ義務者ヨリ或辨償ヲ受クル權利ヲ云ヒ。債務トハ借方ニシテ權利者ニ對シ或辨償ヲ爲スノ義務ヲ云フ。

其他ノ財產トハ例ヘハ專賣特許權、意匠專用權、及ヒ所有權以外ノ物權ノ如キヲ云フ。

義解

本條ハ商業帳簿ノ一種タル財產目錄及ヒ貸借對照表ノコトヲ規定ス。

商人ハ前條ニ規定スル普通ノ商業帳簿所謂日記簿ヲ設備スルノ外本條規定ノ特別帳簿ヲ設備セサルヘカラス。此帳簿ニハ毎年一回一定ノ時期(六月十二月ト云フノ類)ニ於テ財產目錄及ヒ貸借對照表ヲ作リテ之ニ記入スヘキモノトス。

財產目錄ハ總テノ財產ヲ列記スヘキ帳簿ニシテ卽チ動產、不動產、債權、債務、其他ノ財產一切ヲ列記シ其各財產ニハ目錄調製當時ノ價格ヲ附記スルヲ要ス。例ヘハ營業所ニ充タル家屋建築ノ工事費八千圓ヲ費シタルニ其時價騰貴シテ一萬圓ト爲リタルトキハ之ヲ一萬圓トシテ記入スヘク又或商品ヲ五百圓ニテ仕入レタルニ其相場下落シテ三百圓トナリシトキハ之ヲ三百圓ト記入スルカ如シ。

貸借對照表トハ其名ノ示ス如ク貸方ト借方トノ各項目ノ總額ヲ對照シ其平均ヲ示スヘキモノニシテ要ハ財產目錄ノ摘要ヲ掲載シ財產ノ狀況ヲ一目瞭然ナラシムルニ在リ。而シテ其調製方法及ヒ時期ハ財產目錄ト同一ナリ。

財產目錄及ヒ貸借對照表調製ノ必要アル所以ノモノハ他ナシ。商人ノ商行爲ノ實蹟ハ前條ノ商業帳簿ニ依リテ之ヲ詳知スルコトヲ得ヘキモ其商人資產ノ實況及ヒ貸借ノ關係如何ハ未タ商業帳簿ノミニテ之ヲ知ルヲ得ス。故ニ一ハ財產ノ總目錄ナルモノヲ調製シテ資產ノ狀態ヲ明ニシ。一ハ貸借對照表ヲ調製シテ貸方借方ノ財產關係ヲ確メ一見シテ其商人ノ他人ニ對スル關係ヲ表明スルノ用ニ供スルモノニシテ。殊ニ商人若クハ會社カ一朝破產ノ不幸ニ陷リタル場合其營業ノ伸縮資產ノ有無ヲ知ルヲ得ルカ爲メ財產調査ニ多クノ時日ヲ費スコトナク又目錄ニハ物件ノ時價記入シアレハ其評價ニ於ケルモ別段ノ手數ヲ煩ハスコトナシ。又商人若ハ會社ニシテ正實ナラシメハ之ヲ調製シテ自家信用ノ程度ヲ知ラシメ取引者ヲシテ危懼ナク取引セシムルノ利益アルモノトス。

玆ニ注意スヘキハ從來諸會社ノ如キ財産目錄ニハ單ニ貸方タル財産ノミヲ記載スヘキモノトシ。財産目錄及ヒ貸借對照表ヲ公告スルニ當リ財産目錄中資産ニ屬スル部分ハ貸借對照表中貸方ト同一ナルニ付之ヲ略ス云々ト揭載スル者アリ。是レ一ハ目錄一ハ表ニシテ其調製ノ目的モ相異ナルニ拘ハラス之ヲ混視シタルノ誤謬ニ因ル。本條ハ特ニ債務ナル文字ヲ示シタルニ因リ爾後斯ル誤謬ヲ見ルコトナカルヘシ。

問答　問　財産目錄ト貸借對照表トハ各別ノ帳簿ニ記載スヘキヤ。

答　本條ハ別段ノ規定ナキヲ以テ同一ノ帳簿ニ記載スルト各別ノ帳簿ニ記載スルトハ各自ノ隨意ニ在リ。

問　財産目錄ト貸借對照表トノ差異如何。

答　財産目錄ハ一々財産ノ名稱、性質等ヲ洩ナク記載シ且各個ニ價格ヲ附記スヘキモ貸借對照表ハ財産目錄ノ摘要ヲ揭載シ各個ニ價格ヲ附記セル概括的ノ價格ヲ記載スルノミ。例ヘハ營業所三棟ヲ所有セハ財産目錄ニハ其各棟ニ付キ敷地所在ノ郡市區町村字土地番號地目段別若クハ坪數ヲ記シ其建物ノ種類構造及ヒ建坪等ヲ記載シテ價格モ建物各個ニ付テ記載スルヲ要シ。對照表ニハ單ニ金何千圓建物三棟ト記スルヲ以テ足レルカ如キ其記載上差異アルノミナラス之カ調製ノ目的ニ於テモ差異アリトス。

問 動産不動産債權其他ノ財産ニ目錄調製當時ノ價格ヲ附記スル理由如何。

答 例ヘハ器具ハ年々其破損スルニ從ヒ其價格ヲ減シ商品ハ啻ニ市價ノ變動ニ因リ其價ヲ增減スルノミナラス鼠蝕雨露ノ爲メ多少ノ損傷ヲ來スコトアリ。又債權ハ債務者資力ノ增減ニ因リテ其價格ヲ同フセサルコトアルヲ以テ若シ目錄調製當時ノ價格ヲ附記セサレハ財産上現實ノ形況ヲ知ルノ材料ト爲ラサルナリ。

問 債權ニ價格ヲ附記スルトハ如何ナル意義ナリヤ。

答 債權トハ啻ニ金錢ノミナラス專賣特許權、意匠專用權ノ如キ又ハ人ノ作爲、不作爲ヲ目的トスル權利ノ如キ皆債權ニ外ナラサレハ是レ亦價格ヲ附スルコト最モ肝要ナリ。

第二十七條 年二回以上利益ノ配當ヲ爲ス會社ニ在リテハ每配當期ニ前條ノ規定ニ從ヒ財産目錄及ヒ貸借對照表ヲ作ルコトヲ要ス

字解 利益配當トハ資本ノ運用ニ依リ間接ニ生スヘキ利益ノ割前ヲ謂フ（利息ハ直接ニ生スヘキ利益ナリ）

義解　本條ハ前條ノ例外ヲ規定ス

年一回利益ノ配當ヲ爲ス會社ハ前條ニ從ヒ各商人ト同シク每年一回財產目錄及ヒ貸借對照表ヲ作ラシムルヲ以テ足レリトスルモ。每年二回以上利益ノ配當ヲ爲ス會社ハ其例外トシテ配當ノ期每ニ之ヲ作ラシム。是レ利益ノ配當ヲ爲スニハ必ス貸方ト借方トヲ對照シ以テ其計算等ヲ立テサルヲ得ス。殊ニ會社ノ資本額カ損失ニ因テ減少シタル間ハ利益ノ配當ヲ爲スヲ得サルニ因リ。其分配期ノ以前ニ於テ先ツ其財產目錄及ヒ貸借對照表ヲ作ラサルヘカラス、且利益配當ノ時期ハ此二者ヲ調製スルニ最モ便宜ノ機會ナレハ。法律ハ此時期ヲ利用シ損益ノ計算ト帳簿ノ整理トノ聯絡ヲ致サシムルコトト爲シタリ。

第二十八條　商人ハ十年間其商業帳簿及ヒ其營業ニ關スル信書ヲ保存スルコトヲ要ス

前項ノ期間ハ商業帳簿ニ付テハ其帳簿閉鎖ノ時ヨリ之ヲ起算ス

字解　信書トハ營業上ニ關スル取引先ヨリノ注文書等ニシテ封狀端書電報ノ類ヲ云フ。

保存トハ大事に置クコト。

閉鎖トハ帳簿ニ記載スヘキ箇所ナキニ至リ所謂締切トナリタルヲ云フ。

義解 本條ハ商業帳簿及ヒ營業上ノ信書ノ保存義務及ヒ其保存期間ヲ規定ス。

商業帳簿及ヒ信書等ハ他日證據ノ用ニ供スヘキコトアルヘキヲ以テ。之ヲ後日ニ保存スルハ商人ノ最モ利益トスル所タリ。殊ニ商業ハ迅速ト信用トヲ貴フノ結果トシテ一片ノ電報一葉ノ端書ニシテ幾千圓ヲ運轉スル等日常ノ取引概ネ信書ニ依リ用辨シ別ニ證書等ヲ作成セサルヲ例トスルカ故ニ。此二者ハ何レモ他日ノ證左ニ供スヘキ貴重ノ記錄ナルヲ以テ十年間之ヲ保存スヘキモノトセリ。

十年ノ保存期間ハ何レノ日ヨリ起算スヘキヤ其起算點ヲ定ムルノ如何ニ依テハ當事者及ヒ第三者ノ權利義務ニ影響ヲ及ホスコト少カラサルヲ以テ。法律ハ帳簿ニ付テハ其帳簿閉鎖ノ時ヨリ之ヲ起算スヘキモノトセリ。例ヘハ昨年十二月末日ニテ其帳簿ヲ使用シ盡シタル時ハ今年一月一日ヨリ起算シテ十年保存スヘキモノトス。又信書ニ付テハ本條別ニ明示スル所ナキモ其信書受領ノ時ヨリ起算スヘキハ言ヲ俟タサルナリ。

問答 問 商業ニ關スル自已發信ノ控又ハ謄本ハ之ヲ保存スルノ義務ナキヤ。

答 自已發信ノ控又ハ謄本ニ付テハ別ニ明文ナキヲ以テ之ヲ保存スルノ義務ナシ。

問 帳簿又ハ信書カ十年内ニ紛失又ハ毀滅シタルトキハ如何。

答　紛失又ハ毀滅シタルトキハ他日證據トシテ提出シ得サル爲メ證據上自己ニ不利益ナル推定ヲ受クヘキノミ。然レトモ破產ノ場合ニ在テ債主ニ損害ヲ被ラシムル爲メ故ラニ帳簿ヲ毀滅シタルトキハ有罪破產ノ刑罰ニ處セラルヘシ。

問　商法施行前ニ作リタル商業帳簿ニ付テハ本條ノ規定ニ從フヘキカ。

答　然リ本條ノ規定ニ依リ十年間保存スルコトヲ要ス。

第六章　商業使用人

商業使用人トハ商業主人カ自己ノ商業ヲ補助セシムル爲メニ使用スル所ノ商業補助人ニシテ。凡テ商家ノ支配人、番頭、手代、其他丁稚、小僧等其法律行爲ヲナスノ權利ヲ有スルト否トヲ問ハス一切ノ商業使用人ヲ總稱スルモノナリ。而シテ商業主人ト是等ノ商業使用人トノ間ハ代理、雇傭、委任契約上ノ關係ニ基クコト多キヲ以テ。本章ニ付テハ特ニ民法ノ規定ヲ參照スルコトヲ要ス。

第二十九條　商人ハ支配人ヲ選任シ其本店又ハ支店ニ於テ其商業ヲ營マシムルコトヲ得

義解　本條ハ商人カ自己ノ商業ヲ營マシムル爲メ支配人ヲ選定シ得ルコトヲ規定ス

商人カ其本店又ハ支店ニ於テ商業ヲ營マシムル爲メ支配人ヲ置クトキハ其主人ト支配人トノ間ニハ何等ノ方法ヲ要セス唯書面、口頭、其他何等ノ方法タルヲ問ハス意思表示アレハ則チ可ナリ。然レトモ其支配人ノ選定ヲシテ第三者ニ對シ效力アラシムルニハ必ス一定ノ方式即チ登記ヲ爲スコトヲ要スルモノトス。

問答 問 數個ノ支店ヲ有スル商人カ其支店ノ數ニ應シ數人ノ支配人ヲ置キタルトキ其各支配人ノ代理權限ハ如何。

答 支店支配人ノ代理權ハ普通其支店ノ營業ノミニ關シ本店ノ營業全體ニ渉ルモノナラス。是レ支店ハ他ニ對シテ特立別箇ノ營業ト看做スヘキモノニアラサレハナリ。

第三十條 支配人ハ主人ニ代ハリテ其營業ニ關スル一切ノ裁判上又ハ裁判外ノ行爲ヲ爲ス權限ヲ有ス

支配人ハ番頭手代其他ノ使用人ヲ選任又ハ解任スルコトヲ得

支配人ノ代理權ニ加ヘタル制限ハ之ヲ以テ善意ノ第三者ニ對抗スルコトヲ得ス。

字解 裁判上ノ行爲トハ原告又ハ被告ト爲リ又參加人ト爲リテ商業上ノ訴訟ヲ爲スヲ云フ。

裁判外ノ行爲トハ和解仲裁ヨリ賣買貸借其他一切ノ契約取引ヲ云フ。
權限トハ權利ヲ行使スルノ分限ヲ云フ。
解任トハ役目を解き止めるコト。

義解 本條ハ支配人ノ法定ノ權限ヲ規定ス

元來支配人ナルモノハ商業主人カ雇傭及ヒ委任契約ニ因リテ使用スルモノナレハ。其代理權ノ範圍ノ廣狹ハ主人ニ於テ隨意ニ之ヲ定ムルコトヲ得ヘキハ勿論ナリト雖モ。法律上廣ク世人ト法律行爲ヲナスニ當テハ法律上之レニ一定ノ權限ヲ附與シ置カサレハ商取引ヲ爲ス相手方ヲシテ往々不測ノ損害ヲ被ラシムルノ虞アリテ爲メニ商業ノ安全確實ヲ保持シ難キニ因リ。本條ハ支配人ニ付法律上一定ノ權限ヲ定メタリ。

支配人トハ從來商家ノ所謂大番頭ナルモノニ該當シ其本店支店ニ於ケル一切ノ商業ニ付商業主人ノ全權ヲ當然代理シ其商店ヲ總宰スルモノニシテ其營業ニ關スル一切ノ裁判上又ハ裁判外ノ行爲ヲナス權限ヲ有スル者ナルヲ以テ。營業上ニ關シテハ別段ニ主人ノ許諾ヲ得スシテ萬般ノ事務ヲ專行スルコトヲ得ルモノトス。故ニ其權限ノ範圍內ニ於テ爲シタル法律行爲ハ主人ニ對シテ直接ニ其效力ヲ生シ又主人ノ爲メニスルコトヲ示サスシテ爲シタル法律行爲ナリト雖モ相手方カ其主人ノ爲メニスルコトヲ知リ又ハ之ヲ知ルコトヲ得ヘカリシトキハ亦主人ニ對シテ直接ニ效力ヲ生ス。是ヲ以テ支配人ノ行爲ヨリ生スル權利ハ其主人ニ歸スルト共ニ其行爲ヨリ生スル義務モ亦主人ニ於テ負フヘキノ結果ヲ生ス。

參照 民法第九十九條 代理人カ其權限内ニ於テ本人ノ爲メニスルコトヲ示シテ爲シタル意思表示ハ直接ニ本人ニ對シテ其效力ヲ生ス

前項ノ規定ハ第三者カ代理人ニ對シテ爲シタル意思表示ニ之ヲ準用ス

民法第百條 代理人カ本人ノ爲メニスルコトヲ示サスシテ爲シタル意思表示ハ自己ノ爲ニ之ヲ爲シタルモノト看做ス但相手方カ其本人ノ爲メニスルコトヲ知リ又ハ之ヲ知ルコトヲ得ヘカリシトキハ前條第一項ノ規定ヲ準用ス

其他支配人カ主人ノ爲メニスルコトヲ示サスシテ爲シタル商行爲ニ付テ相手方カ其主人ノ爲メニスルコトヲ知ルト否トヲ問ハス主人ニ對シテ直接ニ其效力ヲ生スト雖モ。此場合ニ於テ相手方ハ主人ノ爲メニスルモノナルコトヲ知ラサリシトキニ限リ支配人ニ對スルモ亦履行ノ請求ヲ爲スコトヲ得ルモノトス（二六六參照）

右ノ如ク支配人ハ商業主人ニ代リテ營業上一切ノ代理權ヲ有スルモノナリト雖モ。毫モ營業ニ關セサル行爲即チ民事上ノ事柄ハ勿論縱ヒ商事タリトモ主人ノ營業以外ノ行爲ニ付テハ絶ヘテ代理權ナキモノトス。例ヘハ呉服屋ノ支配人ハ其主人ニ代リ營業所外ノ家屋建築工事ノ契約ヲ爲ス權限ナク又或株劵ヲ購求シ之ヲ他ニ讓渡スカ如キ權限ナシ。之ニ反シ苟クモ營業ニ關スル事項ニ付テハ主人所有ノ財産ヲ賣却シ若クハ抵當ニ供シテ營業資本ニ投入シ又營業家屋ヲ火災保險ニ付スルカ如キ行爲ハ之ヲ爲スノ權限アルコト勿論ナリ。

又支配人ハ其營業上主人ニ代リテ萬事ヲ總宰スルノ結果其營業ニ使用スル番頭、手代其他ノ商業使用人タル丁稚小僧ニ至ルマテ假令主人ノ許諾ナク又已ムコトヲ得サル事情ナキ場合ト雖モ支配人ニ於テ之ヲ選任スルコトヲ得ヘク。又自己ノ選任シタル番頭、手代其他ノ使用人ハ勿論主人若クハ他ノ支配人カ選任シタル者ト雖モ之ヲ解任スルコトヲ得ルモノトス。

支配人ノ代理權ハ主人之ヲ制限スルコト自由ナリト雖モ。既ニ法律上完全ナル代理權ヲ有スルヲ原則ト爲ス以上ハ第三者ヨリ之ヲ觀ルトキハ營業上ニ關シ無限ノ權利ヲ委任セラレタルモノト推測スヘキハ固ヨリ當然ナルヘキヲ以テ。若シ支配人ノ代理權ニ制限ヲ加ヘタルトキ例ヘハ營業資本ノ借入ハ支配人ノ獨斷ニテ之ヲ爲スヲ得ス又ハ千圓以上ノ取引ヲ爲スニハ主人ノ許諾ヲ受クヘシト爲シタルトキノ如キ其制限ノ效力ハ唯主人ト支配人トノ間ニ有效ナルノミニシテ善意即チ此制限アルコトヲ知ラサル第三者ニ對シテ、何等ノ效力ヲ生スルコトナシ。故ニ主人ハ第三者ニ對シテ支配人ノ爲シタル行爲ニ付其制限アルコトヲ主張シテ義務ヲ免カルルコトヲ得ス。但第三者ニシテ若シ惡意ナルトキ卽チ支配人ノ權限ニ制限アルコトヲ知リテ之ト取引シタルトキハ主人ハ之ニ對抗シテ無效ナリト主張スルコトヲ得ルモノトス。

問答 問 商業ヲ行フ未成年者又ハ妻ハ法定代理人ノ同意又ハ夫ノ許可ヲ得スシテ支配人ヲ選定スルコトヲ得ルヤ。

答 支配人ノ選任ハ營業ニ關スル行爲ノ一ニシテ未成年者及ヒ妻ハ法定代理人又ハ夫ノ同意又ハ許可ニ因リテ單獨ニ商行爲ヲ爲スノ能力ヲ得タルモノナレハ法定代理人ノ同意又ハ夫ノ許可ヲ要セスシテ隨意ニ支配人ヲ選任スルコトヲ得ルナリ。

問 支配人カ權限外ニ屬スル行爲ヲナシタルトキハ絕對的ニ無效ナリヤ。

答 支配人カ權限外ニ屬スル行爲ヲナシタルトキ其委任ノ本旨ニ反セサル範圍內ニ於テ主人カ承諾スヘキモノト認ムルトキハ效力アルモノトス。

問 民事訴訟法ノ規定ト支配人ノ訴訟行爲ノ權限トノ關係如何。

答 民事訴訟法第六十三條ニ依レハ辯護士ノアラサル場合及ヒ區裁判所ノ訴訟ヲ除クノ外ハ辯護士ニアラサレハ訴訟代理人タルコトヲ得サルカ故ニ。支配人ニシテ辯護士ナルカ又ハ其裁判所ニ辯護士ノアラサルトキヲ除ク外支配人ハ訴訟代理人トシテ主人ニ代ハリ訴訟行爲ヲナスコトヲ得ス。

問　支配人ハ其權限内ニ於テ復代理人ヲ選任スルコトヲ得ルヤ。

答　主人ノ許諾ヲ得タルトキ又ハ已ムヲ得サル事由アルトキハ復代理人ヲ選任スルコトヲ得ルモノトス。

問　支配人ノ權限内ニテ選任シタル商業使用人ノ過失ニ因リ第三者ニ損害ヲ加ヘタルトキハ其責任如何。

答　支配人カ主人ノ許諾ヲ得スシテ選任シタル使用人タリトモ主人カ選任シタルト同一ノ效果ヲ生スヘキモノナレハ其責任ハ商業主人ニ在リトス。

問　支配人ノ代理權ニ制限ヲ加ヘタルトキハ之ヲ登記シテ第三者ニ對抗スルコトヲ得ルヤ。

答　支配人ノ代理權ニ加ヘタル制限ハ登記スヘキモノニアラス。

第三十一條　支配人ノ選任及ヒ其代理權ノ消滅ハ之ヲ置キタル本店又ハ支店ノ所在地ニ於テ主人之ヲ登記スルコトヲ要ス

義解　本條ハ支配人ニ關スル登記ノ義務ヲ規定ス

支配人ハ前條ニ規定スル如ク極メテ廣大ナル權限ヲ有スル者ニシテ商業上主人ニ代リ其主人ト同一ノ權利ヲ行フ者ナルカ故。何人カ果シテ支配人ナルヤ否ハ之ト取引セントスル第三者ノ最モ知ラント欲スル要件ナルヲ以テ。新ニ支配人ヲ選任シタルトキ又ハ其代理權ノ消滅シタルトキ卽チ支配人タルコトヲ止メタルトキハ。之ヲ登記シテ汎ク世間ニ公示スルハ獨リ商業主人ノ利益ナルノミナラス之ト取引スル一般公衆ノ爲メ最モ必要ナル事項タリ。而シテ支配人ニ關スル登記ノ請求ハ之ヲ置キタル本店又ハ支店ノ所在地ニ於テ商業主人ヨリ之ヲ爲スヘキモノトス（非訟一七二乃至一七四參照）

支配人ノ代理權ノ消滅ハ民法代理權ノ原則ニ據ルヘキハ勿論ニシテ。卽チ其消滅ノ原因ハ任期ノ滿了、辭任、解任、主人又ハ支配人ノ破產、支配人ノ死亡若クハ禁治產等ノ場合トス。但民法ニ於テハ本人ノ死亡ヲ以テ代理權ノ消滅原因ノ一ニ置キタルモ。商事ニ付テハ本人ノ死亡ハ代理權消滅ノ原因トナラス（二六八）。若シ主人ノ死亡ニ因リ支配人ノ代理權當然消滅スルモノトセハ時ニ或ハ相續人確定スルニ至ルマテハ支配人ヲ選任スルコトヲ得スシテ商業ヲ營ムヲ得サルニ至ルカ如キ不便アルヘシ。故ニ本法ニ於テハ主人ノ死亡ヲ以テ代理權消滅ノ原因トセズ。全ク民法ト反對ノ規定ヲ爲セリ。

參照 民法第百十一條 代理權ハ左ノ事由ニ因リテ消滅ス
一 本人ノ死亡
二 代理人ノ死亡、禁治產又ハ破產
民法第六百五十一條 委任ハ各當事者ニ於テ何時ニテモ之ヲ解除スルコトヲ得
當事者ノ一方カ相手方ノ爲メニ不利ナル時期ニ於テ委任ヲ解除シタルトキハ其損害ヲ賠償スルコトヲ要ス但已ムコトヲ得サル事由アリタルトキハ此限ニ在ラス
民法第六百五十三條 委任ハ委任者又ハ受任者ノ死亡又ハ破產ニ因リテ結了ス受任者カ禁治產ノ宣告ヲ受ケタルトキ亦同シ

問答

問 本店又ハ支店ノ一方ニ支配人ヲ置キタル場合ノ登記ハ單ニ其店ノ所在地ニ於テ登記スルノミニテ足レリヤ。

答 支配人權限カ本店又ハ支店ノミノ業務ニ關スルトキハ其一方ノ所在地ニ於テ登記スルノミヲ以テ足レリトスルモ。本店及ヒ支店ノ業務ニ關スルトキハ其双方ノ所在地ニ於テ登記スヘキモノトス。

問 支配人選任ノ登記ヲ爲サヽルトキハ如何ナル效果ヲ生スルヤ。

答 選任ノ登記ヲ爲サヽルトキハ第三者ニ對シ支配人タルノ效力ヲ生セサルカ故。支配人カ他人ト取引ヲ爲スニ際シ一々其代理權限ヲ證スル書面ヲ示サヽルヲ得サルノ不都合ヲ生スヘシ。

問　支配人解任ニ付登記ヲ爲サヽルトキハ如何ナル效果ヲ生スルヤ。

答　解任ニ付登記ヲ爲サヽルトキハ其解任後ニ於ケル支配人ノ行爲ニ付主人ハ第三者ニ對シテ其責ヲ負ハサルヘカラス。

問　支配人ノ代理權ニ加ヘタル制限ハ第三者ニ對シテ無效ナル理由如何。

答　支配人ノ代理權ハ法定代理人ト異ナリ主人ヨリ之ヲ附與スルモノナレハ其權限ヲ狹縮スルコト固ヨリ隨意ナリト雖モ。濫リニ之カ狹縮ヲ許ストキハ第三者ヲシテ往々疑懼ノ念ヲ起サシメ商業取引ノ安全ヲ期シ難キヲ以テ。代理權ノ制限ハ善意ナル第三者ニ對シテ其效ナシトス

問　支配人カ代理權ノ制限ヲ超ヘテ爲シタル行爲ニ付テハ主人ニ對シ其責ニ任セサルヤ。

答　代理權ニ加ヘタル制限ハ善意ナル第三者ニ對シ無效ナルモ。主人ト支配人トノ間ニハ有效ナルカ故ニ支配人ハ主人ニ對シテ其責ヲ負ハサルヘカラス。

第三十二條　支配人ハ主人ノ許諾アルニ非サレハ自己又ハ第三者ノ爲メニ商

行爲ヲ爲シ又ハ會社ノ無限責任社員ト爲ルコトヲ得ス
支配人カ前項ノ規定ニ反シテ自己ノ爲メニ商行爲ヲ爲シタルトキハ主人ハ之ヲ以テ自己ノ爲メニ爲シタルモノト看做スコトヲ得
前項ニ定メタル權利ハ主人カ其行爲ヲ知リタル時ヨリ二週間之ヲ行ハサルトキハ消滅ス行爲ノ時ヨリ一年ヲ經過シタルトキ亦同シ

義解　本條ハ支配人ノ責務ヲ規定ス

抑支配人ハ前條ニ規定スル如ク其商業主人ヨリ營業上ノ全權ヲ委任セラレタル者ナレハ。其契約ノ性質上一身ヲ擧ケテ主人ノ營業ノ爲メ全力ヲ盡シ只管主人ノ利益ノミヲ圖ルヲ目的トシ餘念アルヘカラス。然ルニ若シ自己又ハ第三者ノ爲メニ商行爲ヲナシ又ハ會社ノ無限責任社員ト爲リ其業務ノ執行ニ參與スルトキハ。主人ノ營業ヲ疎略ニシ一意專心ニ自己本然ノ職責ヲ全フスルコト能ハサルハ勢ノ免カレサル所ナリ。加之或場合ニハ主人ノ利益ヲ排シテ自己又ハ第三者ノ利益ヲ計ルニ至ルノ虞アリ。例ヘハ支配人ハ其商業主人カ數多ノ玄米ヲ買入レサルヲ得サル場合ナルヲ知リ竊カニ自己又ハ第三者ノ爲メニ豫メ玄米ヲ買占ムルトキハ。自己又ハ第三者ノ爲メニ利益ヲ得ヘキモ主人ハ之カ爲メ賸貸シタル玄米ヲ買入レサルヲ得サルノ損害ヲ生スルカ如シ。此ノ如キハ支配人選任ノ基礎タル信用及ヒ德義ニ背ク行爲ナルヲ以テ。支配人ハ其職責トシテ自己又ハ第三者ノ爲メ一回タリトモ商行爲ヲ爲スコトヲ得サルモノトス。又支配人カ主人ノ許諾ヲ得スシテ會社ノ無限責任社員ト爲リ會社ノ業務ニ關與スルトキモ。主人ノ營業ニ對シテ勢ヒ忠實心ヲ缺キ信用ニ背クノ恐アルヲ以テ是亦禁制セサルヘカラス。

支配人ニシテ若シ前項ノ規定ニ反シ主人ノ許諾ヲ得スシテ自己又ハ第三者ノ爲メ商行爲ヲ爲シタルトキハ。主人ハ之カ爲メニ生シタル損害賠償ヲ請求スルコトヲ得ヘキハ勿論。其支配人ガ自己ノ爲メ擅マヽニ爲シタル商行爲ヲ以テ自己(主人)ノ爲メニ爲シタルモノト看做シ自己(主人)ニ之ヲ引受クルコトヲ得ルモノトス。故ニ支配人カ利益ヲ得タルトキハ主人之ヲ取得シ損失アリタルトキハ支配人之ヲ賠償スヘキモノトス。而メ支配人ノ爲シタル商行爲ヲ主人カ引受クルハ多ク其取引ニ付利益アルヘキ場合ニシテ。若シ其取引ニシテ不利益ノ見込ナルトキハ主人ニ於テ之ヲ引受クルノ義務ナキコト勿論ナリトス。右ノ如ク支配人カ自己ノ爲メニ爲シタル商行爲ハ主人カ自己ニ之ヲ引受クル權利アリト雖モ。若シ此權利ヲシテ無限ナラシムルトキハ支配人ト第三者トノ間ニ成立シタル取引關係ヲシテ永ク不確定ノ狀況卽チ主人ノ爲メニ爲シタルモノトスルカ又支配人自己ノ爲メニ爲シタルモノトスルカ何レニモ定ラサル地位ニ置クトキハ。經濟上決シテ得策ニアラサルヲ以テ第三項ノ規定ヲ設ケ主人カ其行爲ヲ知リタル時ヨリ起算シテ二週間其儘ニ默過セハ主人ノ權利卽チ自己ノ爲メニ爲シタルモノト看做スノ權利ハ消滅シ其後ニ至リ之カ請求ヲ爲スヲ得スシテ支配人ハ其行爲ニ因リ得タル利益ヲ主人ニ提供スルノ義務ヲ免カルモノトシ。又假令其商行爲ヲ爲シタルコトヲ聞知セサリシトキト雖モ支配人自己ノ爲メ商行爲ヲ爲シタル時ヨリ一年間ヲ經過シタルトキハ其請求權ハ消滅スルモノトス。

問答

問　支配人カ主人ノ許諾ヲ得スシテ第三者ノ爲メニ商行爲ヲナシタルトキ主人ハ之ヲ自已ノ計算ニ移スコトヲ得ルヤ。

答　支配人カ自己ノ爲メ商行爲ヲ爲シタルトキハ主人自己ノ爲メニ之ヲ爲シタルモノト看做シ主人ノ計算ニ移スコトヲ得ルト雖モ。第三者ノ爲メニ爲シタルトキハ之ヲ自己ノ計算ニ移スコトヲ得ス。故ニ此場合ハ支配人ト取引シタル第三者ト直接ノ法律關係ヲ生セサルモノトス。

問　支配人カ主人ノ許諾ヲ得スシテ自己又ハ第三者ノ爲メ商行爲ヲナシタル場合主人ハ之ヲ理由トシテ解任スルコトヲ得ヘキヤ。

答　其場合ハ一般民法ノ原則ニ從ヒ契約ノ解除卽チ解任ヲ爲スコトヲ得ルモノトス。

問　支配人カ主人ノ許諾ヲ得スシテ會社ノ無限責任社員ト爲リタル場合主人ハ如何ナル權利アリヤ。

答　其場合ハ支配人カ其會社ヲ退社スルコトヲ得ヘキトキハ主人ハ支配人ニ對シ退社スヘキコトヲ請求シ得ルモ。若シ退社スルコトヲ得サルトキハ假令之ヲ請求スルモ其實行ヲ得ルコト能ハサルヘキニ因リ主人ハ損害賠償ヲ請求シ且ツ解任ヲ爲スコトヲ得。

問　支配人ノ代理權ハ之ヲ他人ニ移轉スルコトヲ得ルヤ。

答　商業主人カ支配人ヲ選任スルハ無限ノ信用ニ基キ廣大ナル權限ヲ附與スルモノナレハ主人親ラ選任シタル人ニ非サルヨリハ決シテ之ヲ委任スルヲ得サル性質ナルヲ以テ。主人ノ承諾ナクシテ支配人ノ代理權ヲ他人ニ移轉スルコトヲ得ザルハ勿論ナリ。

問　支配人カ主人ノ營業上ニ於テ不法行爲ヲ爲シタル場合例ヘハ主家ノ商品ニ他人ノ商標ヲ擅用シ又ハ稅關ノ脫稅ノ爲メ拔荷ヲ爲シタル如キハ主人カ其責任ヲ負フヘキヤ。

答　主人カ關與セサル支配人ノ不法行爲タリトモ其目的ハ主人ノ營業ノ爲メナルヲ以テ主人其責任ヲ負ハサルヘカラス。

問　支配人カ第三者ト取引スルニハ必ス主人ノ代理タル旨ヲ表示スルコトヲ要スルヤ。

答　支配人カ第三者ト取引スル場合ニハ必ス代理タル旨ヲ表示スルノ義務ナシ。

第三十三條　商人ハ番頭又ハ手代ヲ選任シ其營業ニ關スル或種類又ハ特定ノ事項ヲ委任スルコトヲ得

番頭又ハ手代ハ其委任ヲ受ケタル事項ニ關シ一切ノ行爲ヲ爲ス權限ヲ有ス

義解　本條ハ番頭又ハ手代ノ選任及ヒ其權限ヲ規定ス

支配人ナルモノハ屢々說述シタル如ク本店又ハ支店ニ於テ主人ニ代ハリ其營業ニ關スル裁判上裁判外ノ一切ノ行爲ヲ爲ス代理權ヲ有シ其權限極メテ廣汎ナリトス。之ニ反シ番頭手代ナル者ハ主人ノ營業ニ關スル或種類又ハ特定ノ事項ヲ處理セシムル爲メ選任スルモノナレハ。其權限較ヽ狹少ニシテ單ニ其委任ヲ受ケタル事項ニ關シテノミ代理權ヲ有スルモノト推定セラル。故ニ其代理權ノ範圍ハ支配人ノ如ク法律上一定セスシテ之カ範圍ヲ定ムルハ一ニ主人ノ隨意ニ在リトス

番頭手代ノ任務タル營業ニ關スル或種類又ハ特定ノ事項ニシテ。或種類トハ例ヘハ主人若クハ支配人ノ命ニ從ヒ商品ノ仕入方若クハ販賣方ヲ擔當シ又ハ金錢出納ニ關スル簿記ヲ擔當シ又ハ

得意先ニ對スル掛賣集金方ヲ擔當スル等委任ニ依リ商業上ノ一部ノ事務ヲ擔當スル者ヲ云ヒ。特定ノ事項トハ其商品ヲ何日ニ某問屋ヨリ買入ルル如キ、某掛賣ニ付得意先ニ對シ請求ヲ爲ス如キ、或商品ヲ某地ニテ販賣シ來ルカ如キ事項ヲ特ニ指定シテ委任スルヲ云フ。竝ニ主人カ一番頭ヲ選任シ之レニ商品ノ仕入方ヲ擔當セシメタル場合。番頭ハ商品ノ買入。買入代償ノ取極メ、其支拂商品ノ受取等其擔當シタル事務ニ關スル一切ノ行爲ニ付キ一々主人ノ指揮ヲ受クルコトヲ要セス皆獨斷ニテ之ヲ專行スルノ權限ヲ有スルモノニシテ番頭ノ爲シタル第三者トノ行爲ニ付テハ主人直接ニ其責任ヲ負フヘキモノトス。

普通ノ場合ニ於テハ或人カ或事項ヲ處理スルコトノ委任ヲ受ケタリト雖モ代理權ヲ特別ニ授與セラルルニ非サレハ委任者ニ代ハリテ其名ヲ以テ行爲ヲ爲スノ權限ヲ有セサルヲ原則ト爲スト雖モ。若シ番頭手代ハ別ニ代理權ヲ授與セラルルニ非サレハ主人ニ代リテ其名ヲ以テ委任ヲ受ケタル事項ニ關スル一切ノ行爲ヲ爲スノ權限ナキモノトセハ實際上不便タルヲ免カレサルヲ以テ。法律ハ番頭手代ハ其委任ヲ受ケタル事項ニ關シ一切ノ行爲ヲ爲ス權限ヲ有スルモノト推定シタリ。

問答 問 支配人ト番頭手代トノ差異如何。

答　支配人ハ主人ノ本店又ハ支店ニ於テ商業上一切ノ行爲ヲ行ハシムル爲メニ選任セラレ主人ニ代ハリテ一切ノ商行爲ヲ爲スノ完全ナル代理權ヲ有スルモ。番頭手代ハ主人ノ商業ニ關スル或種類又ハ特定ノ事項ヲ處理セシムル爲メニ選任セラレ其種類事項ノ範圍內ニ於テノミ代理權ヲ有スルニ過キス。之ヲ二者區別ノ標準トス。

問　番頭ト手代トノ差異如何。

答　番頭ト手代ノ職務權限ハ法律上差異ナキヲ以テ番頭ト云ヒ手代ト云フモ主人ノ隨意ナリ。但二者ノ權限ニ差等ヲ立テ其地位ニ高下ヲ付ケルハ妨ケナシ。

問　番頭手代ハ其委任ヲ受ケタル事項ニ關シ一切ノ行爲ヲ爲ス權限アリト推定スルモ主人ハ其代理權ヲ制限シ得ルヤ。

答　然リ主人ハ番頭又ハ手代ニ或種ノ事項ヲ委任スルニ當リ特ニ其代理權ヲ制限スルコトヲ得但此場合ハ相手方ナル第三者ニ其制限アルコトヲ告知セサルヘカラス。

問　番頭手代ノ代理權ニ加ヘタル制限ヲ第三者ニ告知セサリシトキハ如何。

答　番頭手代ノ代理權ニ制限アルコトノ告知ヲ受ケサリシ相手方ハ其制限アルコトヲ知ラス番頭手代ノ權限內ノ行爲ト信シテ取引シタルモノナレハ主人ハ其取引ヨリ生スル責任ヲ免カル

トヲ得ス。但主人ハ其番頭手代ニ對シ損害賠償權アルハ勿論ナリ

第三十四條 支配人、番頭又ハ手代ニ非サル使用人ハ主人ニ代ハリテ法律行爲ヲ爲ス權限ヲ有セサルモノト推定ス

字解 法律行爲トハ法律關係卽チ權利義務ノ關係ヲ生スヘキ行爲ニシテ賣買其他ノ取引金錢商品ノ受渡等ヲ云フ。

義解 本條ハ支配人番頭手代以外ノ商業使用人ノ權限ヲ規定ス本條ニ規定スル支配人番頭手代以外ノ商業使用人トハ從來ノ慣習上ニ所謂丁稚小僧若クハ者ト稱スル者ノ類ヲ云フ。商業使用人中支配人ハ主人ニ代ハリテ其營業ニ關スル一切ノ裁判上又ハ裁判外ノ行爲ヲ爲スノ完全ナル代理權ヲ有シ。又番頭手代ハ其委任ヲ受ケタル事項ニ關シテハ一切ノ行爲ヲ爲スノ權限ヲ有スルモ。是等以外ノ使用人卽チ丁稚小僧若クハ者ト稱セラルヽ者ニ至テハ單ニ商業主人若クハ支配人番頭手代ノ機械ト爲リ日常店頭ニ在テ帳簿ノ記入、商品ノ荷造、送達等臨時ノ雜用ヲ辨スル勞働者ニ過キスシテ法律上主人ニ代ハリテ法律行爲ヲ爲ス權限ナキモノト推定セラル。但此レ一應ノ推定ナルヲ以テ若シ主人カ特ニ自己ニ代ハリテ法律行爲ヲ爲スヘキノ權限ヲ與ヘタルトキハ之ヲ爲シ得ルコト勿論ナリトス。

問答　問　商家ノ丁稚小僧又ハ若イ者カ主人ノ委任アラサル場合ニ主人ノ取引先ニ至リ賣掛代金ヲ受取リ之ヲ自己ニ費消シタル場合主人ハ最早ヤ其支拂ヲ受クルコトヲ得サルヤ。

答　主人ハ更ニ支拂ヲ請求スルヲ得ヘク其支拂人ハ既ニ小僧ニ支拂ヒタリトシ之ヲ拒ムコトヲ得ス

第三十五條　本章ノ規定ハ主人ト商業使用人トノ間ニ生スル雇傭關係ニ付キ民法ノ規定ヲ適用スルコトヲ妨ケス

義解　本條ハ商業主人ト商業使用人トノ間ノ權利義務ニ付テハ民法中雇傭契約ノ規定ヲ適用スルコトヲ定メタリ

商業主人ト商業使用人トノ關係ハ其資格ノ支配人タルト番頭手代丁稚小僧タルトヲ問ハス多クハ雇傭契約ニ基キ其主人ノ勞務ニ服スルモノニシテ。其報酬ノ給與、雇傭ノ期間、勞務ノ方法契約ノ解除等ハ民法ノ雇傭契約ノ規定ヲ適用スルコトヽシ本法別ニ之カ規定ヲ設ケサルナリ。

參照　民法第六百二十四條　勞務者ハ其約シタル勞務ヲ終ハリタルニ非サレハ報酬ヲ請求スルコトヲ得ス

期間ヲ以テ定メタル報酬ハ其期間ノ經過シタル後之ヲ請求スルコトヲ得

民法第六百二十五條　使用者ハ勞務者ノ承諾アルニ非サレハ其權利ヲ第三者ニ讓渡スコトヲ得ス

勞務者ハ使用者ノ承諾アルニ非サレハ第三者ヲシテ自己ニ代ハリテ勞務ニ服セシムルコトヲ得ス

勞務者カ前項ノ規定ニ反シ第三者ヲシテ勞務ニ服セシメタルトキハ使用者ハ契約ノ解除ヲ爲スコトヲ得

民法第六百二十六條　雇傭ノ期間カ五年ヲ經過シ又ハ當事者ノ一方若クハ第三者ノ終身間繼續スヘキトキハ當事者ノ一方ハ五年ヲ經過シタル後何時ニテモ契約ノ解除ヲ爲スコトヲ得但此期間ハ商工業見習者ノ雇傭ニ付テハ之ヲ十年トス

前項ノ規定ニ依リテ契約ノ解除ヲ爲サント欲スルトキハ三ヶ月前ニ其豫告ヲ爲スコトヲ要ス

民法第六百二十七條　當事者カ雇傭ノ期間ヲ定メサリシトキハ各當事者ハ何時ニテモ解約ノ申入ヲ爲スコトヲ得此場合ニ於テハ雇傭ハ解約申入ノ後二週間ヲ經過シタルニ因リテ終了ス

期間ヲ以テ報酬ヲ定メタル場合ニ於テハ解約ノ申入ハ次期以後ニ對シテ之ヲ爲スコトヲ得但其申入ハ當期ノ前半ニ於テ之ヲ爲スコトヲ要ス

六ヶ月以上ノ期間ヲ以テ報酬ヲ定メタル場合ニ於テハ前項ノ申入ハ三ヶ月前ニ之ヲ爲スコトヲ要ス

民法第六百二十八條　當事者カ雇傭ノ期間ヲ定メタルトキト雖モ已ムコトヲ得サル事由アルトキハ各當事者ハ直チニ契約ノ解除ヲ爲スコトヲ得但其事由カ當事者ノ一方ノ過失ニ因リテ生シタルトキハ相手方ニ對シテ損害賠償ノ責ニ任ス

民法第六百二十九條　雇傭ノ期間滿了ノ後勞務者カ引續キ其勞務ニ服スル場合ニ於テ使用者カ之ヲ知リテ異議ヲ述ヘサルトキハ前雇傭ト同一ノ條件ヲ以テ更ニ雇傭ヲ爲シタルモノト推定ス但各當事者ハ第六百二十七條ノ規定ニ依リテ解約ノ申入ヲ爲スコトヲ得前雇傭ニ付キ當事者カ擔保ヲ供シタルトキハ其擔保ハ期間ノ滿了ニ因リテ消滅ス但身元保證金ハ此限ニ在ラス

民法第六百三十條　第六百二十條ノ規定ハ雇傭ニ之ヲ準用ス

民法第六百三十一條　使用者カ破産ノ宣告ヲ受ケタルトキハ雇傭ニ期間ノ定アルトキト雖モ勞務者又ハ破産管財人ハ第六百二十七條ノ規定ニ依リテ解約ノ申入ヲ爲スコトヲ得此場合ニ於テハ各當事者ハ相手方ニ對シ解約ニ因リテ生シタル損害ノ賠償ヲ請求スルコトヲ得ス

第七章 代理商

本章ノ代理商トハ一定ノ商人ノ營業機關ニシテ。其身分ヨリ之ヲ觀ルトキハ仲立人、問屋營業者、運送取扱人等ト相類シ。又商行爲ノ代理又ハ媒介ヲ爲ス點ヨリ之ヲ觀ルトキハ支配人、番頭、手代ト相似タリ。然レトモ其性質全ク此等ノ者ト異レリ。卽チ代理商ナル者ハ商業使用人ニ非スシテ一定ノ商人ノ爲メニ其營業ノ部類ニ屬スル商行爲ヲ包括的ニ代理若クハ媒介ヲ爲シ其委任ヲ受ケタル事項ノ範圍ニ於テノミ代理權ヲ有スルモノナリ。而シテ代理商モ商業使用人ニ等シク一定ノ商人ノ爲メニ平常其營業ノ部類ニ屬スル商行爲ノ代理ヲ爲スト雖モ商業使用人ノ如ク雇傭契約ニ基キ服務スルモノニ非ラス委任契約ニ因リ代理權ヲ有スル者トス。其結果商業使用人ハ自ラ獨立シテ營業ヲ行フ者ニ非サルモ代理商ハ一方ニ於テ本人ノ商業ヲ補助スルト共ニ他方ニ於テハ自ラ獨立シテ商業ヲ行フ者ナレハ二者全ク相異ナルヲ知ルヘシ。

第三十六條 代理商トハ使用人ニ非スシテ一定ノ商人ノ爲メニ平常其營業ノ部類ニ屬スル商行爲ノ代理又ハ媒介ヲ爲ス者ヲ謂フ

字解 營業部類トハ例ヘハ紙商ノ紙類、呉服商ノ呉服類ト云フ如シ。代理トハ商人ニ代ハリ商品ノ販賣若クハ購買又ハ契約其他ノ取引ヲ爲スヲ云フ、媒介トハ甲者ト乙者トノ間ニ立チテ取次キ周旋スルコト。

義解 代理商ナルモノハ商業使用人トシテ商人ノ營業ヲ處理スルモノニアラスシテ一定ノ商人ヨリ平常其營業部類ニ屬スル商行爲ヲ包括的ニ委任ヲ受ケ之ヲ代理シ又ハ媒介ヲ爲ス者ナルカ故ニ。諸種ノ商人ヨリ個々ノ事項ニ付代理又ハ媒介ヲ委任セラレ之ヲ引受クル如キハ所謂代理商ニアラス。例ヘハ保險會社ノ代理店カ保險契約者ト保險契約ヲ取結フ如キ代理行爲ヲ爲シ又ハ保險申込所カ自ラ契約ノ當事者ト爲ルコトナク唯保險契約者ト保險會社ノ間ニ在リテ契約取結ノ媒介ヲ爲ス如キヲ云フ其他商品ノ委託販賣又ハ委託購買ヲ爲ス如キ之レヲ代理商トス。

右ノ如ク代理商ハ他人ノ爲メニ其商行爲ノ代理又ハ媒介ヲ爲スヲ自己ノ營業ト爲ス者ニシテ全ク一個獨立ノ商人タリ。之ニ反シ支配人其他ノ商業使用人ハ主人ノ機械ト爲リ其指揮ニ從ヒテ營業上ノ行爲ヲ爲スニ止マリ自己ノ營業トシテ之ヲ爲スモノニアラス。是レ二者ノ差異アル所以ナリ。

問答 問 代理商ノ代理又ハ媒介ヲ爲ス事項ハ商行爲ナリヤ。

答 然リ。代理商ハ代理又タハ媒介ヲ爲スヲ營業トスルモノナレハ其ノ行爲ハ卽ハチ商行爲トス。

問 一定セサル商人ノ委任ヲ受ケ臨時ニ商行爲ノ代理ヲ爲スハ代理商ニアラサルヤ。

答 然リ。臨時ニ諸種ノ商人ヨリ個々ノ商取引ノ代理ヲ引受クルハ代理商ニアラスシテ問屋、仲立人、運送取扱人等ノ部類ニ入ルモノトス、

問 代理商ハ主人ノ營業部類ニ屬スル一切ノ行爲ヲ當然代理スルモノナリヤ。

答 營業部類中如何ナル行爲ヲ代理又ハ媒介スヘキカハ本人ト代理商トノ委任契約ニ因リ代理權ノ範圍定マルモノニシテ法律上一定セサルコト勿論ナリ。

問 代理商ハ如何ナル場合タリトモ其職務外ノ行爲ヲ爲スヲ得サルヤ。

答 委任ノ本旨ニ反セサル範圍内ニ於テ本人カ承諾スヘキモノト認ムヘキ場合ニ限リ職務外ノ行爲タリトモ之ヲ爲スコトヲ得ルモノトス。

第三十七條 代理商カ商行爲ノ代理又ハ媒介ヲ爲シタルトキハ遲滯ナク本人ニ對シテ其通知ヲ發スルコトヲ要ス

義解 本條ハ代理商ノ義務ヲ規定ス。

元來代理商ハ他ノ代理人ノ如ク個々ノ事項ヲ代理スルモノニアラス或營業部類ニ屬スル商行爲

ノ代理又ハ媒介ヲ包括的ニ委託セラルヽヲ通例トスル故。本人ハ往々代理商カ代理又ハ媒介ヲ爲シタル行爲ノ狀況如何ヲ知ラサルコトアルヘシ。是ヲ以テ代理商カ代理媒介ヲ爲シタルトキハ遲滯ナク其取引ノ狀況ヲ本人ニ通知スルコトヲ要スルモノトス。例ヘハ保險會社ノ地方代理店カ其地方ニ於テ新ニ十人ノ被保險人ヲ募リテ保險契約ヲ取結フヘキコトヲ委託セラレタルトキハ各保險契約取結每ニ一々遲滯ナク之ヲ會社ニ通知スヘキ義務アルカ如キ是ナリ。

問答 問 代理商カ通知ヲ怠リタル取引ニ付キ損害ヲ生シタル場合其責任ハ本人代理商何レニアリヤ。

答 通知ナキ取引タリトモ本人ニ對シ效力ヲ生スヘキハ勿論ナルカ故其損害ノ責任ハ本人ニ在リ。

第三十八條 代理商ハ本人ノ許諾アルニ非サレハ自己又ハ第三者ノ爲メニ本人ノ營業ノ部類ニ屬スル商行爲ヲ爲シ又ハ同種ノ營業ヲ目的トスル會社ノ無限責任社員ト爲ルコトヲ得ス

第三十二條第二項及ヒ第三項ノ規定ハ代理商カ前項ノ規定ニ違反シタル場合ニ之ヲ準用ス

義解 本條ハ所謂代理商ニ對スル競業禁止ノ義務ヲ規定ス

代理商ハ元來一個獨立ノ商人タリト雖モ本人ノ信任ヲ受ケ其商行爲ヲ代理シ生活ヲ維持スル點ハ殆ント支配人ト異ナル所ナシ。故ニ支配人カ主人ノ許諾ナクシテ自己又ハ第三者ノ爲メ商行爲ヲ爲シ又ハ會社ノ無限責任社員ト爲ルコトヲ得サルノ責務ハ代理商ニモ亦之ヲ負ハシメサルヘカラス。如何トナレハ本人ノ爲メ忠實ニ營利ヲ計ラントセハ自己又ハ第三者ヲ損シ自己又ハ第三者ノ營利ヲ計ラントセハ本人ヲ害スル場合ノ生スヘキハ勢ノ免カレサル所ニシテ結局競爭ノ弊ヲ生スヘケレハナリ。然レトモ獨立商人タル代理商ニ對シ自己又ハ第三者ノ爲メニ一切ノ商行爲ヲ爲スコトヲ禁シ若クハ何種ノ會社タルヲ問ハス其無限責任社員ト爲ルコトヲ禁スルカ如キハ酷ニ過キ其生計上迷惑ヲ感セシムルノミナラス。本人ノ營業ノ部類ニ屬セサル商行爲ヲ爲シ若クハ本人ノ營業ト同種ノ營業ヲ目的トセサル會社ニ入社スト雖モ敢テ利害關係ノ相衝突スルコトナカルヘシ。是レ本條カ第三十二條ノ如ク一概ニ商行爲云々ト云ハスシテ本人ノ營業部類ニ屬スル云々ト云ヒ且一概ニ會社ト云ハスシテ同種ノ營業ヲ目的トスル云々ト規定シタル所以ナリ。依是觀之代理商ノ責務ハ稍々寬融ニシテ唯タ本人ノ營業部類ニ屬スル商行爲ヲ爲シ又ハ同種ノ營業ヲ爲ス會社ノ無限責任社員ト爲ルコトヲ禁止シタルノミ。之ヲ要スルニ本條ハ主トシテ代理商ト本人ト競業ノ結果本人ノ利益ヲ害スルコトヲ慮リテ設ケタル規定ナリトス。若シ代理商カ本條第一項ノ規定ニ反シ自己ノ爲メニ商行爲ヲ爲シタルトキハ。本人ノ利益ヲ保護スル爲メ其行爲ヲ本人ノ爲メニ爲シタルモノト看做シ本人自己ノ計算ニ移スコトヲ得セシムルノミナラス本人ハ之ヲ理由トシテ或ハ契約ヲ解除シ或ハ損害賠償ヲ請求スルコトヲ得ヘキハ勿論ナリ。然レトモ既ニ第三十二條ニ於テ述ヘタル如ク本人カ代理商ノ爲シタル商行爲ヲ以テ自己ノ爲メ之ヲ爲シタルモノトシ之ヲ自己ノ計算ニ移スコトヲ得ヘキ權利ヲ際限ナク保有セシムルトキハ代理商ト第三者トノ間ニ爲シタル契約ヲシテ長ク不確定ニ置クノ不利アルヲ以テ同條第三項ノ規定ヲ本條ノ場合ニ準用シ本人カ其行爲ヲ知リタル時ヨリ二週間之ヲ行ハザルトキ又ハ其行爲ノ時ヨリ一年ヲ經過シタルトキハ其權利消滅シ最早請求スルコトヲ得サルニ至ルモノトス。

第三十九條　物品販賣ノ委託ヲ受ケタル代理商ハ賣買ノ目的物ノ瑕疵又ハ其數量ノ不足其他賣買ノ履行ニ關スル通知ヲ受クル權限ヲ有ス

字解　瑕疵トハ物ニきづノアルコト例ヘハ反物ヲ賣渡シタルニ其中ニ色合ヒノ褪色シタルモノアル如キ陶器ヲ賣渡シタルニ其中ニ破損セルモノアリシ如キヲ云フ。

數量ノ不足トハ五斗入ノ玄米一俵ヲ賣渡シタルニ四斗八升入ニテ二升ノ不足アル如キ又一コロス入リノ石鹼ヲ賣渡シタルニ一タース不足セルカ如ク定數ニ滿タサルヲ云フ。

賣買ノ履行ノ通知トハ物品又ハ其代金ノ授受ノ時期、其遲滯ノ督促、授受ノ場所等ノ通知ヲ云フ。

義解 本條ハ物品販賣ノ委託ヲ受ケタル代理商ノ權限ヲ規定ス

民法ノ規定ニ依レハ物品販賣ノ委託ヲ受ケタル代理人ハ其賣買ノ目的物ノ瑕疵又ハ其數量ノ不足其他賣買ノ履行ニ關スル通知ヲ受クルノ權限ナク買主ハ賣主本人ニ之カ通知ヲ爲サヽルヘカラス。然レトモ若シ代理商カ百般ノ取引ヲ爲スニ際シ尙ホ此規定ヲ適用スルトキハ其不便少カラサルヲ以テ代理商ハ此等ノ通知ヲ受クルノ權限ヲ有スルモノトシ。一ハ以テ商業取引ノ迅速ヲ計リ一ハ以テ取引者ノ利便ヲ計レリ。而ソ其買主カ代理商ニ爲シタル通知ハ本人ニ對シテ當然其效力ヲ生スルモノナルヲ以テ本人ハ之カ責任ヲ受クヘキモノトス。

問答 問 買主ハ必ス本條ノ通知ヲ要スルヤ。

答 然リ例ヘハ目的物ノ瑕疵又ハ數量ノ不足ナルトキ買主ハ損害ヲ賣主ニ請求スルノ權利アリ又ハ賣買契約解除ヲ爲スノ權利アリテ。此權利ヲ實行スルニハ先以テ其瑕疵又ハ數量ノ不足アルコトヲ賣主ニ通知スヘキハ民法ノ原則ナレトモ。本法ニテハ此通知ヲ代理商ニ爲シ猶ホ本人ニ通知シタルト同一ノ效力ヲ生スルモノトス。

第四十條 當事者カ契約ノ期間ヲ定メサリシトキハ各當事者ハ二ケ月前ニ豫告ヲ爲シテ其契約ノ解除ヲ爲スコトヲ得

當事者カ契約ノ期限ヲ定メタルト否トヲ問ハス已ムコトヲ得サル事由アルトキハ各當事者ハ何時ニテモ其契約ノ解除ヲ爲スコトヲ得

字解 當事者トハ代理契約ヲ取結フ者卽チ本人ト代理商トヲ併稱スルヲ云フ

契約ノ期間トハ代理又ハ媒介ヲ委托セル契約ノ引續ク期間ヲ云フ例ヘハ何月ヨリ何月マテ何ケ月間又ハ何年ヨリ何年マテ何ケ年間ト云フノ類ナリ

義解 本條ハ本人ト代理商トノ間ニ成立セル契約ノ解除權ヲ規定ス

本人カ營業ノ部類ニ屬スル商行爲ノ代理又ハ媒介ヲ委任スルヤ契約ノ期間ヲ定ムルコトアリ又ハ期間ヲ定メサルコトアルヘシ。其期間ヲ定メタル場合ハ各當事者ヨリ何時ニテモ隨意ニ契約ノ解除ヲ爲スコトヲ得ス其約定セル期間滿了ヲ俟タサルヘカラス。又期間ノ定メナキ場合ハ本人ハ代理商ニ對シ又代理商ハ本人ニ對シテ契約解除ノ旨ヲ二ケ月前ヨリ豫メ告知シ置キ以テ契約解除ヲ爲スコトヲ得ルモノトス。此豫告ヲ要スル所以ハ若シ本人又ハ代理商ニ於テ突然今日ヨリ代理ヲ止ムヘシト申出ツルカ如キコトアラン乎本人ハ直チニ之ニ代ハルヘキ者ヲ選定セントスルモ容易ニ得ヘカラサルコトアリ又代理商ハ直チニ他ニ轉スヘキ爲メ頁家ヲ捜索スルモ遽カニ適當ノ商家ヲ得サルコトアリテ双方何レニシテモ迷惑ヲ蒙ムルコトナシトセス。故ニ双方ノ利益ヲ保護シ商業ノ安全ヲ計ル爲メ本條ノ規定ヲ設ケタリ。右ノ如ク期間ノ約定アルトキハ其期間滿了ニ至ルマテ又其約定ナキトキハ二ケ月前ニ豫告スルニアラサレハ契約ノ解除ヲ爲スヲ得サルヲ原則トスルモ。若シ已ムヲ得サル事由アルトキハ期間ノ有無ニ拘ハラス各當事者ハ何時ニテモ直チニ其契約ノ解除ヲ爲スコトヲ得ルモノトス」已ムコトヲ得サル事由トハ例ヘハ代理商ノ父母病氣ノ爲メ歸省スル如キ代理商カ官吏ニ任セラレ商業ヲ爲スコト能ハサルニ至リシ如キ又ハ商況視察ノ爲メ洋行スル如キ場合ヲ云フ。

問答

問 豫告後二ケ月間ヲ經過スルニアラサレハ契約ノ解除ヲ爲シ得サルヤ。

答 本人カ代理商ニ對シ從來支拂ヘル報酬ヲ將來二ケ月分支拂フトキハ卽時ニ解除ヲ爲シ得ヘシ。

第四十一條 代理商ハ商行爲ノ代理又ハ媒介ヲ爲シタルニ因リテ生シタル債

權ニ付キ本人ノ爲メニ占有スル物ヲ留置スルコトヲ得但別段ノ意思表示アリタルトキハ此限ニ在ラス

字解　留置トハ支拂ヲ滿足ニ得ンカ爲メ自己ノ手許ニ在ル物件ニシテ本人ノ所有ニ歸スヘキ物ヲ留メ置キテ引渡サヽルヲ云フ。

義解　本條ハ代理商ノ有スル留置權ヲ規定ス

代理商カ商行爲ノ代理又ハ媒介ヲ爲シタルニ因リ生シタル債權即チ手數料、前貸金、立替金、費用及ヒ利息等ノ請求權ヲ有スル場合ニハ。代理商カ本人ノ爲メ占有スル物ニ付其債權ニ關係アルト否トニ拘ラス之ヲ其債權ノ擔保トシテ當然留置スルヲ得ルモノトス。但別段ノ意思表示即チ此場合ニモ代理商カ本人ノ爲メニ占有スル物件ヲ留置スヘカラスト約束シタルトキハ其約束ニ從フヘキコト勿論ニシテ。代理商ハ自己ノ隨意ニ留置スルコトヲ得サルモノトス。

普通民法ノ原則ニ依レハ他人ノ物ノ占有者ハ其物ニ關シテ債權ヲ生シタル場合ニ限リ其債權ノ辨濟ヲ受クルマテ其物ヲ留置スルコトヲ得ルモ債權ト關係ナキ物ノ上ニ留置權ヲ行フコトヲ得サルモノトセリ。例ヘハ代理商カ委託ノ物品ニ對シテ立替金アル場合ニ其物品ヲ留置スル事ハ其立替金即チ債權ニ關係アルヲ以テ之ヲ許ストモ先キニ爲シタル別個ノ代理又ハ媒介ノ手數料支拂ノ爲メ其委託物品ヲ留置スル如キハ債權ト何等ノ關係ナキヲ以テ之ヲ許サスト云フニ在リ。若シ此原則ヲ代理商ノ場合ニ適用センカ代理商ハ本人ノ爲メ數多ノ取引ヲ處理シ爲メニ幾個ノ債權ヲ生スヘキヲ通例トスルニ拘ラス其債權ト關係アル物品ニアラサレハ留置スルヲ得ストセハ債務ヲ負ヘル本人ノ物品ヲ現ニ所持シナカラ看々損失ヲ被ラサルヘカラサルノ場合ヲ生シ代理商ヲ保護スルコト薄キニ過クルヲ以テ商法ハ其債權ト占有セル物品ト直接ノ關係縁故ナシト雖モ尚ホ之ヲ留置スルコトヲ得ルモノトシ以テ實際上ノ便利ヲ計リタリ。

參照　民法第二百九十六條　留置權者ハ債權ノ全部ノ辨濟ヲ受クルマテハ留置物ノ全部ニ付キ其權利ヲ行フコトヲ得

民法第二百九十七條　留置權者ハ留置物ヨリ生スル果實ヲ收取シ他ノ債權者ニ先チテ之ヲ其債權ノ辨濟ニ充當スルコトヲ得

前項ノ果實ハ先ツ之ヲ債權ノ利息ニ充當シ尚ホ餘剩アルトキハ之ヲ元本ニ充當スルコトヲ要ス

民法第二百九十八條　留置權者ハ善良ナル管理者ノ注意ヲ以テ留置物ヲ占有スルコトヲ要ス

留置權者ハ債務者ノ承諾ナクシテ留置物ノ使用若クハ賃貸ヲ爲シ又ハ之ヲ擔保ニ供ス

ルコトヲ得ス但其物ノ保存ニ必要ナル使用ヲ爲スハ此限ニ在ラス
留置權者カ前二項ノ規定ニ違反シタルトキハ債務者ハ留置權ノ消滅ヲ請求スルコトヲ得
民法第二百九十九條　留置權者カ留置物ニ付キ必要費ヲ出シタルトキハ所有者ヲシテ其償還ヲ爲サシムルコトヲ得
留置權者カ留置物ニ付有益費ヲ出シタルトキハ其價格ノ增加カ現存スル場合ニ限リ所有者ノ選擇ニ從ヒ其費シタル金額又ハ增價額ヲ償還セシムルコトヲ得但裁判所ハ所有者ノ請求ニ因リ之ニ相當ノ期限ヲ許與スルコトヲ得
民法第三百一條　債務者ハ相當ノ擔保ヲ供シテ留置權ノ消滅ヲ請求スルコトヲ得
民法第三百二條　留置權ハ占有ノ喪失ニ因リテ消滅ス但第二百九十八條第二項ノ規定ニ依リ賃貸又ハ質入ヲ爲シタル場合ハ此限ニ在ラス

問答

問　債權ノ擔保トシテ留置スルコトヲ得ヘキ物品ハ本人ノ所有物ニ限ルヤ。
答　必シモ本人ノ所有物タルヲ要セス本人ノ爲メニ本人ヨリ受取リシ第三者ノ所有物本人ノ爲メ第三者ヨリ受取リタル第三者ノ所有物ハ悉ク留置スルコトヲ得ルモノトス
問　支拂時期前ノ債權擔保ノ爲メ留置權ヲ行フコトヲ得ルヤ。

答 支拂時期前ノ債權ニ付テハ留置權ヲ行フコトヲ得ス。

第二編　會社

第一章　總則

本章ハ本編ニ規定セル第二章乃至第六章ノ各種會社ニ適用スヘキ通則ナリ。

第四十二條　本法ニ於テ會社トハ商行爲ヲ爲スヲ業トスル目的ヲ以テ設立シタル社團ヲ謂フ

義解　本條ハ商事會社ノ定義ヲ下シテ其性質ヲ明ニシ民法其他ノ法令ニ於ケル會社ト區別ヲ立タリ。凡ソ會社ハ其目的ニ依リ之レヲ二種ニ區別スルコトヲ得ヘシ。一ハ民事行爲ヲ爲スヲ目的トスルモノニシテ民法第三十三條以下ニ規定スル如ク祭祀、宗教、慈善、學術、技藝其他公益ニ關スル社團又ハ財團ニシテ。一ハ本法ニ規定スル如ク商行爲ヲ爲スヲ業トスルヲ目的トスル社團卽チ會社ナリ。所謂商事會社ナルモノハ普通契約ノ成立及ヒ有效ナルニ必要ノ條件ヲ具備スル外尙ホ左ノ特別條件ヲ具備スルコトヲ要ス。

(一)　商行爲ヲ爲スヲ業トスル目的ナルコト○會社ノ營業ハ本法第二百六十三條以下ノ規定ニ列擧セル各事項ヲ日常繼續シテ營ムコトヲ要シ一時ノ商取引ヲ爲スカ如キハ商事會社ニアラ

ス。

(二)社團ナルコト○社團トハ二人以上相結合シテ一ノ團體ヲ組織スルモノヲ云フ。

參照

第一節　法人ノ設立

民法第三十三條　法人ハ本法其他ノ法律ノ規定ニ依ルニ非サレハ成立スルコトヲ得ス

民法第三十四條　祭祀、宗敎、慈善、學術、技藝其他公益ニ關スル社團又ハ財團ニシテ營利ヲ目的トセサルモノハ主務官廳ノ許可ヲ得テ之ヲ法人ト爲スコトヲ得

民法第三十五條　營利ヲ目的トスル社團ハ商事會社設立ノ條件ニ從ヒ之ヲ法人ト爲スコトヲ得

前項ノ社團法人ニハ總テ商事會社ニ關スル規定ヲ準用ス

民法第三十六條　外國法人ハ國、國ノ行政區畫及ヒ商事會社ヲ除ク外其成立ヲ認許セス但シ法律又ハ條約ニ依リテ認許セラレタルモノハ此限ニ在ラス

前項ノ規定ニ依リテ認許セラレタル外國法人ハ日本ニ成立スル同種ノ者ト同一ノ私權ヲ有ス但外國人カ享有スルコトヲ得サル權利及ヒ法律又ハ條約中ニ特別ノ規定アルモノハ此限ニ在ラス

民法第三十七條　社團法人ノ設立者ハ定款ヲ作リ之ニ左ノ事項ヲ記載スルコトヲ要ス

一　目的

二　名稱
三　事務所
四　資産ニ關スル規定
五　理事ノ任免ニ關スル規定
六　社員タル資格ノ得喪ニ關スル規定

民法第三十八條　社團法人ノ定款ハ總社員ノ四分ノ三以上ノ同意アルトキニ限リ之ヲ變更スルコトヲ得但定款ニ別段ノ定アルトキハ此限ニ在ラス
定款ノ變更ハ主務官廳ノ認可ヲ受クルニ非サレハ其效力ヲ生セス

民法第三十九條　財團法人ノ設立者ハ其設立ヲ目的トスル寄附行爲ヲ以テ第三十七條第一號乃至第五號ニ揭ケタル事項ヲ定ムルコトヲ要ス

民法第四十條　財團法人ノ設立者カ其名稱、事務所又ハ理事任免ノ方法ヲ定メスシテ死亡シタルトキハ裁判所ハ利害關係人又ハ檢事ノ請求ニ因リ之ヲ定ムルコトヲ要ス

民法第四十一條　生前處分ヲ以テ寄附行爲ヲ爲ストキハ贈與ニ關スル規定ヲ準用ス
遺言ヲ以テ寄附行爲ヲ爲ストキハ遺贈ニ關スル規定ヲ準用ス

民法第四十二條　生前處分ヲ以テ寄附行爲ヲ爲シタルトキハ寄附財産ハ法人設立ノ許可アリタル時ヨリ法人ノ財産ヲ組成ス

遺言ヲ以テ寄附行爲ヲ爲シタルトキハ寄附財產ハ遺言カ效力ヲ生シタル時ヨリ法人ニ歸屬シタルモノト看做ス

民法第四十三條　法人ハ法令ノ規定ニ從ヒ定款又ハ寄附行爲ニ因リテ定マリタル目的ノ範圍內ニ於テ權利ヲ有シ義務ヲ負フ

民法第四十四條　法人ハ理事其他ノ代理人カ其職務ヲ行フニ付キ他人ニ加ヘタル損害ヲ賠償スル責ニ任ス

法人ノ目的ノ範圍內ニ在ラサル行爲ニ因リテ他人ニ損害ヲ加ヘタルトキハ其事項ノ議決ヲ賛成シタル社員、理事及之ヲ履行シタル理事其他ノ代理人連帶シテ其賠償ノ責ニ任ス

民法第四十五條　法人ハ其設立ノ日ヨリ二週間內ニ各事務所ノ所在地ニ於テ登記ヲ爲スコトヲ要ス

法人ノ設立ハ其主タル事務所ノ所在地ニ於テ登記ヲ爲スニ非サレハ之ヲ以テ他人ニ對抗スルコトヲ得ス

法人設立ノ後新ニ事務所ヲ設ケタルトキハ一週間內ニ登記ヲ爲スコトヲ要ス

民法第四十六條　登記スヘキ事項左ノ如シ

一　目的

二　名稱

三　事務所
四　設立許可ノ年月日
五　存立時期ヲ定メタルトキハ其時期
六　資產ノ總額
七　出資ノ方法ヲ定メタルトキハ其方法
八　理事ノ氏名、住所
前項ニ揭ケタル事項中ニ變更ヲ生シタルトキハ一週間內ニ其登記ヲ爲スコトヲ要ス登記前ニ在リテハ其變更ヲ以テ他人ニ對抗スルコトヲ得ス
民法第四十七條　第四十五條第一項及ヒ前條ノ規定ニ依リ登記スヘキ事項ニシテ官廳ノ許可ヲ要スルモノハ其許可書ノ到達シタル時ヨリ登記ノ期間ヲ起算ス
民法第四十八條　法人カ其事務所ヲ移轉シタルトキハ舊所在地ニ於テハ一週間內ニ移轉ノ登記ヲ爲シ新所在地ニ於テハ同期間內ニ第四十六條第一項ニ定メタル登記ヲ爲スコトヲ要ス
同一ノ登記所ノ管轄區域內ニ於テ事務所ヲ移轉シタルトキハ其移轉ノミノ登記ヲ爲スコトヲ要ス
民法第四十九條　第四十五條第三項、第四十六條及ヒ前條ノ規定ハ外國法人カ日本ニ事務

所ヲ設ケタル場合ニモ亦之ヲ適用ス但外國ニ於テ生シタル事項ニ付テハ其通知ノ到達シタル時ヨリ登記ノ期間ヲ起算ス

外國法人カ始メテ日本ニ事務所ヲ設ケタルトキハ其事務所ノ所在地ニ於テ登記ヲ爲スマテハ他人ハ其法人ノ成立ヲ否認スルコトヲ得

民法第五十條　法人ノ住所ハ其主タル事務所ノ所在地ニ在ルモノトス

民法第五十一條　法人ハ設立ノ時及ヒ毎年初ノ三ケ月内ニ財産目錄ヲ作リ常ニ之ヲ事務所ニ備ヘ置クコトヲ要ス但特ニ事業年度ヲ設クルモノハ設立ノ時及ヒ其年度ノ終ニ於テ之ヲ作ルコトヲ要ス

社團法人ハ社員名簿ヲ備ヘ置キ社員ノ變更アル毎ニ之ヲ訂正スルコトヲ要ス

第二節　法人ノ管理

民法第五十二條　法人ニハ一人又ハ數人ノ理事ヲ置クコトヲ要ス

理事數人アル場合ニ於テ定款又ハ寄附行爲ニ別段ノ定ナキトキハ法人ノ事務ハ理事ノ過半數ヲ以テ之ヲ決ス

民法第五十三條　理事ハ總テ法人ノ事務ニ付キ法人ヲ代表ス但定款ノ規定又ハ寄附行爲ノ趣旨ニ違反スルコトヲ得ス又社團法人ニ在リテハ總會ノ決議ニ從フコトヲ要ス

民法第五十四條　理事ノ代理權ニ加ヘタル制限ハ之ヲ以テ善意ノ第三者ニ對抗スルコト

ヲ得ス

民法第五十五條　理事ハ定款、寄附行爲又ハ總會ノ決議ニ依リテ禁止セラレサルトキニ限リ特定ノ行爲ノ代理ヲ他人ニ委任スルコトヲ得

民法第五十六條　理事ノ缺ケタル場合ニ於テ遲滯ノ爲メ損害ヲ生スル虞アルトキハ裁判所ハ利害關係人又ハ檢事ノ請求ニ因リ假理事ヲ選任ス

民法第五十七條　法人ト理事トノ利益相反スル事項ニ付テハ理事ハ代理權ヲ有セス此場合ニ於テハ前條ノ規定ニ依リテ特別代理人ヲ選任スルコトヲ要ス

民法第五十八條　法人ニハ定款、寄附行爲又ハ總會ノ決議ヲ以テ一人又ハ數人ノ監事ヲ置クコトヲ得

民法第五十九條　監事ノ職務左ノ如シ

一　法人ノ財產ノ狀況ヲ監查スルコト

二　理事ノ業務執行ノ狀況ヲ監查スルコト

三　財產ノ狀況又ハ業務ノ執行ニ付キ不整ノ廉アルコトヲ發見シタルトキハ之ヲ總會又ハ主務官廳ニ報告スルコト

四　前號ノ報告ヲ爲ス爲メ必要アルトキハ總會ヲ招集スルコト

民法第六十條　社團法人ノ理事ハ少クトモ毎年一回社員ノ通常總會ヲ開クコトヲ要ス

民法第六十一條　社團法人ノ理事ハ必要アリト認ムルトキハ何時ニテモ臨時總會ヲ招集スルコトヲ得
總社員ノ五分ノ一以上ヨリ會議ノ目的タル事項ヲ示シテ請求ヲ爲シタルトキハ理事ハ臨時總會ヲ招集スルコトヲ要ス但此定數ハ定款ヲ以テ之ヲ增減スルコトヲ得
民法第六十二條　總會ノ招集ハ少クトモ五日前ニ其會議ノ目的タル事項ヲ示シ定款ニ定メタル方法ニ從ヒテ之ヲ爲スコトヲ要ス
民法第六十三條　社團法人ノ事務ハ定款ヲ以テ理事其他ノ役員ニ委任シタルモノヲ除ク外總テ總會ノ決議ニ依リテ之ヲ行フ
民法第六十四條　總會ニ於テハ第六十二條ノ規定ニ依リテ豫メ通知ヲ爲シタル事項ニ付テノミ決議ヲ爲スコトヲ得但定款ニ別段ノ定アルトキハ此限ニ在ラス
民法第六十五條　各社員ノ表決權ハ平等ナルモノトス
總會ニ出席セサル社員ハ書面ヲ以テ表決ヲ爲シ又ハ代理人ヲ出スコトヲ得
前二項ノ規定ハ定款ニ別段ノ定アル場合ニハ之ヲ適用セス
民法第六十六條　社團法人ト或社員トノ關係ニ付キ議決ヲ爲ス場合ニ於テハ其社員ハ表決權ヲ有セス
民法第六十七條　法人ノ業務ハ主務官廳ノ監督ニ屬ス

主務官廳ハ何時ニテモ職權ヲ以テ法人ノ業務及ヒ財產ノ狀況ヲ檢査スルコトヲ得

第三節　法人ノ解散

民法第六十八條　法人ハ左ノ事由ニ因リテ解散ス

一　定款又ハ寄附行爲ヲ以テ定メタル解散事由ノ發生

二　法人ノ目的タル事業ノ成功又ハ其成功ノ不能

三　破產

四　設立許可ノ取消

社團法人ハ前項ニ揭ケタル場合ノ外左ノ事由ニ因リテ解散ス

一　總會ノ決議

二　社員ノ缺亡

民法第六十九條　社團法人ハ總社員ノ四分ノ三以上ノ承諾アルニ非サレハ解散ノ決議ヲ爲スコトヲ得ス但定款ニ別段ノ定アルトキハ此限ニ在ラス

民法第七十條　法人カ其債務ヲ完濟スルコト能ハサルニ至リタルトキハ裁判所ハ理事若クハ債權者ノ請求ニ因リ又ハ職權ヲ以テ破產ノ宣告ヲ爲ス

前項ノ場合ニ於テ理事ハ直チニ破產宣告ノ請求ヲ爲スコトヲ要ス

民法第七十一條　法人カ其目的以外ノ事業ヲ爲シ又ハ設立ノ許可ヲ得タル條件ニ違反シ

其他公益ヲ害スヘキ行爲ヲ爲シタルトキハ主務官廳ハ其許可ヲ取消スコトヲ得

民法第七十二條　解散シタル法人ノ財產ハ定款又ハ寄附行爲ヲ以テ指定シタル人ニ歸屬ス

定款又ハ寄附行爲ヲ以テ歸屬權利者ヲ指定セス又ハ之ヲ指定スル方法ヲ定メサリシトキハ理事ハ主務官廳ノ許可ヲ得テ其法人ノ目的ニ類似セル目的ノ爲メニ其財產ヲ處分スルコトヲ得但社團法人ニ在リテハ總會ノ決議ヲ經ルコトヲ要ス

前二項ノ規定ニ依リテ處分セラレサル財產ハ國庫ニ歸屬ス

民法第七十三條　解散シタル法人ハ清算ノ目的ノ範圍內ニ於テハ其清算ノ結了ニ至ルマテ尙ホ存續スルモノト看做ス

民法第七十四條　法人カ解散シタルトキハ破產ノ場合ヲ除ク外理事其清算人ト爲ル但定款若クハ寄附行爲ニ別段ノ定アルトキ又ハ總會ニ於テ他人ヲ選任シタルトキハ此限ニ在ラス

民法第七十五條　前條ノ規定ニ依リテ清算人タル者ナキトキ又ハ清算人ノ缺ケタル爲メ損害ヲ生スル虞アルトキハ裁判所ハ利害關係人若クハ檢事ノ請求ニ因リ又ハ職權ヲ以テ清算人ヲ選任スルコトヲ得

民法第七十六條　重要ナル事由アルトキハ裁判所ハ利害關係人若クハ檢事ノ請求ニ因リ

又ハ職權ヲ以テ淸算人ヲ解任スルコトヲ得

民法第七十七條　淸算人ハ破產ノ場合ヲ除ク外解散後一週間內ニ其氏名、住所及ヒ解散ノ原因、年月日ノ登記ヲ爲シ又何レノ場合ニ於テモ之ヲ主務官廳ニ届出ツルコトヲ要ス

淸算中ニ就職シタル淸算人ハ就職後一週間內ニ其氏名、住所ノ登記ヲ爲シ且之ヲ主務官廳ニ届出ツルコトヲ要ス

民法第七十八條　淸算人ノ職務左ノ如シ

一　現務ノ結了

二　債權ノ取立及ヒ債務ノ辨濟

三　殘餘財產ノ引渡

淸算人ハ前項ノ職務ヲ行フ爲メニ必要ナル一切ノ行爲ヲ爲スコトヲ得

民法第七十九條　淸算人ハ其就職ノ日ヨリ二ケ月內ニ少クトモ三回ノ公告ヲ以テ債權者ニ對シ一定ノ期間內ニ其請求ノ申出ヲ爲スヘキ旨ヲ催告スルコトヲ要ス但其期間ハ二ケ月ヲ下ルコトヲ得ス

前項ノ公告ニハ債權者カ期間內ニ申出ヲ爲ササルトキハ其債權ハ淸算ヨリ除斥セラルヘキ旨ヲ附記スルコトヲ要ス但淸算人ハ知レタル債權者ヲ除斥スルコトヲ得ス

淸算人ハ知レタル債權者ニハ各別ニ其申出ヲ催告スルコトヲ要ス

民法第八十條 前條ノ期間後ニ申出テタル債權者ハ法人ノ債務完濟ノ後未タ歸屬權利者ニ引渡サヽル財産ニ對シテノミ請求ヲ爲スコトヲ得

民法第八十一條 清算中ニ法人ノ財産カ其債務ヲ完濟スルニ不足ナルコト分明ナルニ至リタルトキハ清算人ハ直チニ破産宣告ノ請求ヲ爲シテ其旨ヲ公告スルコトヲ要ス

清算人ハ破産管財人ニ其事務ヲ引渡シタルトキハ其任ヲ終ハリタルモノトス

本條ノ場合ニ於テ既ニ債權者ニ支拂ヒ又ハ歸屬權利者ニ引渡シタルモノアルトキハ破産管財人ハ之ヲ取戻スコトヲ得

民法第八十二條 法人ノ解散及ヒ清算ハ裁判所ノ監督ニ屬ス

裁判所ハ何時ニテモ職權ヲ以テ前項ノ監督ニ必要ナル檢査ヲ爲スコトヲ得

民法第八十三條 清算カ結了シタルトキハ清算人ハ之ヲ主務官廳ニ居出ツルコトヲ要ス

第四節 罰則

民法第八十四條 法人ノ理事、監事又ハ清算人ハ左ノ場合ニ於テハ五圓以上二百圓以下ノ過料ニ處セラル

一 本章ニ定メタル登記ヲ爲スコトヲ怠リタルトキ

二 第五十一條ノ規定ニ違反シ又ハ財産目錄若クハ社員名簿ニ不正ノ記載ヲ爲シタルトキ

三　第六十七條又ハ第八十二條ノ場合ニ於テ主務官廳又ハ裁判所ノ檢査ヲ妨ケタルトキ

四　官廳又ハ總會ニ對シ不實ノ申立ヲ爲シ又ハ事實ヲ隱蔽シタルトキ

五　第七十條又ハ第八十一條ノ規定ニ反シ破產宣告ノ請求ヲ爲スコトヲ怠リタルトキ

六　第七十九條又ハ第八十一條ニ定メタル公告ヲ爲スコトヲ怠リ又ハ不正ノ公告ヲ爲シタルトキ

問答　問　學校、病院、育兒院ノ如キ公益ヲ目的トスル社團ハ會社ノ名稱ヲ冒スヲ得サルヤ。

答　然リ。ソレ等ハ社團ナルモ其目的商行爲ヲ爲スニアラサルヲ以テ民法ノ所謂社團法人ニ屬シ商事會社ニアラス。

問　營利ヲ目的トスル社團法人タリトモ民法ノ規定ニ從フヘキヤ。

答　營利ヲ目的トスル社團法人ハ商事會社ノ規定ニ準據スヘキモノトス。

第四十三條　會社ハ合名會社、合資會社、株式會社及ヒ株式合資會社ノ四種トス

義解　本條ハ商事會社ノ種類ヲ規定セリ。

會社ハ前條ニ規定スル如ク商行爲ヲ營業トスルノ目的ヲ以テ設立スルモノナリト雖モ。商行爲ヲ業トスル目的ナル以上ハ如何ナル會社ヲモ隨意ニ設立スルヲ得ヘキモノニアラス。法律ハ之ヲ限定シテ合名會社、合資會社、株式會社、株式合資會社ノ四種トシ其他ノ種類ニ屬スルモノハ之ヲ設立スルコトヲ得ストセリ。若シ此制限ナカラシメン乎違法ノ會社陸續勃興シ商業ノ發達ヲ妨害スルノ虞アルノミナラス。會社ニ關スル法律關係ヲ整頓シ社員、株主及ヒ第三者ノ利益ヲ保護シ併セテ之ニ對スル主務省及ヒ府縣廳ノ監督上極メテ不便ナルヘキヲ以テナリ。合名會社、合資會社、株式會社ハ從來之カ設立ヲ認メタルモ株式合資會社ハ本法ノ創設ニ係ルモノナリ。

第四十四條 會社ハ之ヲ法人トス

會社ノ住所ハ其本店ノ所在地ニ在ルモノトス

義解 本條ハ會社ノ法人タルコト及ヒ法人ノ住所ヲ規定セリ。

所謂法人トハ自然人ノ如ク形體ノ存在スルモノニアラス。人ノ集合體ニ對シ法律ノ假想ニ依リ之ニ人格ヲ附與シテ權利義務ノ主體ト認メタル無形人ヲ謂ヒ。一商人ト同シク自己ノ名ヲ以テ獨立シテ諸般ノ取引契約ヲ爲スコトヲ得ルモノトス。

茲ニ法律上會社ヲ法人ト認ムルニ因リ生スル結果ノ一二例ヲ擧示スレハ左ノ如シ。
い　會社ノ資本ハ社員ノ共有ニ非スシテ會社ナル法人一己ノ所有ニ屬ス。
ろ　會社ノ債務ハ社員ニ對シテ請求スルコトヲ得ス。但會社ノ財産ニシテ債務ヲ完濟スルコト能ハサルトキ無限責任社員アルトキハ其社員ニ限リ結局其請求ニ應セサルヲ得ス。
は　社員一己ノ債務ハ會社ニ對シテ請求スルコトヲ得ス。
に　會社ノ債權者ハ會社ノ財産ニ對シ社員ノ債權者ニ優先シテ辨濟ヲ受クルノ權利ヲ有ス。
ほ　會社ノ債務者カ社員ノ債權者タル場合タリトモ債務ノ相殺ヲ爲スコトヲ得ス。
へ　會社ノ名義ヲ以テ動産、不動産ヲ所有シ得ルコト。
と　訴訟上會社ノ名義ヲ以テ原告又ハ被告ト爲ルコトヲ得ルコト。
ち　會社資本ノ全體カ假令不動産ヨリ成立ツモ社員ノ會社ニ對スル權利ハ動産ナリ。
會社既ニ法人タル以上ハ自然人カ生活ノ本據ヲ有スルト同シク法人モ亦住所ヲ有セサルヘカラサルニ因リ。法律ハ會社本店ノ所在地ヲ以テ其住所ト認定シタリ。故ニ民法第四百八十四條又ハ本法第二百七十八條ノ規定ニ依リ會社カ辨濟ヲ爲スヘキ場合ハ其本店ノ所在地ニ於テ之ヲ爲スモノトス。其他民事訴訟ニ關シ其裁判籍ヲ定ムルモ本店ノ所在地ナリトス。

參照 民法第四百八十四條 辨濟ヲ爲スヘキ場所ニ付キ別段ノ意思表示ナキトキハ特定物ノ引渡ハ債權發生ノ當時其物ノ存在セシ場所ニ於テ之ヲ爲シ其他ノ辨濟ハ債權者ノ現時ノ住所ニ於テ之ヲ爲スコトヲ要ス

問答 問 會社支店ノ債務辨濟モ本店所在地ニテ之ヲ爲スヘキヤ。

答 支店ニ於テ爲シタル取引ニ付テハ其支店ヲ以テ住所ト看做スカ故此場合ハ支店所在地ニ於テ辨濟スヘキモノトス。

第四十五條 會社ノ設立ハ其本店ノ所在地ニ於テ登記ヲ爲スニ非サレハ之ヲ以テ第三者ニ對抗スルコトヲ得ス

義解 本條ハ會社ハ設立ヲ第三者ニ對抗スルコトヲ得ルニ付テノ條件ヲ規定セリ。會社ノ設立ナシテ第三者ニ對抗スルコトヲ得ントスルニハ其種類ノ如何ヲ問ハス會社本店ノ所在地ヲ管轄スル裁判所（區裁判所又ハ其出張所）ニ於テ登記ノ手續ヲ經ルコトヲ要シ。登記前ニ在テハ第三者ニ對シテ會社タルノ效ナキモノトス。蓋シ會社カ第三者ト取引契約ヲ爲シ權利義務ノ關係ヲ生スル場合ニ當リ其會社ノ設立アリシコトヲ世間ニ公告セサルトキハ第三者ハ其設立アリタルコトヲ知ルニ由ナシ。其之ヲ知ラシムルノ方法ヲ盡サスシテ陰然效力ヲ發生スルモノトセハ第三者ハ不測ノ損害ヲ被ムルコトナシトセス。是レ會社設立登記ノ必要ナル所以ナリ。而シテ各會社ノ種類ニ從ヒテ當事者卽チ社員間ニ會社ノ設立アルノ時期一樣ナラス。合名會社、合資會社ニ在テハ定款作成ノトキ（四九、一〇五參照）ニ會社設立セラレ又株式會社ニ在テハ發起人カ總株式ヲ引受ケタルトキニ會社設立セラレ引受ケサルトキハ創立總會ノ終結ヲ以テ會社設立セラル（一二三、一三九參照）株式合資會社ニ於ケルモ亦之ト同一ナリ。（二三六參照）

右ノ如ク會社設立ヲ告ケタルトキハ社員相互間ニ在テハ會社契約ノ效力既ニ發生スト雖モ社員外ナル第三者ニ對シテハ未タ其效力ヲ發生セサルニ因リ之ニ對抗シテ會社ノ設立ヲ主張スルコトヲ得サルモノトス。

玆ニ注意スヘキハ本條ノ登記ハ會社設立ニ必要ナル條件ニ非スシテ會社ノ設立ヲ第三者ニ對抗スルノ必要條件ナルコト是レナリ。

問答

問　社員カ會社設立ノ登記前ニ於テ會社ヲ代表シ第三者ト取引シタルトキハ如何ナル效果ヲ生スルヤ。

答　其取引ハ社員ト相手方ナル第三者トノ間ニ效力アルニ止マリ會社ノ取引ト爲スコトヲ得ス。但社員相互ノ間ニ在テハ取引ニ因リテ生シタル損益ヲ分擔スヘキハ勿論ナリ。

問 會社設立登記前及其登記後公告前ノ間ニ於ケル取引ハ第三者ニ對シ如何ナル效力アリヤ。
答 會社設立登記前ニ在テハ第三者ノ善意ナルト惡意ナルトヲ問ハス會社ノ設立ヲ對抗スルコトヲ得スト雖モ。登記後公告前ニ在テハ第三者ノ善意ナルト惡意ナルトヲ問ハス之ニ對抗スルコトヲ得ルモノトス。
問 本店及ヒ支店アルトキハ其本店及ヒ支店ノ所在地ニ於テ登記ヲ爲スニ非サレハ第三者ニ對シ會社設立ノ效ナキヤ。
答 本店所在地ニ於テ登記ヲ爲セハ未タ支店所在地ニ於テ登記ヲ爲サヽルモ第三者ニ對抗スルコトヲ得ルモノトス。
問 本店支店アルトキ先ツ支店所在地ニ於テ登記ヲ爲シタルトキハ其效力如何。
答 本店所在地ニ登記セス先ツ支店所在地ニテ登記ヲ爲スモ本店所在地ニ於テ登記ヲナスニ非サレハ支店所在地ニ於テ登記ノ效力ナシ。
問 例ヘハ甲乙丙ノ三社員ヨリ成レル印刷會社ヲ設立シ未タ登記ヲ爲サヽル前ニ在テ甲カ第三者ヨリ印刷器械ヲ購買シタルトキ會社ハ其代價ヲ支拂フヘキ義務アリヤ。
答 此場合ハ第三者ハ會社ノ成立ヲ主張スルコトヲ得ルカ故其代價ハ會社ニ於テ支拂フヘキ義

務アリ。

問　甲ナル社員カ會社資本ニ供スル爲メ會社所有ノ家屋ヲ抵當トシ乙者ヨリ借金シタル場合乙者ハ會社設立ヲ知ラサルヲ理由トシテ甲者ニ辨濟ヲ請求スルコトヲ得ルヤ。

答　此場合ハ會社已ニ成立シ債務者ハ乙者ニアラスシテ會社ナレハ乙者ニ請求スルコトヲ得ス。

第四十六條　會社ハ其本店ノ所在地ニ於テ登記ヲ爲スニ非サレハ開業ノ準備ニ着手スルコトヲ得ス

字解　開業ノ準備トハ會社カ營業ヲ始メル用意ヲ云フ。

義解　本條ハ會社開業準備ノ時期ヲ規定セリ。

會社ハ一個人ノ營業ト異リ數人團結シテ資產鞏固ナルヲ以テ世人ノ之ヲ信用スルコト尋常一個人ノ比ニアラス。故ニ奸商輩會社設立ヲ口實トシテ完全ナル組織ヲ裝ヒ開業準備ノミヲ盛大ニシテ世人ヲ欺罔シ不當ノ利得ヲ逞フスルコトナキヲ保シ難シ。此弊害ヲ防キ會社ノ信用ヲ失墜セシメサランカ爲メ法律ハ會社設立ノ登記ヲ爲シ其基礎ヲ確實ニシ第三者ニ對シ其成立ヲ主張スルコトヲ得ル時期ニ至ラサレハ開業ノ準備ニ着手スルヲ得サルモノト定メタリ。

本條ニ所謂開業ノ準備トハ會社ノ目的タル事業其物ニ非スシテ其準備行爲ヲ云フ。例ヘハ鐵道會社ニ在リテ鐵道ノ敷地ヲ買入ルルカ如キ鐵軌ヲ敷設スルカ如キ又ハ織物會社ニ在リテ工場ノ買入、機械ノ購入、工女ノ雇入ノ如キ是ナリ。

會社若シ本條ノ規定ニ違反シ本店ノ所在地ニ於テ未タ登記セサル以前ニ開業ノ準備ニ着手シタルトキハ第二百六十一條第一項第五號ニ依リ過料ニ處セラルヘシ。

問答 問 本店所在地ニ於テ已ニ登記シタルトキハ支店所在地ニ於テ未タ登記セサルモ其支店ハ開業ノ準備ニ着手スルコトヲ得ヘキヤ。

答 然リ。支店所在地ニ於テ登記セサルモ開業ノ準備ニ着手スルコトヲ得ルモノトス。

第四十七條 會社カ本店ノ所在地ニ於テ登記ヲ爲シタル後六ケ月内ニ開業ヲ爲サヽルトキハ裁判所ハ檢事ノ請求ニ因リ又ハ職權ヲ以テ其解散ヲ命スルコトヲ得但正當ノ事由アルトキハ其會社ノ請求ニ因リ此期間ヲ伸長スルコトヲ得

字解 開業トハ會社設立ノ目的タル業務ノ開始ヲ云フ。

職權トハ官廳カ自身ニ進テ職分トシテ處分スルコトヲ云フ。

期間ノ伸長トハ六ケ月間ナリシヲ十ケ月間ニ延ハスノ類ヲ云フ。

義解 本條ハ會社設立後ニ會社カ長ク開業セサル場合ノ處分ヲ規定ス。

會社カ本店所在地ニ於テ設立ノ登記ヲ爲シタル後尚ホ六ケ月ヲ經過スルモ開業ヲ爲サヽル如キハ多クハ會社內部ノ不整頓、基礎ノ不堅固、社員ノ不和合等ノ事情ニ因ルナルヘシ。斯ル有名無實ノ會社ヲシテ長ク存在セシムルトキハ登記ヲ信用シテ取引ヲ爲シタル第三者ニ不測ノ損害ヲ被ラシメ其極遂ニ一般商業會社ノ信用ヲ墜スノ虞アリ。況ンヤ名ヲ會社ニ籍リ世人ヲ詐害スルコトナキヲ保シ難キニ於テヲヤ。此ノ如ク公益上有害ナルヲ以テ裁判所ハ檢事ノ請求ニ因リ又ハ裁判所自身ノ職權ヲ以テ其會社ノ解散ヲ命令スルコトヲ得ルモノトス。

然レトモ會社ノ目的タル事業ノ種類如何ニ依テハ開業ノ準備ニ多クノ時日ヲ費シ往々六ケ月內ニ開業スル能ハサル場合アリ又天災其他ノ事變ニ因リ開業ノ準備ニ沮害ヲ生シ開業スルコト能ハサル場合モアルヘシ。此ノ如キ正當ノ事由アリテ開業スルヲ得サルトキハ會社ハ開業期間ノ伸張ヲ裁判所ニ請求スルコトヲ得ヘク。裁判所ハ其請求ヲ至當ト認ムルトキハ期間ノ伸張ヲ許スコトヲ得ヘキモノトス。

第四十八條 會社カ公ノ秩序又ハ善良ノ風俗ニ反スル行爲ヲ爲シタルトキハ裁判所ハ檢事ノ請求ニ因リ又ハ職權ヲ以テ其解散ヲ命スルコトヲ得

義解 本條ハ會社カ正當ノ營業ヲ目的トシテ開始シ其業務執行中ニ公ノ秩序又ハ善良ナル風俗ニ反スル行爲アリタル場合ノ規定ナリ。

會社カ善良ノ風俗又ハ公ノ秩序ニ反スル事項ヲ目的トシテ設立スル如キハ當初ヨリ絶對的ノ無効ニシテ固ヨリ成立スルコトナシ。然ルニ其設立ノ當初ハ是等ノ事業ヲ目的ト爲スニアラスシテ善良ナリシモ中途ヨリ營業ノ性質一變シテ公安又ハ善良ノ風俗ヲ害スヘキ行爲ヲ爲スニ至リタル場合ハ。裁判所ハ自己ノ職權ヲ以テ又ハ檢事ノ請求ニ因リ其會社ノ解散ヲ命スルコトヲ得ヘキモノトス。

公ノ秩序ニ反スル行爲トハ例ヘハ一ノ製造會社ヲ設立シタル後禁制ヲ犯シテ兵器彈藥ノ製造賣買ヲ爲シタル如キ或ハ海外移民會社カ賣奴ノ輸送ヲ爲シタル如キ或ハ貿易會社カ阿片ノ密輸入ヲ爲シタル如キ或ハ米穀ノ空相場ヲ爲シタル如キヲ云ヒ。又善良ノ風俗ニ反スル行爲トハ例ヘハ旅店會社ヲ設立シタル後其店内ニ於テ禁制ノ賭博又ハ猥褻ノ所業ヲ開設シタル如キ又ハ富籤類似ノ所業ヲ爲シタル如キヲ云フ。

問答　問　一社員カ公ノ秩序又ハ善良ノ風俗ニ反スル行爲ヲ爲シタルトキモ會社カ解散ヲ命セラルヘキカ。

答　否ナ。會社營業ノ全體カ公ノ秩序又ハ善良ノ風俗ニ反スル行爲ヲ爲シタル場合ニアラサレハ解散ヲ命セラルヽコトナシ。

問　會社解散前卽チ成立中ハ尙ホ會社契約ノ效アリヤ。

答　然リ。會社カ解散ヲ命セラルヽマテハ有效ニ成立スルモノナルヲ以テ會社契約ニ依リ諸事ヲ辨スヘキモノトス。

問　會社解散前會社ト第三者ノ間ニ成立シタル契約取引ノ效力如何。

答　其契約取引ニシテ公ノ秩序又ハ善良ノ風俗ニ反セサル限リハ固ヨリ有效ナリトス。

第二章　合名會社

二人以上共通ノ計算ヲ以テ商行爲ヲ爲スヲ業トスルヲ目的トシ金錢又ハ有價物又ハ勞力信用ヲ出資ト爲シテ共同資本ヲ組成シ社員ノ責任其出資ニ止マラサルモノ之ヲ合名會社ト云フ。」

此定義ニ依レハ合名會社ナルモノハ左ノ六ケノ條件ヲ具備スルコトヲ要ス。

一　社員二人以上ナルコト○會社ハ數人相團結シ一ノ社團ヲ組成スルニ因リ成立スルモノ

ニシテ社員單獨ナルトキハ實際會社ノ如キ體裁ヲ裝フモ一個人ノ營業タルコト言ヲ俟タス。

二 共通ノ計算ヲ以テスルコト○共通ノ計算トハ社員相互ニ損益ヲ共分スルノ謂ニシテ若シ利益又ハ損失ノミヲ擧ケテ一社員ニ歸セシムルカ如キハ會社ノ性質ニ反スルモノトス。」

三 商行爲ヲ爲スヲ業トスル目的タルコト○會社ハ平常商行爲(第二六一條以下ニ規定スル事項)ヲ爲スヲ營業トスル目的ナラサルヘカラス彼ノ慈善、學術、技藝其他公益ニ關スル事業ヲ目的トスル如キハ商事會社ニアラス。

四 出資ヲ爲スコト○出資トハ各社員カ會社ノ資本トシテ差入ルヽ資本ノ謂ニシテ金錢ハ勿論一切ノ有價物例ヘハ土地、家屋、專賣特許權、債權其他勞役即學術、技藝ノ知識若クハ身體ノ行働又ハ信用ノ如キハ總テ之ヲ出資ト爲スコトヲ得。

五 共同資本ヲ組成スルコト○共同資本トハ社員ノ共有ニアラスシテ會社タル法人ノ所有資本ヲ云フ會社共同資本ナクンハ獨立シテ商業ヲ營ムコトヲ得ス。

六 社員ノ責任其出資ニ止マラサルコト○會社ノ債務カ資本ヲ超過シ完濟スルコト能ハサルトキハ各社員ハ自己ノ財產ヲ擧ケテ其辨濟ノ義務ヲ履行スヘキモノニシテ即チ社員ハ

無限ノ責任ヲ負フモノトス。

以上六ケノ條件ヲ具備スルモノ之ヲ合名會社トス。而シテ此會社ノ性質トシテ事業ヲ各自己ノ事業ノ如ク經營セントスル場合ニ組織セラルヽモノニシテ通例最モ親密且相信用スル人ノ間ニ於テノミ成立スルモノナルヲ以テ其人ニ重キヲ措キ敢テ物ニ依テ成立スルモノニアラサルナリ。

第一節　設立

第四十九條　合名會社ヲ設立スルニハ定款ヲ作ルコトヲ要ス

義解　本條ハ合名會社設立ノ要件トシテ定款ノ作成ヲ要スルコトヲ規定ス。

定款ハ會社設立ノ基礎ニシテ即チ會社契約ヲ表示スル書面ナリ。此種ノ會社ハ其契約ノ成立シ定款ヲ作成シタルトキハ設立セラレタルモノトス。

此定款ニ記載スヘキ事項ハ次條ニ之ヲ規定セリ。

第五十條　合名會社ノ定款ニハ左ノ事項ヲ記載シ各社員之ニ署名スルコトヲ要ス

一　目的

二 商號
三 社員ノ氏名、住所
四 本店及ヒ支店ノ所在地
五 社員ノ出資ノ種類及ヒ價格又ハ評價ノ標準
本條ハ定款ニ記載スヘキ事項ヲ規定ス。

義解 定款ニ記載スヘキ事項ハ本條第一號乃至第五號ナリ。
一 目的○目的トハ會社ノ爲スヘキ事業ニシテ例之鐵道會社、印刷會社、製糖會社ニ於ケル鐵道事業、印刷事業、製糖事業ノ如キヲ云ヒ其執ル所ノ業務ヲ明定スルモノナリ。
二 商號○商號トハ會社ノ名稱ニシテ其獨立ノ存在ヲ明ニシ且稱呼ニ便ナラシムル爲メ之ヲ設ケシム。
三 社員ノ氏名住所○合名會社ノ社員ハ連帶無限ノ責任ヲ負フカ故ニ其氏名住所ハ社員其人ノ人物及ヒ名望ノ如何ヲ知ルニ必要ナリ。
四 本店及ヒ支店ノ所在地○是レ會社タル法人ノ本據位置ヲ明示シ活働ニ便ナラシムル爲メ之ヲ定メシム。

五　出資ノ種類及ヒ價格又ハ評價ノ標準〇社員ノ出資ハ會社ノ資本ト爲リ會社ハ之ヲ利用シテ事業ヲ營ムモノナレハ其多寡ハ會社ノ利益ニ密接ノ關係ヲ有スルノミナラス。利益ノ配當ヲ爲シ又會社解散ノ場合ニ殘餘財產ヲ分配スルニ付皆之ヲ標準トスルヲ通例トシ。且各社員カ會社ニ對スル義務ノ限度ハ其出資ニ止マルカ故ニ其出資ノ種類及ヒ價格又ハ評價ノ標準ハ之ヲ定款ニ記載スルコト必要ナリ。

出資ノ種類ハ金錢、土地、家屋、商品、發明、專賣特許權、債權、所有權以外ノ權利其他學術、技藝、働役等ノ勞務又ハ信用等ニシテ金錢、土地、家屋等ヲ出資ト爲シタルトキハ豫メ金錢ニ見積リタル價格又信用勞務ヲ出資ト爲シタルトキハ其評價ノ標準（直段ノ目安）ヲ記載スルヲ要ス。

以上ノ五事項ハ必ス定款ニ記載スルコトヲ要ス。若シ其一ヲ缺クトキハ定款タルノ效ナキモノトス。

問答

問　定款ニハ本條五事項ノ外記載スルコトヲ得サルヤ。

答　本條ハ制限的規定ナルヲ以テ五事項以外ノ事項タリトモ記載スルコト會社ノ隨意ナリ。例之開業ノ時期、存立時期、代表社員ヲ定ムル如キハ定款ニ記載シテ妨ナシ。

問　署名ハ自身ノ手記ニアラサルモ有效ナリヤ。
答　他人カ署名ヲ代表スルモ署名ノ效ナシ。
問　自己ノ氏名ヲ活字又ハ印刷等ニ依リ押捺スルモ有效ナリヤ。
答　手記ノ署名アラサレハ無效ナリ。
問　本條ニハ署名トノミアルニ依リ捺印ヲ要セサルヤ。
答　然リ署名ノミヲ以テ足リ捺印ヲ要セス。
問　信用ヲ出資ト爲ストハ如何。
答　名望若クハ聲價アル商人ノ氏名其他ノ名稱ヲ出資トシ其會社ノ商號ニ加フル如キハ其一例ナリ。

第五十一條　會社ハ定款ヲ作リタル日ヨリ二週間内ニ其本店及ヒ支店ノ所在地ニ於テ左ノ事項ヲ登記スルコトヲ要ス
一　前條第一號乃至第三號ニ掲ケタル事項
二　本店及ヒ支店

三　設立ノ年月日

四　存立時期又ハ解散ノ事由ヲ定メタルトキハ其時期又ハ事由

五　社員ノ出資ノ種類及ヒ財産ヲ目的トスル出資ノ價格

六　會社ヲ代表スヘキ社員ヲ定メタルトキハ其氏名

會社設立ノ後支店ヲ設ケタルトキハ其支店ノ所在地ニ於テハ二週間内ニ前項ニ定メタル登記ヲ爲シ本店及ヒ他ノ支店ノ所在地ニ於テハ同期間内ニ其支店ヲ設ケタルコトヲ登記スルコトヲ要ス

本店又ハ支店ノ所在地ヲ管轄スル登記所ノ管轄區域内ニ於テ新ニ支店ヲ設ケタルトキハ其支店ヲ設ケタルコトヲ登記スルヲ以テ足ル

義解　本條ハ會社ノ登記義務ヲ規定ス。

會社ハ前條ノ規定ニ從ヒ定款ヲ作リ會社契約ノ成立シタルトキハ已ニ社員間ニ在テハ會社設立ノ效力アリト雖モ之ヲ以テ未タ第三者ニ對抗スルヿヲ得ス。卽チ會社ハ定款ヲ作リタルニ因リ其基礎確立シタルモ未タ汎ク世間ニ知悉セラレタリト云フヲ得サルヲ以テ第三者ニ對抗セントセハ必ス其設立ノ登記ヲ爲サヽルヘカラス。而メ設立ノ登記ハ定款作成ノ日ヨリ二週間内ニ其本店及ヒ支店ノ所在地ヲ管轄スル裁判所ニ之ヲ請求スルコトヲ要ス。其登記スヘキ事項左ノ如シ。

一　前條第一號乃至第三號ニ揭ケタル事項。卽チ會社設立ノ目的、會社ノ商號、社員ノ氏名住所ニシテ既ニ說述シタレハ玆ニ贅セス。

二　本店及ヒ支店〇本店ト支店トアルトキハ其本店及ヒ支店ノ所在地ニ於テ登記ヲ爲スヲ要シ若シ本店ノミナルトキハ本店ノミノ登記ヲ以テ足レリトス。

三　設立ノ年月日〇會社設立ノ日ハ卽チ定款作成ノ日ナリ。

四　存立時期又ハ解散ノ事由ヲ定メタルトキハ其時期又ハ事由〇存立時期トハ來ル何年何月何日マテ營業ヲ存續スト云フ如キ期限ナリ。時期ハ重モニ時日ヲ以テ定ムヘシト雖モ人ノ生存間又ハ未必條件ヲ以テ時期ト爲スモ亦可ナリ。〇解散事由ハ會社消滅ノ原因ヲ定メタルヲ云フ例之馬車鐵道會社又ハ滊船會社カ其線路又ハ航路ニ沿フテ鐵道ノ敷設セラルアラハ解散セントト定メタルトキノ如シ。

五　社員ノ出資ノ種類及ヒ財產ヲ目的トスル出資ノ價格〇出資ノ種類トハ前條已ニ說述シタレハ玆ニ贅セス。

六　會社ヲ代表スヘキ社員ヲ定メタルトキハ其氏名○會社ヲ代表スヘキ社員トハ定款又ハ總社員ノ同意ヲ以テ特定シタル業務執行社員（社長若クハ頭取ノ如キモノ）ヲ云フ。是等特定ノ代表社員ヲ選任シタルトキハ其他ノ社員ハ業務執行ノ權ナク又之ヲ選任セサルトキハ總社員皆ナ業務執行ノ權アルモノトス。

右六事項中第一號乃至第三號及ヒ第五號ノ事項ハ必ス之ヲ登記スルヲ要シ若シ其一事項ヲ缺クトキハ不適法ノ登記ナリト雖モ第四號及ヒ第六號ノ事項ハ唯タ其定メアリタルトキニ於テノミ之カ登記ヲ必要トスルモノナレハ假令其一ヲ缺クモ登記ハ無効ト爲ルニ非ラス只其事項ヲ以テ第三者ニ對抗スルコトヲ得サルノミトス。

右ハ會社設立ノ時本店及ヒ支店ヲ同時ニ設ケタル場合ノ登記ナルモ。本店設立後ニ支店ヲ設ケタル場合ハ支店所在地ニ於テ其設立ノ日ヨリ二週間內ニ上來列示セル事項ヲ登記スルコトヲ要ス。又之ト同時ニ本店及ヒ他ノ支店所在地ニ於テハ單ニ其支店ヲ設ケタル旨ヲ登記セサルヘカラス。

參照　民法第百四十條　期間ヲ定ムルニ日、週、月又ハ年ヲ以テシタルトキハ期日ノ初日ハ之ヲ算入セス但其期間カ午前零時ヨリ始マルトキハ此限ニ在ラス

民法第百四十三條　期間ヲ定ムルニ週、月又ハ年ヲ以テシタルトキハ暦ニ從ヒテ之ヲ算ス
週、月又ハ年ノ始ヨリ期間ヲ起算セサルトキハ其期間ハ最後ノ週、月又ハ年ニ於テ其起算日ニ應當スル日ノ前日ヲ以テ滿了ス但月又ハ年ヲ以テ期間ヲ定メタル場合ニ於テ最後ノ月ニ應當日ナキトキハ其月ノ末日ヲ以テ滿期日トス

右ハ本店及ヒ支店カ登記所ノ管轄ヲ異ニシタル場合ノ規定ナルモ。若シ本店又ハ支店ノ所在地ヲ管轄スル登記所ノ管轄區域內ニ於テ新ニ支店ヲ設ケタルトキハ。其支店所在地ニ於テハ會社設立ノ登記ト同一ノ登記ヲ爲シ本店及ヒ他ノ支店所在地ニ於テハ單ニ其支店ノ設立アリシコトヲ登記スルノミニテ足レリトス(二六一、一號非訟一七九、一八〇參照)。

參照　非訟事件手續法第百七十九條　合名會社ノ設立ノ登記ハ總社員ノ申請ニ因リテ之ヲ爲ス
申請書ニハ定款ヲ添附シ且社員中ニ未成年者又ハ妻アルトキハ其社員タルコトニ同意ヲ爲スヘキ者ノ同意ヲ證スル書面ヲ添附スルコトヲ要ス

非訟事件手續法第百八十條　合名會社ノ支店ノ設立其本店又ハ支店ノ移轉其他變更ノ登記ハ會社ヲ代表スヘキ總社員ノ申請ニ因リテ之ヲ爲ス
前項ノ申請書ニハ其登記事項ニ付キ總社員ノ同意又ハ或社員ノ一致ヲ要スル場合ニ於テハ會社ヲ代表スヘキ社員ノ定アルトキニ限リ總社員ノ同意又ハ或社員ノ一致アリタ

ルコトヲ證スル書面ヲ添附スルコトヲ要ス
商法第八十三條但書ノ規定ニ依リ裁判所カ或社員ヲ除名シタル場合ニ於ケル變更ノ登記ノ申請書ニハ其判決ノ謄本ヲ添附スルコトヲ要ス
社員ノ氏名、若クハ住所ノ變更ノ登記ハ會社ヲ代表スヘキ社員ノ申請ニ因リテ之ヲ爲スヘシ

問答

問　前條第五號ニハ財産以外ノ勞務信用ノ出資ニ付テモ評價ノ標準ヲ定ムルコトヲ規定シタルニ本條第五號ニハ財産ヲ目的トスル出資ノ價額トアリ其相異ナル理由如何

答　勞務信用ノ價格ノ如キハ第三者ノ利害ニ關係ナケレハ之ヲ評定スルノ必要ナシ

問　本條第二號ノ「本店及ヒ支店」トハ會社ノ種類ニシテ單ニ本店又ハ支店ト記載スルヲ以テ足レリトスルヤ

答　本店及ヒ支店トハ其本店及ヒ支店ノ所在地ヲ指シタルモノナリ

第五十二條　會社カ其本店又ハ支店ヲ移轉シタルトキハ舊所在地ニ於テハ二週間内ニ移轉ノ登記ヲ爲シ新所在地ニ於テハ同期間内ニ前條第一項ニ定メタル登記ヲ爲スコトヲ要ス

同一ノ登記所ノ管轄區域内ニ於テ本店又ハ支店ヲ移轉シタルトキハ其移轉ノミノ登記ヲ爲スコトヲ要ス

義解　本條ハ會社ノ移轉シタル場合ノ登記手續ヲ規定ス。

會社ノ本店又ハ支店カ其設立登記後他ノ裁判所ノ管轄内ニ移轉シタルトキハ舊所在地ニ於テハ二週間内ニ移轉ノ登記ヲ爲シ新所在地ニ於テハ同期間内ニ前條第一項ニ定メタル各事項ノ登記ヲ爲スコトヲ要ス。

又本店又ハ支店カ同一ノ登記所ノ管轄區域内ニ於テ甲地ヨリ乙地ニ移轉シタルトキハ已ニ前條第一項ノ各事項ヲ登記シアレハ再ヒ登記スルノ必要ナク唯タ移轉ノ登記ヲ爲スヲ以テ足ルノミ（前條參照參看）。

第五十三條　第五十一條第一項ニ揭ケタル事項中ニ變更ヲ生シタルトキハ二週間内ニ本店及ヒ支店ノ所在地ニ於テ其登記ヲ爲スコトヲ要ス

義解　本條ハ登記シタル事項ノ變更セル場合ノ登記義務ヲ規定ス

第五十一條第一項ニ揭ケタル第一號乃至第六號ノ登記事項ハ所謂會社設立ノ登記ニシテ世人ハ之ヲ標準トシ會社ヲ信用スルモノナレハ其登記事項ノ變更ハ第三者ノ利害ニ關係ヲ及ホスコト

少カラサルヲ以テ其一個又ハ數個ノ事項ニ變更ヲ生シタルトキハ其本店支店ノ所在地ニ於テ二週間內ニ其變更ノ登記ヲ爲サヽルヘカラス若シ此登記ヲ怠ルトキハ其變更事項ニ付第三者ニ對抗スルノ效力ナキノミナラス第二百六十一條ニ依リ過料ニ處セラルヘキナリ。

登記事項ノ變更ヲ生スル事由ニハ或ハ總社員ノ承諾ニ出ツルコトアリ或ハ總社員ノ承諾ニ出テサルコトアリ。例之社員ノ氏名、住所ノ變更、社員ノ死亡ノ如キハ社員ノ承諾ニ出テサルコト勿論ナルモ會社本支店ノ移轉、存立時期ノ伸縮、代表者ノ改選ノ如キハ社員ノ承諾ニ出ツルモノナリ。

第二節　會社ノ內部ノ關係

本節ハ合名會社ノ內部ノ關係卽チ社員相互ノ間ニ於ケル法律關係及ヒ會社ト社員トノ間ニ於ケル法律關係ヲ規定シタルモノナリ。

第五十四條　會社ノ內部ノ關係ニ付テハ定款又ハ本法ニ別段ノ定ナキトキハ組合ニ關スル民法ノ規定ヲ準用ス

義解　本條ハ會社內部ノ法律關係ヲ規定ス。

會社內部ノ關係卽チ社員相互間權利義務及ヒ會社ナル法人ト社員トノ間ニ於ケル權利義務ニ付

テハ會社ノ契約卽チ定款及ヒ本法ノ規定ニ準據スヘキハ勿論ナレトモ。若シ定款又ハ本法ニ何等ノ定ナキトキハ本條ニ依リ民法ノ組合契約ニ關スル規定ヲ準用スヘキモノトス。是レ會社內部ノ關係ハ組合契約ト其實質ヲ同フスルニ由レハナリ。故ニ當事者卽チ會社ノ社員ハ能ク民法ノ組合契約ノ規定ヲ參看セサルヘカラス。

所謂內部ノ關係トハ出資ノ種類價格及ヒ其履行、會社業務ノ執行及ヒ監視、社員ノ議決權、支配人ノ選任及ヒ解任、利益配當ノ割合及ヒ損失分擔ノ割合、持分ノ讓渡、營業ノ禁制ノ如キヲ云フ。

參照

組合

民法第六百六十七條　組合契約ハ各當事者カ出資ヲ爲シテ共同ノ事業ヲ營ムコトヲ約スルニ因リテ其效力ヲ生ス

出資ハ勞務ヲ以テ其目的ト爲スコトヲ得

民法第六百六十八條　各組合員ノ出資其他ノ組合財產ハ總組合員ノ共有ニ屬ス

民法第六百六十九條　金錢ヲ以テ出資ノ目的ト爲シタル場合ニ於テ組合員カ其出資ヲ爲スコトヲ怠リタルトキハ其利息ヲ拂フ外尙ホ損害ノ賠償ヲ爲スコトヲ要ス

民法第六百七十條　組合ノ業務執行ハ組合員ノ過半數ヲ以テ之ヲ決ス

組合契約ヲ以テ業務ノ執行ヲ委任シタル者數人アルトキハ其過半數ヲ以テ之ヲ決ス
組合ノ常務ハ前二項ノ規定ニ拘ハラス各組合員又ハ各業務ノ執行者之ヲ專行スルコトヲ得但其結了前ニ他ノ組合員又ハ業務執行者カ異議ヲ述ヘタルトキハ此限ニ在ラス
民法第六百七十一條　組合ノ業務ヲ執行スル組合員ニハ第六百四十四條乃至第六百五十條ノ規定ヲ準用ス
民法第六百七十二條　組合契約ヲ以テ一人又ハ數人ノ組合員ニ業務ノ執行ヲ委任シタルトキハ其組合員ハ正當ノ事由アルニ非サレハ辭任ヲ爲スコトヲ得ス又ハ解任セラルヽコトナシ正當ノ事由ニ因リテ解任ヲ爲スニハ他ノ組合員ノ一致アルコトヲ要ス
民法第六百七十三條　各組合員ノ組合ノ業務ヲ執行スル權利ヲ有セサルトキト雖モ其業務及ヒ組合財產ノ狀況ヲ檢査スルコトヲ得
民法第六百七十四條　當事者カ損益分配ノ割合ヲ定メタルトキハ其割合ハ各組合員ノ出資ノ價額ニ應シテ之ヲ定ム
利益又ハ損失ニ付テノミ分配ノ割合ヲ定メタルトキハ其割合ハ利益及ヒ損失ニ共通ナルモノト推定ス
民法第六百七十五條　組合ノ債權者ハ其債權發生ノ當時組合員ノ損失分擔ノ割合ヲ知ラサリシトキハ各組合員ニ對シ均一部分ニ付キ其權利ヲ行フコトヲ得

民法第六百七十六條　組合員カ組合財產ニ付キ其持分ヲ處分シタルトキハ其處分ハ之ヲ以テ組合及ヒ組合ト取引ヲ爲シタル第三者ニ對抗スルコトヲ得ス
組合員ハ淸算前ニ組合財產ノ分割ヲ求ムルコトヲ得ス
民法第六百七十七條　組合ノ債務者ハ其債務ト組合員ニ對スル債權トヲ相殺スルコトヲ得ス
民法第六百七十八條　組合契約ヲ以テ組合ノ存續期間ヲ定メサリシトキ又ハ或組合員ノ終身間組合ノ存續スヘキコトヲ定メタルトキハ各組合員ハ何時ニテモ脫退ヲ爲スコトヲ得已ムコトヲ得サル事由アル場合ヲ除ク外組合ノ爲メ不利ナル時期ニ於テ之ヲ爲スコトヲ得ス
組合ノ存續期間ヲ定メタルトキト雖モ各組合員ハ已ムコトヲ得サル事由アルトキハ脫退ヲ爲スコトヲ得
民法第六百七十九條　前條ニ揭ケタル場合ノ外組合員ハ左ノ事由ニ因リテ脫退ス
一　死亡
二　破產
三　禁治產
四　除名

民法第六百八十條　組合員ノ除名ハ正當ノ事由アル場合ニ限リ他ノ組合員ノ一致ヲ以テ之ヲ爲スコトヲ得但除名シタル組合員ニ其旨ヲ通知スルニ非サレハ之ヲ以テ其組合員ニ對抗スルコトヲ得ス

民法第六百八十一條　脱退シタル組合員ト他ノ組合員トノ間ノ計算ハ脱退ノ當時ニ於ケル組合財産ノ狀況ニ從ヒ之ヲ爲スコトヲ要ス

脱退シタル組合員ノ持分ハ其出資ノ種類如何ヲ問ハス金錢ヲ以テ之ヲ拂戻スコトヲ得

脱退ノ當時ニ於テ未タ結了セサル事項ニ付テハ其結了後ニ計算ヲ爲スコトヲ得

民法第六百八十二條　組合ハ其目的タル事業ノ成功又ハ其成功ノ不能ニ因リテ解散ス

民法第六百八十三條　已ムコトヲ得サル事由アルトキハ各組合ノ解散ヲ請求スルコトヲ得

民法第六百八十四條　第六百二十條ノ規定ハ組合契約ニ之ヲ準用ス

民法第六百八十五條　組合カ解散シタルトキハ清算ハ總組合員共同ニテ又ハ選任シタル者ニ於テ之ヲ爲ス

清算人ノ選任ハ總組合員ノ過半數ヲ以テ之ヲ決ス

民法第六百八十六條　清算人數人アルトキハ第六百七十條ノ規定ヲ準用ス

民法第六百八十七條　組合契約ヲ以テ組合員中ヨリ清算人ヲ選任シタルトキハ第六百七

十二條ノ規定ヲ準用ス

民法第六百八十八條　清算人ノ職務及ヒ權限ニ付テハ第七十八條ノ規定ヲ準用ス
殘餘財產ハ各組合員ノ出資ノ價額ニ應シテ之ヲ分割ス

第五十五條　社員カ債權ヲ以テ出資ノ目的ト爲シタル場合ニ於テ債務者カ辨濟期ニ辨濟ヲ爲サヽリシトキハ社員ハ其辨濟ノ責ニ任ス此場合ニ於テハ其利息ヲ拂フ外尚ホ損害ノ賠償ヲ爲スコトヲ要ス

字解　債權トハ他人ニ金錢物品等ヲ貸渡シタルニ付生スル受取ノ權利ヲ云フ。

義解　會社ノ資本ヲ作ルヘキ社員ノ出資ノ種類ニ付テハ前既ニ說述シタル如ク金錢アリ、土地家屋其他ノ有價物アリ又勞務若クハ信用アリ而シテ社員ノ債權モ亦出資ト爲スコトヲ得ヘシ。此場合ニ於テ債務者カ辨濟期限ニ至リ滯リナク辨濟セハ何等ノ故障アラサルモ若シ辨濟ヲ爲サヽルトキハ會社ハ毫モ其用ヲ爲サヽルニ付。其社員ハ會社ニ對シ辨濟ノ責ニ任シ其出資額ヲ差入ルヽ外延滯利息ヲ支拂ノ義務アリ。若シ又債務者カ辨濟ヲ爲サヽル爲メ會社ニ損害ヲ生シタル場合ハ尙ホ之カ賠償ノ責任アルモノトス。是レ民法ノ規定ヲ準用スル結果ナリ。例之甲ナル社員カ乙者ニ對シ五千圓ノ債權アルニ因リ其證書ヲ差入レ出資ト爲シタル場合乙者カ辨濟期限ニ至リ會社ニ辨濟ヲ爲サヽルトキハ甲者ハ會社ニ對シテ自身五千圓ノ出資ヲ拂込マサルヘカラサルハ勿論期限以後ノ延滯利息ヲモ支拂フヘク。又若シ乙者カ期限通リ辨濟セサリシ爲メ會社ノ營業上損害ヲ生セシメタル場合ニハ之ヲモ賠償セサルヘカラサルモノトス。

參照　民法第五百五十九條　本節ノ規定ハ賣買以外ノ有償契約ニ之ヲ準用ス但其契約ノ性質カ之ヲ許サヽルトキハ此限ニ在ラス

民法第五百六十九條　債權ノ賣主カ債務者ノ資力ヲ擔保シタルトキハ契約ノ當時ニ於ケル資力ヲ擔保シタル者ト推定ス

辨濟期ニ至ラサル債權ノ賣主カ債務者ノ將來ノ資力ヲ擔保シタルトキハ辨濟ノ期日ニ於ケル資力ヲ擔保シタルモノト推定ス

民法第六百六十九條　金錢ヲ以テ出資ノ目的ト爲シタル場合ニ於テ組合員カ其出資ヲ爲スコトヲ怠リタルトキハ其利息ヲ拂フ外尚ホ損害ノ賠償ヲ爲スコトヲ要ス

問答　問　債務者カ辨濟ヲ爲サヽルトキ會社ハ債權者（債權ヲ出資トナシタル社員）ニ代ハリ訴訟ヲ起シテ請求スヘキヤ。

答　債務者ノ辨濟期限ニ至リ辨濟セサルトキハ直チニ債權者タル社員ニ對シ出資差入レノ請求權アレハ必シモ訴訟ヲ以テ債務者ニ請求スルニ及ハス。

問　債權ヲ出資ト爲シタルモ債務者辨濟セス又社員モ辨濟ヲ爲サヽルトキハ如何ニ處分スヘキヤ。

答　其場合ハ社員ヲ除名シ且利息及ヒ爲メニ被リタル損害ヲ賠償セシムルコトヲ得。

問　債權ヲ出資ト爲スニハ民法ノ規定ニ依リ債權讓渡ノ手續ヲ要スルヤ。

答　債權讓渡ノ規定ニ據ルコトヲ要ス。

第五十六條　各社員ハ定欵ニ別段ノ定ナキトキハ會社ノ業務ヲ執行スル權利ヲ有シ義務ヲ負フ

義解　本條ハ會社ノ業務執行ニ關スル各社員ノ權利及ヒ義務ヲ規定ス

合名會社ハ多クハ親密ノ情誼及ヒ相信用スル者ノ間ニ成立スル會社ニシテ其責任モ各社員連帶無限ナルヲ以テ、會社ノ事實上ノ業務ニ服スルト會社ヲ代表シテ第三者ト法律行爲ヲ爲ストノ別ナク其權利義務ハ共ニ均一ナルモノニシテ各自出資ノ多寡ニ依リテ其間ニ差等アルヘカラス。故ニ會社內部ニ於テハ社員互ニ營業ニ從事シ社外ニ對シテハ各社員共ニ會社ヲ代表シテ第三者ト取引其他一切ノ法律行爲ヲ爲スコトヲ得ルモノトス。

然レトモ總社員悉ク業務ヲ執行スルコトハ實際上往々不便ナルニ因リ定款ヲ以テ會社內部ノ業

務執行ヲ爲サシムル爲メ一人又ハ數人ノ業務執行社員ヲ定ムルヲ通例トス。此場合ハ其定款ノ規定ニ從フヘキコト言ヲ俟タス。

右ノ如ク定款ヲ以テ特ニ業務執行社員ヲ定メタルトキハ他ノ社員ハ業務執行ノ任ニ當ルヲ得サルハ勿論ナリト雖モ。民法ノ組合契約ノ規定ニ依リ會社ノ業務及ヒ財產ノ狀況ヲ撿査スルノ監視權ヲ有スルモノトス。

又總社員カ悉ク業務ヲ執行スル場合又ハ執行社員數人ヲ選定シタル場合ニ於テハ各自隨意ニ業務ヲ執行スルヲ得ス。此場合モ亦民法ノ組合契約ノ規定ニ依リ常務以外ノ重要事項ハ各社員又ハ業務執行社員ノ過半數ノ議決ニ依リ執行スヘキモノトス。

參照　民法第六百七十條　組合ノ業務執行ハ組合員ノ過半數ヲ以テ之ヲ決ス
組合契約ヲ以テ業務ノ執行ヲ委任シタル者數人アルトキハ其過半數ヲ以テ之ヲ決ス
組合ノ常務ハ前二項ノ規定ニ拘ハラス各組合員又ハ各業務執行者之ヲ專行スルコトヲ得但其結了前ニ他ノ組合員又ハ業務執行者カ異議ヲ述ヘタルトキハ此限ニ在ラス
民法第六百七十三條　各組合員ハ組合ノ業務ヲ執行スル權利ヲ有セサルトキト雖モ其業務及ヒ組合財產ノ狀況ヲ檢査スルコトヲ得

問答

問　總社員カ業務ヲ執行スル場合或社員ノ一存ニテ第三者ト取引ヲ爲シ債務ヲ生シタル

トキハ如何。

答 他ノ各社員ハ第三者ニ對シ其履行ノ責ニ任セサルヘカラス。但內部ノ關係ニ於テハ取引シタル社員ノミニテ其責任ヲ負ハシムルコトヲ得。

第五十七條 支配人ノ選任及ヒ解任ハ特ニ業務執行社員ヲ定メタルトキト雖モ社員ノ過半數ヲ以テ之ヲ決ス

字解 過半數トハ五人ナレハ三人以上十人ナレハ六人以上ト云フノ類ナリ。

義解 本條ハ支配人ノ選任及ヒ解任ノ方法ヲ規定ス。

支配人ナル者ハ既ニ說述シタル如ク主人ノ營業ニ關シ裁判上ト裁判外トヲ問ハス一切ノ行爲ヲ代理スル全權ヲ有シ商事上重要ノ機關ニシテ。支配人其人ヲ得ルト否トハ商業ノ盛衰ニ關係ヲ有スル重大ノ事項ナルヲ以テ。之カ選任及ヒ解任ヲ爲スニハ業務執行社員ノ定メナキトキハ總社員ノ過半數ヲ以テ之ヲ決定スヘク又假令定款ヲ以テ業務執行社員ヲ定メタルトキト雖モ其社員ニ選任。解任ノ權ヲ與ヘス是亦總社員過半數ヲ以テ決定スヘキモノトセリ。蓋シ業務執行社員ヲ定メタル場合ニ於テ其社員ニ支配人ノ選任解任ノ權ヲ一任スルトキハ。或ハ情實ニ泥ミテ不適任ノ人ヲ選任シ或ハ感情ニ激セラレテ適任ノ人ヲ解任スルカ如キ不公平ノ措置ヲナシ爲メニ會社ノ利益ヲ害スルノ恐ナシト云フヘカラス。是レ總社員ノ過半數ヲ以テ其選任ヲ決定セシムル所以ナリ。

然レトモ業務執行社員ハ專權ヲ以テ支配人ノ選任及ヒ解任ヲ爲シ得ヘキコトヲ定款ニ定メタルトキハ固ヨリ本條ノ規定ニ從フヲ要セサルナリ。

第五十八條 定款ノ變更其他會社ノ目的ノ範圍內ニ在ラサル行爲ヲ爲スニハ總社員ノ同意アルコトヲ要ス

義解 本條ハ定款ノ變更及ヒ會社目的ノ變更ノ方法ヲ規定ス。

會社定款ナルモノハ總社員ノ同意ニ依リ成立スル所ノ會社ノ憲法ニシテ會社ノ基礎ヲ作スモノナレハ其變更ハ會社自身ハ勿論社員ノ權利義務ニ重大ノ影響アルコト敢テ言ヲ俟タス且當初設立ノ際總社員ノ同意ニ依リ成立セシメタル以上ハ之カ變更ヲ爲スニモ總社員ノ同意ヲ要スヘキハ當然ノ事理ニ屬ス。若シ然ラストセン乎社員ハ定款ノ趣意ニ贊同シ社員タルコトヲ承諾シタルモノナルニ多數決ニヨリ中途ニシテ之ヲ變更セラルヽトキハ假令不同意ナルニモセヨ其定款ニ屈從セサルヲ得サルノ不便ヲ生シ會社設立ノ本旨ニ反スルニ至ラン是レ定款ノ變更ハ總社員ノ同意ヲ要シ一人ノ不同意者アレハ之ヲ變更スルコトヲ得スト定メタル所以ナリ。

又會社ノ目的ノ範圍ニ在ラサル行爲ハ會社ノ目的ニハ全ク背反スルニ非サレハ定款ノ變更ト云フヲ得スト雖モ會社及ヒ社員ノ權利義務ニ重大ノ影響ヲ及ホスヘキヲ以テ是亦定款ノ變更ト同シク總社員ノ同意ヲ要スヘキモノトセリ。例之滊船會社カ貨物運送ノミヲ營業トセシニ新タニ旅客運送ヲ爲ス如キ又其航路ハ從來横濱神戸間ナリシモ新タニ長崎マテ延長スル如キ又ハ鐵道會社カ既設ノ線路ヲ延長スル如キ是ナリ。斯ノ如キハ定款ノ變更ト相類似スルモノナレハ總社員ノ同意ヲ要スルモノトス。

問答　問　定款ノ變更ニハ書面ノ作成ヲ要セサルヤ。

答　別段ノ規定ナキヲ以テ書面ニ依ルヲ要セサルヘシ。

第五十九條　社員カ他ノ社員ノ承諾ヲ得スシテ其持分ノ全部又ハ一部ヲ他人ニ讓渡シタルトキハ其讓渡ハ之ヲ以テ會社ニ對抗スルコトヲ得ス

字解　持分トハ社員カ會社ニ對シ權利ヲ有シ義務ヲ負フノ資格ヲ云フ卽チ會社ノ資本ハ各社員ノ出資ニ依リ組成シ損益ニ因リテ增減ス其增減シタル現額ニ從テ各社員ノ出資ニ比例シ計算ヲ立テタルモノヲ持分トス例ヘハ甲乙丙ノ社員各一萬圓宛ヲ出資トシテ營業ヲ爲シ財產四萬五千圓ニ增加シタルトキハ各社員ノ持分一萬五千圓ニ增加シ之ニ反シ其財產一萬

五千圓ニ減少シタルトキハ各社員ノ持分モ五千圓ニ減少スルカ如シ社員カ利益ノ配當ヲ受ケ又ハ損失ノ負擔ヲ爲スニ付別段ノ契約ナキトキハ此持分ノ比例ニ準スルモノトス。

讓渡トハ賣買贈與ニ因リ權利ヲ移轉スルヲ云フ。

義解

本條ハ持分讓渡ニ付テ規定シタルモノナリ

合名會社ハ人ノ信用ヲ基礎トシテ成立シ會社ノ信用如何ハ之レヲ組織スル各社員ノ身位ニ存シ會社ト各社員トハ相離ルヘカラサル關係ヲ有スルモノナレハ。妄リニ其持分ノ讓渡ヲ爲シテ新タニ他人ヲ入社セシムルカ如キハ會社設立ノ本旨ニ反スルノミナラス債務者ノ擔保ニ變更ヲ來タシ爲メニ不測ノ損害ヲ被ムラシムルコトナシトセサルヲ以テ。他ノ社員ノ承諾ヲ得ルニ非サレハ持分ノ讓渡ヲ爲スコトヲ得ス。若シ他ノ社員ノ承諾ヲ得スシテ他人ニ讓渡シタリトセン乎。其讓渡シタル社員及ヒ讓受人トノ間ニハ讓渡ノ效力ヲ生スト雖モ其讓渡ヲ以テ會社ニ對抗スルコトヲ得サルカ故。會社ヨリ之ヲ觀ルトキハ其持分ノ所有者ハ依然讓渡人タル社員ニシテ讓受人ナル第三者ハ會社ニ何等ノ關係モナキ社外人ナリ。

問答

問　社員カ他ノ社員ノ承諾ヲ得テ持分ノ全部ヲ讓渡シタルトキハ全ク退社ト爲リ會社ニ對シ仍ホ何等ノ權利義務ナキヤ。

答 持分全部ヲ讓渡シタル社員ハ他人ヲシテ自己ノ地位ニ代ラシメ自然退社シタルモノナレハ第七十三條ノ責任ヲ負フノ外何等ノ權利義務ナキモノトス。

問 社員ノ承諾ヲ得テ爲シタル持分一部ノ讓渡ハ一持分ニ付讓渡人讓受人ノ共有ト爲ルヤ。

答 否ナ。分割シタル持分ノ一部ハ自己之ヲ保有シ他ノ一部ハ其資格ト共ニ他人ニ移轉スルモノナレハ讓受人ハ獨立ナル社員ノ權利ヲ得ルモノトス。

問 社員ハ第三者ヲ己レノ地位ニ代ヲシメ自ラ退社スルコトヲ得ルヤ。

答 總社員ノ承諾アルトキハ他人ト交代スルコトヲ得ルモノトス。

問 一ノ持分ヲ數人ノ組合ニテ所有スルコトヲ得ルヤ。

答 組合ニテ所有スルコトヲ得ヘキモ此場合ハ組合ノ一人ヲ以テ名前主ト爲サヽルヘカラス。

第六十條 社員ハ他ノ社員ノ承諾アルニ非サレハ自己又ハ第三者ノ爲メニ會社ノ營業ノ部類ニ屬スル商行爲ヲ爲シ又ハ同種ノ營業ヲ目的トスル他ノ會社ノ無限責任社員ト爲ルコトヲ得ス

社員カ前項ノ規定ニ反シテ自己ノ爲メニ商行爲ヲ爲シタルトキハ他ノ社員

ハ過半數ノ決議ニ依リ之ヲ以テ會社ノ爲メニ爲シタルモノト看做スコトヲ得

前項ニ定メタル權利ハ他ノ社員ノ一人カ其行爲ヲ知リタル時ヨリ二週間之ヲ行ハサルトキハ消滅ス行爲ノ時ヨリ一年ヲ經過シタルトキ亦同シ

義解　本條ハ合名會社ノ社員ニ對スル所謂競業禁止ノ規定ナリ。

合名會社ハ定款又ハ總社員ノ同意ニ依リ業務執行社員ヲ定メサルトキハ各社員ハ當然業務執行ノ權ヲ有シ。又業務執行社員ヲ定メタルトキト雖モ自餘ノ社員ハ會社業務ノ監視權ヲ有スルモノナレハ。常ニ會社ニ親近シ能ク會社内部ノ事情ニ通曉スルカ故ニ。合名會社ノ社員ニシテ其會社ノ營業ト同一ノ商行爲ヲ爲ストキハ或ハ會社ノ商品ヲ引出シテ私カニ自己ノ營業ニ轉用シ或ハ自己ノ利益ヲ計ルニ汲々トシテ會社ト競爭シ甚シキニ至テハ却テ會社ノ利益ヲ妨害スル恐レアルヲ以テ社員ハ自己ノ計算ニテモ又第三者ノ計算ニテモ會社ノ營業部類ニ屬スル商行爲ヲ爲スコトヲ得サルモノトス。此ノ如ク合名會社ノ社員ハ自己又ハ第三者ノ爲メニ會社ト同種ノ商行爲ヲ爲スコトヲ得サルノミナラス會社ト同種ノ營業ヲ目的トスル他ノ會社ノ無限責任社員ト爲ルコトモ亦禁制セラル。蓋シ無限責任社員ナルモノハ會社ト密接ノ關係ヲ有シ一身ヲ擧ケテ會社ノ繁昌ヲ計ラサルヘカラサル地位ニ在ル者ナレハ若シ利害相衝突スル二個ノ會社ノ無限責任社員ト爲ルトキハ自然一方ノ會社ト疎濶シテ不知不識業務ヲ放擲シ忠實心ヲ缺クニ至ルハ勢ノ免カレサル所ニシテ。結局會社ノ衰頽ヲ招クノ恐アルヲ以テ之カ禁制ノ必要ヲ見ルナリ。然レトモ此禁制ハ會社及ヒ社員保護ノ趣意ニ外ナラスシテ公益ニ關スルモノニアラサルヲ以テ契約ニ依リ自由ニ之ヲ定ムルコトヲ得。即チ他ノ社員カ承諾スルトキハ會社ト同種ノ營業ヲ爲シ又ハ同種ノ營業ヲ目的トスル他ノ會社ノ無限責任社員ト爲ルコトヲ得ヘシ。

社員カ他ノ社員ノ承諾ヲ得スシテ會社ト同一種類ノ營業ヲ爲シタルトキハ。他ノ社員過半數ノ決議アルニ於テハ之ヲ會社自己ノ爲メニ爲シタル行爲ト看做シテ會社カ其利益ヲ奪フコトヲ得ルハ勿論。之カ爲メ會社カ損害ヲ被ムリタルトキハ之ニ對スル賠償ノ請求權ヲ有シ尚ホ且第七十條ノ規定ニ從ヒ其社員ヲ除名スルコトヲ得ヘシ。又社員カ同種ノ營業ヲ目的トスル他ノ會社ノ無限責任社員ト爲リタルトキハ强テ退社セシムルコトヲ得サルヘキカ故之ヲ除名シ尚ホ損害賠償ヲ爲サシムルノ外方法ナカルヘシ。

會社カ社員ノ商行爲ヲ自己ニ引受クルコトヲ請求スヘキ權利行使ノ期間ハ他ノ社員ノ一人カ其

行爲ヲ知リタル時ヨリ二週間トス。若シ此期間內ニ之ヲ行ハサルトキ及ヒ其行爲ノ時ヨリ一年ヲ經過シタルトキハ最早ヤ其請求權ヲ失フモノトス。其然ル所以ノモノハ第三十二條第三項ニ說述シタル所ト同シキヲ以テ玆ニ贅セス。

問答

問　合名會社ノ社員ハ異種ノ營業ヲ爲ス合名會社、合資會社、株式合資會社ノ無限責任社員ト爲ルハ差支ナキヤ。

答　營業ヲ異ニスル他ノ會社ノ無限責任社員ト爲ルハ差支ナシ。

問　社員ハ自己又ハ第三者ノ爲メ他人ヲシテ會社ト同一ノ商行爲ヲ爲サシムルコトヲ得サルヤ。

答　然リ。他人ヲシテ商行爲ヲ爲サシムルコトモ亦許サス。

問　會社カ商行爲引受ケノ請求權ハ社員ノ一人ノミカ其行爲ヲ知リ其他ノ社員カ之ヲ知ラサル場合タリトモ二週間ヲ過クレハ消滅スルヤ。

答　然リ。社員ノ一人カ之ヲ知リテ二週間ヲ過クレハ假令他ノ社員カ其後之ヲ發見スルモ最早ヤ請求權ナキモノトス。

第三節　會社ノ外部ノ關係

本節ハ合名會社ノ外部ノ關係卽チ第三者ト會社トノ間ニ於ケル法律關係及ヒ第三者ト社員トノ間ニ於ケル法律關係ヲ規定シタルモノナリ。

第六十一條 定款又ハ總社員ノ同意ヲ以テ特ニ會社ヲ代表スヘキ社員ヲ定メサルトキハ各社員會社ヲ代表ス

字解 代表トハ會社ナル法人ニ代ハリテ行働シ會社ノ內外ニ對シ一切ノ法律行爲ヲ代理スルコトヲ云フ。

義解 本條ハ會社ノ代表者ヲ定メサル場合ノ各社員ノ權限ヲ規定ス。

會社ハ法人ナルヲ以テ獨立シテ一切ノ法律行爲ヲ爲ス資格ヲ有スルコト吾人ト異ナル所ナキモ固ヨリ無形ニシテ自ラ活動スルコト能ハサルカ故ニ。定款又ハ總社員ノ同意ヲ以テ特ニ會社ヲ代表スヘキ社員ヲ定ムルコトヲ得ヘキハ言ヲ俟タスト雖モ。若シ代表者ヲ定メサリシトキハ各社員皆ナ會社ヲ代表スルノ權利ヲ有スルモノトス。是レ合名會社ノ性質トシテ當サニ然ルヘキ所ナリ。

所謂代表權トハ會社ノ內部ニ對スル業務ノ執行及ヒ會社ノ外部ニ對スル營業關係ノ一切ノ裁判上又ハ裁判外ノ行爲ヲ爲ス權限ヲ總稱スルモノニシテ。合名會社ノ性質上各社員カ當然有スル代理權ナリ。故ニ定款又ハ總社員ノ同意ヲ以テ特ニ代表社員ヲ定メタルトキハ自餘ノ社員カ元來有スル所ノ代理權ヲ移シテ之ヲ其一ニ社員ニ與ヘタルニ過キサルノミ。

玆ニ注意スヘキハ本條ハ第五十六條ノ規定ト双對スルモノニシテ同條ハ定款ニ於テ特ニ業務ヲ執行スル者ヲ定メサルトキハ各自皆同一ニ業務ヲ執行スルノ權利アルモノトシ會社內部ノ關係ヲ規定シ。本條ハ定款又ハ總社員ノ同意ヲ以テ特ニ代表社員ヲ定メサリシトキハ各自同等ニ社外ニ對シテ會社ヲ代表スルノ權利アルモノトシ會社外部ノ關係ヲ規定シタルモノニシテ業務執行者ト云ヒ代表者ト云フモ其名異ニシテ其實同シキ社員ヲ指シタルモノト知ルヘシ。

問答 問　一社員カ會社ヲ代表シテ第三者ト爲シタル商取引其他ノ法律行爲ハ會社及ヒ他ノ社員ニ對シ効力アリヤ。

答　然リ。社員ノ獨斷ニテ爲シタル取引ヨリ生シタル權利義務ハ直接會社及ヒ他ノ社員ニ對シテ效力ヲ生シ又第三者カ一社員ニ對シテ爲シタル會社ノ債務辨濟ノ如キモ直接會社ニ爲シタルモノトナル。

第六十二條　會社ヲ代表スヘキ社員ハ會社ノ營業ニ關スル一切ノ裁判上又ハ裁判外ノ行爲ヲ爲ス權限ヲ有ス

民法第四十四條第一項及ヒ第五十四條ノ規定ハ合名會社ニ之ヲ準用ス

字解　裁判上ノ行爲トハ訟廷ニ依テ公ノ事ヲ取扱フノ謂ニシテ例之訴訟ノ提起、反訴、答辯若クハ和解ノ如キヲ云フ。

裁判外ノ行爲トハ裁判上ノ行爲以外ノ一切ノ行爲ニシテ會社ノ業務上總テノ取引ヲ爲スヲ云フ商品ノ買入及ヒ販賣ノ如キ其一例ナリ。

義解　本條ハ會社ヲ代表スヘキ社員ハ代理權限ヲ規定ス。

抑々會社カ定款又ハ總社員ノ同意ヲ以テ會社ノ代表社員ヲ定メタルト其之ヲ定メスシテ社員各自カ會社代表社員タルトノ別ナク。苟クモ會社ヲ代表スル社員ハ其營業ニ關スル一切ノ裁判上又ハ裁判外ノ行爲ヲ爲ス權限ヲ有スルカ故ニ。一切ノ取引關係ヲ代理スルハ勿論訴訟上原告若クハ被告ト爲リ又ハ仲裁和解ヲ爲ス等猶ホ一己人カ自己ノ權利ヲ行使シ隨意ニ事物ヲ處理スルコトヲ得ルト異ナルナクシテ。其行爲ノ結果ハ利害得失ヲ問ハス相手方ナル第三者ニ對シテハ會社自身ノ行爲トシテ常ニ效力ヲ生シ決シテ取消スコトヲ得サルモノトス。但會社内部ノ關係上其行爲ヲ爲タル社員カ會社ニ對シテ責任ヲ負フヘシト定ムルハ契約ノ自由ニ任ス。

右ノ如ク代表社員ハ法定代理人ニシテ完全ナル權限ヲ有スルヲ原則トスルモ社員ノ契約ヲ以テ

其代理權ニ制限ヲ加フルコトヲ得ルハ勿論ナリ。然レトモ之ヲ以テ善意ノ第三者ニ對抗スルコトヲ得サルモノトス。蓋シ代表社員ニ完全ナル代理權アルコトハ普通ノ原則ナルカ故ニ第三者ハ何レノ社員モ皆ナ完全ナル代理權アルモノト信シ安心シテ之ト取引スルヲ常態トス。然ルニ若シ其社員間ニ多少ノ制限ヲ加ヘ之ヲ以テ何人ニテモ對抗スルヲ得ルトセン乎第三者ニ探知ノ義務ヲ負ハシムルニ至リ取引上動モスレハ敏活ヲ缺キ會社營業ノ不振ヲ來タス恐ナキ能ハサルヲ以テ其代理權ニ制限ヲ加フルハ自由ナルモ善意ナル第三者ニ對シテハ其效力アラサルモノトス。但第三者ニシテ其制限アルコトヲ知リタルトキ即チ惡意ヲ以テ取引契約ヲ爲シタルトキハ固ヨリ損害ヲ被ムルヘキコトアルヘカラサルニ因リ會社ハ其制限ヲ主張スルコトヲ得ルモノトス（三〇、三項參照）。

參照　民法第五十四條　理事ノ代理權ニ加ヘタル制限ハ之ヲ以テ善意ノ第三者ニ對抗スルコトヲ得ス

又代表社員カ其職務ヲ行フニ付第三者ニ損害ヲ加ヘタルトキハ會社ハ其第三者ニ對シテ直接ニ損害賠償ノ責任ヲ負フヘキモノトス。是レ代表社員カ爲シタル營業上ノ行爲ハ第三者ニ對シ會社自身ノ行爲ト相擇フ所ナキニ由ルナリ。

參照 民法第四十四條 法人ハ理事其他ノ代理人カ其職務ヲ行フニ付キ他人ニ加ヘタル損害ヲ賠償スル責ニ任ス

法人ノ目的ノ範圍内ニ在ラサル行爲ニ因リテ他人ニ損害ヲ加ヘタルトキハ其事項ノ決議ヲ贊成シタル社員理事及ヒ之ヲ履行シタル理事其他ノ代理人連帶シテ其賠償ノ責ニ任ス

問答 問 總社員カ代表社員タル場合ニハ會社ノ債權者ハ總社員ニ對シ辨濟ヲ請求スヘキヤ。

答 合名會社ノ社員ハ第三者ニ對シ連帶無限ヲ以テ義務ヲ履行スヘキ責任アルカ故第三者ハ社員全體ニ向テ請求スルモ一社員ニ向テ請求スルモ隨意ナリ。

第六十三條 會社財産ヲ以テ會社ノ債務ヲ完濟スルコト能ハサルトキハ各社員連帶シテ其辨濟ノ責ニ任ス

字解 完濟トハ借金ヲ殘ラス濟マスコト

連帶責任トハ一ノ債權ヲ債務者ノ人數ニ平分シ其分擔額ノミヲ辨濟スルノ謂ニアラスシテ各債務者ノ内一人ニテモ債務ノ全部ヲ辨濟スヘキ責任アルモノヲ云フ。例之會社ノ財産十萬圓ニシテ其負擔セル借金十五萬圓ナレハ會社財産ヲ盡シテ辨濟ニ充ツルモ尚ホ殘金五萬圓アリ此五萬圓ハ各社員カ連帶シテ辨濟ノ義務ヲ負フモノナレハ債務者ハ社員ノ一人又ハ數人若クハ全員ニ對シ同時ニ又ハ順次ニ五萬圓ノ辨濟ヲ請求スルコトヲ得ルカ如キ是ナリ。

義解 本條ハ合名會社ノ社員カ第三者ニ對スル責任ヲ規定ス。

會社ハ法人ナレハ獨立シテ權利ヲ得義務ヲ負フコト一己人ト毫モ相異ナルコトナク從テ會社ノ名義ニテ負擔スル債務ハ會社自身ノ債務ナルヲ以テ先ツ會社ノ財產ヲ其辨濟ニ充當スヘキハ勿論ナリトス。而シテ社員ハ固ト連帶無限ノ責任ヲ負フ者ニシテ會社ノ債務ニ對シテハ單ニ出資ニ止マラス自己ノ全財產ヲ擧ケテ之カ責任ヲ盡スヘキ者ナルカ故ニ會社カ債務ヲ完濟スルコト能ハサルトキハ各社員連帶シテ其不足額ヲ辨濟スヘキハ當然ナリトス。是レ合名會社ノ特質ニシテ他種ノ會社ト相異ナル所以ハ實ニ此點ニ存ス。右ノ如ク會社ノ財產ト社員ノ財產トハ判然區劃アリテ會社ノ債務ヲ辨濟スル順序ハ會社財產ヲ先ニシ社員ノ財產ヲ後ニス是レ會社ヲ法人トスルノ結果ナリ。從テ會社ノ債權者ハ會社ノ財產ニ付キ辨濟ヲ得ルニ先タチ社員ニ對シテ其私有財產ヲ以テ辨濟セシコトヲ請求スルコトヲ得サルモノトス。

參照 民法第四百三十二條 數人カ連帶債務ヲ負擔スルトキハ債權者ハ其債務者ノ一人ニ對シ又ハ同時若クハ順次ニ總債務者ニ對シテ全部又ハ一部ノ履行ヲ請求スルコトヲ得

民法第四百三十三條　連帶債務者ノ一人ニ付テ法律行爲ノ無效又ハ取消ノ原因ノ存スル爲メ他ノ債務者ノ債務ノ效力ヲ妨クルコトナシ

民法第四百三十四條　連帶債務者ノ一人ニ對スル履行ノ請求ハ他ノ債務者ニ對シテモ其效力ヲ生ス

民法第四百三十五條　連帶債務者ノ一人ト債權者トノ間ニ更改アリタルトキハ債權ハ總債務者ノ利益ノ爲メニ消滅ス

民法第四百三十六條　連帶債務者ノ一人カ債權者ニ對シテ債權ヲ有スル場合ニ於テ其債務者カ相殺ヲ援用シタルトキハ債權ハ總債務者ノ利益ノ爲メニ消滅ス

右ノ債權ヲ有スル債務者カ相殺ヲ援用セサル間ハ其債務者ノ負擔部分ニ付テノミ他ノ債務者ニ於テ相殺ヲ援用スルコトヲ得

民法第四百三十七條　連帶債務者ノ一人ニ對シテ爲シタル債務ノ免除ハ其債務者ノ負擔部分ニ付テノミ他ノ債務者ノ利益ノ爲メニモ其效力ヲ生ス

民法第四百三十八條　連帶債務者ノ一人ト債權者トノ間ニ混同アリタルトキハ其債務者ハ辨濟ヲ爲シタルモノト看做ス

民法第四百三十九條　連帶債務者ノ一人ノ爲メニ時效カ完成シタルトキハ其債務者ノ負擔部分ニ付テハ他ノ債務者モ亦其義務ヲ免ル

民法第四百四十條　前六條ニ揭ケタル事項ヲ除ク外連帶債務者ノ一人ニ付キ生シタル事項ハ他ノ債務者ニ對シテ其效力ヲ生セス

民法第四百四十一條　連帶債務者ノ全員又ハ其中ノ數人カ破產ノ宣告ヲ受ケタルトキハ債權者ハ其債權ノ全額ニ付キ各財團ノ配當ニ加入スルコトヲ得

民法第四百四十二條　連帶債務者ノ一人カ債務ヲ辨濟シ其他自己ノ出捐ヲ以テ共同ノ免責ヲ得タルトキハ他ノ債務者ニ對シ其各自ノ負擔部分ニ付キ求償權ヲ有ス

前項ノ求償ハ辨濟其他免責アリタル日以後ノ法定利息及ヒ避クルコトヲ得サリシ費用其他ノ損害ノ賠償ヲ包含ス

民法第四百四十三條　連帶債務者ノ一人カ債權者ヨリ請求ヲ受ケタルコトヲ他ノ債務者ニ通知セスシテ辨濟ヲ爲シ其他自己ノ出捐ヲ以テ共同ノ免責ヲ得タル場合ニ於テ他ノ債務者カ債權者ニ對抗スルコトヲ得ヘキ事由ヲ有セシトキハ其負擔部分ニ付キ之ヲ以テ其債權者ニ對抗スルコトヲ得但相殺ヲ以テ之ニ對抗シタルトキハ過失アル債務者ハ債權者ニ對シ相殺ニ因リテ消滅スヘカリシ債務ノ履行ヲ請求スルコトヲ得

連帶債務者ノ一人カ辨濟其他自己ノ出捐ヲ以テ共同ノ免責ヲ得タルコトヲ他ノ債務者ニ通知スルコトヲ怠リタルニ因リ他ノ債務者カ善意ニテ債權者ニ辨濟ヲ爲シ其他有償ニ免責ヲ得タルトキハ其債務者ハ自己ノ辨濟其他免責ノ行爲ヲ有效ナリシモノト看做

スコトヲ得

民法第四百四十四條 連帶債務者中ニ償還ヲ爲ス資力ナキ者アルトキハ其償還スルコト能ハサル部分ハ求償者及ヒ他ノ資力アル者ノ間ニ其各自ノ負擔部分ニ應シテ之ヲ分割ス但求償者ニ過失アルトキハ他ノ債務者ニ對シテ分擔ヲ請求スルコトヲ得ス

民法第四百四十五條 連帶債務者ノ一人カ連帶ノ免除ヲ得タル場合ニ於テ他ノ債務者中ニ辨濟ノ資力ナキ者アルトキハ債權者ハ其無資力者カ辨濟スルコト能ハサル部分ニ付キ連帶ノ免除ヲ得タル者カ負擔スヘキ部分ヲ負擔ス

問答

問 社員間ニ於テ連帶無限ノ責任ヲ制限スルモ其效ナキヤ。

答 第三者ニ對シテハ其制限ノ效ナキヲ以テ債權者カ制限ヲ受ケタル社員ニ對シ全額ヲ請求セハ之ヲ辨濟セサルヲ得スト雖モ社員間ニテハ其制限有效ナリ。例之甲乙丙三人ノ社員中甲社員ハ會社ノ借金千圓ヲ限リ責任ヲ負フヘシト契約シタルトキ第三者ノ請求ニ依リ甲社員カ二千圓ノ債務ヲ辨濟シタリトセハ其制限外ナル千圓ニ付テハ乙丙ノ二社員ニ對シテ求償ノ權アルモノトス。

問 一社員カ會社ノ債權者ノ請求ニ依リ債務ノ全額ヲ辨濟シタルトキハ他ノ社員ニ對シ如何ナル權利アリヤ。

答　會社債務ノ全額ヲ辨濟シタル社員ハ他ノ社員ニ對シ求償權アリ。例之甲社員カ會社ノ借金一萬五千圓ヲ辨濟シタルトキハ自己ノ負擔額五千圓ヲ引去リ殘額一萬圓ヲ乙丙ノ二社員ニ對シ求償スルコトヲ得ルモノトス。

問　社員ノ債權者ハ會社ノ財產ニ對シ辨濟ヲ求ムルノ權利アリヤ。

答　會社財產ニ對シ辨濟ヲ求ムルノ權利ナシ。

第六十四條　設立ノ後會社ニ加入シタル社員ハ其加入前ニ生シタル會社ノ債務ニ付テモ亦責任ヲ負フ

義解　本條ハ會社ノ設立後ニ加入シタル社員ノ義務ヲ規定ス。

會社設立ノ後ニ至リ或ハ持分ノ讓渡ニ因リ或ハ第三者ヲシテ一社員ノ地位ニ代ハラシメタルニ因リ新タニ入社シタル社員ハ入社ノ日ヨリ社員タル資格ヲ有スルモノナレハ入社後ニ生シタル會社ノ債務ニ付他ノ社員ト連帶無限ノ責任ヲ負フヘキハ固ヨリ當然ナレトモ。入社前ニ於テ會社カ負擔シタル債務即チ利害ノ關係ニ與カラサリシ債務ニ遡リテ其責任ヲ負フハ頗ル理論ニ反スルモノヽ如シ。然レトモ會社ヲ一種ノ組合契約ト爲サスシテ法人ト爲ス以上ハ社員ノ來往增減ハ法人ノ存立ニ影響ヲ及ホスコトナケレハ。假令新ニ一社員ノ入社スルモ其法人ハ依然タル前法人ニシテ其負擔セル債務ハ社員ノ入社前タルト入社後タルノ別ナク法人ノ債務タルヲ失ハス。果シテ然ラハ新入社員タルノ謂ヲ以テ之ニ對スル責任ヲ免カルヽコトヲ得サルヤ自ラ明ナリ。法理既ニ斯ノ如クナルノミナラス之ヲ實際ニ徵スルモ若シ社員ノ入社以後ニ生シタル債務ニ非サレハ責任ナシトセハ新入社員アル每ニ會社ハ貸借ノ精算ヲ爲シ若クハ特ニ其入社ノ日以後ノ計算書ヲ要スルニ至ルヘクシテ啻ニ其煩ニ堪ヘサルノミナラス其計算モ亦確實ヲ期シ難キノ恐アル故。社員入社ノ前後ヲ問ハス會社ノ債務ニ付キ責任ヲ負ハシムルハ理論ト實際トニ適合スルモノト云フヘシ。

問答　問　新入社員ハ特別ノ契約ヲ定メテ入社前ノ會社債務ニ付責任ヲ負ハサルコトヲ得ヘキヤ。

答　特別ノ契約ヲ以テ入社前ノ債務ノ責任ヲ免カルヽコトヲ得ス。

第六十五條　社員ニ非サル者ニ自己ヲ社員ナリト信セシムヘキ行爲アリタルトキハ其者ハ善意ノ第三者ニ對シテ社員ト同一ノ責任ヲ負フ

義解　本條ハ社員以外ノ者ニシテ社員ト同一ノ責任ヲ負擔スル場合ヲ規定ス。

合名會社ハ其性質トシテ社員其人ニ重キヲ措キ所謂人的信用ニ依リ成立ツモノニシテ第三者ハ

社員ニ對スル信用ヲ移シテ會社ヲ信用スルカ故ニ。若シ社員ノ資格ナキ者ニシテ外觀上自己ヲ會社ノ社員ト信セシムヘキ行爲ヲ爲シタル者アルトキハ第三者ハ其人ニ對スル信用ニ因リ會社ト取引ヲ爲スニ至ラン。然ルニ他日社員ニ非スシテ其會社及ヒ其者カ責任ヲ負ハストセンカ第三者ヲシテ不測ノ損害ヲ蒙ラシメ遂ニ會社ノ信用ヲ失墜スルノ虞アリ。是レ其者ヲシテ社員タ同シク連帶無限ノ責任ヲ負ハシムル所以ナリ。然レトモ社員ニ非サル者カ社員ト同一ノ責任ヲ負フハ獨リ善意ノ第三者卽チ社員タル如キ行爲ヲ爲シタル者カ眞實社員ニ非サルコトヲ知ラサリシ者ニ對スルノミニシテ。若シ第三者カ實際社員ニ非サル者ナルコトヲ知レルトキハ惡意ナルヲ以テ之ニ對シテ責任ナキコト言ヲ俟タサルナリ。

本條ニ所謂「自己ヲ社員ナリト信セシムヘキ行爲」トハ社員ニ非スシテ商號ニ其氏名ヲ表示スルコトヲ承諾シタル者又ハ顧問若クハ相談役ノ名義ヲ以テ會社業務ノ執行ニ干與シタル者、又ハ會社ノ定款ニ署名シ、社員ニ非スシテ利益ノ配當ヲ受クル者ノ如キヲ云フ。

問答

問　社員以外ノ者カ社員ト同一ノ責任ヲ負擔スルハ自己カ取引シタル關係ノ事項ノミニ限ルヤ。

答　自己ノ關係シタル事項ハ勿論會社カ第三者ニ對スル責任モ亦負フヘキモノトス。

問　社員以外ノ者カ社員ト同一ノ責任ヲ負フトセハ將來長ク社員タル責任ヲ負ヒ遂ニ社員ニ化スルノ姿アリ如何。

答　否。其責任ハ既往ノ事項ニ止マリ將來ノ事項ニ關及スヘキモノニアラス。

第六十六條　社員ノ出資ノ減少ハ之ヲ以テ會社ノ債權者ニ對抗スルコトヲ得ス但本店ノ所在地ニ於テ其登記ヲ爲シタル後二年間債權者カ之ニ對シテ異議ヲ述ヘサリシトキハ此限ニ在ラス

義解　本條ハ社員ノ出資減少ニ付會社ノ債權者ヲ保護スル規定ナリ

會社ノ資本ハ社員ノ出資ニ依リテ組成スルモノニシテ總テ會社ノ債權者ノ共同擔保ナルカ故ニ。社員ノ出資ヲ減少スルハ取モ直サス會社ノ財産ノ減少ニシテ會社ノ債權者ニ利害ノ影響ヲ及ホスコト少カラサルヲ以テ社員出資ノ減少ハ社員間ニ在テ有效ナルモ之ヲ以テ會社ノ債權者ニ對抗スルヲ得サルモノトシ債權者保護ノ道ヲ開ケリ。

右ノ場合ニ於テハ會社本店所在地ニ於テ其出資減少ニ因ル變更登記ヲ爲シタル後二年間ニ債權者ハ其出資減少ニ對シ異議ヲ述ヘ其出資ヲ舊ニ復セシムルコトヲ得ルト雖モ。若シ期間内ニ異議ヲ述ヘサリシトキハ最早債權者ハ異議ヲ述フル權ナキモノトス。何トナレハ二年間ノ久シキ之ヲ拋棄シテ顧ミサルハ其出資ノ減少ヲ認諾シタルカ又異議アルモ棄權シタルモノト看做サヽルヲ得サレハナリ。

問答

問　合名會社ノ社員ハ會社ノ債務ニ付連帶無限ノ責任アルモノナレハ假令出資ヲ減少スルモ會社ノ債權者ハ異議ヲ述フルノ必要ナキカ如シ如何。

答　社員ノ出資ヲ減少シテ會社ノ財産ヲ減少スレハ從テ會社債權者ノ擔保ヲ減殺スルノミナラス其減少金額ハ社員ノ私有財産ト爲ルヲ以テ會社ノ債權者ハ其社員ノ債權者ト共ニ之ヲ分配セサルヲ得サルニ付出資ノ減少ハ會社ノ債權者ニ利害ノ關係ナシト云フコトヲ得ス。

問　出資ノ減少ハ社員間ニハ有效ナリヤ。

答　社員間ニテハ有效ナリ。

問　未タ辨濟期限ニ至ラサル債權ニ付テモ出資減少ノ異議ヲ述フルコトヲ得ルヤ。

答　出資減少ノ爲メ將來滿足ナル辨濟ヲ得難キ十分ノ危險アルトキハ異議ヲ述フルコトヲ得ヘシ。

問　異議ハ會社ヘ對シテ述フヘキヤ。

答　會社ニ述フルモ其減少ヲ爲セシ社員ニ述フルモ債權者ノ隨意ナリ。

第六十七條　會社ハ損失ヲ塡補シタル後ニ非サレハ利益ノ配當ヲ爲スコトヲ得ス

前項ノ規定ニ違反シテ配當ヲ爲シタルトキハ會社ノ債權者ハ之ヲ返還セシムルコトヲ得

字解　塡補トハ缺ケタル分ヲ埋ツメ補フコト。

義解　合名會社ハ各社員ノ出資ヲ登記シテ第三者ヲシテ會社資本ノ種類及ヒ其額ヲ知ラシムルヲ以テ。第三者カ會社ト取引ヲ爲スニ當リテハ固ヨリ社員其人ニ信ヲ措クヘシト雖モ會社資本ノ種類及ヒ其額ニ着眼スヘキハ勿論ナリ。然ルニ會社若シ損失ヲ爲セハ會社ノ財產ヲ減少シ從テ會社ニ對スル債權ノ擔保ヲ減少スヘキカ故ニ。若シ會社ニシテ其損失ヲ塡補セスシテ利益ヲ各社員ニ配當シ以テ會社ノ財產ヲ減少スルモ其自由ニ一任ストセハ會社ノ債權者ハ自己ノ擔保ヲ減殺セラルヽニ至リ意外ノ損害ヲ被ムルコトアルヘシ。故ニ本條ハ會社カ利益ヲ得タルトキハ先ツ其財產ノ減少ヲ塡補シ尙ホ剩餘アルニ非サレハ之ヲ社員間ニ分配スルコトヲ得スト定メ以テ會社債權者ヲ保護シタリ

從來會社ノ通弊トシテ役員ノ私曲ヲ行フハ多クハ利益配當ノ場合ニ在リ。役員ノ不正若クハ不ヽ

錯ヲ以テ會社ニ損失ヲ被ムラシメタル場合ニ於テ之ヲ隱蔽センカ爲メ故ラニ利益ヲ配當シ其社員ヲ欺クノミナラス併セテ會社ノ債權者ヲ詐害シ一時ノ偷安ヲ計ルカ如キアリ。又會社ノ利益ヲ後ニシ自家眼前ノ小利ヲ貪リ遂ニ會社財産ノ計算ヲ左右シ或ハ利益ナキニ利益アルモノヽ如ク裝ヒ不正ノ配當ヲ爲ス如キコト往々ニシテ之レアリ。故ニ利益ノ配當ハ之ヲ會社ノ自由ニ任スヘカラサルナリ。

會社若シ本條ノ禁止ニ背キ損失ヲ塡補セスシテ利益ノ配當ヲ爲シタルトキハ會社ノ債權者ハ其無效ヲ主張シ己ニ配當ヲ終リタル後ト雖モ各社員ヲシテ之ヲ會社ノ資本內ニ返還セシメ以テ自己ノ債權ノ擔保ニ充當スルコトヲ得ヘキナリ。

問答　問　既ニ配當ノ割合ヲ正當ニ確定シタル後會社ノ資本減少シタルトキハ如何。

答　其場合ハ社員ハ償還ノ義務ナシ。

第四節　社員ノ退社

合名會社ハ社員其人ノ信用ヲ基礎トシ成立スルモノニシテ各社員ハ會社ト分離スヘカラサル密接ノ關係ヲ有スルモノナリト雖モ。合名會社ハ法人ニシテ彼ノ契約關係タル組合ト自ラ異別ニシテ獨立ノ生存ヲ爲シ得ヘキヲ以テ。假令一社員ノ退社アルモ會社ハ依然存續スルコト理論ト實際トニ適合スルモノト云フヘシ。

第六十八條 定款ヲ以テ會社ノ存立時期ヲ定メサリシトキ又ハ或社員ノ終身間會社ノ存續スヘキコトヲ定メタルトキハ各社員ハ營業年度ノ終ニ於テ退社ヲ爲スコトヲ得但六ケ月前ニ其豫告ヲ爲スコトヲ要ス
會社ノ存立時期ヲ定メタルト否トヲ問ハス已ムコトヲ得サル事由アルトキハ各社員ハ何時ニテモ退社ヲ爲スコトヲ得

義解 本條ハ社員カ任意退社スヘキ原因ヲ規定ス。

合名會社ハ社員相互ノ信用ト協力トニ依リ成立スルモノナレハ妄リニ之カ退社ヲ許スヘカラサルヲ原則トスルモ。其退社セント欲スル社員ヲ妄リニ拘束シテ退社ヲ許サヽル如キハ決シテ會社タルノ利益ニアラサルカ故ニ。法律ハ或原因ニヨリ退社スルコトヲ許セリ。而メ社員ノ退社ニ二種アリ一ヲ任意ノ退社ト云ヒ一ヲ不任意ノ退社又ハ法定ノ退社ト云フ。本條ハ其任意退社ノ場合ヲ規定シ其不任意退社ノ場合ハ次條ニ之ヲ規定ス。

任意卽チ社員自己ノ意思ニ依リ退社スルコトヲ得ル原因左ノ如シ。

一 定款ヲ以テ會社ノ存立時期ヲ定メサリシトキ〇存立時期トハ所謂會社ノ營業年限ヲ云フ。

定款ヲ以テ會社ハ何ケ年間營業ヲ存續スト云フ如ク存立時期ヲ定メタルトキハ其時期滿了ニ依リ當然解散スルモノナレハ强テ退社ヲ求ムルヲ要セス。且已ニ一旦合意シテ會社ヲ設立シタル以上ハ可成之ヲ履行セシムルヲ要シ妄リニ合意ノ效力ヲ破リ退社セシムルノ必要ヲ認ムルコト能ハスト雖モ。若シ會社ノ存立時期ノ定メナキトキハ無期限即チ永久ニ人ノ自由ヲ束縛スルニ至リ契約法ノ原則ニ反スルカ故ニ。此場合ハ退社スルコトヲ得セシム。

二　社員ノ終身間會社ノ存續スヘキコトヲ定メタルトキ○存立時期ノ定メアルモ確定ノ年限ナク社員中ノ某者ノ終身間會社ヲ存續スヘシト定メタルトキ例之有名ナル博士ノ著述ヲ目的トシテ書籍出版會社ヲ設立シタル場合ニ於テ其博士ノ死亡スルトキヲ以テ存續終期トシ會社ヲ解散スヘシト定メタルカ如キハ畢生其人ノ自由ヲ束縛スルモノニシテ亦多クノ歲月間存續スヘキノミナラス幾年間存續スヘキカ豫知スルコト能ハサルヲ以テ。此場合ニ於テハ恰モ存續期間ヲ定メサリシト同一ニ看做シ亦退社スルコトヲ得セシム。

右二ケノ場合ニ於テ社員カ任意ノ退社ヲ爲スニハ營業年度ノ終ニ於テスルコト及ヒ六ケ月前ニ豫告スルコトノ二條件ニ從フヘキモノトス。

營業年度ノ終ニ於テスルコト○元來社員ハ自己ノ利益ヲ後ニシ會社ノ利益ヲ先ニスヘキ通義

ニ從フヘキモノナレハ。突然發意シ其時期ノ如何ヲ顧ミス退社スルニ於テハ會社ノ迷惑少カラサルヲ以テ妄リニ自己ノ都合ヲ計リ俄ニ退社ヲ爲ス如キハ決シテ爲シ得ヘキニアラス。故ニ營業ノ段落ヲ告ケ一決算ヲ爲スノ時期卽チ年度ノ終ニ於テ退社シ尙六ケ月前ニ豫告シ會社ヘ十分ノ猶豫ヲ與ヘシムルコト、セリ。

三 已ムコトヲ得サル事由アルトキ〇已ムコトヲ得サル事由トハ社員カ洋行ノ必要ヲ生シタルトキ、重患ニ罹リ容易ニ恢復ノ見込ナキトキ又ハ兵役ニ服シタルトキノ如キヲ云フ〇而シテ斯ノ如キ已ヲ得サル事由アルトキハ存立時期ノ定ナキトキハ勿論其定アルトキタリトモ豫告ヲ要セス又年度ノ終ニ於テスルヲ要セス何時ニテモ突然申出テ卽時ニ退社スルコトヲ得ルモノトス。

問答

問 營業年度ノ終トアレハ每配當期ニ退社スルコトヲ得ルヤ。

答 例之一營業年度ヲ上半季下半季ノ二回ニ分テハ其下半季ノ終ノミ年度ノ終ナレハ其時ニ至リ退社スルモノトス。

問 退社豫告ノ方法如何。

答 六ケ月ノ豫告ハ其最短期限ヲ示シタルモノニシテ實際七八ケ月以上ノ期限ニ渉ルコトアル

ヘシ。例ヘハ一曆年ヲ以テ一事業年度トスル會社ニ在テ社員カ二月若クハ三月ノ頃退社ノ意ヲ生シ之ヲ豫告シタルトキハ其年十二月ヲ年度ノ終リト爲スニ依リ十ケ月若クハ十一ケ月前ノ豫告ト爲リ此例ヲ推ストキハ十一月ニ豫告ヲ爲シタルトキハ翌年十二月ニ至ラサレハ退社スルコトヲ得サルモノトス。

第六十九條 前條ニ掲ケタル場合ノ外社員ハ左ノ事由ニ因リテ退社ス

一　定款ニ定メタル事由ノ發生

二　總社員ノ同意

三　死亡

四　破產

五　禁治產

六　除名

義解 本條ハ其第二號ヲ除キ主トシテ不任意ノ退社事項ヲ規定ス

合名會社ノ社員ハ左ノ六ケノ條件中其一アルトキハ法律ノ規定ニ因リ何等ノ條件手續ヲ要セス

シテ當然退社ト爲ルモノトス。

一 定款ニ定メタル事由ノ發生○會社設立ノ際又ハ其設立後定款ヲ以テ斯ル場合ニハ退社スヘシト豫メ其事由ヲ定メ置キタルニ其事由ノ發生シタル場合。例之定款ニ會社ノ存立時期ハ三十年ナルモ某社員ハ十年ニシテ退社スヘシト定メアリシニ其期限ノ到來セシトキ又書籍出版會社ニシテ著述ノ勞務ヲ出資トシ或著書ノ完了ヲ告クレハ退社スヘシト定メタルニ其著述ノ完了シタルトキ又社員カ官吏ト爲リタルトキハ退社ト看做スト定メタルニ其一社員カ官吏ト爲リタル場合ノ如キハ其社員ハ退社スルモノトス。

二 總社員ノ同意○合名會社ノ社員ハ總社員ノ同意ヲ以テ社員ト爲リタル者ナレハ總社員ノ同意アルトキハ退社スルコトヲ得ルコト當然ナリ。

三 死亡○合名會社ハ專ラ社員ノ信用ヲ基礎トシテ成立スルモノナレハ其人死亡スレハ當然社員タルノ資格モ亦消滅スヘキモノニシテ其相續人又ハ承繼人ハ社員タルノ資格ヲ承繼スルヲ得サルモノトス。

四 破產○破產者ハ財產上ニ於テハ死亡者ト同一ニシテ自己ノ財產ニ對シ管理權及ヒ處分權ヲ失ヒタルモノナレハ社員タルノ資格ヲ保有スルコトヲ得サルハ勿論ナルヲ以テ當然退社スル

モノトス。

五　禁治産〇社員カ心神喪失ノ常況ニ立至リ民法第七條ニ依リ禁治産ノ宣告ヲ受ケタルトキハ殆ント行爲能力ノ全部ヲ失フモノナレハ社員タルノ資格ヲ保有スルコト能ハサレハ是亦當然退社スルモノトス。

六　除名〇除名トハ社員ノ意思ニ反シ他ノ社員ノ一致ヲ以テ社員中ヨリ放逐スルモノナレハ除名カ退社ノ原因ト爲ルコト勿論ナリ。

問答　問　社員ノ死亡シタルトキ定款又ハ總社員ノ同意ニ依リ其相續人其他ノ承繼人カ死亡社員ノ地位ニ代ハルコトヲ得ヘキヤ。

答　然リ、死亡社員ノ地位ニ代ハルコトヲ得

問　社員カ能力ヲ喪失シタルトキハ特約ヲ以テ其社員ノ資格ヲ保有シ得ヘキヤ。

答　特約アルトキハ後見人ヲシテ其業務ヲ管理セシメ社員タルノ地位ヲ保有スルコトヲ得。

第七十條　社員ノ除名ハ左ノ場合ニ限リ他ノ社員ノ一致ヲ以テ之ヲ爲スコトヲ得但除名シタル社員ニ其旨ヲ通知スルニ非サレハ之ヲ以テ其社員ニ對抗スルコトヲ得ス

一 社員カ出資ヲ爲スコト能ハサルトキ又ハ催告ヲ受ケタル後相當ノ期間內ニ出資ヲ爲サヽルトキ
二 社員カ第六十條第一項ノ規定ニ違反シタルトキ
三 社員カ會社ノ業務ヲ執行シ又ハ會社ヲ代表スルニ當リ會社ニ對シテ不正ノ行爲ヲ爲シタルトキ
四 社員カ會社ノ業務ヲ執行スル權利ヲ有セサル場合ニ於テ其業務ノ執行ニ干與シタルトキ
五 其他社員カ重要ナル義務ヲ盡サヽルトキ

義解 本條ハ除名ノ條件及ヒ事由ヲ規定ス。

除名ハ社員ノ意思ニ反シテ社員タル權利ヲ奪ヒ之ヲ會社外ニ退去セシムルモノナレハ其社員ノ財産及ヒ名譽ヲ傷害スルコト少カラサルヲ以テ妄リニ之ヲ許スヘキモノニ非ラス。故ニ本條ハ退社ノ條件ヲ規定セリ。

除名ハ啻ニ社員ノ名譽ヲ傷害スルノミナラス會社ニ重大ノ關係ヲ及ホスヘキヲ以テ他ノ社員ノ

一致ニ出ツルヲ要シ若シ一人ニテモ不同意ヲ唱フル者アレハ除名ヲ爲スコトヲ得ス。而シテ已ニ社員ノ一致ニ依リ或社員ニ對シ除名ノ決議ヲ爲シタルトキハ之ヲ其社員ニ通知スルヲ要シ。之カ通知ヲ爲サヽルトキハ其社員ニ對抗スルコトヲ得サレハ社員ハ除名ノ通知ヲ受クルマテ依然トシテ社員タルノ權利ヲ有スルモノトス。

除名ヲ爲シ得ヘキ場合左ノ如シ。

一　社員カ出資ヲ爲スコト能ハサルトキ又ハ催告ヲ受ケタル後相當ノ期間內ニ出資ヲ爲サヽルトキ○社員ノ出資ハ會社資本ノ由テ以テ組成スル所以ニシテ若シ出資ナケレハ會社ハ存立スルコトヲ得ス。故ニ社員ニシテ出資ヲ爲スコト能ハサルニ至リシトキ又ハ出資ヲ爲サヽルニ依ル催告ヲ受ケタルモ尙ホ之ヲ怠リテ相當ノ期間內ニ出資ヲ爲サヽルトキ其社員ヲ除名スルハ已ムヲ得サルノ處置ナルヘシ。

出資ヲ爲スコト能ハサルトキトハ例之社員カ無資力ト爲リテ定款ニ定メタル出資ヲ爲スコト能ハサルトキ或ハ家屋ヲ出資ト定メタルニ其家屋燒失セシ如キ或ハ勞務ヲ出資ト爲シタル者カ疾病ニ因リ身體ノ勞働ヲ妨ケラルヽ如キヲ云フ。

二　社員カ第六十條第一項ノ規定ニ違反シタルトキ○合名會社ハ人ニ依リテ成立シ其社員ハ無

限ノ責任ヲ負フモノナレハ會社ノ營業ハ自己ノ營業ト相擇フ所ナキヲ以テ其一身ヲ擧ケ全力ヲ盡シテ會社ノ利益ヲ計ラサル可ラス。然ルニ他ノ社員ノ承諾ヲ得スシテ自己又ハ第三者ノ爲メニ會社ノ營業部類ニ屬スル商行爲ヲ爲シ又ハ同種ノ營業ヲ目的トスル他ノ會社ノ無限責任社員ト爲ルトキハ。勢ヒ會社ト競爭ノ結果ヲ生シ遂ニ會社營業上ノ利益ヲ妨害スルニ至ルヘキヲ以テ。斯ノ如キ行爲ヲ爲シタル社員ハ之ヲ除名スルコト會社利益ノ保護上亦當然ノ所置ト云フヘシ。

三　社員カ會社ノ業務ヲ執行シ又ハ會社ヲ代表スルニ當タリ會社ニ對シテ不正ノ行爲ヲ爲シタルトキ○社員カ會社ノ業務ヲ執行シ又會社ヲ代表スルニ當リテハ誠實以テ會社ノ利益ヲ計ルノ義務アリ。然ルニ若シ會社ニ對シ不正ノ行爲例之會社ノ財産テ私ニ費消スルカ如キ又ハ第三者ト通謀シテ會社ノ商品ヲ不當ナル低價ニ賣却シ若クハ第三者ノ商品ヲ不當ナル高價ニテ會社ニ買入レ其間ニ私利ヲ占ムルカ如キ行爲ヲ爲ストキハ會社ノ秩序ヲ紊タシ信用ヲ失フノ恐レアルヲ以テ。此ノ如キ不正ノ社員ハ之ヲ除名シ得ルコト言ヲ俟タサルナリ。

四　社員カ會社ノ業務ヲ執行スル權利ヲ有セサル場合ニ於テ其業務ノ執行ニ干與シタルトキ○合名會社ハ特ニ業務執行社員ヲ定メタルトキハ他ノ社員ハ業務執行ノ權利ヲ有セサルモノナ

ルニモ拘ラス不當ニ自ラ業務執行ニ干與スルトキハ。徒ラニ事務ヲ錯雜セシムルノミナラス社員間ノ共和ヲ破ルノ弊ヲ生シ會社ノ定款ヲ蔑如シ營業上ノ秩序ヲ紊亂スルニ至ルヲ以テ。社員ニシテ斯ノ如キ行爲アルトキハ除名スルコト必要ナリ。

五　其他社員カ重要ナル義務ヲ盡ササルトキ〇以上四場合ノ外本法又ハ定款ニ規定アル義務ハ勿論何等ノ規定ナキモ實際上社員カ盡スヘキ重要ナル義務ヲ缺キタル場合モ亦除名ノ原因タリ。例之社員カ業務ヲ擔當スルニ當リ怠慢ニ因リ一切ノ業務ヲ拋擲シテ顧ミサル如キ又營業上頗ル利益アルコトヲ知リナカラ之ヲ顧ミスシテ其業務ニ盡力セサル如キヲ云フ。此ノ如キ忠實ナラサル社員ヲ除名シ得ルコト亦固ヨリ當然ナリ。

問答　問　業務執行社員カ營業ノ拙劣ナル爲メ會社ニ大損失ヲ來セシ場合ノ如キ除名ノ原因ト爲ルヤ。

答　社員カ職務上十分勉勵注意シタルモ其業務執行方法ノ拙劣ナル爲メ損失ヲ來シタル場合ノ如キハ其執行權ヲ奪ヒ得ヘキモ除名ヲ爲スノ原因ト爲ラス。

問　特定物例之土地、家屋、倉庫ノ所有權ヲ出資ト爲シタル場合ニ其土地流亡シ其家屋倉庫燒失シタル爲メ出資ヲ爲スコト能ハサルトキノ如キハ本條第一號前段ノ所謂「出資ヲ爲スコト能ハサル」ノ部内ニ入ルヤ。

答 特定物ノ移轉ハ當事者ノ意思表示ノミニ因リ效力ヲ生スルモノニシテ其土地家屋倉庫ヲ出資ト爲シタル時ヨリ直チニ會社ノ所有ニ歸スルヲ以テ其毀損滅盡ハ會社ノ損失トナリ社員ノ與リ知ラサル所ナレハ假令之ヲ出資ト爲スコト能ハサルニ至リシト雖モ除名スルコトヲ得ス。

問 本條五ケノ除名ノ原因ニ由リ退社シタル者ノ行爲ニ付キ會社ニ損害ノ生シタルトキハ賠償セシムルコトヲ得サルヤ。

答 除名ジタルト共ニ其損害賠償ヲ爲サシムルコトヲ得ルモノトス。

第七十一條 退社員ハ勞務又ハ信用ヲ以テ出資ノ目的ト爲シタルトキト雖モ其持分ノ拂戻ヲ受クルコトヲ得但定款ニ別段ノ定アルトキハ此限ニ在ラス

義解 本條ハ退社員ノ權利ヲ規定ス。

社員任意ノ退社ナルト法定ノ退社ナルトヲ問ハス苟クモ會社ヲ脱退スルトキハ總テ持分ノ拂戻ヲ受クルノ權利ヲ有スルヲ原則トス。故ニ金錢其他ノ有價物ヲ出資ト爲シタルモノハ退社ノ際其持分ノ拂戻ヲ受クルコト勿論ナリト雖𪜈彼ノ勞務又ハ信用ノ如キ退社ト共ニ終息スル出資ニ付テハ稍々疑ナキ能ハス。何トナレハ勞務信用ノ如キハ其人ノ一身ニ附着スルモノナレハ其退社ト共ニ當然出資ヲ持去ルカ故自ラ持分ノ拂戻ヲ受ケタルト同一ニシテ若シ此場合ニ更ニ持分ノ拂戻ヲ受クルトセハ恰モ二重ニ拂戻ヲ受クルノ觀ナキ能ハサレハナリ。然レトモ出資ト持分トハ其性質相異ナルモノニシテ。會社ヲ以テ法人トスル以上ハ法律上獨立ノ人格ヲ有シ財産ヲ所有スルコトヲ得ルカ故ニ。社員ノ出資ニ依リ組成シタル資本ハ卽チ法人ナル會社ノ財産ニシテ社員ノ共有財産ニアラス。出資已ニ會社ノ所有ニ歸スレハ社員ハ只退社ノ際其出資ニ相當スル價格ノ拂戻ヲ受クルノ權利ヲ有スルノミ。此權利ハ卽チ所謂持分ニシテ會社財産其モノニ對スル物權ニ非スシテ拂戻ヲ受クヘキ債權ナリ。而シテ勞務信用ノ如キハ固ヨリ無形タリト雖モ其價値ヲ有スルコト猶ホ他ノ有形物ト相擇フ所ナクシテ亝ク一ノ財産タルニ相違ナキヲ以テ之ヲ出資ト爲シタル社員モ反對ノ契約ナキ限リハ金錢其他ノ有價物ヲ出資ト爲シタル者ト同シク會社ニ對シテ其持分ヲ有シ其會社財産ノ一部ニ付權利ヲ有スルハ當然ナリ。例之甲者ハ會社ノ營業所ニ充ツル爲メ二萬圓ノ價格アル家屋ヲ出資トシ乙者ハ資本金二萬圓ヲ出資トシ丙者ハ勞務ト信用トヲ併セテ出資トシ其評價一萬圓ニシテ資本合計五萬圓ノ會社ヲ設立シ現金一萬五千圓ノ利益アリシトセハ會社ノ現在資本ハ六萬五千圓ト爲リ各社員持分ノ割合ハ甲者ハ二萬六千圓乙者モ二萬六千圓丙者ハ一萬三千圓ナリ。故ニ丙者退社スレハ其資本タル勞務信用ノ一萬圓ハ當然持去ルモ尚ホ會社ニ對シテ三千圓ヲ請求スルノ權利即チ持分ヲ有スル筋合ナレハ其拂戻ヲ受クヘキハ當然ナリ。是レ本條ノ規定アル所以ナリ。

問答 問 本條ノ規定ハ商法施行前ニ設立セラレタル合名會社ニ之ヲ適用スヘキモノナルヤ。

答 商法施行法ニ依リテ適用スルコトヲ得ス。

問 退社ノ際ハ其出資ニ供シタル現物ノ返戻ヲ請求シ得ヘキヤ。

答 會社ハ金錢ヲ以テ拂戻ス權利アルモノナレハ曩キニ出資ト爲シタル現物ヲ請求スルコトヲ得ス。但雙方合意アルトキハ此限外ナリ。

第七十二條 會社ノ商號中ニ退社員ノ氏又ハ氏名ヲ用ヰタルトキハ退社員ハ其氏又ハ氏名ノ使用ヲ止ムヘキコトヲ請求スルコトヲ得

義解 本條ハ退社員ノ氏又ハ氏名ヲ會社ノ商號中ニ使用シタル場合ニ關スル規定ナリ。

合名會社ノ商號ニハ往々信用アル社員ノ氏又ハ氏名ヲ用ユルコトアリ。此場合ニ於テ其社員退社シタルトキ尚ホ從前ノ商號ヲ續用セラルヽトセハ其退社員ハ第六十五條ノ規定ニ依リ善意ノ第三者ニ對シテ社員ト同一ノ責任ヲ負ハサルヘカラサルカ故ニ退社員ニ氏又ハ氏名ノ使用ヲ差止ムルノ權利ヲ與ヘ。若シ此權利ヲ行ハサルトキハ其使用ヲ承諾シタルモノトスヘキナリ。

問答　問　本條ノ適用ハ氏又ハ氏名ノミノ續用ニ限ルヤ。

答　氏又ハ氏名ノミニ限ラス屋號其他ノ名稱モ包含スルモノトス。

第七十三條　退社員ハ本店ノ所在地ニ於テ退社ノ登記ヲ爲ス前ニ生シタル會社ノ債務ニ付キ責任ヲ負フ此責任ハ其登記後二年ヲ經過シタルトキハ消滅ス

前項ノ規定ハ他ノ社員ノ承諾ヲ得テ持分ヲ讓渡シタル社員ニ之ヲ準用ス

義解　本條ハ退社員ノ責任ヲ規定ス。

退社員ハ退社ニ因リテ會社トノ關係ヲ絕ツモノナレハ退社後ニ生シタル會社ノ債務ニ付テハ何等ノ責任ナシト雖モ。其退社前ニ生シタル會社ノ債務ハ卽チ社員タリシトキノ債務ナルヲ以テ社員タル身分ヲ離ルヽト同時ニ全然會社ニ關スル一切ノ責任ヲ免カレント欲スルモ能ハサルヤ知ルヘキノミ。且夫レ合名會社ハ社員其人ノ信用ニ依テ成立ツモノニシテ社員ハ無限ノ責任ヲ負フヘキカ故其固有財產モ會社ノ債權者ノ共同擔保ニシテ退社ハ其擔保ニ減少ヲ來スモノナレハ。若シ退社ニ因リ會社ノ債務ニ付キ責任ヲ免カレ得ルトセハ債權者ハ不測ノ損害ヲ蒙ルヘキニ付キ退社後ト雖モ必ス其責任ヲ負ハシメサルヘカラス。

退社員カ會社ノ債務ニ付責任ヲ負フヘキハ本店ノ所在地ニ於テ退社登記ヲ爲ス前ニ生シタル債務ニ及ホスヘクシテ實際退社シタル時ロマテノ債務ニ限ラサルモノトス。是レ登記ヲ爲シテ之ヲ世間ニ公示セサレハ第三者ハ其退社ヲ知ラスシテ取引ヲ爲シタルヘキモノナルカ故ニ。退社後退社登記前ノ間ニ生シタル會社ノ債務ヲモ包含セシメサレハ十分第三者ノ權利ヲ保護セリト云フヲ得サレハナリ。而シテ其責任ヲ負フ期間ヲ退社登記後二ケ年ニ限リタルハ他ナシ退社員ハ自ラ會社ノ業務ニ干與シテ自己ノ利益ヲ保護スル能ハサルト特ニ商業上ニ於テハ永ク責任ヲ負ヒ其自由ヲ得サラシムルハ其當ヲ得サルトニ因ルナリ。

社員カ他ノ社員ノ承諾ヲ得テ持分ノ全部ヲ讓渡シ讓受人ヲシテ己レノ地位ニ代ハラシメタル場合ハ退社ノ如ク全ク其持分ヲ會社ノ財產中ヨリ持去ルニ非サルモ事實其會社ヲ離脫スルコトニ付テハ普通ノ退社ト同一ナルヲ以テ持分讓渡ノ社員モ亦會社ノ債權者ニ對シテハ退社員ト同シク讓渡後二年間責任ヲ負フヘキモノトス。

問答 問 持分ノ一部ヲ讓渡シタル社員ハ本條ノ責任ヲ免カルヘキヤ。

答 持分ノ一部ヲ讓渡シタル者ハ他ノ持分ニ付キ尙ホ社員タルノ資格ヲ有スルカ故本條ノ適用ヲ受クヘキ限ニアラス。

第五節 解散

會社ノ解散トハ營業上ノ作用ヲ爲スコトヲ得サルニ至リシノ謂ニシテ卽チ營業ノ終了ヲ云フ。而シテ解散ニ依リ營業ハ終了スルモ會社ノ權利義務ハ之ト共ニ直チニ消滅スルモノニ非サレハ會社ノ債務ノ履行、未收ノ債權ノ取立、現存ノ財產ノ賣却、殘餘財產ノ分配等最終ノ處分ヲ爲シ其結局ヲ告ケサルヘカラサルヲ以テ。會社解散後ト雖モ尙ホ淸算ノ目的ノ範圍內ニ於テ其會社ハ存立スルモノナリ。

第七十四條 會社ハ左ノ事由ニ因リテ解散ス

一 存立時期ノ滿了其他定款ニ定メタル事由ノ發生

二 會社ノ目的タル事業ノ成功又ハ其成功ノ不能

三 總社員ノ同意

四 會社ノ合併

五 社員カ一人ト爲リタルコト

六 會社ノ破產

七 裁判所ノ命令

字解 滿了トハ時期ノ到着シタルコト。

本條ハ會社解散ノ事由ヲ規定ス。

義解

一 存立時期ノ滿了其他定款ニ定メタル事由ノ發生

（イ）會社ハ存立時期ノ滿了○存立時期卽チ營業年限ヲ豫定シタルトキ例之若干年間ヲ期シ或ハ一社員ノ終身ヲ期シタル場合ノ如キハ其時期到着シ其社員死亡スレハ時期ノ滿了ナルヲ以テ當然解散スルモノトス。

（ロ）會社ハ定款ヲ以テ定メタル事由ノ登記○是レ未必條件ヲ以テ解散ノ時期ヲ約シタルモノニテ例之馬車會社又ハ滊船會社カ他日其線路航路ニ沿フテ鐵道ノ敷設セラルヽアラハ解散セント約シタルニ果シテ其敷設アリシトキノ如キヲ云フ。

二 會社ハ目的タル事業ノ成功又ハ成功ノ不能。

（イ）會社ハ目的タル事業ノ成功○是レ會社ノ目的タル事業ノ成就ニシテ例令土地開墾會社カ其目的タル開墾ヲ終リタルカ如キ又一ケノ築港事業ヲ目的トシタル土木會社カ其築港事業ヲ成就シタルカ如キヲ云ヒ。事業已ニ成就セハ最早會社ノ爲スヘキ事ナキヲ以テ存立スヘキノ理ナシ。

(ロ) 會社ハ目的タル事業ハ成功ハ不能○是レ會社カ目的トセシ事業ノ到底成功ノ見込ナキニ至リシ等ノ場合ニシテ例之築港工事中其港灣カ大地震ニ因リ地勢一變シテ到底築港スル能ハサルニ至リシ如キ又ハ一大沈沒船ノ撈揚ヲ目的トセル會社ニシテ遂ニ撈揚シ得ヘキ見込ナキニ至リシトキノ如キ又ハ同種ノ營業ヲ目的トセル一大會社ノ設立アリテ之ト競爭スルヲ得スシテ到底營業ヲ繼續スルコト能ハサル場合ノ如キヲ云フ。

三 總社員ノ同意○元來會社ハ總社員ノ同意ニ依リ成立シタルモノナレハ亦其同意ヲ以テ解散ヲ爲スコトヲ得ルハ當然ナリ。但シ此場合ニハ總社員悉ク之ニ同意スルヲ要シ若シ一人ニテモ不同意者アレハ解散スルコトヲ得サルモノトス。

四 會社ノ合併○會社ノ合併ニ二種アリ一ハ從來存立スル甲會社カ乙會社ニ合併シテ乙會社ノ一ト爲ル場合ニシテ一ハ甲乙二會社互ニ合併シ新タニ一ノ丙會社ヲ設立スル場合ナリ此場合ニ於テハ一ハ甲會社解散シ一ハ甲乙二會社共ニ解散ト爲ルモノトス。

五 社員カ一人ト爲リタルコト○二人以上ノ社員相集リタル社團ニ非サレハ會社タルノ資格ナキコト會社本然ノ特質タリ。故ニ一旦成立シタル會社モ社員カ退社ニ因リ減少シテ一人ト爲

リタルトキハ當然解散セサルヲ得ス

六 會社ノ破產○會社破產スルトキハ會社ノ財團悉皆ヲ會社ノ債權者ニ引渡シ無資產ト爲ルヲ以テ會社タルノ行動ヲ爲スコト能ハサルニ付キ解散スヘキハ當然ナリ。

七 裁判所ノ命令○裁判所ヨリ解散ノ命令アレハ其命令ノ效力ニ因リ亦解散セサルヲ得ス。其命令アル場合ハ會社ノ營業カ公安又ハ風俗ヲ害スルトキ或ハ會社カ登記ヲ爲ス前ニ事業ニ着手シタルトキノ如キ是ナリ。

問答 問 社員カ一人ニ減少シタル場合ニ新ニ社員ヲ加ヘテ會社ヲ繼續スルコトヲ得ルヤ。

答 否ナ。社員一人トナレハ當然解散スヘキヲ以テ新ニ社員ヲ加ヘテ會社ヲ繼續スルヲ得ス。

第七十五條 前條第一號ノ場合ニ於テハ社員ノ全部又ハ一部ノ同意ヲ以テ會社ヲ繼續スルコトヲ得但同意ヲ爲サヽリシ社員ハ退社ヲ爲シタルモノト看做ス

義解 本條ハ會社繼續ニ付テノ規定ナリ。

前條第一號ノ場合即チ會社ノ存立時期ノ滿了其他定款ニ定メタル事由ノ發生シタルトキノ如キ理論上當然解散ト爲ルヲ原則トスルモ。若シ社員ノ全部又ハ一部カ其解散ヲ欲セス依然會社ヲ繼續セントスルトキ法律ハ之ニ干渉シテ其繼續ヲ許サヽルノ必要ナキカ故ニ。◎其社員間ノ同意ヲ以テ之ヲ繼續スルコトヲ得ルモノトス是レ其解散事由ハ他ノ事由ト其趣ヲ異ニシ法律上必ス解散セサルヲ得サルモノニ非ラス全ク社員ノ意思ニ基キシモノナルヲ以テ其時期ニ至テモ亦社員ノ意思ヲ以テ之ヲ繼續スルコトヲ得セシムヘキヤ言ヲ俟タス。而シテ社員ノ一部ニテ會社ヲ繼續シタルトキハ其不同意ノ社員ハ之ヲ退社ト看做シ前節ノ規定ニ從ヒ退社員ノ權利ヲ行ヒ退社員ノ責任ヲ負ハシム。此場合ハ會社繼續ノ登記及ヒ不同意社員ニ付テハ退社ノ登記ヲ爲シ其社員ノ爲メ貸借對照表ヲ作リテ以テ持分ノ拂戻ヲ爲ス等ノ手續ヲ爲サヽルヘカラス。

存立時期ノ滿了セシトキ其他解散事由ノ發生シタルトキハ其滿了シ發生スルト同時ニ會社ナル法人ハ消滅ニ歸スヘキヲ以テ解散ト爲ルハ當然ノ理ニシテ若シ其會社ヲ繼續セントセハ尚ホ解散ノ手續ヲ爲シ新ニ設立ノ手續ヲ爲サヽルヘカラスシテ頗ル煩雜ヲ極メ社員及第三者共ニ不都合ヲ感スヘキニ因リ。法律ハ實際上ノ便宜ヲ計リ特ニ變例ヲ作リテ右ノ手續ヲ要セス之カ繼續ヲ爲スコトヲ得セシメタリ。

第七十六條◎會社カ解散シタルトキハ合併及ヒ破産ノ場合ヲ除ク外二週間内ニ本店及ヒ支店ノ所在地ニ於テ其登記ヲ爲スコトヲ要ス

義解 本條ハ解散ニ付テノ登記義務ヲ規定ス

會社カ第七十五條ニ定ムル所ノ解散事由ノ一ノ發生シタルトキハ其發生ト共ニ社員間ニ當然其効力ヲ生スト雖モ其解散ハ第三者ノ利害ニ關係ヲ及ホスコト少カラサルヲ以テ之ヲ公示シテ汎ク世間ニ知悉セシムルコト最モ必要ナリ。故ニ會社カ解散ト爲リタル日ヨリ二週間内ニ本店又ハ支店ノ所在地ヲ管轄スル裁判所ニ於テ解散ノ登記ヲ爲スヘキモノトス(二六一、一號參照)

參照 非訟事件手續法第百八十條 合名會社ノ解散ノ登記ハ總社員又ハ其相續人ノ申請ニ因リテ之ヲ爲ス

申請書ニハ解散ノ事由ヲ記載シ且相續人カ申請ヲ爲ストキハ其資格ヲ證スル書面ヲ添付スルコトヲ要ス

會社カ裁判所ノ命令ニヨリテ解散シタル場合ニ於テハ登記所ハ裁判所ノ囑託ニ因リテ登記ヲ爲スヘシ

會社ノ合併及ヒ破産ノ場合ニハ本條ニ依リ解散ノ登記ヲ爲スコトヲ要セス。是レ合併ノ場合ニハ第八十一條ニ特別ノ規定アリ又破産ノ場合ニハ破産法ニ特別ノ規定アルカ故ナリ。

第七十七條 會社ノ合併ハ總社員ノ同意ヲ以テ之ヲ爲スコトヲ得

義解 本條ハ會社合併ニ付テノ規定ナリ

會社ノ合併ニハ二ケノ方法アリ一ハ他ノ會社ニ合併シ若クハ他ノ會社ヲシテ來リテ合併セシムル場合ニシテ一ハ二會社互ニ合併シ新ニ一會社ヲ設立スル場合ナリ。而シテ二會社ヲ解散シテ一會社ヲ創設シ又ハ一會社ヲ解散シ他ノ會社ニ社員加入スレハ事實上合併ヲ爲シ得ヘシト雖モ。合併ノ目的ハ從來ノ會社ノ取引ノ關係ヲ存續シテ其營業ヲ續行スルニ在ルヲ以テ。若シ一々之ヲ解散シ其營業ヲ閉鎖シ取引ヲ終了スヘキモノトセハ毫モ合併ノ實効ヲ見サルカ故ニ。本法特ニ會社合併ノ規定ヲ創定シタリ。

會社ハ合併ノ方法ニ依リ各相異ナル効果ヲ生ス。卽チ甲會社カ乙會社ニ合併スル場合ハ甲會社ハ解散スルモノナレハ第七十四條第三號ノ規定ニ依リ總社員ノ同意ヲ要シ乙會社ハ資本又ハ社員ヲ增加シ結局定款ノ變更ナルヲ以テ第五十八條ノ規定ニ依リ總社員ノ同意ヲ要シ。又甲乙二會社ヲ合シテ丙會社ヲ創設シタル場合ハ其二會社ハ解散ニ至ルヘキヲ以テ是亦第七十四條第三號ニ依リ各々總社員ノ同意ヲ要スヘキナリ。故ニ本條ニ於テハ會社ノ合併ハ總社員ノ同意ヲ以之ヲ爲スヘキコトヲ規定シ若シ社員中一人ニテモ不同意者アレハ會社ハ絕對的ニ合併スルコト能ハサルモノトス。併シ不同意ナル社員ハ他ノ總社員ノ同意ヲ得テ退社スルヲ得ヘキカ故ニ。實際合併ニ支障ヲ生セサルヘシ。

第七十八條　會社カ合併ノ決議ヲ爲シタルトキハ其決議ノ日ヨリ二週間内ニ財産目錄及ヒ貸借對照表ヲ作ルコトヲ要ス
會社ハ前項ノ期間内ニ其債權者ニ對シ異議アラハ一定ノ期間内ニ之ヲ述フヘキ旨ヲ公告シ且知レタル債權者ニハ各別ニ之ヲ催告スルコトヲ要ス但其期間ハ二個月ヲ下ルコトヲ得ス

義解　本條ハ合併セントスル會社ノ爲スヘキ手續ヲ規定ス

二個ノ會社カ前條ノ規定ニ依リ總社員ノ同意ヲ以テ合併ノ決議ヲ爲シタルトキハ各々其決議ノ日ヨリ二週間内ニ財産目錄及ヒ貸借對照表ヲ作リテ會社現財産ノ狀況殊ニ債權債務ノ關係ヲ明確ニシ以テ合併以後ニ生セントスル紛議ヲ豫防セサルヘカラス。

抑々會社ノ合併ハ實際上ノ必要ニ基キ社員ノ便宜ヲ計リテ之ヲ許シタルモノナレハ其合併ノ結果トシテ會社債權者ノ權利ヲ害スヘカラサルハ言ヲ俟タス。蓋シ双方懸隔ナキ社員又ハ財産ヲ有スル二會社ノ合併ハ債權者ニ何等ノ痛痒ナカルヘキモ。若シ其一方ニ輕重ノ差異アルトキハ債權者ノ共同擔保ニ利害ノ影響ヲ及ホスヘキヲ以テ合併ヲ會社ノ自由ニ放任スルコトヲ得ス。故ニ合併ノ決議ヲ爲シタル日ヨリ二週間内ニ相當ノ期日例ヘハ三ケ月若クハ四ケ月以内一定ノ期間ヲ掲ケ若シ異議アレハ此異議申出期間内ニ合併ニ付異議ヲ述フヘキ旨ヲ新聞紙等ニ依リテ之ヲ公告スヘキモノトシ。且其債權者ノ誰タルヤ明白ナル場合ハ其各債權者ニ對シ直接ニ其異議ノ有無ヲ催告スヘキモノトス。而シテ其催告期間ハ二ケ月ヨリ短クスルコトヲ得ス。若シ妄リニ之ヲ短フスルトキハ啻ニ其公告催告ヲ知リ且異議ヲ述フルノ暇ナキノミナラス或ハ其催告アリタルコトヲ知ラサル債權者ノ生スヘキヤ知ルヘカラサルナリ。

第七十九條　債權者カ前條第二項ノ期間内ニ會社ノ合併ニ對シテ異議ヲ述ヘサリシトキハ之ヲ承認シタルモノト看做ス

債權者カ異議ヲ述ヘタルトキハ會社ハ之ニ辨濟ヲ爲シ又ハ相當ノ擔保ヲ供スルニ非サレハ合併ヲ爲スコトヲ得ス

前項ノ規定ニ反シテ合併ヲ爲シタルトキハ之ヲ以テ異議ヲ述ヘタル債權者ニ對抗スルコトヲ得ス

字解　擔保トハ質權抵當權ヲ設定シ又ハ保證人ヲ立ツル如キヲ云フ

義解　本條ハ會社ノ合併ニ付債權者異議ノ結果ヲ規定ス

合併セントスル會社カ前條ノ規定ニ從ヒ公告ヲ爲シ且知レタル債權者ニハ各別ニ催告ヲ爲シタル場合ニ債權者カ之ニ對シテ明カニ承認ヲ爲シタルトキハ會社ノ合併ヲ爲スニ付キ何等ノ妨ケナキハ勿論合併ヲ以テ第三者ニ對抗スルヲ得ヘシ。然ルニ債權者カ公告中ニ定メタル期間內ニ異議ヲ述ヘサルモ明カニ承認ヲ爲サスシテ期間ヲ徒過シタルトキハ卽チ之カ承認ヲ爲シタルモノト看做シ其合併ヲ斷行スルコトヲ得ルモノトス。

又債權者カ合併ニ對シテ異議ヲ述ヘタル場合ニ於テ會社カ合併ヲ行ハント欲セハ其異議ヲ述ヘタル債權者ニ辨濟ヲ爲シテ債權ヲ消滅セシムルカ又ハ辨濟ノ目的物ヲ供託スルカ又ハ抵當權質權ヲ設定シ又ハ保證人ヲ立ツル等相當ノ擔保ヲ供シテ債權者ニ迷惑ヲ及ホスコトナカラシメ始メテ其合併ヲ斷行スルコトヲ得ルナリ。

若シ會社カ債權者ノ異議アルニ拘ラス之ニ辨濟ヲ爲サス又ハ相當ノ擔保ヲ供セスシテ合併ヲ爲シタルトキハ其合併ヲ以テ異議ヲ述ヘタル債權者ニ對抗スルコトヲ得ス。例之會社ト債權者トノ間ニ明治三十五年六月辨濟ノ契約ヲ結ヒ金錢貸借ヲ爲シタル場合ニ於テ會社カ明治三十二年十月ヲ以テ他ノ會社ト合併セントスルトキ其債權者ノ異議申出アルニモ拘ラス會社ヲ合併シタルトキハ債權者カ辨濟期日ニ關セス請求スルモ會社ハ辨濟期日ノ未タ到來セサルノ故ヲ以テ之カ辨濟ヲ拒ムコトヲ得ス。何トナレハ會社ノ合併ニ因リ債權者ノ目的トセル債務者ニ變更ヲ來タス如キハ其意思ニ反シ債權者ニ於テ服從スヘキ義務ナケレハナリ。

問答 問 本條第二項ノ規定ニ違反シテ合併ヲ爲シタルトキハ全ク無效ナリヤ。

答 債權者中異議ヲ述ヘタル債權者ニ對シテノミ合併ヲ對抗シテ之ヲ新會社ノ債務ニ移スヲ得サルノミ。卽チ該債權者ニ對シテノミ會社ハ依然トシテ存立シ其社員ハ連帶無限ノ責任ヲ負フヘキモノトス。

第八十條 會社カ第七十八條第二項ニ定メタル公告ヲ爲サスシテ合併ヲ爲シタルトキハ其合併ハ之ヲ以テ其債權者ニ對抗スルコトヲ得ス

會社カ知レタル債權者ニ催告ヲ爲サスシテ合併ヲ爲シタルトキハ其合併ハ之ヲ以テ其催告ヲ受ケサリシ債權者ニ對抗スルコトヲ得ス

義解 會社カ第七十八條第二項ニ定メタル公告ヲ爲サス又知レタル債權者ニ催告ヲ爲サスシテ合併ヲ爲シタル場合ノ效果ニ付規定セリ。

第七十八條第二項ニ於テハ合併ヲ爲サントスル會社ハ債權者ニ異議アラハ一定ノ期間内ニ異議ヲ述フヘキ旨ヲ公告シ且知レタル債權者ニハ各別ニ其旨ヲ催告スヘキコトヲ規定シ以テ債權者

ニ異議ヲ述フルノ權利及ヒ機會ヲ與ヘテ之ヲ保護スト雖モ。若シ會社カ此手續ヲ履行セスシテ直チニ合併ヲ爲シタルトキハ債權者ハ會社ノ合併シタルコトヲ知ルニ由ナケレハ其合併ノ效力ヲ主張シテ債權者ニ對抗スルコトヲ得セシムヘカラス。故ニ公告催告兩ナカラ之ヲ爲サヽルトキ例之甲乙丙丁四人ノ債權者アル場合、知レタル債權者甲ニ對シ催告ヲ爲サスシテ一般ノ公告ヲ爲シタル。トキハ其公告ニ依リ乙丙丁ニ對抗シ得ルモ甲ニ對抗スルコトヲ得ス之ニ反シ知レタル債權者甲ノミニ催告ヲ爲シテ一般ノ公告ヲ爲サヽルトキハ甲ニ對抗スルコトヲ得ルモ乙丙丁ニハ對抗スルコトヲ得サルモノトス。

問答 問 合併ヲ爲サントスル會社中一會社ハ本條ノ手續ヲ履行シ他ノ會社カ之ヲ履行セサリシトキノ效果如何。

答 本條ノ規定ニ違反シタル會社ノミ本條ノ效果ヲ受クヘキモノナレハ二會社ノ間ニ合併ノ效力アルモ履行ヲ爲サヽル他ノ會社ハ從來ノ債權者ニ對シテ效力ヲ主張スルコトヲ得ス。

第八十一條 會社カ合併ヲ爲シタルトキハ二週間內ニ本店及ヒ支店ノ所在地ニ於テ合併後存續スル會社ニ付テハ變更ノ登記ヲ爲シ、合併ニ因リテ消滅シタル會社ニ付テハ解散ノ登記ヲ爲シ、合併ニ因リテ設立シタル會社ニ付テハ

第五十一條第一項ニ定メタル登記ヲ爲スコトヲ要ス

義解 本條ハ會社合併ニ關スル登記義務ヲ規定ス

會社ノ合併ヲ爲スニハ前已ニ略述シタル如ク二个ノ方法アリ一ハ甲會社カ乙會社ニ合併シ其乙會社ノ依然存續シテ甲會社ノ消滅スルモノ一ハ甲乙二會社カ合併シテ新ニ一ノ丙會社ヲ設立シ甲乙二會社共ニ消滅スルモノナリ。而シテ前者ノ場合ニ在テ合併後存續スル乙會社ヨリ之ヲ觀レハ資本ノ增加、社員ノ增加其他目的、本店ノ變更、支店ノ增設等種々ノ登記事項ニ變更ヲ來スヘキヲ以テ其變更ノ登記ヲ爲スヘク、又合併ニ因リ消滅ニ歸シタル甲會社ヨリ之ヲ觀レハ會社ノ解散ナルヲ以テ其解散ノ登記ヲ爲スヘシ。又後者ニ在テ甲乙二會社ヨリ之ヲ觀レハ共ニ消滅ニ歸シタルモノナレハ何レモ解散ノ登記ヲ爲スヘク。又新ニ設立シタル丙會社ヨリ之ヲ觀レハ會社ノ設立ナルヲ以テ其設立ノ登記ヲ爲スヘキモノトス。

右ノ登記ヲ爲スニハ何レノ場合ニ於テモ必ス合併シタルトキヨリ二週間內ニ甲乙丙ノ會社トモ各自其本店及ヒ支店ノ所在地ヲ管轄スル裁判所ニ於テ登記ヲ爲スヘキモノトス。

第八十二條 合併後存續スル會社又ハ合併ニ因リテ設立シタル會社ハ合併ニ因リテ消滅シタル會社ノ權利義務ヲ承繼ス

義解 本條ハ會社合併ノ效果ヲ規定ス

會社ヲ合併スルハ之ニ因リテ其會社ノ權利義務ヲ移轉センカ爲メニシテ。合併後存續スル會社ハ其合併ニ因リテ從來有セシ權利義務ニ何等ノ變更ヲ來サヽルハ勿論合併ニ因リテ消滅シタル他ノ會社ノ權利義務モ承繼スヘク。又合併ニ因リテ新ニ設立シタル會社ハ合併ニ因リテ消滅シタル總テノ會社ノ權利義務ヲ承繼スルモノトス。

本條ニ所謂「權利義務ヲ承繼ス」トハ合併ニ因リテ消滅シタル會社ノ店舖、倉庫及ヒ其敷地、其他ノ不動產、商品、貨幣、有價證券、商業帳簿其他ノ動產債權、專賣特許權、及ヒ會社ノ負債ノ辨償、借用物ノ返還、其他總テノ義務ヲ履行スル等一切ノ債務ヲ承ケ繼クヲ云フ。

第八十三條 已ムコトヲ得サル事由アルトキハ各社員ハ會社ノ解散ヲ裁判所ニ請求スルコトヲ得但裁判所ハ社員ノ請求ニ因リ會社ノ解散ニ代ヘテ或社員ヲ除名スルコトヲ得

義解 本條ハ裁判所ノ命令ニ因ル會社解散ノコトヲ規定ス。

已ニ第七十四條ニ於テ說述シタル如ク會社ハ裁判所ノ命令ニ因リ解散スルコトアリ即チ第四十八條ニ規定セル如ク公ノ秩序又ハ善良ノ風俗ニ反スル行爲ヲ爲シタルトキハ裁判所カ檢事ノ請

求ニ因リ又ハ職權ニ因リ命令的ニ解散セシムルモノナリト雖モ。本條ノ場合ハ之ト異ナリテ裁判所カ檢事ノ請求又ハ自己ノ職權ヲ以テ命令スルニ非スシテ社員ノ請求ニ因リ解散ヲ命令スヘキモノトス。

第七十四條ノ規定ニ依レハ社員カ任意ニ會社ヲ解散セントスルトキハ總社員ノ同意アルコトヲ要スルモ。本條ノ場合ニ於テハ其一人ナルト數人ナルトヲ問ハス自由ニ解散ヲ請求スルコトヲ得ルモノトス。然レトモ解散ヲ請求スルニハ必スヤ已ムコトヲ得サルノ事由ナクンハアラス。所謂已ムコトヲ得サル事由トハ例之會社非常ノ失敗ヲ來タシタル爲メ業務日々衰微シ到底維持ノ見込ナキ場合ニ於テ一二社員ヨリ解散ヲ請求スル如キ又ハ各社員間互ニ軋轢シ又ハ社員中不正ノ所爲アリテ信用ヲ失ヒタルトキノ如キ又ハ會社カ猥褻ノ所爲ヲ爲シ一二社員カ之ニ反對スルモ其説ノ容レラレサルトキノ如キヲ云フ。而シテ已ムコトヲ得サル事由ニシテ其原因一二社員ノ一身ニ存スルモノナルトキハ强テ解散ヲ爲サンヨリハ寧ロ其社員ヲ除名シテ會社ヲ維持スルノ勝レルニ如カサルコトアルヘキヲ以テ。社員ノ請求ニ因リ其事由ノ果シテ已ムコトヲ得サルモノト認ムルトキハ裁判所ハ解散ニ代ヘ或社員ヲ除名スルコトヲ得ルモノトス。是實際ノ便利ニ應シ時宜ニ適スルモノト云フヘシ。

第六節 清算

合名會社已ニ解散シタルトキハ營業ヲ止息シ其存立ヲ失フヘシト雖モ已ニ存在スル權利義務ハ之カ爲メニ消滅スヘキニ非サルヲ以テ。會社ノ事業又ハ取引等ノ既ニ着手シテ未タ結了ニ至ラサルモノハ之ヲ完結シ、負債ノ辨償、借用物ノ返還其他總テノ義務ヲ履行シ又會社ノ債權ニシテ未タ辨濟ヲ受ケサルモノハ之ヲ要求シテ辨濟セシメ商品、器具、器械及ヒ工場、店舖等總テノ物件ハ之ヲ賣却シ殘餘ノ財產アルトキハ之ヲ分配スル等會社財產上ニ關スル一切ノ處分結了ヲ爲サヽルヘカラス。是等ノ行爲ヲ總稱シテ清算ト云ヒ。之カ行爲ヲ爲ス者ヲ清算人ト云フ。

第八十四條 會社ハ解散ノ後ト雖モ清算ノ目的ノ範圍內ニ於テハ尙ホ存續スルモノト看做ス

義解 會社ハ解散ニ因リテ其目的タル業務ヲ止息シ業ニ既ニ會社ノ存立ヲ失ヒテ形跡ヲ留メサルニ至ルヘシト雖モ。會社殘務ノ完了、會社義務ノ履行、未收債權ノ取立、現存セル財產ノ換價、計算ノ方法、殘餘財產ノ分配等清算ノ處置ヲ爲サヽルヘカラス故ニ會社解散スルモ此等清算ノ目的ノ範圍內ニ於テハ尙ホ會社ノ存續スルモノト看做シ其財產上ニ關スル一切ノ處分ヲ爲スヘキモノトス。若シ然ラスシテ會社カ事業ヲ爲ス時期ニ於テノミ法人ノ主格ヲ有シ其解散ト共ニ消滅スルモノトセハ啻テ會社ヲ信シ安心シテ取引ヲ爲シタル債權者ハ一朝ニシテ其擔保ヲ失ヒ不測ノ損害ヲ被ムルコトヲ免カレサルヘシ。蓋シ會社ヲ法人トシ各個人ト相提携スルコトナク全ク一己獨立シテ財產ヲ所有シ或ハ權利ヲ得、義務ヲ負フコトヲ得セシムル所以ノモノハ會社ト取引スル第三者ヲ保護シ商業ノ發達ヲ期スルノ趣意ニ外ナラス。若シ解散ト共ニ會社ナル法人消滅スルモノトセハ會社ノ財產ハ各社員ノ私有財產ニ歸スルヲ以テ會社ノ債權者ハ社員ノ債權者ト共ニ平等ノ辨濟ヲ受ケサルヲ得スシテ損害ヲ蒙ムルノ結果ヲ見ルヘシ。之ニ反シ解散後會社尙ホ生存スルモノトセハ社員ノ債權者ハ會社財產ニ對シ債務ノ履行ヲ請求スルコトヲ得サルヲ以テ。會社ノ債權者ハ獨リ專ラ辨濟ヲ受クルニ至リ多クハ損害ヲ免カルヘキナリ。是レ會社ナル法人ノ信用ヲ維持シ其事業ヲ容易ニ發達セシムルコトヲ得ル所以ナリ。

參照 民法第七十三條 解散シタル法人ハ淸算ノ目的ノ範圍內ニ於テハ其淸算ノ結了ニ至ルマテ尙ホ存續スルモノト看做ス

第八十五條 解散ノ場合ニ於ケル會社財產ノ處分方法ハ定款又ハ總社員ノ同意ヲ以テ之ヲ定ムルコトヲ得此場合ニ於テハ解散ノ日ヨリ二週間內ニ財產目錄及ヒ貸借對照表ヲ作ルコトヲ要ス

第七十八條第二項、第七十九條及第八十條ノ規定ハ前項ノ場合ニ之ヲ準用ス

義解　本條ハ會社解散ノ場合ニ於ケル會社財産ハ處分方法ヲ定ム。

會社カ解散シタル場合ニ於テハ清算ヲ爲シ其殘餘財産ヲ社員ニ分配スルヲ以テ通例ナリトスト雖モ。常ニ必ス清算ヲ爲サヽルヘカラサルノ必要ナク會社ノ債權者ヲ害セス取引ノ信用ヲ墮サヽル限度ニ於テハ清算ノ手續ニ依ラス隨意ニ會社財産ヲ處分スルコトヲ許スノ却テ實際ニ便益ナルコトアリ。例之社員間ニ於テ自然的ノ分配ヲ爲シ或ハ營業ヲ他人ニ引受ケシメ其代金ヲ分配スル場合ノ如キ是ナリ。故ニ定款ヲ以テ會社財産ノ處分方法ヲ定メタルトキハ之ニ依リテ處分スルコトヲ得ヘク又總社員同意シテ或處分方法ヲ定メタルトキモ亦之ニ依リテ處分スルコトヲ得ヘシ。然レトモ之カ爲メ會社ノ債權者ヲ害スルコトヲ得サルハ勿論ナルニ因リ會社カ隨意ニ財産處分ヲ爲ス場合ニハ左ノ手續ヲ履行セサルヘカラス。

一　會社解散ノ日ヨリ二週間內ニ本店及ヒ支店ノ所在地ニ於テ其解散ノ登記ヲ爲スノ外財產ノ狀況ニ關スル目錄及ヒ會社カ有スル債權卽チ貸方及ヒ會社カ負擔セル債務卽チ借方トノ對照表ヲ作ラサルヘカラス。

二　會社解散ノ日ヨリ二週間內ニ會社ノ債權者ニ對シ異議アラハ一定ノ期限內（二ケ月ヨリ下

ヲサル期間内）ニ之ヲ述フヘキ旨ヲ公告（新聞紙廣告等ニ依リ）シ又知レタル債權者ニハ各別ニ右ノ趣旨ヲ以テ催告セサルヘカラス。但此場合ニ於テ債權者カ期間内ニ異議ヲ述ヘサリシトキハ會社ハ隨意處分ヲ爲スコトヲ得ヘク若シ異議ヲ述ヘタルトキハ會社ハ之ニ辨濟ヲ爲シ又ハ相當ノ擔保ヲ供スルニ非サレハ隨意處分ヲ爲スコトヲ得サルモノトス。若シ會社カ異議ヲ述ヘタル債權者ニ對シ辨濟ヲ爲サス擔保ヲ供スルコトナクシテ隨意處分ヲ爲シタルトキハ之ヲ以テ其債權者ニ對抗スルコトヲ得ス。又會社カ解散ノ日ヨリ二週間内ニ解散ニ付異議ヲ述フヘキ旨ノ公告ヲ爲サス又ハ知レタル債權者ニ右ノ趣旨ヲ以テ催告セスシテ隨意處分ヲ爲シタルトキハ之ヲ以テ總テノ債權者ニ對抗スルコトヲ得サルモノトス。

第八十六條　前條ノ規定ニ依リテ會社財産ノ處分方法ヲ定メサリシトキハ合併及ヒ破産ノ場合ヲ除ク外後十三條ノ規定ニ從ヒテ清算ヲ爲スコトヲ要ス

義解　本條ハ會社解散ニ付會社財産ノ處分方法ヲ定メサリシトキノ規定ナリ。定款又ハ總社員ノ同意ヲ以テ會社財産ノ處分方法ヲ定メタルトキハ之ニ依ルヘキコトハ既ニ前條ニ規定セリト雖モ。會社解散セル場合ニ其處分方法ヲ定メサルトキハ如何ナル方法ニ從ヒテ其財産ヲ處分スヘキカ即チ次條以下十三條ハ此場合ニ於ケル財産處分ノ法則ヲ規定シ此規定ニ從ヒテ清算ヲ爲スコトヲ要スルモノトス。然レトモ會社カ合併ニ因リテ解散シタル場合ハ合併ニ因リ新タニ設立シタル會社又ハ合併後存續スル會社カ解散シタル會社ノ權利義務ヲ悉ク承繼スヘキモノナレハ從テ清算ノ必要ナキニ依リ本節ノ規定ヲ適用セサルハ勿論ナリ是レ一ノ例外ナリ。又會社カ破産ニ因リテ解散シタル場合ニ於テハ破産法（舊商法第三編）ノ規定ニ從ヒ破産管財人カ清算ヲ爲スヘキニ依リ本節ノ規定ヲ適用セス是レ二ノ例外ナリ。

第八十七條　清算ハ總社員又ハ其選任シタル者ニ於テ之ヲ爲ス

清算人ノ選任ハ社員ノ過半數ヲ以テ之ヲ決ス

義解　本條ハ清算人ノ選任ニ付キ規定ス。

合名會社ハ定款ニ別段ノ定ナキトキハ總社員皆其業務執行ノ權アルモノトス。故ニ假令會社カ解散スルモ其清算ノ目的ノ範圍內ニ於テハ尙ホ存續スルヲ以テ之カ清算ノ任ニ當ルモノモ亦總社員タルヘキコトハ當然ナリ。然レトモ實際ノ便宜上或ハ一二ノ社員ヲ選ンテ清算人ニ充ツルヲ得ヘク之カ選任ハ社員ノ過半數ヲ以テ決セサルヘカラサルナリ。

參照　非訟事件手續法第百三十六條　清算人ノ選任又ハ解任ニ關スル事件ハ會社ノ本店所在地

ノ區裁判所ノ管轄トス

非訟事件手續法第百三十七條　清算人ノ選任又ハ辭任ノ裁判ニ對シテハ不服ヲ申立ツルコトヲ得ス。

非訟事件手續法第百三十八條　左ニ掲ケタル者ハ清算人トシテ之ヲ選任スルコトヲ得ス

一　未成年者

二　禁治産者及ヒ準禁治産者

三　剝奪公權者及ヒ停止公權者

四　裁判所ニ於テ解任セラレタル清算人

五　破産者

問答　問　社員外ノ人ヲ選ンテ清算人ト爲スコトヲ得ルヤ。

答　社員過半數ヲ以テ決スルトキハ社員外ノ人ヲ清算人ニ選任スルモ妨ナシ。

問　總社員カ清算ノ任ニ當ラス他ニ清算人ヲモ選任セサルトキハ如何。

答　此場合ハ裁判所ハ利害關係人ノ請求ニ因リ清算人ヲ選定スヘシ。

第八十八條　第七十四條第五號ノ場合ニ於テハ裁判所ハ利害關係人ノ請求ニ因リ清算人ヲ選任ス

義解 本條ハ裁判所ノ選任ニ因ル清算人ヲ規定ス

會社カ解散シタルトキハ前條ノ規定ニ依リ清算人タルモノヲ選任スルヲ本則ナリトスルモ。第七十四條第五號ノ場合卽チ社員減少シテ殘存者一人トナリタル爲メ解散シタル場合ニ於テ其一人ノ社員ヲシテ清算ヲ爲サシメ又ハ其一人ニ清算人ノ選任ヲ許ストセハ退社員及ヒ會社債權者等ノ利害ニ關スル重大ノ事項ヲ獨斷セシムルモノニシテ啻ニ弊害多キノミナラス決シテ公平ナル結果ヲ見ル能ハサルヘキヲ以テ。此場合ニハ退社員及ヒ債權者ノ利益ヲ保護スル爲メ是等利害關係人ノ請求アルトキハ裁判所ニ於テ清算人ヲ選任スヘキモノトス。

第八十九條 會社カ裁判所ノ命令ニ因リテ解散シタルトキハ裁判所ハ利害關係人又ハ檢事ノ請求ニ因リ清算人ヲ選任ス

義解 本條モ前條ト同シク裁判所ノ選任ニ因ル清算人ヲ規定ス。

第四十七條第四十八條及ヒ第八十三條ノ規定ニ依リ裁判所カ檢事又ハ各社員ノ請求ニ因リ又ハ自己ノ職權ヲ以テ會社ノ解散ヲ命シタル場合ニ於テ其清算ヲ爲サヽルトキハ之カ爲メ社員及ヒ債權者ノ利害ニ關シ又公益ニ關スルヲ以テ利害關係人又ハ檢事ノ請求ニ因リ裁判所ニ於テ清算人ヲ選任シ其者ヲシテ清算ヲ爲サシムルモノトス。蓋シ此等會社解散ノ原因ハ或ハ會社カ公ノ秩序ヲ紊シ又ハ善良ノ風俗ヲ害スル行爲ヲ爲シタルカ又ハ社員間ノ意嚮ノ衝突等ニ存スルモノナレハ清算處分ノ總社員又ハ總社員ノ選任シタル者ニ爲サシムルモ到底完全公平ナル結了ヲ見ルコト難キヲ以テ裁判所ヲシテ選任セシムルモノトセリ（第八七條參照對看）

第九十條 清算人ノ選任アリタルトキハ其清算人ハ二週間内ニ本店及ヒ支店ノ所在地ニ於テ自己ノ氏名、住所ヲ登記スルコトヲ要ス

義解 本條ハ清算人ノ登記義務ヲ規定ス。

會社カ解散シ清算人ヲ選任シタルトキハ清算人カ會社ヲ代表スルニ至ルヲ以テ。會社ニ對シテ權利義務ヲ有スル第三者ハ解散後ハ清算人ニ交渉ヲ求メサルヘカラス。故ニ何人カ清算人ト爲リタルカハ會社ト利害關係アル者ノ最モ知ラント欲スル所ナルヲ以テ清算人ハ其選任ノ日ヨリ二週間内ニ本店及ヒ支店ノ所在地ヲ管轄スル裁判所ニ於テ自己ノ氏名住所ヲ登記スルコトヲ要スルモノトス。

參照 非訟事件手續法第百七十五條 清算人ニ關スル登記ハ清算ヲ爲スヘキ會社ノ登記所ノ管轄トス

前項ノ登記ハ會社ノ登記ニ記載シテ之ヲ爲ス

非訟事件手續法第百七十六條　清算人ノ選任ノ登記ノ申請書ニハ其選任ヲ證スル書面ヲ添附スルコトヲ要ス

問答　問　總社員共同シテ清算ヲ爲ストキタリトモ清算人トシテ其氏名住所ヲ登記スルコトヲ要スルヤ。

答　總社員カ清算ヲ爲ス場合ハ己ニ設立ノ際氏名住所ヲ登記セルヲ以テ更ニ清算ニ付キ之ヲ登記スルニ及ハス。

問　裁判所ノ選任ニ因ル清算人モ自己ノ氏名住所ヲ登記スルコトヲ要スルヤ。

答　登記ヲ爲スコトヲ要ス。

第九十一條　清算人ノ職務左ノ如シ

一　現務ノ結了

二　債權ノ取立及ヒ債務ノ辨濟

三　殘餘財産ノ分配

清算人ハ前項ノ職務ヲ行フ爲メニ必要ナル一切ノ裁判上又ハ裁判外ノ行爲ヲ爲ス權限ヲ有ス

清算人ノ代理權ニ加ヘタル制限ハ之ヲ以テ善意ノ第三者ニ對抗スルコトヲ得ス

民法第八十一條ノ規定ハ合名會社ノ清算ノ場合ニ之ヲ準用ス

義解　本條ハ清算人ノ職務ヲ規定ス。

會社ハ解散ト共ニ其營業上ノ作用ヲ止息シ從テ其營業上ノ代表者ヲ失フモノニシテ清算人ハ之ニ代リテ清算ノ目的ノ範圍內ニ於テ尙ホ存續スル會社ノ唯一ノ代表者ト爲ルモノトス。其職務ハ範圍ハ左ノ如シ。

一　現務ノ結了〇現務ノ結了トハ總社員又ハ業務執行社員カ會社解散以前ニ着手シタル業務ヲシテ解散ノ當時未タ其終リヲ告ケサル場合之ヲ繼續シテ終結スルヲ云ヒ以テ之ヨリ生スル權利義務ヲ確定スルモノトス。

二　債權ノ取立及ヒ債務ノ辨濟〇債權ノ取立トハ會社ノ貸金ヲ取立テ、受取ルヘキ商品ヲ受取リ、若クハ其送付ヲ督促シ、又ハ滿期ニ至リタル爲替ノ支拂ヲ求ムル等ノ行爲ヲ云ヒ。債務ノ辨濟トハ會社カ拂フヘキ金錢ヲ支拂ヒ、引渡スヘキ商品ヲ引渡シ、又ハ手形ヲ支拂フ如キノ行爲ヲ云ヒ以テ速ニ會社ノ資力ヲ明カニスルモノトス。

三 殘餘財產ノ分配○殘餘財產トハ會社ノ從來保有スル財產及ヒ取立タル債權ヲ以テ會社ノ債務ヲ辨濟シテ尙ホ剩餘アル場合ノ殘餘財產ヲ云ヒ。此殘餘ノ財產ヲ各社員ニ分割配當スルヲ分配ト云フ。

淸算人ハ前記第一乃至第三ノ職務ヲ行フ爲メ左ノ權限ヲ有ス

一 裁判上一切ノ行爲權限○例之債權ヲ取立ルニ付テノ訴訟行爲又ハ債務ヲ辨濟スルニ付テノ訴訟行爲ヲ會社ニ代ハリテ爲スノ權限ヲ云フ

二 裁判外一切ノ行爲權限○例之訴訟行爲ニ依ラサル債務ノ辨濟、債權ノ取立、現務結了ニ付テノ物件賣買等ヲ爲スノ權限ヲ云フ故ニ叉和解若クハ仲裁契約ヲ爲スコトヲ得ヘシ。

右ノ如ク淸算人ハ淸算行爲ヲ行フニ付キ必要ナル一切ノ裁判上及ヒ裁判外ノ行爲ヲ爲スニ付キ法律上完全ナル代理權ヲ有スルヲ原則トスルモ。定款叉ハ總社員ノ同意ヲ以テ其代理權ニ制限ヲ加フルコトヲ許シ唯其制限ヲ以テ善意ノ第三者ニ對抗スルコトヲ得サルモノト爲シ。一ハ以テ淸算人ノ權限ノ强大ナルヲ融和シテ被代理者タル會社ヲ保護シ一ハ以テ其制限アルコトヲ知ラスシテ取引シタル第三者ヲ保護セリ。蓋シ定款叉ハ總社員ノ決議ノ如キ第三者ニ在テハ多クハ之ヲ知ラサルヘキカ故ニ。若シ其制限ヲ以テ第三者ニ對抗スルコトヲ得ルモノトセハ往々ニシテ意外ノ損失ヲ蒙ルコトアルヘキナリ。

清算人ハ會社ノ債務ヲ完濟シテ尚ホ殘餘財産アルトキハ第九十五條ニ依リ之ヲ社員ニ分配スヘシ。又清算中會社ノ財産カ其債務ヲ完濟スルニ不足ナルコトヲ發見シタルトキハ民法第八十一條ノ規定ニ從ヒ破産管財人ニ其事務ヲ引繼キテ其任務ヲ終了スルモノトス。

參照　民法第八十一條　清算中ニ法人ノ財産カ其債務ヲ完濟スルコト不足ナルコト分明ナルニ至リタルトキハ清算人ハ直チニ破産宣告ノ請求ヲ爲シテ其旨ヲ公告スルコトヲ要ス

清算人ハ破産管財人ニ其事務ヲ引渡シタルトキハ其任ヲ終ハリタルモノトス

本條ノ場合ニ於テ既ニ債權者ニ支拂ヒ又ハ歸屬權利者ニ引渡シタルモノアルトキハ破産管財人ハ之ヲ引戻スコトヲ得

問答

問　清算人ハ清算ノ目的ヲ超ヘテ營業ヲ保續シ又ハ新ニ商取引ヲ爲スコトヲ得ルヤ。

答　清算人ハ未濟ノ取引ニ付テ會社ヲ代表シテ商行爲ヲナスヲ得ルモ清算ノ目的以外ニ營業ヲ保續シ又ハ新ニ一ノ商取引ヲ爲スノ權限ナシ。

問　會社解散ノ際未タ辨濟期ニ到ヲサル會社ノ債務又ハ債權ハ如何ニ處分スヘキヤ。

答　此場合ハ會社ト第三者ト協議シテ相當ノ割引ヲ爲シ以テ之ヲ支拂ヒ若クハ要求スルカ又ハ其辨濟期ヲ待テ支拂ヒ若クハ要求スルノ外ナシ。

問　會社カ解散ノ當時許多ノ原料品ヲ所持シ之ヲ俄カニ賣却スレハ其價低廉ナル場合ニ於テモ之ヲ賣却セサルヘカラサルヤ。

答　此場合ハ清算人ハ更ニ職工ヲ雇入レ製造セシメ一ノ加工物トナシテ之ヲ賣却スルコトヲ得是レ清算ノ目的ノ範圍内ニ於ケル行爲ナルヲ以テナリ。

第九十二條　會社ニ現存スル財產カ其債務ヲ完濟スルニ不足ナルトキハ清算人ハ辨濟期ニ拘ラス社員ヲシテ出資ヲ爲サシムルコトヲ得

義解　本條ハ清算上不足額塡補ニ付テノ規定ナリ。

清算人カ清算ヲ爲スニ際シ現務ヲ結了シ債權ヲ取立テ其他會社ニ現存スル財產ヲ合算シ之ヲ債務額ニ對照シテ債務ヲ完濟スルニ足ラサル場合ニ於テ社員尙ホ出資ヲ爲スヘキ義務ヲ有スルトキハ假令未タ辨濟期ノ到來セサルモノト雖モ出資セシメテ債務辨濟ノ資ニ供スルコトヲ得ルナリ。例之社員カ一千圓ノ出資ヲ每年二百圓宛拂込ミ五年ヲ以テ皆濟スヘキ約束ヲ爲シタル場合會社カ四年目ニ解散シ會社ノ現存財產ヲ以テ債務ヲ完濟スルコト能ハサルトキハ其社員ヲシテ未タ拂込期限ニ至ラサル出資二百圓ヲ差入レシムルコトヲ得ルカ如シ。

問答　問　未タ辨濟期ノ到來セサル出資ヲ差入レシムル理由如何。

答　合名會社ノ社員ハ會社ノ債務カ其財產ヲ以テ完濟スルコト能ハサルトキハ連帶無限ノ責任ヲ負フヲ以テ結局會社未濟ノ債務ニ付テハ之ヲ負擔セサルヘカラサルカ故ニ期限アルヲ理由トシテ出資ヲ拒ムモ何等ノ利益ナク到底手數ト費用ヲ增スノミナルヲ以テ本條ノ規定アリ。

問　社員カ期限ヲ主張シテ出資ヲ爲サヽルトキハ如何。

答　此場合ハ清算人ハ破產宣告ノ請求ヲ爲スノ外ナシ。

第九十三條　清算人數人アルトキハ清算ニ關スル行爲ハ其過半數ヲ以テ之ヲ決ス但第三者ニ對シテハ各自會社ヲ代表ス

義解　本條ハ清算人多數ナル場合ノ職務執行方法ヲ定ム。

清算人數人アル場合ニ於テハ如何ナル方法ニ依リ清算ニ關スル一切ノ行爲ヲ決スヘキカ又如何ナル方法ニ依リ清算ニ關スル行爲ニ付會社ヲ代表スヘキカ。卽チ會社內部ノ業務執行ニ付テハ清算人數人アルトキハ清算ニ關スル行爲ハ其過半數ヲ以テ之ヲ決スヘク又會社外部ニ對シテハ清算人數人アルトキハ各自ニ會社ヲ代表スルモノトス。故ニ例之清算ノ目的ノ範圍內ニ於テ店舖、商品、器械等ヲ賣却スルニ清算人互ニ意見ヲ異ニシタルトキハ其過半數ヲ以テ之ヲ決スヘキモノナリト雖モ會社外部ニ對シテハ清算人ハ各自ニ會社ヲ代表スルノ權利アルヲ以テ一清算人カ獨斷ニテ之ヲ第三者ニ賣却スルモ其契約ハ有效ニシテ他ノ淸算人ハ之ニ對シテ異議ヲ挾ムコトヲ得サルカ如シ。

問答

問 第三者カ數人ノ淸算人中ノ一人ニ債務ヲ履行シタルトキハ會社ニ辨濟シタルト同一ノ效力アリヤ。

答 淸算人ハ各自ニ會社ヲ代表スルモノナレハ一淸算人ニ爲シタル債務ノ履行ハ會社ニ對シ直接ニ爲シタルモノト同一ノ效力アリ。

問 淸算人カ獨斷ニテ爲シタル行爲ニ付會社ニ損失ヲ被ラシメタルトキハ如何。

答 其淸算人ハ會社ニ對シテ損害賠償ノ責任アリ。

第九十四條 淸算人ハ就職ノ後遲滯ナク會社財産ノ現況ヲ調査シ財産目錄及ヒ貸借對照表ヲ作リ之ヲ社員ニ交付スルコトヲ要ス

淸算人ハ社員ノ請求ニ因リ毎月淸算ノ狀況ヲ報告スルコトヲ要ス

義解 本條ハ淸算人ノ義務ヲ規定ス

會社財産ノ多寡及ヒ淸算方法ノ適否ハ直接社員ニ利害關係ヲ及ホスモノナレバ社員ハ會社財産ノ狀況及ヒ淸算ノ處置如何ヲ知ルヲ要シ。又一方ニハ淸算人ハ重大ノ權限ヲ以テ會社ヲ代表スルモノナレハ或ハ權限ヲ濫用スルノ恐アルヲ以テ社員ハ之ヲ監督スル爲メ清算人カ就職ノ當時ニ於ケル會社財産ノ現況ヲ知ルノ必要アリ。故ニ清算人ハ就職後遲滯ナク會社財産ノ現況ヲ調査シ財産目錄及ヒ貸借對照表ヲ作リテ之ヲ社員ニ交付スルノ義務及ヒ其淸算ヲ結了スルコト長年月ヲ要スルコトアル場合ニ於テ社員カ清算ノ狀況ヲ報告スヘキコトヲ請求シタルトキハ毎月清算ノ狀況ヲ報告スルノ義務アルモノトス。

第九十五條　清算人ハ會社ノ債務ヲ辨濟シタル後ニ非サレハ會社財産ヲ社員ニ分配スルコトヲ得ス

義解　本條ハ清算人カ會社財産ヲ分配スルノ時期ヲ規定ス。

會社解散後社員ニ分配スヘキ財産ハ總テノ債務ヲ完濟スルニ要セサルモノ卽チ會社一切ノ債務及ヒ利息ヲ辨濟シ且其濟算等ノ費用ヲモ引去リテ純然タル殘餘ノ財産ニ限ルモノトシ未タ債務ヲ辨濟セサル以前ニ在テハ之ヲ社員ニ分配スルコトヲ得サルモノトス。蓋シ合名會社ノ社員ハ無限ノ責任ヲ負フ者ナルカ故ニ會社ノ債務ノ辨濟ト會社財産ノ分配ト相前後スルモ債權者ヲ害スルノ恐レナキカ如シト雖モ。會社ノ債權者カ其債權ヲ執行スルニ當リ會社ノ財産ニ對スルト社員ノ財産ニ對スルトハ大ニ其效果ヲ異ニスルヲ以テ到底債權者ノ利益ヲ害スルコトヲ免カレス。何トナレハ社員ノ債權者ハ會社財産ニ對シテ辨濟ヲ要求スルコトヲ得サルカ故ニ。會社ノ債權者ハ單獨ニ辨濟ヲ受クルノ利益アルモ若シ社員ノ財産ニ對シテ辨濟ヲ要求ストセハ社員ノ他ノ債權者ト共ニ平等ノ分配ヲ受ケサルヲ得サルヲ以テ常ニ充分ナル辨濟ヲ受クルコトヲ得スシテ往々損害ヲ免カルヘカラサレハナリ。是レ財産ノ分配ハ會社一切ノ債務完濟後ノ純然財産ヲ以テセサルヘカラサル所以ナリ。

問答

問　清算人カ本條ノ規定ニ違反シ會社ノ債務完濟前ニ分配ヲ爲シタルトキハ如何。

答　會社債權者ハ其分配ヲ無效トシテ之ヲ取戻サシムルコトヲ得ルノミナラス損害アルトキハ清算人ニ賠償セシムルコトヲ得ルナリ。

問　會社ノ債務辨濟以前タリトモ貸方ト借方トヲ對照シ其剩餘タルヘキ財産ナルコト明確ナルトキハ分配スルモ差支ナキヤ。

答　如何ナル場合タリトモ會社ノ債務辨濟以前ニ在テハ分配ヲ爲スコトヲ得ス。

第九十六條　社員カ選任シタル清算人ハ何時ニテモ之ヲ解任スルコトヲ得此解任ハ社員ノ過半數ヲ以テ之ヲ決ス

重要ナル事由アルトキハ裁判所ハ利害關係人ノ請求ニ因リ清算人ヲ解任ス

ルコトヲ得

義解　本條ハ清算人ノ解任ニ關スル規定ナリ。

清算人ハ總社員之ヲ選任スルコトアリ又裁判所之ヲ選任スルコトアリ。而シテ既ニ其選任ニシテ社員ノ意思ニ因ルヲ得セシメタルヲ以テ之ヲ解任スルニモ亦社員ノ意思ニ因ルヲ得セシムルハ至當ナルカ故ニ選任ノ場合ト同シク社員ノ過半數ノ決議アルトキハ何時ニテモ解任スルコトヲ得セシメタリ。然レトモ重要ナル事由アル場合ニ社員ノ多數カ之ヲ解任スルコトヲ承諾セサルカ若クハ社員カ解任ニ意ナキトキハ社員中ノ一部其他ノ利害關係アル第三者ノ利益ヲ保護スル爲メ裁判所ハ利害關係人ノ請求ニ因リ清算人ヲ解任スルコトヲ得ルモノトス。

本條ニ所謂「重要ノ事由」トハ例之清算人カ不正ナル行爲ヲ爲シ又ハ利害關係人ニ對シ著シク不公平ノ處置ヲ爲シ又ハ疾病、其他ノ事由ニ因リ任務ヲ執行スル能ハサルカ、職權ヲ濫用シ職務ヲ怠慢スルカ如キヲ云フ。

利害關係人トハ會社ノ債權者、社員、社員ノ相續人退社員ノ如キヲ云フ（第八七條參照參看）。

第九十七條　清算人ノ解任又ハ變更ハ二週間內ニ本店及ヒ支店ノ所在地ニ於テ之ヲ登記スルコトヲ要ス

義解　本條ハ清算人ノ解任又ハ變更ノ場合ニ於ケル登記義務ヲ規定ス。

既ニ第九十條ノ規定ニ依リ清算人ノ氏名住所ヲ登記シ之ヲ公示シタル以上ハ清算人ノ解任又ハ變更ハ其登記事項ノ變更又ハ消滅ナルヲ以テ亦速ニ登記シテ清算上ノ利害關係人ニ公示スルヲ要ス。若シ其變更又ハ消滅ノ登記ヲ爲サヽルトキハ第三者ハ依然登記セラレタル者ヲ清算人ト信シ之ト取引其他ノ法律行爲ヲ爲スヘク又會社ハ其解任又ハ變更ヲ以テ第三者ニ對抗シ其清算人ノ行爲ヲ無效ナリト主張スルコトヲ得サルヲ以テ時ニ不利ナルコトアルヘキナリ。

清算人ノ解任又ハ變更ノ登記ハ其解任又ハ變更ノ日ヨリ二週間内ニ本店又ハ支店アルトキハ各々其所在地ニ於テ之ヲ爲スコトヲ要スルモノトス。

參照　非訟事件手續法第百七十五條　清算人ニ關スル登記ハ清算ヲ爲スヘキ會社ノ登記所ノ管轄トス

前項ノ登記ハ會社ノ登記ニ記載シテ之ヲ爲ス

非訟事件手續法第百七十七條　清算人ノ解任又ハ變更ノ登記ハ現任清算人ノ申請ニ因リテ之ヲ爲ス

申請書ニハ清算人ノ解任又ハ變更ヲ證スル書面ヲ添附スルコトヲ要ス

第九十八條　清算人ノ任務カ終了シタルトキハ清算人ハ遲滯ナク計算ヲ爲シ

テ各社員ノ承認ヲ求ムルコトヲ要ス
前項ノ計算ニ對シ社員カ一个月內ニ異議ヲ述ヘサリシトキハ之ヲ承認シタルモノト看做ス但清算人ニ不正ノ行爲アリタルトキハ此限ニ在ラス

義解　本條ハ會社ノ清算結了ニ至ルノ手續ヲ規定ス

清算人カ現務ヲ結了シ債權ヲ取立テ債務ヲ辨濟シ且殘餘財産ニ付各社員ノ分配額確定シタルトキハ速カニ之カ計算報告書ヲ作リ職務ノ經過實績ニ付各社員ノ承認ヲ求メサルヘカラス。是レ清算ノ適正ナルト否トハ社員ニ重大ナル利害ノ關係アルノミナラス社員ハ清算ノ監視權ヲ有スルヲ以テ此計算ノ報告ヲ要スルモノトス。

而シテ各社員カ清算人ヨリ差出シタル計算報告書ニ對シ不審ノ廉ナシトシ之ヲ承認シタルトキハ玆ニ清算ノ終了ヲ告クヘシ。又各社員カ明カニ承認ヲ爲サヽルモ之ニ對シテ異議ヲモ述ヘサルトキハ全ク承認ナキモノトシ何時マテモ清算ヲ結了セシメサラン乎。徒ラニ清算人ノ責任ヲ過重ナラシメ苛酷ニ失スルノミナラス。長ク不確定ノ法律關係ヲ存續セシムルハ動モスレハ錯雜ナル爭論ヲ生シ易キノ恐アルヲ以テ。各社員カ一ケ月內ニ異議ヲ述ヘサリシトキハ之ヲ承認シタルモノト看做シ清算人ハ清算ニ關スル一切ノ責任ヲ脱却スルコトヲ得ルモノトセリ。是レ社員カ一ケ月ヲ經過スルモ承認ヲ與ヘス又異議ヲモ述ヘスシテ其儘放置スル如キハ多クハ其計算ニ異議ナキニ因ルナルヘシトノ推定ニ基キシモノナリ。

右ノ如ク社員カ一ケ月內ニ異議ヲ述ヘスシテ默過シタルトキ之ヲ承認シタルモノト看做スハ清算人ノ清算正當ニシテ不審ノ廉ナカリシ場合ニ限ルモノニシテ若シ其清算中不正ノ行爲アリタルトキハ假令各社員カ一ケ月內ニ異議ヲ述ヘサリシトテ直チニ其不正ノ行爲ヲモ承認シ之ニ關スル清算人ノ責任ヲ免カレシメタルモノト推定スルコトヲ得ス。此場合ハ一般ノ規定(民七二四參照)ニ從ヒテ清算人ヲシテ必ス其責任ヲ負ハシムヘキモノトス。

所謂「不正ノ行爲」トハ例之清算人カ債務ノ辨濟ヲ爲サスシテ計算報告書ニ債務ノ辨濟ヲ爲シタル如ク記載シ其實之ヲ私シタルカ如キヲ云フ。

參照　民法第七百二十四條　不法行爲ニ因ル損害賠償ノ請求權ハ被害者又ハ其法定代理人カ損害及加害者ヲ知リタル時ヨリ三年間之ヲ行ハサルトキハ時效ニ因リテ消滅ス不法行爲ノ時ヨリ二十年ヲ經過シタルトキ亦同シ

問答

問　清算人ハ殘餘財產ノ分配ヲ爲シタル後計算報告ヲ爲スヘキヤ。

答　清算人ノ計算ニ誤謬或ハ不當ノ廉アルヤ知ルヘカラサルニ付各社員カ計算ヲ承認シタル後

ニアラサレハ殘餘財産ノ分配額ノ拂渡ヲ爲サヽルモノトス。

第九十九條 清算カ結了シタルトキハ清算人ハ遲滯ナク本店及ヒ支店ノ所在地ニ於テ其登記ヲ爲スコトヲ要ス

義解 本條ハ清算行爲ノ結了シタル場合ニ於ケル清算人ノ義務ヲ規定ス。

第八十四條ノ規定ニ依リ清算ノ目的ノ範圍內ニ於テハ解散後ト雖モ會社ハ尙ホ存續スルモノト看做シ法人タル資格ヲ有セシメタルカ故清算人ハ會社ヲ代表シテ清算行爲ヲ爲シタルモノナリ。而シテ前條ノ規定ニ依リ清算人カ清算ニ關スル計算報告書ヲ作リ各社員ノ承認ヲ得タルトキハ茲ニ清算ハ結了シ法人タル會社ノ資格全ク消滅ニ歸スルト同時ニ清算人ノ會社ヲ代表スル權利モ亦消滅スヘキハ言ヲ俟タス。此場合ニ於テ若シ清算結了ノ登記ヲ爲サヽルトキハ第三者ハ會社ノ尙ホ存立スルモノト誤信スルノ不便アルノミナラス會社ハ已ニ消滅ニ歸シタルニモ拘ラス登記簿ニハ解散及ヒ清算人ノ登記猶ホ現存スルノ不都合アルヲ以テ清算人ハ遲滯ナク本店及ヒ支店ノ所在地ニ於テ其登記ヲ爲スコトヲ要スルモノトス。

參照 非訟事件手續法第百七十八條 清算ノ結了ノ登記ヲ申請スルニハ申請書ニ清算人カ其計算ノ承認ヲ得タルコトヲ證スル書面ヲ添附スルコトヲ要ス

問答　問　清算終了ト清算結了トノ區別如何。

答　任務結了ノ計算承認以前ヲ計算終了ト云ヒ任務結了ノ計算承認以後ヲ清算結了ト云フ。

第百條　會社カ事業ニ着手シタル後其設立カ取消サレタルトキハ解散ノ場合ニ準シテ清算ヲ爲スコトヲ要ス此場合ニ於テハ裁判所ハ利害關係人ノ請求ニ因リ清算人ヲ選任ス

義解　本條ハ會社ノ事業中途ニシテ其設立ヲ取消サレタル場合ニ於ケル處分ヲ規定ス。

會社ナルモノハ形式上ヨリ之ヲ觀レハ一個ノ法人ナレトモ其實體上ヨリ之ヲ觀レハ一種ノ契約ヲ基礎トシ設立セラレタルモノニ外ナラス。已ニ契約タル以上ハ其意思表示ニ詐欺脅迫等ノ瑕瑾アリテ爲メニ其契約即チ定款ヲ取消サルヽコトナシトセス。其之ヲ取消サレタルトキハ會社ハ初メヨリ設立セラレサリシト同一ノ效果ヲ生ス。此場合ニ於テ會社カ未タ事業ニ着手セサル前ナランニハ外部ニ對シ未タ何等ノ法律關係ヲ生セサルニ因リ清算ヲ爲スノ必要ナシト雖モ。已ニ事業ニ着手シタル後ナリトセハ第三者ト種々ノ取引ヲ開始スルニ付キ縱シ其設立ヲ取消サレタリトスルモ其權利義務ノ關係ハ依然トシテ殘留スルヲ以テ若シ此儘ニ放任スルトキハ會社及ヒ第三者ノ利害ニ關係ヲ及ホスカ故ニ之カ清算ヲ爲スノ必要ヲ生ス。而シテ此場合ニハ會社ハ已ニ其根源タル設立ヲ取消サレタルモノナレハ固ヨリ會社ナル法人ナク又社員ナキヲ以テ當然會社ノ清算ニ關スル規定ヲ適用スルコトヲ得スト雖モ其事業着手後ニ生セシ法律關係ハ會社ノ成立セシ場合ノ法律關係ト頗ル相類似スルヲ以テ解散ノ場合ニ準シ清算ヲ爲サシムルモノトス。

又會社ノ設立カ取消サレタルトキハ會社ナル法人ナケレハ從テ社員ナシ。故ニ總社員又ハ總社員ノ選任シタル清算人ナルモノアルヘキ筈ナケレハ第八十七條ノ規定ニ依ルコトヲ得ス。故ニ第八十八條ノ規定ヲ準用シテ利害關係人ノ請求アルトキハ裁判所ハ清算人ヲ選任シテ一切ノ清算行爲ヲ爲サシムルモノトス。

而シテ裁判所選任ノ清算人ノ職務權限及ヒ其清算手續等ハ總テ前數條ニ規定スル所ノ會社解散ノ場合ニ於ケル清算ノ規定ニ準用スヘキモノトス。

第百一條　會社ノ帳簿、其營業ニ關スル信書及ヒ清算ニ關スル一切ノ書類ハ第八十五條ノ場合ニ在リテハ本店ノ所在地ニ於テ解散ノ登記ヲ爲シタル後其他ノ場合ニ在リテハ清算結了ノ登記ヲ爲シタル後十年間之ヲ保存スルコトヲ要ス其保存者ハ社員ノ過半數ヲ以テ之ヲ定ム

義解　本條ハ會社ニ關スル書類保存ノ義務ヲ規定ス。

元來會社ハ法人ナルヲ以テ法律上ヨリ之ヲ觀レハ各個商人ト異ナル處ナキカ故ニ。會社モ亦商業帳簿及ヒ其營業ニ關スル信書保存ノ義務アルハ勿論ナリ。然ルニ會社カ解散シタルトキハ最早會社ナル法人存立セサルヲ以テ此等書類ノ保管者ヲ定メサルヘカラス。是レ本條ニ特別ナル規定アル所以ナリ。而シテ商業帳簿其他ノ信書清算ニ關スル一切ノ書類ノ如キハ他日會社ノ權利義務及ヒ清算ノ當否ニ關シテ爭訟ノ起リシ場合ニ當リ至要ノ證據物ト爲リ紛議ヲ判定スヘキ唯一ノ材料ナレハ之ヲ保存スルコト極メテ必要ナリ。

第百二條　社員カ死亡シタル場合ニ於テ其相續人數人アルトキハ清算ニ關シテ社員ノ權利ヲ行フヘキ者一人ヲ定ムルコトヲ要ス

義解　合名會社ニ於テ社員死亡スルトキハ當然除名セラレ其相續人ハ特約ナキ限リハ死亡社員ノ地位ヲ承繼スルコトヲ得ス。唯タ死亡社員ノ持分ニ對スル權利義務ヲ負擔スルノミナルカ故ニ其相續人カ會社ノ社員タル權利ヲ行フヘキ場合ナシト雖モ。會社カ解散シタル後社員カ死亡シタルトキハ會社ノ目的タル事業已ニ止息シ人的信用ノ必要ナキニ至リタルモノナレハ其相續人ヲシテ死亡社員ノ資格ヲ承繼セシメ清算ニ關シテ社員ノ行フヘキ權利例之第八十五條ノ財產處分第八十七條ノ自己淸算ヲ爲ス場合、及ヒ淸算人選任ノ權利第九十六條ノ淸算人解任ノ權利ノ如キヲ行使シ得セシムヘキハ當然ナリ。然レトモ若シ其相續人ノ數人アルトキハ死亡社員ノ權利ハ其數人ノ共有ト爲ルモノナレハ恐ク淸算人ト爲リ又ハ淸算人ノ選任解任其他淸算ニ關スル權利ヲ行使スルトセハ一人ノ社員ニ代ハリテ數人カ權利ヲ行フコトト爲リ他ノ社員トノ間ニ權衡ヲ失ヒ公平ヲ缺クニ至ルヘキヲ以テ。此場合ハ會社ニ對シ其權利ヲ行フモノ一人ヲ定メテ代表者トシ死者ニ代ハリテ社員ノ權利ヲ行フヘキモノトセリ。

本條ニ所謂「相續人數人アルトキ」トハ死亡シタル社員カ家族ニシテ數人ノ遺產相續人カ相續財產ヲ共有シ各々其相續分ニ應シ死者ノ權利義務ヲ承繼スル場合ヲ云フ。死亡社員カ戶主ナルトキハ家督相續人一人ニテ全部ノ權利義務ヲ承繼シ數人ノ相續人アルコトナキハ勿論ナリ。

參照

民法第九百九十二條　遺產相續ハ家族ノ死亡ニ因リテ開始ス

民法第千二條　遺產相續人數人アルトキハ相續財產ハ其共有ニ屬ス

民法第千三條　各共同相續人ハ其相續分ニ應シテ被相續人ノ權利義務ヲ承繼ス

第百三條　第六十三條ニ定メタル社員ノ責任ハ本店ノ所在地ニ於テ解散ノ登記ヲ爲シタル後五年ヲ經過シタルトキハ消滅ス

前項ノ期間經過ノ後ト雖モ分配セサル殘餘財產尙ホ存スルトキハ會社ノ債權者ハ之ニ對シテ辨濟ヲ請求スルコトヲ得

義解　本條ハ社員ノ連帶無限ノ責任ヲ負フヘキ期間ヲ規定ス。

合名會社ノ各社員ハ會社ノ財產ヲ以テ會社ノ負擔セル債務ヲ完濟スルコト能ハサルトキハ連帶無限ノ責任ヲ負フテ之カ辨濟ノ義務ヲ盡スヘキモノニシテ此責任タル社員自己ノ爲メニ負フニ非ラスシテ會社ナル法人ノ債務卽チ他人ノ債務ニ對シテ負フモノナレバ社員ヲシテ長年月間債權者ノ請求ニ應セサルヲ得サラシムルハ甚タ過酷ナリ。又債權者モ長年月間自己ノ權利ヲ行使シテ社員ニ請求ヲ爲サヽル如キハ極メテ怠慢タルヲ免レス。故ニ本條ハ社員カ會社ノ債權者ニ對スル責任ハ本店ノ所在地ニ於テ解散ノ登記ヲ爲シタル後五年ヲ經過シタルトキハ消滅スルモノトシ債權者ハ最早辨濟ヲ請求スルノ權ナキモノトシ一ハ以テ社員ノ責任ヲ無限ニ繼續セシメス一ハ以テ債權者ノ怠慢ヲ警戒シタリ。

而シテ社員ノ責任消滅期間ノ起算點ヲ解散登記ヲ爲シタル時ト定メタル所以ハ第三者ハ假令解散ノ事由發生スルモ其解散登記ノ公告アルマテハ解散アリシコトヲ知ラサルヲ普通ト爲スカ故ナリ。又此五年ノ期間ハ時效ニ非スシテ純然タル免責時期ナレハ中斷及ヒ停止ノ如キ方法ヲ以テ之ヲ延長スルコトヲ許サス。社員カ私有財產ヲ以テ會社ノ債務ヲ辨濟スヘキ責任ハ解散登記後五年ノ期間ヲ經過シタル後ハ消滅スト雖モ解散ノ際未タ分配セサリシ殘餘財產ノ尙ホ存在スルコトヲ債權者カ發見シタルトキハ假令五年ノ期間經過後ニ至ルモ債權者ハ其財產ニ對シテ辨濟ヲ請求スルコトヲ得ルモノトス。是レ社員ノ責任ニ毫モ關係ナク且社員ノ負擔ヲ重カラシムルモノニアラスシテ債權者ノ利益ヲ保護スルニ至當ノ方法ナリトス。

問答　問　債權者カ分配セサル殘餘財產ニ對スル辨濟請求ノ權利ハ何時迄行使スルコトヲ得ルヤ。

答　普通ノ時效期間卽チ五年間ヲ經過スルハ其請求權消滅ス

第三章　合資會社

合資會社トハ有限責任社員ト無限責任社員トノ二種ヲ以テ組成スルヲ特質トシ。合名會社ノ如ク偏ニ無限ノ人的信用ノミニ依ラス有限ノ物的信用ヲ加ヘテ組織スル所ノ商事會社ナリ。而テ其有限責任社員ハ自己ノ差入レタル出資ヲ限度トシテ會社ト利害休戚ヲ共ニスル資本家ニ外ナラス。斯ノ如ク有限責任社員ヨリ之ヲ觀レハ會社ニ對スル責任其出資ニ止マルカ故會社財產ヲ以テ債務ヲ完濟スルコト能ハサルトキト雖圧自己ノ私有財產ヲ出シテ辨濟ニ充ツルノ責ナシ。之ニ反シ會社カ利益ヲ得タルトキハ其出資額ニ應シ之カ分配ヲ受クルノ權利アルカ故ニ損失ハ有限ニシテ得利ハ無限ナレハ社員ニ取リテ頗ル利便ナリ。又第三者ヨリ之ヲ觀レハ無限責任社員アルヲ以テ其私有財產モ會社債權者ノ共同擔保ト爲ルカ故社員ノ信用ヲ移シテ會社ヲ信用シ安心シテ巨額ノ取引ヲ爲スヘキヲ以テ會社ノ營業ノ發達ヲ計ルニモ亦極メテ利便ナリ是レ此會社ノ因テ起ル所以ナリトス。

第百四條　合資會社ハ有限責任社員ト無限責任社員トヲ以テ之ヲ組織ス

義解　本條ハ合資會社ノ定義ヲ示シタルモノナリ。

合名會社ハ無限ノ人的信用ヲ基礎トシ成立スルモノナレハ世人ハ後顧ノ憂ナク安心シテ巨額ノ取引ヲ爲スヲ得ヘシト雖モ社員ハ連帶無限ノ責任ヲ負フモノナレハ互ニ親密ニシテ相信用スル者ノ間ニアラサレハ之ヲ設立スルコトヲ得サル不便アリ。故ニ一方ニ於テハ株式會社ノ長所ヲ採リ或ル社員ヲシテ會社ノ債務ニ付キ其責任出資ニ止ラシムルヲ得セシメ他方ニ於テハ合名會社ノ長所ヲ採リ或ル社員ヲシテ連帶無限ノ責任ヲ負ハシメ以テ會社ノ信用ヲ大ナル。ヲ得セシムル所ノ折衷會社ニシテ。既ニ合資會社タル以上ハ必ス有限責任ト無限責任トノ二種ノ社員アル

コトヲ要シ若シ其一ヲ缺クトキハ或ハ合名會社トナリ或ハ株式會社トナリ合資會社タルノ特質ヲ失フモノトス

第百五條　合資會社ニハ本章ニ別段ノ定アル場合ヲ除ク外合名會社ニ關スル規定ヲ準用ス

義解　本條ハ合資會社ニハ合名會社ノ規定ヲ準用スヘキ旨ヲ規定ス。

合資會社ハ合名會社ト異ナリ社員悉ク連帶無限ノ責任ヲ負フヘキモノニ非スシテ必ス有限責任社員及ヒ無限責任社員ヲ以テ組織セラレ社員ノ責任其出資ニ止マルモノト否ラサルモノトヲ混合スルカ故ニ之ニ關スル規定モ亦多少ノ差異ヲ生スヘキハ當然ナリ。然レトモ社員ノ責任有限ナルコト及ヒ之ヨリ生スル總テノ結果ヲ除ケハ兩者ノ性質相異ナル所少ナキヲ以テ合資會社ニ關スル規定ハ概シテ合名會社ニ關スル規定ヲ準用シテ支吾スル所ナキヲ以テ。本章ニ於テハ合資會社ニノミ特別ナル規定ヲ揭ケ其他ハ總テ合名會社ニ關スル前章ノ規定ヲ準用スヘキコトト爲セリ。

第百六條　合資會社ノ定款ニハ第五十條ニ揭ケタル事項ノ外各社員ノ責任ノ有限又ハ無限ナルコトヲ記載スルコトヲ要ス

義解 本條ハ合資會社ノ定款ニ記載スヘキ事項ヲ規定ス。

前條ノ規定ニ依リ合名會社ノ規定ニ於テ會社設立者カ定款ヲ作ルヲ要スル第四十九條ノ規定モ合資會社設立ノ場合ニ準用スヘキモノナレハ合資會社ノ設立者カ定款ヲ作ルコトヲ要シ而シテ其定款ニハ第五十條ニ列記シタル事項卽チ(一)會社ノ目的(二)會社ノ商號(三)社員ノ出資氏名住所(四)本店及ヒ支店ノ所在地(五)社員ノ出資ノ種類及ヒ價格又ハ評價ノ標準ノ外本條ノ規定ニ依リ(六)社員ノ責任ノ有限又ハ無限ナルヿヲ記載シ各社員之レニ署名スルコトヲ要ス(五〇參照)合名會社ノ各社員ハ皆無限ノ責任ヲ負フカ故其定款中ニハ社員ノ責任ノ有限又ハ無限ナルコトヲ掲クルノ必要ナシト雖モ合資會社ニ於テハ有限責任社員ト無限責任社員トアルヲ以テ如何ナル社員カ有限責任ニシテ如何ナル社員カ無限責任ヲ負フヘキヤハ第三者ノ最モ知ラント欲スル所ナルヲ以テ之カ表示ヲナス爲メ社員ノ責任ヲ定款中ニ記載スルコトヲ必要ナリトス。

第百七條 會社ハ定款ヲ作リタル日ヨリ二週間内ニ其本店及ヒ支店ノ所在地ニ於テ第五十一條第一項ニ掲ケタル事項ノ外各社員ノ責任ノ有限又ハ無限ナルコトヲ登記スルコトヲ要ス

義解 本條ハ合資會社ノ登記事項ヲ規定ス。

合資會社ハ合名會社ト同シク定款ノ作製ニ依リ社員間ニ於テハ已ニ會社成立ノ効力ヲ生スト雖モ其會社ノ性質及ヒ組織ノ要項ヲ商業登記簿ニ登記スルニ非サレハ第三者ニ對シテ會社ノ設立ヲ對抗スルコトヲ得ス。而シテ其登記スヘキ事項ハ第五十一條第一項ニ列示シタル設立ニ關スル登記事項卽チ（一）會社ノ目的（二）會社ノ商號（三）社員ノ氏名住所（四）本店及ヒ支店（五）設立ノ年月日（六）存立ノ時期又ハ解散ノ事由ヲ定メタルトキハ其時期又ハ其事由（七）社員ノ出資ノ種類及ヒ財産ヲ目的トスル出資ノ價格（八）會社ヲ代表スヘキ社員ヲ定メタルトキハ其氏名ノ外本條ノ規定ニ依リ（九）各社員ノ責任ノ有限又ハ無限ナルコトヲ登記スルヲ要ス。

合資會社ノ特質タル社員ノ責任ノ有限又ハ無限ナルコトハ定款ノ作製ニ依リ確定スルモノナリト雖モ之ヲ登記シテ汎ク世間ニ公示セサレハ第三者ハ其會社ニ對スル信用ノ程度ヲ定ムルコトヲ得スシテ取引上ニ不便ナルノミナラス會社モ亦社員ノ責任ノ有限又ハ無限ヲ以テ第三者ニ對抗スルコトヲ得サルノ不便アルヲ以テ之カ登記ヲ必要トスル所以ナリ。

合資會社ハ定款ヲ作製シタル日ヨリ二週間内ニ其本店ノ所在地ヲ管轄スル裁判所ニ於テ登記ヲ爲スヘキモノニシテ若シ其會社カ支店ヲ設ケタルトキハ又其支店所在地ノ裁判所ニ於テモ同一ノ登記ヲ爲スヘキモノトス。

第百八條　有限責任社員ハ金錢其他ノ財産ノミヲ以テ其出資ノ目的ト爲スコトヲ得

義解　本條ハ合資會社ノ有限責任社員ノ出資ノ種類ニ付キ規定ス。合資會社ノ無限責任社員ハ合名會社ノ社員ト同シク當然會社ヲ代表シ會社ノ業務ヲ執行スル權利ヲ有スルモノニシテ會社ノ債權者ニ對シテハ各自連帶無限ノ責任ヲ負ヒ單ニ出資額ノミヲ責任ノ限度ト爲サヽルカ故ニ金錢其他ノ財産ハ勿論彼ノ勞務若クハ信用ヲ以テ出資ノ目的ト爲スヲ得ルト雖モ。有限責任社員ナルモノハ會社ヲ代表シ又ハ會社ノ業務執行ニ干與セス單ニ出資ヲ爲シテ其損益ヲ共分シ且ツ其會社ノ債務者ニ對スル責任ハ無限ナラサルヲ以テ其出資ノ目的ト爲スヲ得ルモノハ會社債權者ニ對シテ擔保ト爲リ得ヘキ物即チ金錢又ハ商品、土地、家屋、器械ノ如キ物タルヲ要シ勞務又ハ信用ノ如キハ出資ノ目的ト爲スコトヲ得ス。蓋シ勞務又ハ信用ハ會社ノ債務ヲ負擔スヘキ實體ナクシテ社員ノ退社ト共ニ終止スルモノナレハ債務ノ辨濟ニ充當スルヲ得サルコト言ヲ俟タス。故ニ若シ有限責任社員ニシテ此二者ヲ出資ト爲スコトヲ得ルトセハ結局無責任ト同一ニ歸シ債權者ニ不測ノ損害ヲ被ラシムヘシ是レ之ヲ出資ト爲スコトヲ得サル所以ナリ。

第百九條　各無限責任社員ハ定款ニ別段ノ定ナキトキハ會社ノ業務ヲ執行スル權利ヲ有シ義務ヲ負フ

無限責任社員數人アルトキハ會社ノ業務執行ハ其過半數ヲ以テ之ヲ決ス

義解　本條ハ合資會社ハ無限責任社員ノ權能ヲ規定ス

會社ハ無形人ニシテ自身ニ業務ヲ執行スルコト能ハサルカ故ニ必ス會社ヲ代表スル機關ナカルヘカラス。而シテ定款ニ於テ其業務執行者ヲ指定シタルトキハ其指定セラレタル者カ會社ヲ代表シテ業務執行ノ任ニ當ルヘキモノトス。然ルニ若シ會社ノ定款ニ於テ其業務執行者ヲ定メサルトキハ何人カ其任ニ當ルヘキ歟。蓋シ有限責任社員ハ單ニ出資ノミヲ爲シ會社ノ業務ヲ執行スルノ權利ナシト雖モ無限責任社員ハ通例會社ノ業務ヲ執行スルノ任ニ當ルヘキモノトスルコト必要ナルカ故ニ。合資會社ノ無限責任社員ハ合名會社ノ社員ト同シク各自ニ會社ノ業務ヲ執行スルノ權利ヲ有シ義務ヲ負フヘキモノトス。然レトモ定款ヲ以テ無限責任社員中特ニ業務執行ノ權利及義務ヲ有スル者ヲ定タルトキハ其別段ノ定メヲ無效ト爲スコトヲ得サルノミナラス合名會社ニ付テモ既ニ第五十六條ニ於テ此ノ如キ定款ノ定メヲ有效ト爲シタル以上ハ合資會社ニ於テモ亦其別段ノ定メヲ有效トシ之ニ服從セシムヘキハ相當ナリ是レ本條第一項ノ規定アル所以ナリ。

第二項ニ於テ定款ノ別段ノ定メ又ハ法律ノ規定ニ依リ業務ヲ執行スヘキ無限責任社員數人アル場合各自隨意ニ業務ヲ執行スルトキハ其爲ス所區々ニシテ方針確實ナラズ徒ラニ事務ヲ煩雜ナラシメ會社ノ不利ヲ來タスヘキヲ以テ之ヲ各社員ノ專斷ニ放任スルコトヲ得ス必スヤ他ノ無限責任社員ト協議ノ上社員全員ノ半數以上ノ同意ヲ以テ決行スルコトヲ要スルモノトス。

問答　問　合資會社ノ有限責任社員ヲ特ニ業務執行社員ト定ムルコトヲ得ルヤ。

答　有限責任社員ハ業務執行社員ニ選定スルコトヲ得ス。

第百十條　支配人ノ選任及ヒ解任ハ特ニ業務執行社員ヲ定メタルトキト雖モ無限責任社員ノ過半數ヲ以テ之ヲ決ス

義解　本條ハ支配人ノ選任及ヒ解任ノ方法ヲ規定ス。

合資會社ニ於テ支配人ヲ選任シ及ヒ解任スルニハ會社ノ定款ヲ以テ業務執行社員ヲ特定シタル場合ト又之ヲ特定セスシテ各無限責任社員カ業務ヲ執行スヘキ場合トヲ問ハス常ニ無限責任社員ノ半數以上ノ同意ニ依リテ其選任及ヒ解任ヲ決スルコトヲ要ス。是レ第五十七條ニ規定セル合名會社支配人ノ選任及ヒ解任ト同一ノ趣旨ニ因ルモノトス。

第百十一條　有限責任社員ハ營業年度ノ終ニ於テ營業時間内ニ限リ會社ノ財產目錄及ヒ貸借對照表ノ閱覽ヲ求メ且會社ノ業務及ヒ會社財產ノ狀況ヲ檢查スルコトヲ得

重要ナル事由アルトキハ裁判所ハ有限責任社員ノ請求ニ因リ何時ニテモ會社ノ業務及ヒ會社財產ノ狀況ノ檢查ヲ許スコトヲ得

字解　㊀營業年度トハ會社ノ計算期ヲ云フ通例六月十二月若クハ四月ニ於テ之ヲ爲ス。營業時間トハ例之銀行ニ於テ午前八時ヨリ午後四時マテヲ執務時間トスル如キヲ云フ。

義解　本條ハ有限責任社員ノ監督權ニ付規定ス

合資會社ノ有限責任社員ハ會社ノ業務執行ニ干與スルノ權利ナクシテ無限責任社員又ハ其特定シタル社員ニノミ業務ヲ放任シアルモノナルヲ以テ其業務ノ正實ニ執行セラル丶ヤ又不正ノ所爲ナキヤ又ハ會社財產ノ狀況ノ如何ナルヤ等之ヲ知ルコトヲ得スシテ頗ル不安心ナル所アルカ故ニ之カ利益ヲ保護スル爲メ相當ノ監督權ヲ與ヘサルヘカラズ。卽チ有限責任社員ハ營業年度ノ終ニ於テ營業時間内ニ限リ會社ノ財產目錄及ヒ貸借對照表ノ閱覽ヲ求メ且會社財產ノ狀況ヲ檢査スルコトヲ得ルモノトス。

普通ノ場合ニ於テハ財産目錄及ヒ貸借對照表ノ閲覽ヲ求メ且會社ノ業務及ヒ會社財産ノ現況ヲ檢査スルニハ營業年度ノ終ニ於テ營業時間內ニ限ルト爲スモ。業務執行ノ不正ナルトキ又ハ會社財産ヲ脱漏スルノ虞アル場合ノ如キ重要ナル事由ノ存スルトキハ有限責任社員ハ裁判所ニ向テ會社ノ業務及ヒ會社財産ノ狀況ノ檢査ヲ請求シ營業年度ト營業時間トニ拘ラス何時ニテモ監督權ヲ行使シテ有限責任社員ノ權利ヲ保護スルコトヲ得ルモノトス。

參照　非訟事件手續法第百二十六條　商法第四十七條第四十八條第百十一條第二項第百二十四條第百六十一條第二項第百九十六條第二項第百九十八條及ヒ商法施行法第六十七條第二項ニ定メタル事件ハ會社ノ本店所在地ノ地方裁判所ノ管轄トス

商法第二百六十條ニ定メタル事件ハ閉鎖ヲ命セラルヘキ外國會社ノ支店ノ所在地ノ地方裁判所ノ管轄トス

商法第二百八十八條第一項第二百八十九條及ヒ第六百七條第一項ニ定メタル事件ハ競賣ニ付スヘキ物品所在地ノ區裁判所ノ管轄トス

非訟事件手續法第百三十一條　商法第百十一條第二項ノ規定ニ依リ檢査ノ許可ヲ申請スル場合ニ於テハ檢査ヲ要スル事由同法第百六十一條第二項ノ規定ニ依リ總會招集ノ許

可ヲ申請スル場合ニ於テハ取締役カ其招集ヲ怠リシ事實ヲ疎明スルコトヲ要ス
前項ノ申請ハ書面ヲ以テ之ヲ爲スコトヲ要ス
非訟事件手續法第百三十二條 前條ノ規定ニ依ル申請ニ付テハ裁判所ハ理由ヲ附シタル決定ヲ以テ裁判ヲ爲スヘシ
申請ヲ認可スル裁判ニ對シテハ不服ヲ申立ツルコトヲ得ス

問答 問 有限責任社員カ監督權ヲ行使スルニ付營業年度ノ終リニ於テ營業時間内ニ限ルトス其例示如何。

答 例之會社カ六ケ月ヲ以テ一營業年度ト定メ且午前八時ヨリ午後三時マテヲ以テ營業時間ト定メタルトキハ其六ケ月以後ノ休暇日以外ノ日ノ午前八時ヨリ午後三時マテノ間ニ限ルトスル如キヲ云フ。

第百十二條 有限責任社員ハ無限責任社員全員ノ承諾アルトキハ其持分ノ全部又ハ一部ヲ他人ニ讓渡スコトヲ得

義解 本條ハ合資會社ノ有限責任社員ノ持分讓渡ニ付テノ要件ヲ規定ス

所謂持分ナルモノハ株式ト相異ナリ其社員タル者ノ身分ト相密着スルヲ以テ妄リニ之カ賣買贈與ヲ爲スコトヲ得スト雖モ。合資會社ノ有限責任社員ハ金錢其他ノ財産ヲ出資ト爲シ其責任ハ單ニ其出資額ニ止マルモノナルカ故ニ彼ノ合名會社ノ社員ノ如ク相知相信間ノ結合ヲ要スルモノニアラス。換言スレハ財産ニ重キヲ措キ人ヲ重ンセルニ因リ社員其人ノ交迭スルアルモ會社ノ事業ニ影響ヲ及ホスコトナク又其責任ハ出資ニ限リ自己ノ財産ヲ以テ會社ノ債務ヲ辨濟スヘキ責任ナキヲ以テ社員ノ更迭ハ第三者ニ損害ヲ與フルノ虞ナシ。故ニ合名會社ノ社員ノ如ク其讓渡手續嚴重ナルヲ要セサレハ會社ニ對シテ利害ノ關係最モ深キ無限責任社員全員ノ承諾アル片ハ其持分ノ全部又ハ一部ヲ讓渡スコトヲ得ルモノトセリ

玆ニ注意スヘキハ持分讓渡ノ效果トシテ讓受人カ讓渡人ノ權利義務ヲ承繼スルハ言ヲ俟タサルコト是ナリ。

問答　問　有限責任社員ノ持分ノ讓渡ハ他ノ有限責任社員ノ承諾ヲ要セサルヤ。

答　然リ他ノ有限責任社員ノ承諾ヲ要セス。

問　合資會社ノ無限責任社員ノ持分ハ如何ナル方法ニ依リテ讓渡スコトヲ得ルヤ。

答　無限責任社員ノ持分ハ總社員ノ承諾ヲ得ルニ非サレハ讓渡スコトヲ得ス。

第百十三條　有限責任社員ハ自己又ハ第三者ノ爲メニ會社ノ營業ノ部類ニ屬スル商行爲ヲ爲シ又ハ同種ノ營業ヲ目的トスル他ノ會社ノ無限責任社員ト

為ルコトヲ得

義解 本條ハ合資會社ノ有限責任社員ニ競業禁止ノ規定ヲ適用セサルコトヲ明定ス。

合資會社ノ有限責任社員ハ無限責任社員ト異ナリテ會社ノ業務執行ニ與カルヲ得ス從テ會社内部ノ事情ニ通曉シ秘密ヲ知ルカ如キハ極メテ稀ナリ且有限責任社員ハ外部ニ對シテ會社ヲ代表セサルカ故ニ會社ヲ利用シテ自己又ハ第三者ノ爲メ私利ヲ計ルコト困難ナルヘキニ依リ假令會社ノ營業部類ニ屬スル商行爲ヲ爲シ又ハ會社ト同一種類ノ營業ヲ目的トスル他ノ會社ノ無限責任社員ト爲ルモ會社ノ利害ト衝突ヲ來スノ恐ナク競業ノ通弊ヲ見ルコトナカルヘシ。是レ合名會社ノ社員ノ如ク競業禁止ノ規定ヲ設ケサル所以ナリ(六〇參照)

問答 問 合資會社ノ無限責任社員モ亦有限責任社員ト同シク商行爲ノ自由ヲ有スルヤ。

答 否ナ無限責任社員ハ本條ノ規定以外ナルヲ以テ第六十條第一項ノ規定ニ從ヒ他ノ無限責任社員ノ承諾ヲ得ルニ非サレハ之ヲ爲スコトヲ得ス。

問 定款ヲ以テ有限責任社員タリトモ自己又ハ第三者ノ爲メニ會社ノ營業部類ニ屬スル商行爲ヲ爲シ又ハ同種ノ營業ヲ目的トスル他ノ會社ノ無限責任社員ト爲ルコトヲ禁止スルヲ得ルヤ。

答 然リ本條ノ競業禁止ノ規定ハ社員ノ便益ヲ計ルニ外ナラサレハ定款ヲ以テ社員相互間ニ之

ヲ禁止スルハ法律ノ問フ所ニアラス

第百十四條　定款又ハ總社員ノ同意ヲ以テ特ニ會社ヲ代表スヘキ無限責任社員ヲ定メサルトキハ各無限責任社員會社ヲ代表ス

義解　本條ハ會社ノ代表社員ニ付規定ス

有限責任社員ハ唯出資ヲ爲シテ損益ヲ共分スルニ止マリ會社ヲ代表スルヲ得サルコトハ合資會社ヲ設ケタル本旨ナルヲ以テ會社ヲ代表スヘキ社員ハ必ス無限責任社員ナルコトヲ要ス。然レトモ定款又ハ總社員ノ一致ヲ以テ特ニ會社ヲ代表スヘキ無限責任社員ヲ定ムルトキハ之ニ從ハサルヘカラサルヤ勿論ナリ。而シテ會社ヲ代表スヘキ無限責任社員數人アルトキハ會社內部ノ業務執行ニ付テハ無限責任社員ノ過半數ヲ以テ之ヲ決行スヘシト雖トモ會社外部ニ對スル第三者トノ取引關係ニ付テハ各無限責任社員個々獨立シテ會社ヲ代表スルノ權利ヲ有ス。即チ各無限責任社員カ第三者ト爲シタル取引行爲ハ會社ノ行爲トシテ効力ヲ有シ以テ取引上ノ便益ヲ計レリ。

第百十五條　有限責任社員ハ會社ノ業務ヲ執行シ又ハ會社ヲ代表スルコトヲ得ス

義解　本條ハ合資會社ノ有限責任社員ニハ會社ヲ代表シ又ハ業務ヲ執行スルノ權利ナキコトヲ規定ス

已ニ屢々説述シタルカ如ク合資會社ノ有限責任社員ハ金錢其他ノ財產ヲ出資ト爲シ其責任ハ出資額ニ止マリ彼ノ無限責任社員ノ如ク出資額以外ニ自己ノ資產ヲ以テ會社ノ債務ヲ辨濟スルノ責任ヲ負フカ如キ重任ナキヲ以テ會社事業ノ盛衰ニ依リ直接ニ痛痒ヲ感セス唯タ利益ノ配當上幾分ノ影響ヲ被ムルニ過キス。故ニ若シ會社ノ業務ヲ執行セシメ又ハ會社ヲ代表スルコトヲ得セシムルトキハ自己ノ責任輕キヲ以テ動モスレハ無稽ニ事ヲ取扱ヒ往々ニシテ會社ノ不利益ヲ招クノ恐アリ。加之有限責任社員ハ會社ト同一ノ營業ヲ爲スコトヲ得ルモノナレハ一意專心會社業務ニ從事スル能ハサルノミナラス或ハ會社ト競爭ヲ爲シ事業ノ發達ヲ妨クルノ弊ナシトセス是レ本條ノ規定アル所以ナリ。

問答　問　定款又ハ總社員ノ同意ヲ以テ有限責任社員ニ會社ノ業務ヲ執行セシメ又ハ會社ヲ代表スルノ權利ヲ與フルコトヲ得ルヤ。

答　本條ハ公益ニ關スル規定ナレハ定款ヲ以テ之ヲ變更スルコトヲ得サルニ付キ有限責任社員ハ會社ノ業務ヲ執行シ又ハ會社ヲ代表スルコトヲ得ス。

第百十六條 有限責任社員ニ自己ヲ無限責任社員ナリト信セシムヘキ行爲アリタルトキハ其社員ハ善意ノ第三者ニ對シテ無限責任社員ト同一ノ責任ヲ負フ

字解 善意トハ普通用ユル所ノ善意惡意ノ語トハ其義ヲ異ニシ單ニ或事實アルコトヲ知ラサリシトキ之ヲ善意ト云フ故ニ本條ニ於テハ有限責任社員ナルコトヲ知ラスシテ無限責任社員ナリト信認シタル者ヲ稱シテ善意ノ第三者ト云フ。

義解 本條ハ有限責任社員カ無限ノ責任ヲ負フヘキ場合ヲ規定ス。

有限責任社員ハ會社ノ業務執行權ナク又代表權ナキモノニシテ其權利ヲ有スル者ハ常ニ無限責任社員ナラサルヘカラス。故ニ第三者ニ對シ取引ヲ爲ス者ヲ以テ無限責任社員ト信認スルハ決シテ不當ナルニアラス。特ニ言語書面等ニ余ハ業務執行者ナリ會社ノ代表者ナリト明示セシ如キハ充分自己ヲ無限責任社員ナリト信セシムヘキ行爲アリタルモノニシテ其之ヲ知ラサル第三者ハ之ヲ觀テ眞實無限責任社員ト斷言スヘキハ勿論ナルヘシ。然ルニ實際有限責任社員タルノ故ヲ以テ其者ノ爲シタル取引ハ會社ニ對シ効力ナキモノトセン乎第三者ハ不慮ノ損害ヲ蒙ムルヘシ。斯ル場合ハ其有限責任社員ニシテ自己ヲ無限責任社員ト信セシムヘキ行爲ヲ爲シタル者ナシテ無限責任社員ト同一ノ責任ヲ負ハシメ自己ノ私有財產ヲ以テ會社債務ノ辨濟ヲ爲スヘキモノトシ以テ第三者ヲ保護スルコト必要ナリ。然レ𪜈惡意ノ第三者ナルトキハ固ヨリ其社員ノ責任無限ニアラサルコトヲ知リ居ルモノナレハ不測ノ損害ヲ蒙ムルヘキ謂レナシ是レ本條ノ唯リ善意ナル第三者ノミヲ保護スル所以ナリ。

問答　問、社員ノ責任ノ有限又ハ無限ナルコトハ登記閱覽セハ明白ナルヘシ然ルニ之カ閱覽ヲ爲サヽルハ過失者タルヲ免カレス然カモ尙ホ法律ノ保護ヲ受クルコトヲ得ルヤ。

答　商人カ日々ノ取引ニ付キ一々登記ノ閱覽ヲ爲シテ取引ヲ爲ス如キハ通例爲サヽル所ニシテ其社員ノ責任ノ有限無限ヲ判別スルハ容易ノ業ニアラサルヲ以テ假令登記ノ閱覽ヲ爲サヽル第三者タリトモ法律ノ保護ヲ受クルコトヲ得ルナリ。

第百十七條　有限責任社員カ死亡シタルトキハ其相續人之ニ代ハリテ社員ト爲ル

有限責任社員ハ禁治產ノ宣告ヲ受クルモ之ニ因リテ退社セス

義解　本條ハ有限責任社員カ死亡シ又ハ禁治產ノ宣告ヲ受ケタル場合ノ關係ヲ規定ス。

有限責任社員ハ單ニ出資ヲ爲シテ利益ノ配當ヲ受クルニ止マリ會社ノ業務ヲ執行シ又ハ會社ヲ

代表スルヲ得サルカ故ニ假令其社員ノ死亡スルモ之ニ因リテ退社セシムルノ必要ナシ。何トレハ有限責任社員ハ會社ノ業務執行權ナク又代表權ナキヲ以テ其死亡シタルトキハ普通ノ原則ニ依リ其相續人ニ於テ代リテ社員ト爲リ死亡社員ノ持分ヲ承繼スヘキモノトスルモ會社又ハ第三者ニ毫モ利害ノ影響ヲ及ホスコトナケレハナリ。

又有限責任社員カ禁治產ノ宣告ヲ受ケタリトテ之カ爲メニ社員タルノ資格ヲ失フコトナク依然其地位ヲ保有スルコトヲ得ヘシ。蓋シ禁治產ノ宣告ヲ受クルトキハ財產處分ノ能力ヲ失フト雖モ有限責任社員ハ會社業務ノ執行權ナク又會社ノ代表權ナキモノナレハ必ス其社員本人カ財產處分ノ能力アルコトヲ要セス此場合ハ父母又ハ後見人等カ代リテ財產處分ヲ爲スヘキカ故ニ社員タルノ資格ヲ喪失セシムルノ必要ナキヲ以テナリ。

若シ本條ニ別段ノ規定ヲ爲サヽルトキハ合名會社ニ關スル規定ハ當然合資會社ノ有限責任社員ニモ準用セラルヽヲ以テ社員死亡スルモ其相續人之ニ代ハルコトヲ得ス又社員カ禁治產ノ宣告ヲ受クルトキハ退社スヘキモノトスル反對ノ決定ヲ見ルヘキカ故ニ特ニ本條ノ規定ヲ設ケタル所以ナリ（一〇五參照）

問答 問 無限責任社員カ死亡シタルトキハ其相續人之ニ代ハリテ社員ト爲リ又禁治產ノ宣告

ヲ受タルトキハ之ニ因リテ退社セサルヤ。

答　無限責任社員ノ相續人ハ死亡社員ニ代リテ社員ト爲ルコトヲ得ス又禁治產ノ宣告ヲ受ケタルトキハ退社スヘキモノトス。

第百十八條　合資會社ハ無限責任社員又ハ有限責任社員ノ全員カ退社シタルトキハ解散ス但有限責任社員ノ全員カ退社シタル場合ニ於テ無限責任社員ノ一致ヲ以テ合名會社トシテ會社ヲ繼續スルコトヲ妨ケス

前項但書ノ場合ニ於テハ二週間内ニ本店及ヒ支店ノ所在地ニ於テ合資會社ニ付テハ解散ノ登記ヲ爲シ合名會社ニ付テハ第五十一條第一項ニ定メタル登記ヲ爲スコトヲ要ス

義解　本條ハ合資會社ノ有限責任又ハ無限社員ノ全員カ退社シタル場合ノ組織變更ニ關スル規定ナリ。

合資會社ハ其原則トシテ有限責任社員及ヒ無限責任社員ヲ以テ組織スルコトヲ要ス。卽チ社員ニ有限及ヒ無限ノ責任ヲ負フ二者ヲ以テ會社存立ノ要素ト爲スカ故ニ若シ其一ヲ欽キ有限責任社員ノ全員カ退社シタルトキハ合資會社トシテノ存立ヲ認ムルコトヲ得ス又無限責任社員ノ全員カ退社シタルトキモ亦其存立ヲ認ムルコトヲ得サルヲ以テ有限責任社員又ハ無限責任社員ノ總員カ退社シタルトキハ會社ハ當然解散スヘキモノトス(一〇五、六八、六九、七〇、參照)。然レトモ社員中有限責任社員ノ總員退社シ無限責任社員ノミ殘存シタル場合ニ當リ其殘存社員ノ一致ヲ以テ會社解散ノ手續ヲ爲サス直チニ之ヲ合名會社ニ改メ以前ノ會社ヲ繼續シ其權利義務ヲ承繼スルコトハ法律上之ヲ禁制スヘキ理由ナキノミナラス之ヲ許スヲ以テ却テ便宜ナリトス是レ本條ノ規定アル所以ナリ。

右ノ如ク合資會社ヲ改メテ合名會社ト爲シ前合資會社ノ營業ヲ繼續スルトキハ其組織ノ變更ヲ第三者ニ知悉セシムル爲メ二週間內ニ其本店及ヒ若シ支店アルトキハ其支店ノ所在地ニ於テ合資會社解散ノ登記ヲ爲シ更ニ繼續セシムヘキ合名會社ニ付テハ第五十一條第一項ニ依リ合名會社設立ノ登記事項ヲ登記スヘキモノトス。

問答　問　無限責任社員ノ總員退社シ有限責任社員ノミ殘存シタルトキハ會社ヲ繼續スルコトヲ得サルヤ。

答　此場合ハ繼續シテ會社ヲ存立セシムルコトヲ得ス。

第四章　株式會社

株式會社ハ純然タル物的信用卽チ資本團結ニシテ彼ノ合名會社、合資會社ノ如ク人的信用ノ原素ナクシテ商行爲ヲ營ムヲ業トスル所ノ會社ナリ。故ニ會社信用ノ基礎ハ主トシテ各社員ノ出資ヨリ成ル株式ノ上ニ存ス卽チ會社ノ資本ハ總テ之ヲ株式ニ分チ株主ノ責任ハ其出資額ニ止マリ合名會社ノ社員合資會社又ハ株式合資會社ノ無限責任社員ノ如ク私有財產ヲ以テ會社ノ債務ヲ辨濟スヘキ義務ナク其責任ハ會社ニ對シ引受ケタル株式ノ數ニ應シ出資ヲ處スノ外何等ノ義務ヲ負ハサルモノトス。此ノ如ク株式會社ハ資本團結ヲ以テ其特質ト爲スカ故ニ社員相互間ニ於テ其社員ノ何人ナルヤハ毫モ問フ所ニアラス又會社以外ノ第三者カ會社ト取引ヲ爲スニハ一ニ會社財產ヲ目的トシ株主ノ如何ハ敢テ顧ミサルカ故ニ社員相互間及ヒ社員ト第三者トノ間ニハ所謂直接ノ法律關係ヲ生セサルナリ。

株式會社ハ人的信用ヲ主要ト爲サヽルカ故ニ社員ノ有スル株式ハ常ニ自由ニ轉輾賣買スルコトヲ得ルヲ以テ社員若シ退社セント欲セハ直チニ其株式ヲ讓渡シテ義ニ差入レタル出資ヲ得ヘク又入社セント欲セハ其株式ヲ買得シテ忽チ社員タルヲ得ヘクシテ其入社退社極メテ容易ニシテ合名會社合資會社ノ如ク權利ノ讓渡ニ關シテ何等ノ制限アルコトナケレハ何人モ其希望ニ依リ

去就自在ナルヲ以テ。會社的觀念ニ乏シキ老幼婦女又ハ非商人タリトモ容易ニ加入スルコトヲ得ルカ故ニ。多額ノ資本ヲ蒐集シ大事業ヲ經營スルニハ極メテ便利ナル會社ナリト雖𪜈亦之ニ伴フ弊害少カラサルヲ以テ立法者ハ他ノ會社ニ比シテ最モ周密ニシテ且嚴格ナル規定ヲ設ケタリ。

第一節 設立

本節ハ會社設立ニ關スル規定ヲ掲ケタルモノニシテ卽チ發起人、定款、株式募集、創立總會、設立登記等ノ事項ヲ概括ス。

第百十九條 株式會社ノ設立ニハ七人以上ノ發起人アルコトヲ要ス

義解 本條ハ會社設立ニ付其發起人ノ數ニ關スル規定ナリ

株式會社ノ設立ヲ要スル所以ノモノハ巨額ノ資本ヲ吸集シテ大事業ヲ經畫スルニ在リテ其存滅組織ノ如何ハ商業社會ニ至大ノ影響ヲ及ホスヘキモノニシテ若シ僅少人數ノ結合ヲ以テ之カ成立ヲ許ストキハ投機者流ヲシテ猥リニ株式會社ヲ發起セシメ動モスレハ商業社界ヲ攪亂スルノ虞アリ且多數ノ發起人アルトキハ充分ノ協議ヲ盡シ完全ナル計畫ヲ施シ輕卒ニ事ヲ擧クルノ弊ヲ防クニ足ルヘキヲ以テ法律ハ社員ノ員數ヲ七人以上ト定メリ若シ七人以下ノ少數ナルトキハ

實際會社ヲ組織スルニ不便ナルヘシ何トナレハ五人ノ社員中三人ヲ取締役ニ任セハ總會ニ參集スルモノハ僅ニ二人ニ過キスシテ其總會モ有名無實タルニ至リ會社ノ組織確實ヲ缺クヘケレハナリ。其之ヲ七人以上ト規定セルハ英吉利、佛蘭西等ノ立法例ヲ標準ト爲タルモノナラン歟。

第百二十條　發起人ハ定款ヲ作リ之ニ左ノ事項ヲ記載シテ署名スルコトヲ要ス

一　目的
二　商號
三　資本ノ總額
四　一株ノ金額
五　取締役カ有スヘキ株式ノ數
六　本店及ヒ支店ノ所在地
七　會社カ公告ヲ爲ス方法
八　發起人ノ氏名、住所

義解　本條ハ株式會社ノ設立ニ要スル定款作成及ヒ其記載事項ヲ規定ス合名會社、合資會社ヲ設立スルニ當リ既ニ定款ノ作成ヲ要スル以上ハ株式會社ノ設立ニモ亦之カ作成ヲ要スルコト勿論ニシテ其之ヲ作成スルハ發起人ノ任務ナリトス。株式會社ノ定款ニ記載スヘキ事項ハ本條第一號乃至第八號ニ列擧セシモノニシテ卽チ左ノ如シ。

一　目的　是レ會社ノ營ムヘキ事業ヲ云フ。

二　商號　會社カ將來依テ以テ營業スル社名ヲ云フ。

三　資本ノ總額　是レ會社カ事業ヲ成功スルノ基礎ト爲ルヘキ資産ノ全部ヲ云フ。

四　一株ノ金額　株式會社ノ資本金ハ一定ノ株式ニ分チテ之ヲ其社員(株主)ヨリ出資セシメテ組成スルモノニシテ卽チ一株金百圓若クハ五十圓ト云フカ如シ。

五　取締役カ有スヘキ株式ノ數　取締役ナルモノハ會社ノ業務ヲ執行シ又會社ヲ代表スル者ナレハ若シ株式ヲ有セサル者ヲシテ取締役タラシメハ會社ニ利害ノ關係ヲ有スルコト少ナキカ爲メ會社ノ不利益ヲ招クノ虞アリ故ニ一定ノ株幾枚ヲ所有スル株主カ取締役タルコトヲ世人ニ知ラシムルノ必要アリ。

六　本店及ヒ支店ノ所在地　會社ノ住所タル本店支店ノ所在地ナリ。

七　會社カ公告ヲ爲ス方法　株式會社ノ株主タルヘキモノハ多數ニシテ各地ニ散在スルヲ以テ是等ノ者ニ或事項ヲ知ラシムル爲メ豫メ公告ノ方法ヲ定ムルコトヲ要ス。例之何々新聞ニ掲載スルノ方法ニ依ルト云フカ如ク第三者ノ注意ヲ惹ク便宜手段タリ。

八　發起人ノ氏名、住所　發起人其人ノ如何ハ會社事業ノ興廢ニ關スルヲ以テ之ヲ明示シテ世人ニ知ラシムルコト必要ナリ。

以上第一號乃至第八號ノ事項中苟クモ其一ヲ欠ケハ其定款ハ効力ナキモノナルカ故假令其定款ニ依リ會社ヲ設立スルモ法律上無効ニシテ最初ヨリ存立セサリシモノト一般タリ。

問答　問　株式會社ノ設立セラルヽ時期ハ合名會社、合資會社ト同シク定款作成即チ會社契約成立ノ時ニ在リヤ。

答　株式會社ハ發起人カ定款ヲ作成シタルノミニテハ未タ設立セラレス第百二十三條及第百三十九條ノ規定スル所ニ依リ初メテ會社設立セラレタルモノトス。

第百二十一條　前條第五號乃至第七號ニ掲ケタル事項ヲ定款ニ記載セサリシトキハ創立總會又ハ株主總會ニ於テ之ヲ補足スルコトヲ得

前項ノ株主總會ノ決議ハ第二百九條ノ規定ニ從ヒテ之ヲ爲スコトヲ要ス

義解　本條ハ前條第五號乃至第七號ノ事項ヲ定款ニ記載セサリシトキハ創立總會又ハ株主總會ニ於テ之ヲ補足スルコトヲ得ル旨ヲ規定ス

前條ニ列擧シタル各事項ハ必ス之ヲ定款ニ記載スルコトヲ要ス。若シ發起人カ其事項ヲ定款ニ記載スルニ當リ或ル事項ヲ脱漏シタルトキハ其定款ハ無効ト爲リ會社ハ成立セラレサルモ其第五號乃至第七號ノ事項卽チ株式會社取締役カ有スヘキ株式ノ數、本店及ヒ支店ノ所在地、會社カ公告ヲ爲スノ方法ノ如キハ發起人ニ於テ之ヲ豫定セスシテ創業總會又ハ株主總會ノ決議ニ任スノ意思ニ出ツル場合多カルヘシ。若シ之ヲ記載セサリシトキハ後日之ヲ補足スルコトヲ得セシメ强テ其定款ヲ無効タラシムルノ必要ヲ見ス殊ニ取締役ノ如キハ株主總會ニ於テ株主中ヨリ選任スルモノナレハ株主總會ヲ開設セサル以前ニ在テ其持株ノ數ヲ知ルコトハ不能ニ屬スヘシ。故ニ本條ハ便宜主義ヲ採リ後日其欠缺事項ヲ補足スルコトヲ得ルモノトセリ。

總會ニ於テ欠缺事項ノ補足ヲ爲スニハ定款變更ノ場合ト同シク第二百九條ノ規定ニ從ヒ總株主ノ半數以上ニシテ資本ノ半數以上ニ當タル株主出席シ其過半數ヲ以テ決議シタル確定議ニ限リ普通ノ多數決ノ決議ヲ爲スモ其効ナシ。

第百二十二條　左ニ掲ケタル事項ヲ定メタルトキハ之ヲ定款ニ記載スルニ非レハ其效ナシ

一　存立時期又ハ解散ノ事由

二　株式ノ額面以上ノ發行

三　發起人カ受クヘキ特別ノ利益及ヒ之ヲ受クヘキ者ノ氏名

四　金錢以外ノ財産ヲ以テ出資ノ目的ト爲ス者ノ氏名、其財産ノ種類、價格及ヒ之ニ對シテ與フル株式ノ數

五　會社ノ負擔ニ歸スヘキ設立費用及ヒ發起人カ受クヘキ報酬ノ額

義解　本條第一號乃至第五號ノ事項ハ必ス之ヲ定メテ定款ニ記載スルコトヲ要セス唯ニ發起人カ之ヲ定メ法律上ノ效力ヲ生セシメントスルトキニ限リ定款ニ記載スルコトヲ要スルノミ。

一　存立時期又ハ解散ノ自由ヲ定メタル場合。　此場合ヲ定款ニ記載スルコトヲ要スル所以ハ第三者ニ利害ノ影響ヲ及ホスコト大ニシテ特ニ之ヲ定款ニ記載セサレハ其効力ヲ生セサルカ故ナリ。所謂存立時期トハ設立ノ日ヨリ何ケ年間會社ヲ存續セシムル如キヲ云ヒ。解散事由

トハ時期ヲ定メス解散ノ事由ヲ定ムルモノニシテ例之馬車會社カ鐵道敷設アリシトキハ解散スヘシ又發起人ノ一人死亡セハ解散スヘシト云フ如キ是ナリ。

二　株式ハ額面以上ハ發行ヲ定メタル場合。元來株式ハ額面ノ價額ヲ以テ發行スヘキハ當然ナリト雖モ必ス然ルモノトセハ實際上不便ナルヲ以テ法律ハ額面以上ノ株券發行ヲ許セリ。所謂株式ノ額面以上ノ發行トハ券面ヲ五十圓トシ發行ノ當時ニ於テ其價額ヲ六十圓又ハ七十圓トシ此額ニ應スル者ヲ以テ株主ト爲スノ類ヲ云フ。而シテ其之ヲ許ス所以ノモノハ現今行ハルヽ所ノ彼ノ權利株ナルモノニ依リテ發起人間ニ詐欺ニ類スル行爲アルヲ妨止セントスルニ在リ。卽チ株式ヲ額面以上ニテ發行セントセハ其額面以上ノ金額ヲ定款ニ明示シ其額面ヲ超ユル金額ハ之ヲ第一回ノ株金拂込ト同時ニ拂込マシメ以テ發起人ノ不正ノ利益ヲ得ントスルヲ妨止スルニ在リ。

三　發起人カ受クヘキ特別ノ利益及ヒ之ヲ受クヘキ者ノ氏名。　發起人カ特別ニ他ノ株主ヨリ多クノ利益ヲ受クルコトハ實際上往々行ハレ且最モ弊害多キ所ナルヲ以テ其弊害ヲ防止スル爲メ其利益ノ割合ト氏名トヲ定款ニ記載スルノ必要アリ。例之發起人ノ受クヘキ特別ノ利益卽チ一期何圓ノ報酬ハ損益ニ拘ラス之ヲ受クヘシ又ハ其利益配當ノ割合何分ヲ他ニ比例シテ多ク受クヘシト記載スル如キヲ云フ。

四　金錢以外ノ財產ヲ以テ出資ト爲ス者ノ氏名、其財產ノ種類價額、及ヒ之ニ對シテ與フル株式ノ數。金錢以外ノ財產卽チ土地、家屋、債權等ヲ以テ目的トスル出資ニ對シ株式ヲ與フルコトハ實際上必要ナレトモ亦弊害ノ伴フアリ。卽チ出資ニ比シテ過當ノ株式ヲ與フルトキハ他ノ株主ノ利益ヲ害スルノミナラス會社ノ資本ト其現實ノ價額トノ間ニ差異ヲ生シ債權者ヲ害スルコトアルヲ以テ其弊害ヲ妨ク爲メ之ヲ定款ニ記載スルコトヲ要ス。例之甲ナル株主一ノ家屋ヲ出資ト爲シ其價額ヲ三千圓ト評定シ百圓ノ株式三十枚ヲ與ヘタル旨ヲ記載スルノ類ナリ。

五　會社ノ負擔ニ歸スヘキ設立費用及ヒ發起人カ受クヘキ報酬ノ額。會社ノ設立セラレタル後其設立ノ費用ヲ會社ノ負擔ニ歸セシムルニハ豫メ定款ニ其數額ヲ記載スルコトヲ要ス。又發起人カ發起ノ功勞ニ對シテ會社ヨリ報酬ヲ受クヘキ場合モ亦同シ。以上ノ事項ヲ定メタルトキハ之ヲ定款ニ明記シテ後日ノ紛爭ヲ防キ及第三者ニ之ヲ公示セサルヘカラス。

問答　問　本條第三號ノ發起人ノ受クヘキ特別ノ利益ト第五號ノ發起人カ受クヘキ報酬トハ如

何ナル差異アリヤ。

答　發起人カ受クヘキ特別ノ利益トハ彼ノ發起株ト稱シテ發起人ニ特別ノ利益トシテ株式ヲ與フル如キヲ云ヒ。報酬トハ發起人ノ功勞ニ酬ユル爲メ一時ニ與フル所ノ金額ヲ云フ。

第百二十三條　發起人カ株式ノ總數ヲ引受ケタルトキハ會社ハ之ニ因リテ成立ス此場合ニ於テハ發起人ハ遲滯ナク株金ノ四分ノ一ヲ下ラサル第一回ノ拂込ヲ爲シ且取締役及ヒ監査役ヲ選任スルコトヲ要ス此選任ハ發起人ノ議決權ノ過半數ヲ以テ之ヲ決ス

字解　議決權ノ過半數トハ株式會社ノ議決權ハ一株ヲ一個トシ例之五人ノ發起人中三人ノ同意說アルモ其三人ノ持株數カ二人ノ持株數ヨリ少ナキトキハ二人ノ同意說ヲ以テ議決說トスル如キヲ云フ即チ議決ハ人數ノ多寡ヲ以テ採決セスシテ株數ノ多寡ニ依リ採決スルモノトス。

義解　本條ハ發起人カ株式ノ總數ヲ引受ケタル場合ヲ規定ス。

株式會社ヲ設立スル方法二アリ一ハ其發起人カ株式ノ總數ヲ引受クル場合ニシテ會社ハ其引受ト同時ニ設立セラルヽモノ一ハ廣ク株主ヲ募集シタル場合ニシテ其募集ヲ終リ創立總會ノ終結

ト共ニ會社ハ設立セラルヽモノ是ナリ。而シテ株式會社ナルモノハ多クハ其資本巨額ナルヲ以テ廣ク株主ヲ募集スルヲ通例トシ發起人ニ於テ株式ノ總數ヲ引受クルコト稀ナリト雖モ發起人ノ員數多ク且資力ニ富ムトキ若クハ會社ノ資本額僅少ナルトキノ如キハ發起人ニ於テ其株式ノ總數ヲ引受クルコト却テ便宜ナルコトアリ本條ハ卽チ此場合ヲ規定セリ。而シテ發起人カ株式ノ總數ヲ引受ケ會社成立シタルトキハ發起人ハ直チニ社員ト爲リタルモノナレハ遲滯ナク其株金ノ四分ノ一ヲ下ラサル範圍內ニ於テ第一回株金ノ拂込ヲ爲ササルヘカラス。而メ第一回ノ拂込ヲ爲シタルトキハ株主ヲ募集セサリシモノナレハ創立總會ヲ開カサルヲ以テ發起人ハ遲滯ナク會社ノ機關タル取締役及ヒ監査役ヲ選任セサルヘカラス。而メ其選任ヲ爲スニハ株主タル發起人ノ議決權ノ過半數ヲ以テ決定スヘキモノトス。第一回ノ拂込ハ少クトモ株金ノ四分ノ一ヲ下ラサルコトヲ要ストナセルハ株式會社監督ノ方法トシテ最モ適切ナリトス。

問答

問　發起人カ總株式ヲ引受ケタルトキ何故ニ他ノ會社ノ如ク定款ノ作成ヲ以テ會社成立ノ時期ト爲ササルヤ。

答　定款ノ作成ト同時ニ必ス株式總數ノ引受アルモノニアラサレハ定款ノ作成ヲ其成立ノ時期

ト定ムルコトヲ得サルカ故ニ發起人カ株式ノ總數ヲ引受ケタルトキヲ以テ會社成立ノ時期ト爲セリ。

第百二十四條 取締役ハ其選任後遲滯ナク第百二十二條第三號乃至第五號ニ掲ケタル事項及ヒ第一回ノ拂込ヲ爲シタルヤ否ヤヲ調査セシムル爲メ檢査役ノ選任ヲ裁判所ニ請求スルコトヲ要ス

裁判所ハ檢査役ノ報告ヲ聽キ第百三十五條ノ規定ニ準據シテ相當ノ處分ヲ爲スコトヲ得

義解 本條ハ發起人カ株式總數ヲ引受ケタル場合ノ監督方法ヲ規定ス。前條ニ示ス如ク發起人カ株式ノ總數ヲ引受ケ會社ヲ成立シタル場合ニハ株主ヲ募集シタル場合ト異ナリ創立總會ヲ開カサルヲ以テ若シ何等ノ監督方法ヲモ定メサルトキハ發起人ハ定款作成ノ權利ヲ濫用シ殊ニ第百二十二條第三號乃至第五號ノ事項ニ付キ不當ノ規定ヲ設ケ又未タ株金ノ四分ノ一モ拂込サル株式ヲ存セシメテ不當ノ利益ヲ占ムルカ如キ不正ノ行爲ヲ恣ニシ會社ノ債權者ヲ害スルノミナラス施イテ公益ヲ害スルノ虞アルヲ以テ此場合ニハ發起人カ選任シタル取締役ヲシテ遲滯ナク檢査役ノ選任ヲ裁判所ニ請求セシムルモノトス。而シテ檢査役ノ職務ハ(一)發起人カ受クヘキ特別ノ利益及ヒ之ヲ受クヘキ者ノ氏名(二)金錢以外ノ財產ヲ以テ出資ノ目的ト爲ス者ノ氏名其財產ノ種類價額及ヒ之ニ對シテ與フル株式ノ數(三)會社ノ負擔ニ歸スヘキ設立費用及ヒ發起人カ受クヘキ報酬ノ額、第一回ノ株金卽チ株式ノ四分ノ一以上ノ拂込ミアリタルヤ否ノ各事項ヲ調査スルニ在リ檢査役ハ右ノ事項ニ付キ相當ノ調査ヲ遂ケタルトキハ其結果ヲ裁判所ニ報告スヘキ義務アルモノトス。

右ノ如ク裁判所カ檢査役ノ調査報告ヲ聽キタルトキ若シ發起人カ受ケタル特別ノ利益ヲ過多ナリト認メ又ハ金錢以外ノ財產ヲ以テ出資ノ目的ト爲シタル株主ニ對シテ與ヘタル株主ノ數ヲ過多ナリト認メ又ハ會社ノ負擔ニ歸スヘキ設立費用及ヒ發起人ノ受クヘキ報酬額ヲ過多ナリト認メタルトキハ裁判所ハ創立總會ニ代ハリテ其不當處分權ヲ有スルモノトス。例之發起人カ受クヘキ利益多キニ過ルトキハ之ヲ減少セシメ又出資ト爲シタル財產ノ價額ト之ニ對シテ與ヘタル株數ト平均セサルトキハ其株數ヲ減少セシメ又株式四分ノ一ノ拂込ヲ爲サヽル者アルトキハ他ノ發起人ヲシテ其拂込ヲ爲サシムルコトヲ命スルカ如キ是ナリ。

參照　非訟事件手續法第百二十六條　商法第四十七條第四十八條第百十一條第二項第百二十四條

第百六十條第二項第百九十六條第二項第百九十八條及ヒ商法施行法第九十五條第二項第百二條第二項第百十條第二項ニ定タル事件ハ會社ノ本店所在地ノ地方裁判所ノ管轄トス

商法第二百六十條ニ定タル事件ハ閉鎖セラルヘキ外國會社ノ支店ノ所在地ノ地方裁判所ノ管轄トス

商法第二百三十二條ニ定タル事件ハ解散シタル株式會社ノ本店所在地ノ區裁判所ノ管轄トス

商法第二百八十九條第一項及ヒ第六百十條第一項ニ定タル事件ハ競賣ニ付スヘキ物品所在地ノ區裁判所ノ管轄ト

非訟事件手續法第百二十七條　檢査役ノ任ノ申請ハ書面ヲ以テ之ヲ爲スコトヲ要ス

申請書ニハ左ノ事項ヲ記載シ取締役又ハ株主之ニ署名捺印スヘシ

一　申請ノ事由

二　檢査ノ目的

三　年月日

四　裁判所ノ表示

非訟事件手續法第百二十八條　檢査役ノ報告ハ書面ヲ以テ之ヲ爲スコトヲ要ス

裁判所ハ檢査ニ付說明ヲ必要トスルトキハ檢査役ヲ審訊スルコトヲ得、

非訟事件手續法第百二十九條　商法第百二十四條第二項ノ規定ニ依ル裁判ハ理由ヲ附シタル決定ヲ以テ之ヲ爲スヘシ

裁判所ハ裁判ヲ爲ス前發起人及ヒ取締役ノ陳述ヲ聽クヘシ

發起人及ヒ取締役ハ第一項ノ裁判ニ對シテ卽時抗告ヲ爲スコトヲ得

第百二十五條　發起人カ株式ノ總數ヲ引受ケルトキハ株主ヲ募集スルコトヲ要ス

義解　本條以下ハ株式ノ總數カ發起人ニ依リ引受ケラレサル場合卽チ廣ク株主ヲ募集シテ會社ヲ成立スル場合ノ規定ナリ。

發起人カ株式ノ總數ヲ引受ケス唯タ其一部ヲ引受ケタルノミナルトキハ其殘餘ノ株式ニ付キ他ニ引受ヲ求ムルニ非サレハ會社ヲ成立セシムルコトヲ得ス。再言スレハ株式會社ハ一定ノ資本ヲ株式ニ分チ會社ヲ成立スルニハ必ス其株式總數ノ引受アルコトヲ要シ苟クモ其總株式中未タ引受ナキモノアルトキハ會社ノ資本確定ヲ缺キ其成立ノ要素ヲ充タサヽルカ故ニ發起人カ引受ケタル株式ヲ除キ其餘ノ株式ニ付テハ廣ク株主ヲ募集シ株式總數ノ引受アルヲ俟チテ茲ニ始メテ會社ノ成立ヲ見ルヘキモノトス。

第百二十六條 株式ノ申込ヲ爲サントスル者ハ株式申込證二通ニ其引受クヘキ株式ノ數ヲ記載シ之ニ署名スルコトヲ要ス

株式申込證ハ發起人之ヲ作リ之ニ左ノ事項ヲ記載スルコトヲ要ス

一 定款作成ノ年月日

二 第百二十條及ヒ第百二十二條ニ掲ケタル事項

三 各發起人カ引受ケタル株式ノ數

四 第一回拂込ノ金額

額面以上ノ價額ヲ以テ株式ヲ發行スル場合ニ於テハ株式申込人ハ株式申込證ニ引受價額ヲ記載スルコトヲ要ス

義解 本條ハ株式申込ノ方法及ヒ株式申込證ノ方式ヲ規定ス。

發起人カ前條ニ依リ廣ク株主ヲ募集シタル場合ニ於テ第三者カ株式ノ申込ヲ爲スニハ一定ノ方式ニ據ルコトヲ要ス。卽チ株式ヲ申込ム者ハ株式申込證ト稱スル一定ノ用紙二通ニ其引受クヘキ株式ノ數ヲ記載シ之ニ署名(捺印ヲ要セス)シテ差出サヽルヘカラス。而シテ該申込證ノ樣式ヲ劃一ナラシメ併セテ株式申込ヲ容易ナラシムル爲メ發起人ニ於テ之ヲ調製スヘキモノトス。又株式申込人ヲシテ會社ニ關スル重要事項即チ會社事業ノ性質、發起人ノ權利及ヒ申込ニ因リ生スル自己ノ權利義務等ヲ知得スルニ便ナラシムル爲メ株式申込證ニハ左ノ事項ヲ記載スルコトヲ要ス。

一　定款作成ノ年月日。

二　第百二十條及ヒ第百二十二條ニ掲ケタル事項。

右ハ既ニ說明セシヲ以テ茲ニ贅セス。

三　各發起人カ引受ケタル株式ノ總數　發起人カ引受ケタル所ノ株數ノ多寡ハ會社事業ニ付利害關係ヲ有スルノ厚薄ヲ示スモノナレハ之カ明示ヲ要スルコト勿論ナリ。例之株式五千枚ノ內各發起人カ百枚宛引受ケ合計幾百枚ト云フ如シ。

四　第一回拂込ノ金額。　例之株式ノ金額百圓ノ四分ノ一即チ二十五圓ト云フノ類ニシテ株式申込人ハ其金額ヲ知ルヲ要スルコト言ヲ俟タス。

右第一乃至第四ノ事項ハ豫メ之ヲ株式申込人ニ了知セシメ果シテ其意ニ適スルヤ否ヲ判定スルノ便ニ供スルモノトス。

株式額面ノ價額ヲ以テ株式ヲ發行スル場合ニ於テハ其引受價額ハ當然株券面ノ價額ト同一ナルカ故ニ株式申込人ハ唯申込證ニ其引受クヘキ株式ノ數ヲ記載スルノミヲ以テ足リ特ニ其引受價額ヲ記載スルノ必要ナシト雖モ株式額面以上ノ價額ヲ以テ發行スルトキハ特ニ其引受價額ヲ記載スルノ必要アリ。例之五十圓株ヲ五十五圓若シクハ六十圓ト云フ如ク五十圓以上ニアラサレハ申込ニ應セスト定メテ發行スル場合ニハ株式申込人ハ株式申込證ニ自己ノ引受ケントスル價額例之五十二圓若シクハ五十五圓ト云フ如ク其引受價額ヲ記載スルコトヲ要ス。

問答

問 株式申込證ニ依ラサル株式引受ノ申込ニテモ其效力アリヤ。

答 其申込ハ株式引受ノ效力ヲ有セス。

問 代人ヲ以テ株式引受ノ申込ヲ爲シ得ヘキヤ。

答 代理權ヲ證明シテ申込ヲ爲シタルトキハ代人ヨリ申込ムコトヲ得ルモノトス。

問 株式申込證ニハ申込人自ラ署名シ代署ヲ許サヽルヤ。

答 然リ他人ヲシテ署名セシムルコトヲ得ス。

問 株式引受ノ申込ハ法律上如何ナル效果ヲ生スルヤ。

答 株式申込ハ契約ノ提供ニ同意シ會社ニ加入ノ豫約ヲ爲シタルニ外ナラスシテ未タ完全ナル

契約ト云フヲ得ズト雖モ。申込人ノ權利ハ之ニ因リテ發生シ又申込人ノ義務ハ會社カ設立セラレサルトキハ總テノ拘束ヲ免カルヘキノ解除條件ニ繫カルモノトス。但シ申込ヲ爲シタル後ハ最早隨意ニ之ヲ取消スコトヲ得サルヤ勿論ナリ。

第百二十七條　株式ノ申込ヲ爲シタル者ハ其引受クヘキ株式ノ數ニ應シテ拂込ヲ爲ス義務ヲ負フ

義解　本條ハ株式申込人ノ株金拂込ノ義務ヲ規定ス。

株式申込人カ株式申込證ニ依リ株式ノ申込ヲ爲シタルトキハ將サニ設立セラレントスル會社ニ對シ其引受クヘキ株式ノ數ニ應シテ拂込ヲ爲スノ義務ヲ生ス。是レ當然言ヲ俟タサル規定ナルカ如シト雖モ舊商法ニ於テハ會社設立ニ至リシトキ初テ拂込ヲ爲スノ義務ヲ生シ其設立前ニ在テハ拂込ヲ爲スノ義務ナシトノ主義ヲ採リシカ故本條特ニ之ヲ明定セルノミ。而シテ會社ハ株主ノ出資即チ株金ノ拂込ニ依リ事業ヲ營ムモノニシテ若シ株金ノ拂込アラサルトキハ會社ハ何等ノ事業ヲ開始スルコトヲ得サルハ勿論株主ハ有名無實ニシテ反テ株主タルヲ口實トシ詐欺ヲ逞フスルノ虞アリ是レ株式申込人ノ拂込ヲ爲ス義務ヲ規定スル所以ナリ。

問答　問　發起人ハ未タ總株式ノ引受ナキ以前タリトモ申込人ニ拂込ヲ爲サシムルコトヲ得ルヤ

答　株式總數ノ引受アリシ後ニアラサレハ申込人ヲシテ拂込ヲ爲サシムルヲ得ス。

第百二十八條　株式發行ノ價額ハ券面ヲ下ルコトヲ得ス

第一回拂込ノ金額ハ株金ノ四分ノ一ヲ下ルコトヲ得ス

義解　本條ハ株式發行ノ價額及ヒ第一回拂込ノ金額ニ付キ規定ス

株式ハ必ス其券面額ヲ以テ發行スヘキモノナリト爲スヲ要セス券面額以上ノ價額ヲ以テ之ヲ發行セシムルモ毫モ弊害ヲ生スルコトナシ。株式發行ノ價額カ券面額以上ナルトキハ株主ヨリ收集シタル株金即チ資本ノ額ハ定款ニ定メタル資本ノ額ヨリ超過スルヲ以テ益々會社ノ基礎ヲ鞏固ナラシムルノ利便アリ。之ニ反シ若シ券面額以下ニテ發行スルトキハ定款ニ定タル資本ノ總額ト株主ヨリ拂込ムヘキ株金ノ實額トノ間ニ差異ヲ生シ會社ノ債權者ヲ詐害スルノ虞アルヲ以テ本條第一項ノ規定ヲ設ケテ之ヲ禁制セリ。

會社資本ノ總額ハ會社事業ノ全部ノ爲メニ必要ナルモノニシテ其成立ノ當初ヨリ悉皆之ヲ要スルモノニ非ス。事業ノ進行ニ伴ヒ漸次其資本ノ需用ヲ來スモノナレハ會社ハ一時ニ株式ノ拂込ヲ爲サシメス之ヲ數回ニ分チ便宜其必要ノ額ヲ拂込マシムルニ若カス。若シ然ラサレハ未タ使用スルノ必要ヲ生セサル株金ヲ拂込マシメ徒ラニ之ヲ貯藏シテ其危險ヲ負擔シ且其利息ヲ支拂フノ不利アルニ至ラン。而シテ其拂込ノ回數方法等ノ如キハ會社ノ自由ニ一任シテ可ナリトスルモ拂込ノ初期ニ於テ其金額寡少ニ過クルトキハ會社ノ基礎確實ナルヲ得サルノミナラス少額ノ支拂ヲ奇貨トシテ妄リニ株式ノ申込ヲ爲シ後ニ至リ不正ニ其株式ヲ利用シテ經濟界ヲ紊亂スルカ如キ恐アルカ故ニ。本條第二項ハ第一回ノ拂込金額ハ一株毎ニ四分ノ一ヲ下タルコトヲ得ストシ其最少限度ヲ定メタリ。

問答 問 券面額以上ノ金額ハ之ヲ如何ニ處理スヘキヤ。

答 券面額以上ノ超過額ハ會社ノ基礎ヲ確實ナラシムル爲メ準備金トシテ之ヲ保存シ決シテ發起人等ノ私スルコトヲ許サス。

第百二十九條 株式總數ノ引受アリタルトキハ發起人ハ遲滯ナク各株ニ付キ第一回ノ拂込ヲ爲サシムルコトヲ要ス

額面以上ノ價額ヲ以テ株式ヲ發行シタルトキハ其額面ヲ超ユル金額ハ第一回ノ拂込ト同時ニ之ヲ拂込マシムルコトヲ要ス

義解 本條ハ株金拂込ノ時期ヲ規定ス。

會社ノ發起人カ豫定シタル株式總數ノ引受アリタルトキハ茲ニ會社設立セラレタルカ如シト雖

モ。單ニ株式ノ引受ノミアリテ株金ノ拂込ナケレハ會社ノ實力ナタシテ却テ第三者ヲ陷害スルノ恐ナキ能ハス。故ニ株式總數ノ引受アリタルトキハ直チニ會社成立ノ手續ヲ爲スヘク會社ヲ成立セシムルニハ先ツ株金ノ幾分ヲ拂込マシメサルヘカラス。而シテ若シ第一回拂込ノ時期ヲ會社成立後ニ定メ又ハ成立前發起人ノ任意ニ定ムルモノト爲ストキハ株式申込人ハ其申込ヲ爲シタルノミニテ未タ一回ノ拂込ヲ爲サヽルニ拘ラス更ニ其引受ケタル株式ヲ他人ニ轉賣スルコトヲ得ヘクシテ所謂權利株ノ賣買ヲ流行セシメ又ハ發起人カ恣ニ其拂込ノ時期ヲ伸縮シテ私利ヲ計ルニ至リ結局會社設立ノ基礎ヲ鞏固ナラシムルコトヲ得ス。然レトモ偏ニ會社設立ノ基礎ヲ鞏　ナラシメントシ株式ノ申込ト同時ニ第一回拂込ヲ爲サシムルモノトセン乎株式引受ノ申込數カ資本ノ總額ニ超過スルコトアルヘクシテ其超過部分ヲ拂戻シ又若シ會社カ設立スルコトヲ得サルトキハ之ヲ拂戻スノ煩勞アリ。故ニ本條第一項ハ株式總數ノ引受カ確定シタル時ヲ以テ第一回拂込ノ時期ト定メタリ。

若シ券面額以上ノ價額ヲ以テ株券ヲ發行シタル場合ニ在リテ其額面ヲ超過シタル金額ハ第一回ノ株金拂込ト同時ニ之ヲ拂込マシムルコトヲ要ス。例之券面額五十圓株ヲ五十圓以上ニテ發行シタルトキ其五十圓株ニ對シテ五十五圓ノ價格ヲ附シ申込ミタル株主ハ其五十圓ノ超過額五圓ト五十圓ノ四分ノ一卽チ十二圓五十錢ト合計十七圓五十錢ヲ拂込ムカ如シ。

右第一回ノ株金拂込アルニ非サレハ第百三十一條ノ創立總會ヲ開クコトヲ得サルカ故ニ第一回ノ拂込ハ會社設立ニ付必ス通過セサルヘカラサルノ一關門ナリトス。

問答　問　發起人カ各株式引受人ニ對シ遲滯ナク第一回拂込ヲ爲サシムルノ責務ヲ怠リテ株式引受人ニ損害ヲ被ラシメタルトキハ如何。

答　其場合ハ發起人ハ株式引受人ニ對シテ損害賠償ノ責ニ任スヘキモノトス。

第百三十條　株式引受人カ前條ノ拂込ヲ爲サヽルトキハ發起人ハ一定ノ期間內ニ其拂込ヲ爲スヘキ旨及ヒ其期間內ニ之ヲ爲サヽルトキハ其權利ヲ失フヘキ旨ヲ其株式引受人ニ通知スルコトヲ得但其期間ハ二週間ヲ下ルコトヲ得ス

發起人カ前項ノ通知ヲ爲シタルモ株式引受人カ拂込ヲ爲サヽルトキハ其權利ヲ失フ此場合ニ於テ發起人ハ其者カ引受ケタル株式ニ付キ更ニ株主ヲ募集スルコトヲ得

前二項ノ規定ハ株式引受人ニ對スル損害賠償ノ請求ヲ妨ケス

義解　本條ハ株式引受人カ第一回ノ拂込ヲ爲サヽル場合ノ處分方法ヲ規定ス。株式申込人ハ其申込ト同時ニ第一回ノ拂込ヲ爲スモノニアラス株式總數ノ引受確定シタルトキ初メテ各申込人ハ其拂込ヲ爲スヘキモノナルカ故ニ。其間株式申込人ニ不慮ノ災害ニ因リ拂込ヲ爲スコト能ハサル境界ニ陷ル者アラン或ハ故意ニ拂込ヲ爲サヽル者モ生スヘシ。此場合ニ當リ直チニ引受人ノ權利ヲ喪失セシムルハ過酷ナルヲ以テ本條ノ規定ヲ設ケ發起人ハ株式引受人ニ對シ少クトモ二週間以上ノ期間ヲ定メ同期間內ニ拂込ヲ爲スヘキ旨ヲ催告シ且若シ同期間內ニ拂込ヲ爲サヽルトキハ株主タル權利ヲ喪失スヘキ旨ヲ豫告セサルヘカラス。而シテ其期間內ニ尙ホ拂込ヲ爲サヽルトキ始テ株主タル權利ヲ失ヒ隨テ發起人ハ引受ケラレタル株式ニ付キ更ニ株主ヲ募集スルコトヲ得ルモノトス。

第一項ノ拂込ノ延滯及ヒ第二項ノ不拂ノ場合ニハ啻ニ會社成立ノ時期ヲ遲延セシムルノミナラス其間往々諸種ノ費用ヲ生スヘキヲ以テ此場合ニハ株式引受人ハ株主タル權利ヲ喪失シタルト否トヲ問ハス損害賠償ノ義務ヲ免カレサルモノトス。

問答　問　株式引受人ノ不拂ノ株式ハ必ス更ラニ株主ヲ募集セサルヘカラサルヤ。

答　必ス株主ヲ募集スルヲ要セス發起人中ニテ之ヲ引受タルモ妨ナシ。

第百三十一條　各株ニ付キ第百二十九條ノ拂込アリタルトキハ發起人ハ遲滯ナク創立總會ヲ招集スルコトヲ要ス

創立總會ニハ株式引受人ノ半數以上ニシテ資本ノ半額以上ヲ引受ケタル者出席シ其議決權ノ過半數ヲ以テ一切ノ決議ヲ爲ス

第百五十六條第一項、第二項及ヒ第百六十一條第三項、第四項、第百六十二條及ヒ第百六十三條第一項、第二項ノ規定ハ創立總會ニ之ヲ準用ス

義解　本條以下數條ハ創立總會ニ付テノ規定ナリ。

會社成立ノ遲速ハ株式引受人ノ利害ニ影響スルコト少カラサルヲ以テ株式引受人カ各株ニ付キ其定款ニ定メタル第一回拂込金額ヲ拂込ミ終リタルトキハ發起人ハ可成的速カニ創立總會ヲ招集セサルヘカラス是レ會社成立ハ創立總會ニ於ケル決議ノ結果ニ外ナラサレハナリ。而シテ株主ヲ招集シテ創立總會ヲ開クニハ發起人ハ總會ノ目的ト決議事項トヲ豫メ各株主ニ通知シ各株主ハ此通知ニ依リ自身出席スルカ又ハ代理人ヲシテ出席セシメサルヘカラス。

又創立總會ニ於ケル決議ノ方法ハ株式一個ニ付議決權ヲ一個トシ株式ヲ引受タル總員ノ半數以上出席シ且其出席者全員ノ株式引受數ハ會社資本總額ノ半數以上ニ達シタル場合ニ開會シ其議決權ノ過半數ヲ以テ一切ノ決議ヲ爲サヽルヘカラス。例之一萬圓ノ資本ヲ一株五十圓トシ二百株ニ分チテ募集シタルトキ二十人ノ株式申込アリテ株式總數ノ引受確定セリ依テ發起人ハ創立總會ヲ開キタルニ申込人十二名（株式引受人ノ半數以上）出席シ其ノ引受ノ株數百二十株（資本總額ノ半數以上）ニ達セルヲ以テ會議ヲ開キタルニ表決ノ結果可トスル者五名否トスル者六名ニ岐カレタルトキ其一方ノ引受株數カ五十一株以上ナレハ出席人員ノ多寡ニ拘ラス五十一株ハ卽チ議決權ノ過半數（五十株以上）ナルヲ以テ之ヲ採用スルノ類ヲ云フ。若シ株式ノ額五千圓以下ナルカ又ハ出席者十人以下ナルトキハ何等ノ決議ヲモ爲スコトヲ得ス。

右ノ如ク創立總會ニ付キ特別決議ノ方法ヲ必要トセシ所以ハ主トシテ發起人ノ專橫ヲ防キ株式引受人ノ利益ヲ保護スル目的ニ外ナラサルナリ。

第三項ハ創立總會招集ノ方法決議ノ方法及ヒ決議ノ無效等ニ付テハ株主總會ニ關スル規定ヲ準用スルコトヲ規定シタルモノトス。

第百三十二條 發起人ハ會社ノ創立ニ關スル事項ヲ創立總會ニ報告スルコト

ヲ要ス

義解　本條ハ發起人ノ義務ヲ規定ス。

創立總會ナルモノハ會社創立ニ關スル一切ノ事項ヲ調査監督シ會社ノ設立ヲ確定スルモノタリ。然ルニ發起人ノ招集ニ因リ該總會ニ出席スヘキ株式申込人ハ會社創立ニ關スル事項ヲ熟知スルモノニアラサルカ故ニ發起人ハ自ラ進ンテ會社ノ設立ヲ發起セシヨリ創立總會ヲ招集セシニ至ルマテノ種々ノ經過事項ヲ創立總會ニ報告スルモノトシ以テ創立總會ヲシテ完全ナル調査ヲ遂ケシメ十分其職務ヲ行フコトヲ得セシムルヲ必要トス。是本條ノ規定アル所以ナリ。

第百三十三條　創立總會ニ於テハ取締役及ヒ監査役ヲ選任スルコトヲ要ス

義解　本條ハ創立總會ニ於テ役員ヲ選定スルニ付テノ規定ナリ。

創立總會終結スルトキハ之ニ因リテ法人タル會社成立スルヲ以テ創立總會ハ第一着ニ取締役ヲ選任シテ會社ヲ代表シ其業務ヲ執行セシメ監査役ヲ選任シテ取締役ノ職務上ノ行爲ヲ監督セシムル等ノ機關ヲ具備スルコトヲ要ス。取締役監査役ノ職務權限ハ後ニ敍述スル所アルヘシ。

第百三十四條　取締役及ヒ監査役ハ左ニ掲ケタル事項ヲ調査シ之ヲ創立總會ニ報告スルコトヲ要ス

一　株式總數ノ引受アリタルヤ否ヤ

二　各株ニ付キ第百二十九條ノ拂込アリタルヤ否ヤ

三　第百二十二條第三號乃至第五號ニ掲ケタル事項ノ正當ナルヤ否ヤ

取締役又ハ監査役中發起人ヨリ選任セラレタル者アルトキハ創立總會ハ特ニ檢查役ヲ選任シ其者ニ代ハリテ前項ノ調査及ヒ報告ヲ爲サシムルコトヲ得

義解　本條ハ發起人ヲ監督スル方法ヲ規定ス。

發起人ハ株式總數ノ引受アルニ非サレハ株式引受人ヲシテ各株式ニ付第百二十九條ノ拂込ヲ爲サシメ又創立總會ヲ招集スルコトヲ得サルモノナルニモ拘ラス速ニ會社ヲ成立セシメント欲スル餘未タ株式總數ノ引受アラサルニ既ニ引受アリタルモノノ如ク裝ヒ株式引受人ヲシテ第百二十九條ノ拂込ヲ爲サシムルコトナシトセス又株式ニ付キ四分ノ一以上ノ拂込アラサルニ既ニ拂込ヲ終リタルモノヽ如ク裝ヒ創立總會ヲ招集スルコトナシトセス。故ニ創立總會ニ於テ此ノ如キ不法ノ事項アリヤ否ヤヲ調査シ相當ノ處分ヲ爲サシムルノ必要アリ。又第百二十二條第三號乃至第五號ニ揭ケタル事項ハ發起人ノ隨意ニ之ヲ定ムルコトヲ得ルモノナレハ發起人カ不正ノ利益ヲ貪ランドセハ過當ノ定ヲ爲シ之ヲ定款及ヒ株式申込證ニ記載シテ容易ニ其目的ヲ達スルコトヲ得ヘシ。縱シ發起人ニ不正ノ利益ヲ貪ルノ意思ナシトスルモ後日事情ノ變更ニ因リ前日相當ナリト認メタル事項ノ不當トナルコトナシトセサルカ故ニ。是等ノ事項ハ創立總會ニ於テ其當否ヲ調査シ若シ不當ト認ムル廉アルトキハ之ヲ變更スルヲ得セシムルコト亦必要ナリ。此ノ如ク創立總會ニ於テハ本條第一項ニ揭ケタル事項ヲ調査スルコト必要ナリト雖モ其總會ニ參與スルモノハ通例多人數ニシテ斯ル細密ナル事項ヲ完全ニ調査シ難キヲ以テ之ヲ調査セシムル爲メ別ニ適任者ヲ求メサルヘカラス。是レ取締役及ヒ監査役ニ調査ヲ委任シ其當否ヲ報告セシムル所以ナリ。

然レトモ若シ其取締役監査役ニシテ發起人中ヨリ選任セラレタル者アル場合ニモ其取締役監査役ヲシテ前項ノ規定ニ依リ設立手續ノ調査ヲ爲サシメン乎發起人ノ利益ヲ計リテ事實ノ報告ヲ爲サヽルノ恐ナシトセス。此場合ニハ創立總會ハ特ニ撿査役ナルモノヲ選任シ其人ヲシテ取締役及ヒ監査役ニ代リテ前項ノ調査及ヒ報告ヲ爲サシムルコトヲ得ルコトトセリ。

問答

問　發起人中ヨリ選任セラレタル取締役又ハ監査役アルトキハ創立總會ハ必ス撿査役ヲ

選任セサルヘカラサルヤ。

答　創立總會カ其發起人ヲ信用シ特ニ檢査役ヲ要セスト認メタルトキハ選任スルニ及ハス。

第百三十五條　創立總會ニ於テ第百二十二條第三號乃至第五號ニ掲ケタル事項ヲ不當ト認メタルトキハ之ヲ變更スルコトヲ得但金錢以外ノ財産ヲ以テ出資ノ目的ト爲ス者アル場合ニ於テ之ニ對シテ與フル株式ノ數ヲ減シタルトキハ其者ハ金錢ヲ以テ拂込ヲ爲スコトヲ得

義解　本條ハ創立總會ノ權限ヲ規定シ併セテ金錢以外ノ財産ヲ以テ出資ノ目的ト爲シタル者ノ權利義務ヲ規定ス。

前條ニ依リ取締役監　役及ヒ檢査役カ調査報告ノ結果創立總會カ發起人ノ定款ニ記載セシ第百二十二條第三號乃至第五號ノ事項ニ付キ正當ナラスト認メタルトキハ任意ニ之ヲ變更スルコトヲ得ルモノトス。即チ發起人カ受クヘキ特別利益ノ過當ナルコト、會社ノ負擔ニ歸スヘキ設立費用、若シクハ發起人カ受クヘキ報酬ノ額ノ過多ナルコト又ハ金錢ニ非サル有價物ヲ出資ト爲シタルモノニ對シテ不當ノ評價ヲ附シ之ニ多數ノ株式ヲ與フルカ如キ不當事項アルトキハ創立總會ハ發起人カ特別ニ受クヘキ利益又ハ設立費用發起人カ受クヘキ報酬ノ額ヲ減少シ若シクハ之ヲ否認スルコトヲ得ルナリ。又金錢以外ノ財產ヲ以テ出資ノ目的ト爲シタル者ニ對シ其評價額ノ過大ナルヲ認メ之ヲ減少シタル結果トシテ株式ノ數ヲ減少シタル場合ニ於テ其株主ハ之ヲ不當ト信スルトキハ金錢ヲ以テ先キノ出資ニ代ユルコトヲ得ルノ自由ヲ與フルコトトシ。一ハ株式引受人ノ利益ヲ保護シ一ハ會社ノ利益ヲ減損セサラシメタリ。

問答 問 株式ノ減少處分ニ對スル株數ノ補足ハ其減少部分ニ付テノミ金錢ヲ以テ拂込ヲ爲シ先キノ財產ヲ取戻スコトヲ得サルヤ。

答 全部金錢ニテ拂込ムト又補足部分ノミヲ金錢ニテ拂込ムトハ株式引受人ノ自由ニ任ス。

問 株式ノ減少處分ヲ受ケタル者ハ其株式ノ引受ヲ取消スコトヲ得ルヤ。

答 株式ノ減少處分ヲ不當トシテ引受ヲ取消スコトヲ得ス。

第百二十六條 引受ナキ株式又ハ第百二十九條ノ拂込ノ未濟ナル株式アルトキハ發起人ハ連帶シテ其株式ヲ引受ケ又ハ其拂込ヲ爲ス義務ヲ負フ株式ノ申込カ取消サレタルトキ亦同シ

義解 本條ハ發起人ノ責任ヲ規定ス。

第百二十九條及ヒ第百三十一條ノ規定ニ依レハ創立總會ハ株式ノ總數カ引受ケラレ第一回ノ株

金拂込アリタルトキ初メテ招集スルコトヲ得ルモノトス。然ルニ若シ創立總會ニ於テ引受ナキ株式又ハ第一回ノ拂込ヲ終ヘサル株式アルコトヲ發見シタル場合其創立總會ハ法律ニ反スルヲ以テ直チニ之ヲ無効トシ更ニ完全ナル手續ヲ終ヘテ再ヒ總會ヲ開クモノトセハ實際上無用ノ手數ヲ費シ會社成立ノ時期ヲ遲延シ株式引受人ノ損害ヲ來スヘキカ故ニ其引受ナキ株式又ハ第百二十九條ノ拂込ノ未濟ナル株式ハ發起人連帶シテ之ヲ引受ケ又ハ其拂込ヲ爲シ以テ其創立總會ヲ有効ナルモノトセリ。

又株式ノ申込カ取消サレタル爲メ引受ナキ株式アリタルトキモ亦發起人ハ連帶シテ其株式ヲ引受タルノ義務アルモノトス。唯タ株式ノ申込カ取消サレタルトキハ發起人カ其取消ノ事由アルコトヲ知ラサル場合多カルヘク從テ發起人ニ其株式ヲ引受クルノ義務ヲ負ハシムルハ多少酷ナルカ如シト雖モ。若シ發起人ニ其義務ヲ負ハシメサレハ會社ハ何時成立スヘキヤ知ルヘカラスシテ株主及ヒ債權者ヲ迷惑セシムルコト少カラサルヘシ。是ヲ以テ法律ハ一方ニハ發起人ニ株式引受等ノ義務ヲ負ハシメ他方ニハ第百四十二條ニ依リ株式引受人ニモ一ノ義務ヲ負ハシム。是レ會社ノ設立ヲシテ永ク不確定ノ間ニ置カシメサルノ趣旨ニ外ナラサルナリ。

株式申込ノ取消サレタル場合トハ民法ノ規定ニ依リ其申込カ法律上取消シ得ヘキ場合例之無能

力者カ法定代理人ノ同意ヲ得スシテ爲シタル申込又ハ詐欺若クハ强迫ニ因リテ爲シタル申込ノ如キ其他本法第百四十條ノ規定ニ依リ株式ノ申込カ取消サレタル場合ノ如キヲ云フ。

參照　民法第四條　未成年者カ法律行爲ヲ爲スニハ其法定代理人ノ同意ヲ得ルコトヲ要ス但單ニ權利ヲ得又ハ義務ヲ免ルヘキ行爲ハ此限ニ在ラス

前項ノ規定ニ反スル行爲ハ之ヲ取消スコトヲ得

民法第九條　禁治產ノ行爲ハ之ヲ取消スコトヲ得

民法第十二條　準禁治產者カ左ニ揭ケタル行爲ヲ爲スニハ其保佐人ノ同意ヲ得ルコトヲ要ス

一　元本ヲ領收シ又ハ之ヲ利用スルコト
二　借財又ハ保證ヲ爲スコト
三　不動產又ハ重要ナル動產ニ關スル權利ノ得喪ヲ目的トスル行爲ヲ爲スコト
四　訴訟行爲ヲ爲スコト
五　贈與和解又ハ仲裁契約ヲ爲スコト
六　相續ヲ承認シ又ハ之ヲ拋棄スルコト
七　贈與若クハ遺贈ヲ拒絕シ又ハ負擔附ノ贈與若クハ遺贈ヲ受諾スルコト
八　新築改築增築又ハ大修繕ヲ爲スコト

九　第六百二條ニ定メタル期間ヲ超ユル賃貸借ヲ爲スコト

裁判所ハ場合ニ依リ準禁治産者カ前項ニ掲ケサル行爲ヲ爲スニモ亦其保佐人ノ同意アルコトヲ要スル旨ヲ宣告スルコトヲ得

前二項ノ規定ニ反スル行爲ハ之ヲ取消スコトヲ得

民法第二十條　無能力者カ能力者タルコトヲ信セシムル爲メ詐術ヲ用ヰタルトキハ其行爲ヲ取消スコトヲ得ス

民法第九十六條　詐欺又ハ强迫ニ因ル意思表示ハ之ヲ取消スコトヲ得

或人ニ對スル意思表示ニ付キ第三者カ詐欺ヲ行ヒタル場合ニ於テハ相手方カ其事實ヲ知リタルトキニ限リ其意思表示ヲ取消スコトヲ得

第百三十七條　前二條ノ規定ハ發起人ニ對スル損害賠償ノ請求ヲ妨ケス

義解　本條ハ發起人ノ不正行爲ニ因ル損害賠償ノ責任ヲ規定ス。

創立總會ニ於テ第百二十二條第三號乃至第五號ノ事項ノ不當ナルコトヲ認メ又ハ引受ナキ株式又ハ拂込ノ未濟ナル株式アルコトヲ認メタルトキハ前第百三十五條第百三十六條ニ規定スル如ク發起人ニ責任アルノミナラス是等ノ原由ニ因リ生シタル損害ニ付テハ發起人ハ當然其責ニ任セサルヘカラサルモノトス

第百三十八條　創立總會ニ於テハ定款ノ變更又ハ設立ノ廢止ノ決議ヲモ爲スコトヲ得

義解　本條ハ創立總會ノ權限ヲ規定ス。

創立總會ノ權限ハ獨リ役員ノ選定又ハ特別事項ノ制定若クハ變更ヲ決議スルノミナラス既ニ發起人カ定メタル定款ヲ變更シ又ハ經濟界ノ變動等ニ因リ會社設立ヲ廢スルカ如キ重要ナル事項ヲモ議決スルノ權限アリ是レ確實ナル會社ヲ設立セシムルノ利益ヲ慮リタルニ因ルモノトス。定款ノ變更又ハ設立ノ廢止ノ決議ハ第百三十一條第二項ノ特別決議ノ方法卽チ株式引受人ノ半數以上ニシテ資本ノ半額以上ヲ引受ケタル者出席シ其議決權ノ過半數ヲ以テ之ヲ爲スヘキコト言ヲ俟タサルナリ。

第百三十九條　發起人カ株式ノ總數ヲ引受ケサリシトキハ會社ハ創立總會ノ終結ニ因リテ成立ス

義解　本條ハ發起人カ株主ヲ募集シタル場合ハ會社成立時期ヲ規定ス。

第百二十三條ニ於テハ發起人カ株式ノ總數ヲ引受ケタルトキハ其引受アリタルトキヲ以テ會社成立ノ時期ト定ムト雖モ發起人カ株式ノ一部ヲ引受ケ殘部ハ廣ク株主ヲ募集シタル場合ニハ直

チニ株式ノ引受ニ因リ其設立アリタルモノト爲スコトヲ得ス創立總會ノ終結ニ依リテ始テ會社ナル法人ノ成立ヲ認ムヘキモノトス。蓋シ創立總會ハ株式總數ノ引受及ヒ第百二十九條ノ拂込アリテ會社ノ資本ニ欠乏スル所ナキヤ否ヲ調査シ又會社ヲ代表シ其業務ヲ執行スヘキ取締役及ヒ取締役ヲ監督スル監査役ヲ選任スル等各種ノ事項ヲ決議スルモノニシテ其議事ノ終結ヲ以テ會社成立ノ時期ト定ムルハ最モ適當ナリト云フヘシ。

第百四十條　株式總會ノ引受アリタル後一年内ニ第百二十九條ノ拂込カ終ハラサルトキ又ハ其拂込カ終ハリタル後六个月内ニ發起人カ創立總會ヲ招集セサルトキハ株式引受人ハ其申込ヲ取消シ拂込ミタル金額ノ返還ヲ請求スルコトヲ得

義解　本條ハ株式引受人カ其申込ヲ取消シ得ヘキ場合ヲ規定ス。

株式ノ總數カ引受ケラレタル場合ニ於テハ發起人ハ速カニ第一回株金ノ拂込ヲ爲サシメ會社ノ成立ヲ急ニセサルヘカラス。然ルニ株式會社ハ多數ノ株主ヲ以テ組織スルモノナルカ故ニ株金拂込ノ終了ヲ見ルハ往々困難ナルコトアルヘシト雖モ總株式ノ引受ケアリテヨリ一年間モ經過シテ尙ホ第一回株金ノ拂込ヲ終ヲサル如キ會社ハ其事業ハ有利ナラサルコト多カルヘクシテ確實ニ設立シ得ヲルヘキモノニアラス。是レ株式引受人ニ取リテハ迷惑少カラサルヲ以テ其申込ヲ取消シ且既ニ拂込ミタル金額ノ返還ヲ發起人ニ請求スルコトヲ得ルモノトス。又第一回株金ノ拂込終リタル後六ケ月內ニ創立總會ヲ招集セサルトキモ亦各株式引受人ハ任意ニ其申込ヲ取消シ既ニ拂込タル株金ノ返還ヲ發起人ニ請求スルコトヲ得ルモノトス。蓋シ第一回株金拂込終了後六ケ月間ヲ經ルモ創立總會ヲ開カサル如キハ發起人ノ怠慢ナルハ勿論其遷延ハ會社成立ノ時期ヲ遲延シ株式引受人ニ迷惑ヲ被ラシムルコト少カラサルヲ以テ其申込ヲ取消シ得ヘキ權利ヲ與ヘテ之ヲ保護セサルヘカラス。

問答

問　第一回株金不拂ノ株式引受人モ亦其申込ヲ取消スコトヲ得ルヤ。

答　株金不拂ノ引受人ハ本條ニ依リ申込ヲ取消スコトヲ得ス。

第百四十一條　會社ハ發起人カ株式ノ總數ヲ引受ケタルトキハ第百二十四條ニ定メタル調査終了ノ日ヨリ又發起人カ株式ノ總數ヲ引受ケサリシトキハ創立總會終結ノ日ヨリ二週間內ニ其本店及ヒ支店ノ所在地ニ於テ左ノ事項ヲ登記スルコトヲ要ス

一 第百二十條第一號乃至第四號及ヒ第七號ニ掲ケタル事項
二 本店及ヒ支店
三 設立ノ年月日
四 存立時期又ハ解散ノ事由ヲ定メタルトキハ其時期又ハ事由
五 各株ニ付キ拂込ミタル株金額
六 開業前ニ利息ヲ配當スヘキコトヲ定メタルトキハ其利率
七 取締役及ヒ監査役ノ氏名住所

第五十一條第二項、第三項、第五十二條及第五十三條ノ規定ハ株式會社ニ之ヲ準用ス

義解 本條ハ株式會社設立登記ノ時期及ヒ其登記事項ヲ規定ス。

株式會社ノ發起人ノ株數ヲ引受ケタル場合ニ於テハ第百二十三條ニ定ムル時期卽チ其株式ノ引受ト同時ニ又發起人カ株式ノ總數ヲ引受ケスシテ廣ク株主ヲ募集シタル場合ニ於テハ第百三十九條ニ定ムル時期卽チ創立總會ノ終結ト同時ニ社員間ニ在テハ會社既ニ成立シ法人タル資格ヲ

有スト雖モ未タ外部ニ對シテハ會社ノ成立ヲ以テ第三者ニ對抗スルコトヲ得ス即チ未タ獨立ナル法人ノ存在ヲ認ムルコトヲ得サルナリ。而シテ會社ノ成立ヲシテ第三者ニ對抗センニハ本條ノ規定ニ從ヒ本店及支店ノ所在地ヲ管轄スル登記所ニ於テ其設立ノ登記手續ヲ履行スルコトヲ要ス。而シ其設立ノ登記ヲ爲スヘキ時期ハ左ノ二場合ニ區別セサルヘカラス。

一　發起人カ株式ノ總數ヲ引受ケタルトキハ發起人カ受クヘキ特別利益及ヒ之ヲ受クヘキ者ノ氏名、會社ノ負擔ニ歸スヘキ設立費用、發起人カ受クヘキ報酬ノ額、第一回ノ拂込ヲ爲シタルヤ否ヤノ調査ヲ終了シタル日ヨリ二週間内ニ登記スルコトヲ要ス(一二四參照)

二　發起人カ株式ノ總數ヲ引受ケサリシトキハ創立總會ノ終結シタル日ヨリ二週間内ニ登記スルコトヲ要ス。

株式會社設立ノ登記事項ハ本條第一項第一號乃至第七號ニ規定スル所ノモノニシテ既ニ合名會社ノ場合ニ説述シタル所ト同一趣旨ナレハ茲ニ再説セサルヘシ。

株式會社設立後支店ヲ設置シタル場合本店又ハ支店ヲ移轉シタル場合及ヒ登記事項ノ變更ノ場合ニ付テハ合名會社ニ關スル第五十一條第二項第三項第五十二條及ヒ第五十三條ノ規定ヲ準用スヘキモノトナセリ(四五、一二四、二六一ノ一號參照)

參照 非訟事件手續法第百八十七條　株式會社ノ設立ノ登記ハ總取締役及總監査役ノ申請ニ因リテ之ヲ爲ス

申請書ニハ左ノ書類ヲ添附スルコトヲ要ス

一　定款

二　發起人カ株式ノ總數ヲ引受ケタル場合ニ於テハ各發起人ノ引受ケタル株式ノ員數ヲ記載シタル書面

三　株主ヲ募集シタルトキハ各株式申込證及ヒ株主名簿

四　民法第百三十四條ノ規定ニ從ヒテ取締役及ヒ監査役カ爲シタル調査報告書及ヒ其附屬書類

五　檢査役ノ報告ニ關スル裁判アリタルトキハ其謄本

六　發起人カ取締役及ヒ監査役ヲ選任シタルトキハ之ニ關スル書類

七　開業前ニ利息ノ配當ヲ爲スヘキ定款ノ定アルトキハ之ヲ認可シタル裁判ノ謄本

八　會社ノ事業ノ目的ヲ官廳ノ認可ヲ受クヘキモノナルトキハ其認許書又ハ其認證アル謄本

九　創立總會ノ決議錄

第百四十二條　會社カ前條第一項ノ規定ニ從ヒ本店ノ所在地ニ於テ登記ヲ爲

シタル後ハ株式引受人ハ詐欺又ハ強迫ニ因リテ其申込ヲ取消スコトヲ得ス

字解　詐欺トハ株式申込人ヲ欺キタルニ因リ株式ノ引受ヲ爲シタルヲ云フ例之違法ノ事業ヲ目的トスル會社ヲ十分確實ニシテ有益ナルモノノ如ク欺キテ他人ヲ錯誤ニ陷レ株式申込ヲ爲サシメタルカ如キ是ナリ。

強迫トハ他人ヲ脅カシ強テ株式ノ申込ヲ爲サシメタルヲ云フ例之株式申込ヲ爲サヽレハ汝ノ家ニ放火スヘシト脅カシ其脅迫ニ因リテ株式引受ノ申込ヲ爲シタルカ如キ是ナリ。

義解　本條ハ株式申込ノ取消權ニ制限ヲ加ヘタルコトヲ規定ス。

株式申込ハ一ノ法律行爲ナルヲ以テ詐欺又ハ強迫ニ因リ爲シタル株式ノ申込ハ民法ノ規定ニ從ヒ之ヲ取消スコトヲ得ルハ勿論ナリ（一三六、民四、九、一二ノ三項、九六等參照）

本法モ亦此ノ如キ場合アルコトヲ豫想シ第百三十六條ニ於テ株式ノ申込ヲ取消サレタルトキハ發起人ヲシテ連帶シテ其株式ヲ引受クルノ義務ヲ負ハシムト雖モ。會社カ前條第一項ノ規定ニ從ヒ既ニ本支店ノ所在地ニ於テ登記ヲ爲シ内部ニ於テハ勿論外部ニ對シテモ會社カ完全ニ成立シタル後ニモ尚ホ株式引受人ヲシテ詐欺又ハ強迫ヲ理由トシテ其株式ノ申込ヲ取消スコトヲ得セシムルモノトセハ。其取消サレタル株式ハ發起人ニ於テ之ヲ引受ケサルヘカラサルニ至リ徒ラニ發起人ノ責任ヲ過重ナラシメ其當ヲ得サルノミナラス法人タル會社ノ設立ヲ永ク不確定ノ狀態ニ在ラシムルノ不便アリ。故ニ本條ハ是等ノ不便ヲ避ケンカ爲メ本店ノ所在地ニ於テ會社設立ノ登記ヲ爲シタル後ハ株式引受人ハ詐欺又ハ强迫ヲ理由トシ其申込ヲ取消スコトヲ得サルモノト爲セリ。

參照 民法第九十六條 詐欺又ハ强迫ニ因ル意思表示ハ之ヲ取消スコトヲ得
或人ニ對スル意思表示ニ付キ第三者カ詐欺ヲ行ヒタル場合ニ於テハ相手カ其事實ヲ知リタルトキニ限リ其意思表示ヲ取消スコトヲ得
詐欺ニ因ル意思表示ノ取消ハ之ヲ以テ善意ノ第三者ニ對抗スルコト得ス

問答 問 未成年者及ヒ禁治產者カ爲シタル株式申込ハ會社設立ノ登記後ニ於テハ之ヲ取消スコトヲ得サルヤ。

答 會社設立ノ登記後タリトモ取消スコトヲ得。

第二節 株式

第百四十三條 株式會社ノ資本ハ之ヲ株式ニ分ツコトヲ要ス

字解 株式トハ株主タルノ權利ヲ云フ卽チ法律又ハ定款ノ定ムル所ニ從ヒ會社ノ事務ニ參

與シ及ヒ利息及ヒ利益ノ配當ヲ受ケ其解散ノ時ハ殘餘財產ノ分配ヲ取タル所ノ權利ナリ。

義解 本條ハ株式會社ハ資本ハ之ヲ株式ニ分ツヘキ原則ヲ規定ス。

株式會社ハ全ク資本ノ團體ニシテ會社信用ノ基礎ハ其資本ノ上ニ存シ曾テ社員其人ニ重キヲ措カス。而シテ會社ノ資本ハ之ヲ均一額ノ株式ニ分チ社員(株主)カ其會社ニ差入レタル出資ニ應シテ株式ヲ取得シ株主タルノ權利義務ハ總テ此株式ニ依リテ定マルモノニシテ資本ヲ株式ニ分割スルハ株式會社ノ特質ナリ。

問答 問 株式ト持分トハ如何ナル差異アリヤ。

答 株式トハ純然タル物的信用卽チ財產上ノモノニシテ株券ナル流通證劵ニ依リ隨意ニ轉輾讓渡ヲ爲シ得ルニ反シ。持分ハ重ニ人的信用ニ基キ社員ノ身上ト密接ノ關係ヲ有シ容易ニ轉輾讓渡スルコトヲ得サル差アリ。

第百四十四條

株主ノ責任ハ其引受ケ又ハ讓受ケタル株式ノ金額ヲ限度トス

株主ハ株金ノ拂込ニ付キ相殺ヲ以テ會社ニ對抗スルコトヲ要ス

字解 相殺トハ差引計算スルコト卽チ株主ハ會社ニ對シテ債權アルモ株金ノ拂込ト差引計

算スルコトヲ得サルヲ云フ。

本條ハ株主ノ責任ヲ規定ス。

義解

株式會社ハ純然タル資本團體ニシテ其資本ヲ株式ニ分チ株主ヲ募集シテ出資ヲ爲サシメ因リテ以テ會社目的ノ事業ヲ經營スルモノナリ。而シテ會社ハ法人ニシテ各株主ト相分離シテ別ニ一個ノ人格ヲ有シ獨立ノ生存ヲ爲スモノナレハ會社カ第三者ニ對シテ負擔スル所ノ債務ハ會社財産ノミ之カ責ニ任シ他人タル各株主ハ自巳ノ財産ヲ以テ之ヲ辨濟スル責ナキコト言ヲ俟タス。即チ責任ハ其有スル株式ノ全額ヲ以テ限度トスル株式有限ナリ。故ニ例之會社ノ募集シタル五十圓株十株ヲ引受ケ若クハ讓受ケタルトキハ其出資即チ株金五百圓ヲ限度トシ責任ヲ負フニ止マリ彼ノ合名會社、合資會社、株式合資會社ノ無限責任社員ト異ナリ。假令株式會社ニ資本以外ノ債務アリトスルモ其株主ハ株金五百圓ヲ損失スルノミ其以外ニ於テハ何等ノ責任ヲ負ハサルヲ以テ其株主各自ノ私有財産ニ毫モ影響ヲ及ホササルナリ。但シ券面額ノ一部ノミヲ拂込ミ尚ホ殘額アルトキハ其殘額ニ付キ拂込ヲ完濟スルノ責任アルコト勿論ナリ。株金ノ拂込モ亦會社ト株主間トノ債務關係ナル以上ハ株主カ會社ニ對シテ有スル債權ト株金拂込ノ債務トハ民法ニ規定スル相殺權ニ因リ之ヲ相殺シテ株主ハ拂込ノ義務ヲ免カルルヲ得ヘキコト固ヨリ當然ナリト雖モ。若シ此相殺ヲ以テ會社ニ對抗スルコトヲ許ストセン乎。會社カ豫定スル資本額ト實際吸集スル所ノ資本額トノ間ニ差異ヲ生シ會社ノ基礎ヲ確實ナラシムルコト能ハサルノ虞アルノミナラス。會社ノ資本ハ其債權者ノ共同擔保ト爲ルヘキモノナレハ若シ相殺ヲ許スコトトセハ往々ニシテ第三者ヲ詐欺スルノ弊ヲ生スルカ故ニ此不都合ヲ避ケンカ爲メ第二項ノ規定ヲ設ケタリ。

第百四十五條　株式ノ金額ハ均一ナルコトヲ要ス

株式ノ金額ハ五十圓ヲ下ルコトヲ得ス但一時ニ株金ノ全額ヲ拂込ムヘキ場合ニ限リ之ヲ二十圓マテニ下スコトヲ得

字解　均一トハ多少増減ナク一定平等ノ額ニ分ツモノニシテ五十圓ナリ百圓ナリ必ス其一種ニ確定シ株式中一ヲ五十圓トシ一ヲ百圓トスル如キ差等ナキヲ云フ。

義解　本條ハ株式金額ノ制限ヲ規定ス。

株式會社ハ一定ノ資本ヲ基礎トシテ成立スルモノニシテ此資本ハ之ヲ株式ニ分割シテ株主ニ出資セシメ株主ノ權利ハ此株式ニ因リテ定マルモノニシテ其金額ハ必ス均一ナラシメサルヘカラス。而シテ株式ヲ均一即チ一定平等ニ分割スルコトヲ要スル理由ハ他ナシ株式ノ賣買ハ通常取式所ニ於テ爲シ且時々相場ヲ立ツルモノナルヲ以テ額面ノ平等ナルトキハ各會社ノ株券額ニ定マリアルカ故ニ單ニ其會社ノ株券ハ幾干ナリト稱シ一言以テ其高低ヲ知ルコトヲ得ヘク賣買上頗ル便利ナリ。又會社ニ於テモ株式一樣ナレハ之ヲ調査スルニ便ナルノミナラス帳簿記載上ノ煩ヲ避ケ又利息利益ノ計算配當ノ如キモ容易ニ之ヲ爲シ得ヘク其他株主總會ニ於ケル各株主ノ議決權卽チ投票權ヲ定ムルニ付テモ亦極メテ簡便ナルヲ以テナリ。

株式ノ金額ハ之ヲ一定平等ニ分スヘキモノトスルモ妄リニ過少ノ額ト爲スコトヲ得ス必ス五十圓以上ナルヲ要ス。若シ此制限ヲ設ケスシテ妄リニ少額ノ株式ヲ發行セシムルトキハ僻陬ニ在リテ些少ノ貯金ヲ有スル無識ノ細民ノ如キ何等ノ事情ニ通セス漫リニ會社ヲ信用シテ陸續株式ノ申込ヲ爲シ一朝會社事業失敗シテ損失ヲ爲シタリトセン乎細民カ苦心以テ貯蓄シタル財貨ヲ失ハシメ國民ノ貯財心ヲ害スルノ弊アルノミナラス。株式ノ金額過少ナルトキハ奸商ノ徒一時株主ト爲リテ投機的ノ株式賣買ヲ盛ナラシメ終ニ會社ノ基礎ヲ危殆ナラシムノ虞アリ是レ本條ノ設アル所以ナリ。

若シ株金ノ拂込ヲ數回ニ分タスシテ一時ニ全額ノ拂込ヲ爲サシムル定メナルトキハ特ニ一株ノ金額ヲ二十圓マテニ下スコトヲ許セリ。是レ金額ハ大ニ減スルモ一時ニ全額ヲ拂込トキハ前述ノ如キ弊害ナカルヘキヲ以テナリ。

第百四十六條　株式カ數人ノ共有ニ屬スルトキハ共有者ハ株主ノ權利ヲ行フヘキ者一人ヲ定ムルコトヲ要ス

共有者ハ會社ニ對シテ連帶シテ株金ノ拂込ヲ爲ス義務ヲ負フ

義解　本條ハ株式カ數人ノ共有ニ屬スル場合ヲ規定ス。

株式ハ財産上一ケノ權利ニシテ他ノ財産權ト同シク之ヲ數人ニテ共有スルコトヲ得ヘキハ當然ナリ。卽チ一個ノ株式ヲ有形的ニ二分シテ二人ニ專屬スルコトヲ得サルモ一個ノ株式ヲ分割セス無形的ニ其一個ノ儘數人ニテ共有スルヲ得ヘキナリ。然レトモ共有者各自カ其持分ヲ以テ直接ニ會社ニ對抗スルコトヲ得ルモノトセハ株主總會ニ於ケル議決權ノ數ヲ計算シ又利益ヲ配當シ又解散ノ際殘餘財産ヲ分配スルニ當リテ錯雜ヲ來スノミナラス其他種々ノ不都合ヲ免カレス。故ニ數人ニテ之ヲ共有シ其株主タル權利ハ各自之ヲ取得スト雖モ總テ株主ノ權利ヲ實行スルハ共有者全員ヲ以テセスシテ特ニ共有者中ヨリ一人ノ代表者ヲ撰ヒ此代表者ヲシテ會社ニ對スル權利ノ全部ヲ代リ行ハシムヘキモノトス。

右ノ如ク會社ニ對シ實際株主ノ權利ヲ行使スル者ハ共有者中一人ノ代表者ナリト雖モ。共有者ハ各自ニ持分ヲ有スルモノナルカ故ニ株金ノ拂込ハ其持分ノ多寡ニ拘ラス各共有者帶連ノ責任ヲ負フモノトス。是ヲ以テ會社ハ共有者中ノ一人ニ對シテ全部ノ拂込ヲ爲サシムルコトヲ得ヘク。又共有者全員ニ對シ同時又ハ異時ニ之カ拂込ヲ爲サシムルコトヲ得ヘシ。若シ拂込ノ義務ヲ各自持分ノ額ニ應シテ拂込マシムルモノトセハ會社ハ手數ヲ煩ハシ共有ノ爲メ却テ損害ヲ受クルコトアルヘキナリ。

參照　民法第四百三十二條　數人カ連帶債務ヲ負擔スルトキハ債權者ハ其債務者ノ一人ニ對シ又ハ同時若クハ順次ニ總債務者ニ對シテ全部又ハ一部ノ履行ヲ請求スルコトヲ得

問答　問　共有者中一人ノ代表者及ヒ其他ノ共有者トモ總テ株主名簿及ヒ株券ニ記載セラルヽヤ。

答　然リ共有者總員カ記載セラルルモノトス。

第百四十七條　株券ハ第百四十一條第一項ノ規定ニ從ヒ本店ノ所在地ニ於テ登記ヲ爲シタル後ニ非サレハ之ヲ發行スルコトヲ得ス

前項ノ規定ニ反シテ發行シタル株券ハ無效トス但株券ヲ發行シタル者ニ對スル損害賠償ノ請求ヲ妨ケス

字解 株券トハ株式即チ株主タル權利ヲ表明スル所ノ一個ノ證券ヲ云フ。

義解 本條ハ株券發行ニ付テノ規定ナリ。

株券ナルモノハ株式ノ證券ナルヲ以テ株金全部ノ拂込アルマテハ之ヲ發行シ得サルヲ本則ト爲スト雖モ。株金ハ數回ニ之ヲ分チテ拂込マシムルヲ通例トシ。其全額ヲ拂込ムマテハ多少ノ年月ヲ隔ツルカ故ニ其間之ヲ發行スルコトヲ得サルモノトセハ。株式ノ賣買讓與ヲ爲スコトヲ得スシテ世間ノ融通ヲ塞キ經濟上極メテ不便ナルヲ以テ假令株金全額ノ拂込ヲ終ラサル以前タリトモ株券ノ發行ヲ許スノ必要アリ。然レトモ第百四十一條第一項ノ規定ニ從ヒ本店所在地ニ於テ登記ヲ爲ササル以前ニ其發行ヲ許ストキハ彼ノ投機者流ハ未タ其會社ノ設立ヲ公示セサル以前ニ定價ナキ株券ノ賣買讓與ヲナシ爲メニ第三者ハ意外ノ損失ヲ被ムルコトナシトセス、何トナレハ登記前ハ會社ノ基礎確實ナラス株式ノ引受モ時ニ或ハ取消サレ又會社ハ遂ニ世上ニ現出セスシテ廢滅ニ歸スルカ如キ場合ナシトセサレハナリ。而シテ會社カ設立ノ登記ヲ爲スハ株金第一回ノ拂込アリタル後ナルヲ以テ其登記ヲ爲スノ際ハ已ニ少クモ株金四分ノ一以上ノ拂込アリタル筈ナリ。會社ニシテ株金幾分ノ拂込アリ且設立ノ登記アリテ已ニ法人トシテ獨立ノ存在ヲ爲シ第三者ニ對シテ其設立ノ效力ヲ發生スルニ至レハ株券ヲ發行スルモ敢テ弊害ナカルヘキヲ以テ之ヲ許シタルモノトス。

右ノ如ク本店所在地ニ於テ會社設立ノ登記ヲ爲シタル後ニ發行シタル株券ハ法律上有效タルト同時ニ其登記以前ニ發行シタル株券ハ法律上ノ要件ヲ欠キタルモノナレハ當然無效ト爲スノミナラス。此ノ如キ無效ノ株券ヲ取得シタル者ハ之カ爲メ被リタル損害ニ付テハ其之ヲ發行シタル者ニ對シテノミ賠償ノ請求權アルコト言ヲ俟タス。

第百四十八條 株券ニハ左ノ事項及ヒ番號ヲ記載シ取締役之ニ署名スルコトヲ要ス

一 會社ノ商號

二 第百四十一條第一項ノ規定ニ從ヒ本店ノ所在地ニ於テ登記ヲ爲シタル年月日

三 資本ノ總額

四 一株ノ金額

一時ニ株金ノ全額ヲ拂込マシメサル場合ニ於テハ拂込アル毎ニ其金額ヲ株

券ニ記載スルコトヲ要ス

義解　本條ハ株券ニ記載スヘキ要件ヲ規定ス。

株券ハ株主タル權利ヲ表明スル證券ナルヲ以テ其券面ニハ株式ニ關スル必要ノ事項ヲ漏ナク記載シテ株券ノ眞僞ヲ識別セシムルノ要アリ。而シテ株券ニハ本條列記ノ四事項ヲ記載シ且之ニ番號ヲ記載シテ其數ヲ示シ又取締役ノ署名ヲ要シテ何人カ株券ヲ作成シタルヤヲ示シ同時ニ會社ノ代表者ハ發行ノ當時何人ナリシヤヲ示スコトトセリ。

第一號　會社ノ商號即チ法人ノ名稱ヲ記載スルヲ要スルコト勿論ナリ。

第二號　第百四十一條第一項ノ規定ニ從ヒ本店ノ所在地ニ於テ登記ヲ爲シタル年月日ヲ記載スルヲ要スルハ已ニ前條ニ規定スル如ク其登記以後ニ非サレハ株券ヲ發行スルコト能ハス登記前ニ發行シタル株券ハ無效ニ歸スルヲ以テ其登記ノ年月日ヲ記載シテ有効ナル株券タルコトヲ知ラシムル爲メ必要ナリ。

第三號　資本ノ總額トハ會社ノ總資本ニシテ之ヲ記載スルノ要ハ各株式ト資本總額トノ比例ヲ一目瞭然タラシメ各株主ノ會社ニ對スル權利ノ範圍ヲ示スニ在リ。

第四號　一株ノ金額トハ五十圓又ハ百圓ト云フ如ク一株式ノ金額ヲ示スヲ云ヒ數個ノ株式ヲ一

枚ノ株券ニ併合シタルトキト雖モ其數株分ニアラスシテ一株ノ金額ヲ記載スヘキモノトス。

右ノ外株金ノ全額ヲ一時ニ拂込マスシテ數回ニ之ヲ分チタルトキハ其一回ノ拂込アル毎ニ其金額ヲ記載スヘキモノトス。

問答　問　株券ニハ社印及ヒ取締役ノ捺印ヲ要セサルヤ。

答　社印及ヒ取締役ノ印章ハ會社ノ自由ニ任セ强ヒテ押捺ヲ要セス。

問　株券發行ノ年月日ハ記載スルヲ要セサルヤ。

答　會社ノ自由ニ任ス。

問　株主ノ氏名ハ記載スルヲ要セサルヤ。

答　本法ハ舊商法ニ反シ株券ノ無記名式ヲ許スカ故ニ株主ノ氏名ヲ記載スルノ要ナシ。

問　舊商法ニ所謂假株券ナルモノハ之ヲ認メサルヤ。

答　本法ハ假株券ノ制ヲ廢シタリ。

第百四十九條　株式ハ定款ニ別段ノ定ナキトキハ會社ノ承諾ナクシテ之ヲ他人ニ讓渡スコトヲ得但第百四十一條第一項ノ規定ニ從ヒ本店ノ所在地ニ於テ登記ヲ爲スマテハ之ヲ讓渡シ又ハ其讓渡ノ豫約ヲ爲スコトヲ得ス

義解　本條ハ株式讓渡ニ關スル規定ナリ。

株式會社ハ純然タル資本團體ニシテ社員其人ニ重キヲ措カサルカ故ニ株式ノ自由讓渡ハ寧ロ株式會社ノ特質タリ。而シテ所謂株式ハ株主カ會社ニ對シテ有スル一ノ債權ナルヲ以テ之ヲ他人ニ讓渡シ得ルコトハ勿論會社ノ承諾ヲモ要セスシテ之ヲ讓渡スコトヲ得ルモノトス。蓋シ民法ノ規定ニ（民四六六、四六七參照）依レハ債權讓渡ヲ爲スニハ債務者ノ承諾若クハ債務者ニ通知スルコトヲ要スルモノナリト雖モ株式ハ所謂一ノ流通證券ニシテ自由ニ轉輾スヘキ性質ヲ有スルカ故ニ。會社ノ定款ニ別段ノ規定ヲ設ケテ或ハ株式ヲ讓渡スニハ會社ノ承諾ヲ要スト爲シ或ハ全ク株式ノ讓渡ヲ禁スルトキハ格別然ラサル以上ハ承諾ナクシテ自由ニ株券ヲ他人ニ讓渡スコトヲ得。其讓渡ハ當事者間ハ勿論會社其他ノ第三者ニ對シテモ當然有效トシ全ク民法上ノ原則ニ從フコトヲ要セサルモノトセリ。

然レトモ會社ノ設立登記前ニ於テ株式ノ讓渡ヲ許ストキハ奸黠ノ徒投機的射利ノ目的ヲ以テ會社ノ設立ヲ發起シ又ハ株式ヲ引受クル者ヲ多クシ結局會社ノ基礎ヲ薄弱ナラシメ隨テ會社ノ信用ヲ失墜スルノ恐アルヲ以テ。第百四十一條第一項ノ規定ニ從ヒ本店ノ所在地ニ於テ登記ヲ爲スマテハ株券ノ讓渡ハ勿論其讓渡ノ豫約即チ他日會社設立ノ登記アレハ之ヲ讓渡サントノ豫約ナモ爲スコトヲ得ス。若シ設立登記前ニ株券ノ讓渡又ハ其讓渡ノ豫約ヲ爲スコトナルモノトセハ第百四十七條ニ於テ登記前ニ株券ヲ發行スルコトヲ得スト規定シタル趣旨ト相牴觸スルニ至ルヘシ是レ但書ヲ設ケテ之ヲ制限スル所以ナリ。

參照 民法第四百六十六條 債權ハ之ヲ讓渡スコトヲ得但性質カ之ヲ許サヽルトキハ此限ニ在ラス

前項ノ規定ハ當事者カ反對ノ意思ヲ表示シタル場合ニハ之ヲ適用セス但其意思表示ハ之ヲ以テ善意ノ第三者ニ對抗スルコトヲ得ス

民法第四百六十七條 指名債權ノ讓渡ハ讓渡人カ之ヲ債務者ニ通知シ又ハ債務者カ之ヲ承諾スルニ非サレハ之ヲ以テ債務者其他ノ第三者ニ對抗スルコトヲ得ス

前項ノ通知又ハ承諾ハ確定日附アル證書ヲ以テスルニ非サレハ之ヲ以テ債務者以外ノ第三者ニ對抗スルコトヲ得ス

第百五十條 記名株式ノ讓渡ハ讓渡人ノ氏名、住所ヲ株主名簿ニ記載シ且其氏名ヲ株券ニ記載スルニ非サレハ之ヲ以テ會社其他ノ第三者ニ對抗スルコトヲ得ス

字解 記名株式トハ株券ニ株主ノ氏名ヲ記載シタル所ノ株式ヲ云フ。

義解 本條ハ記名式株式ノ讓渡ニ關スル規定ナリ。

既ニ前條ニ說述シタル如ク株式ハ何等ノ方式ヲ要セスシテ自由ニ轉輾賣買スルコトヲ得ルヲ原則トシ其讓渡ハ會社及ヒ第三者ニ對シテ完全ナル效力ヲ生スト雖モ。是レ主トシテ無記名株式ニ關スルモノニシテ若シ記名式ノ株式ヲ讓渡セント欲セハ本條ニ規定スル如キ特別ノ方式ヲ履ムニアラサレハ其讓渡ハ單ニ當事者間ニ於テ効力ヲ生スルニ止リ會社其他ノ第三者ニ對シテハ毫モ其効力ヲ生セス。而シテ所謂特別ノ方式トハ讓受人ノ氏名、住所ヲ株主名簿ニ記載シ且其讓渡ス所ノ株券ニモ亦讓受人ノ氏名ヲ記載（即チ書換）スルヲ云フ。

右ノ如ク讓渡ニ付キ特別ノ方式ヲ履マサルトキハ假令其實株式ノ所有權ハ讓渡人ヨリ讓受人ニ有效ニ移轉シタリトテ株券ノ占有ノミニテハ未タ株主タル權利ヲ得サルカ故ニ。會社ハ依然讓渡人ヲ株式所有者ト看做シ株主總會ヲ招集シ或ハ株金拂込ヲ催告シ或ハ利益ノ配當ヲ爲ス等總テ會社ニ關スル權利義務ヲ行ヒ。會社ト債權者ハ依然タル社員ト看做シテ權利ヲ行フモ讓受人ハ會社ニ對シ又會社ノ債權者ニ對シテ異議ノ申出ヲ爲スヲ得サルモノトス。

問答 問 記名株式ヲ讓受ケ未タ株券ノ書換ヲ爲サヽル間ニ配當セラレタル利息及ヒ利益ハ讓受人ヨリ讓渡人ニ要求スルコトヲ得ルヤ。

答　然リ要求スルコトヲ得。

第百五十一條　會社ハ自己ノ株式ヲ取得シ又ハ質權ノ目的トシテ之ヲ受クルコトヲ得ス

株式ハ資本減少ノ規定ニ從フニ非サレハ之ヲ消却スルコトヲ得ス但定款ノ定ムル所ニ從ヒ株主ニ配當スヘキ利益ヲ以テスルハ此限ニ在ラス

字解　消却トハ賣券ニシテ株式ノ數ヲ減スルコトヲ云フ。

義解　本條ハ會社自巳ノ株式ヲ取得シ又ハ之ヲ質ニ取ルコトヲ禁止スル規定ナリ。株式會社ハ株主ノ差入レタル株金ヲ基礎トシテ成立スルモノニシテ。株式ハ株主カ會社ニ對スル持分ナレハ會社ハ之ニ對シテ利息及ヒ利益ノ配當ヲ爲シ解散ノ場合ニハ殘餘財産ノ分配ヲ爲スヘキ義務ヲ負フモノトス。然ルニ會社ニシテ若シ自己ノ株式ヲ取得スルニ於テハ是レ債務者カ自己ニ對スル債權ヲ取得スルモノニシテ即チ債權者ト債務者トヲ一身ニ兼有スルモノナルカ故ニ民法ニ所謂混同(民五二〇參照)ニ依リ其債權即チ株式ハ消滅ニ歸セサルヲ得ス。換言スレハ會社カ自己ノ株式ヲ取得スルトキハ之レ資本ノ一部ヲ割キテ自巳ニ對スル債權ヲ讓受ケタルモノニシテ其結果株主ヲ減少シ從テ資本金ヲ減少スルニ至リ會社ノ債權者其他ノ第三者ヲ詐害スルノミナラス遂ニ株式會社ノ據テ以テ存立スル所ノ基ヲ危殆ニ陥ラシムルノ虞アリ是レ本條ニ於テ株式ノ取得ヲ禁スル所以ナリ又質權ノ目的トシテ株式ヲ受クルコトヲ得ルトセン乎若其債務者カ辨濟ヲ爲スコト能ハサルトキハ或ハ其株式ヲ賣却シ或ハ會社自ラ之ヲ取得スヘキノ已ムヘカラサル結果ヲ來タシ其實間接ノ取得タルヲ免カレサルニ至ラン是亦之ヲ禁スル所以ナリ。

然レトモ株式ヲ減少スルノ規定ニ從ヒテ株式ヲ消却シ依テ以テ資本ヲ減少スルノ適法ナルコトハ勿論ナルノミナラス株主ニ分配スヘキ利益ヲ以テ株式ヲ消却スルカ如キモ實際上會社資本ノ減少ヲ來タササルカ故ニ亦之ヲ禁スルノ理由ナキノミナラス却テ之ヲ便宜上必要ナリトス。然レトモ取締役ノ自由ニ任ストキハ消却ヲ受クル株主ノ利益ヲ害スルノ恐アルヲ以テ定款ヲ以テ特ニ之ヲ定メタル場合ニ限リ之ヲ許スコトト爲セリ。

參照　民法第五百二十條　債權及ヒ債務カ同一人ニ得シタルトキハ其債權ハ消滅ス但其債權カ第三者ノ權利ノ目的タルトキハ此限ニ在ラス

第百五十二條　株金ノ拂込ハ二週間前ニ之ヲ各株主ニ催告スルコトヲ要ス

株主カ期日ニ拂込ヲ爲ササルトキハ會社ハ更ニ一定ノ期間内ニ其拂込ヲ爲スヘキ旨及ヒ其期間内ニ之ヲ爲ササルトキハ株主ノ權利ヲ失フヘキ旨ヲ其

株主ニ通知スルコトヲ得但其期間ハ二週間ヲ下ルコトヲ得ス

義解◎本條ハ株金拂込ノ期節及ヒ方法ヲ規定ス。

株式會社ハ資本團體ナルヲ以テ株金ノ拂込ハ會社ニ於ケル最重要ノ事項ニシテ若シ豫定ノ拂込ナキトキハ遂ニ會社ノ目的ヲ達スルコト能ハサルノミナラス會社成立ノ要素ヲ失フニ至ルヘキヲ以テ株主ハ會社ニ對シ株金ノ拂込ヲ爲スヘキ義務ヲ負フカ故ニ其拂込ヲ爲スヘキ期節ニハ必ス其義務ヲ怠ルヘカラス。而シテ此拂込ヲ爲スノ期節方法ハ必スシモ豫メ定款ニ於テ定メ置クヲ要セス或ハ株主總會ノ決議ヲ以テ之ヲ定ムルコトアルヘク或ハ定款ノ規定若クハ總會ノ決議ヲ以テ之ヲ取締役ニ一任スルコトアルヘシ。而シテ其何レノ方法タルヲ問ハス株主ノ注意ヲ喚起シ豫メ其準備ヲ爲シテ期日ヲ誤ラシメサルカ爲メ拂込期日ヨリ二週間前ニ必ス之ヲ各株主ニ催告セサルヘカラス。

右ノ規定ニ依リ會社カ二週間前ニ催告ヲ爲シタルモ尙ホ拂込ヲ爲サヽルトキハ會社ハ其怠納者ニ對シ更ニ二週間トカ三週間トカ一定ノ期間ヲ定メ其期間內ニ必ス拂込ヲ爲スヘキ旨及ヒ其期間內ニ拂込ヲ爲サヽルトキハ株主タルノ權利ヲ失フヘキ旨ヲ通知スルコトヲ得ルナリ。而シテ其通知期間ノ長キハ妨ナキモ二週間ヨリ短キ期間ヲ定メテ通知スルコトヲ得サルモノトス。

本條ニ所謂催告又ハ通知ハ各株主ニ對シ各別ニ之ヲ爲スモ又ハ定款其他ニ依リ豫メ定メ置キタル公告方法ヲ以テ普ク之ヲ公告スルモ會社ノ自由ナリトス。

第百五十三條　會社カ前條ニ定メタル手續ヲ踐ミタルモ株主カ拂込ヲ爲ササルトキハ其權利ヲ失フ

前項ノ場合ニ於テハ會社ハ株式ノ各讓渡人ニ對シ二週間ヲ下ラサル期間內ニ拂込ヲ爲スヘキ旨ノ催告ヲ發スルコトヲ要ス此場合ニ於テハ最モ先ニ滯納金額ノ拂込ヲ爲シタル讓渡人株式ヲ取得ス

讓渡人カ拂込ヲ爲ササルトキハ會社ハ株式ヲ競賣スルコトヲ要ス此場合ニ於テ競賣ニ依リテ得タル金額カ滯納金額ニ滿タサルトキハ從前ノ株主ヲシテ其不足額ヲ辨濟セシムルコトヲ得若シ從前ノ株主カ二週間內ニ之ヲ辨濟セサルトキハ會社ハ讓渡人ニ對シテ其辨濟ヲ請求スルコトヲ得

前三項ノ規定ハ會社カ損害賠償及ヒ定款ヲ以テ定メタル違約金ノ請求ヲ爲

スコトヲ妨ケス

義解　本條ハ會社カ前條ノ手續ヲ踐ミタルモ株主カ拂込ヲ爲ササル場合ニ關スル規定ナリ。

會社カ前條ノ規定ニ依リ株主ニ拂込ノ催告及ヒ失權ノ通知ヲ爲シタルモ尙ホ之ニ應シテ拂込ヲ爲ササルトキハ其不拂ノ制裁トシテ株主タルノ權利ヲ失フモノナリト雖モ未タ全ク會社ニ對スル責任ヲ脫スルコトヲ得ス。

株式ナルモノハ自由ニ之ヲ轉輾讓渡シ得ルヲ以テ原則ト爲スト雖モ其株式讓渡人ハ其讓渡ニ依テ會社ニ對スル權利ヲ失フト共ニ其義務ヲ蟬脫スルコトヲ得サルモノトス。何トナレハ若シ讓渡ニ依リテ全然會社ニ對スル責任ヲ脫スルコトヲ得ルモノトセハ株式ノ投機轉賣ヲ盛ナラシメ爲メニ會社ノ基礎ヲ脆弱ナラシムルノミナラス第三者ノ利益ヲ害スルノ弊アレハナリ。是ヲ以テ株金全額ノ拂込前ニ於ケル株式讓渡人ヲシテ其未納額ニ付キ一定ノ期間內擔保ノ義務ヲ負ハシメ以テ其弊害ヲ匡濟スルモノト爲セリ。故ニ今株主ニシテ到底株金ノ拂込ヲ爲サヽルトキハ會社ハ株式ノ各讓渡人ニ對シ二週間ヲ下ラサル期間內ニ其未拂込金額ノ拂込ヲ爲スヘキ旨ヲ催告シ而シテ其各讓渡人中最モ先ニ擔保義務ヲ履行シタル者卽チ滯納金額ノ拂込ヲ爲シタル者ニ其株式ヲ取得セシムルコトト爲セリ。例之甲者カ最初ニ株式申込ヲ爲シテ第一回ノ拂込ヲ爲シ後日之ヲ乙者ニ乙者ハ丙者ニ丙者ハ丁者ニ轉輾讓渡シタリトセン乎。最後ノ株主丁者カ拂込ヲ爲サヽル爲メ株主タルノ權利ヲ失ヒタル場合會社ハ丁者以前ノ讓渡人卽チ甲乙丙ノ三人ニ對シテ拂込ノ催告ヲ爲スヘク此三人中何人ニテモ最モ先ニ拂込ヲ爲シタル讓渡人カ其株式ヲ取得シテ再ヒ株主ト爲ルカ如キヲ云フ。

然レトモ各株式讓渡人中何人モ催告ニ應シテ其期間内ニ擔保義務ヲ履行シ拂込ミヲ爲サヽルトキハ會社ハ其株式ヲ競賣スルノ外途ナキカ故ニ最後ノ手段トシテ其株式ヲ競賣ニ附スヘシ。而シテ競賣ノ結果尙ホ未納額ニ不足アルトキハ會社ハ尙ホ其不足額ノ損失ヲ補充スルヲ得スシテ資本額ニ缺クル所アルヲ以テ。此場合ニハ從前ノ株主卽チ前例ノ丁者ニ其不足額ノ辨濟ヲ請求スヘク若シ二週間内ニ從前ノ株主カ辨濟ヲ爲サヽルトキハ會社ハ更ニ株式讓渡人卽チ前例ノ甲乙丙三人ニ對シ其不足額ノ辨濟ヲ請求スルコトヲ得。

以上何レノ場合ニ於テモ株金ノ未納額ヲ得ルモ尙ホ出資義務ヲ履行セサル爲メ生シタル別段ノ損害アルトキハ會社ハ失權株主及ヒ擔保義務不履行ノ株式讓渡人ニ對シテ損害賠償ヲ請求スルコトヲ得ヘク又若シ定款ニ於テ斯ル場合ニハ違約金ヲ支拂フヘシト定メアレハ其定メニ從ヒテ從前ノ株主及ヒ株式讓渡人ニ對シ拂込ノ不足額又ハ滯納金額ト倂セテ之ヲ請求スルコトヲ得ル

ナリ。

擔保義務トハ讓渡人カ會社ニ對シ讓受人ノ必ス其未納額ヲ拂込ムヘキヲ保證スルノ意ニシテ若シ之ヲ拂込マサルトキハ自ラ其未納額ヲ辨濟シ會社ヲシテ損失ナカラシムルノ責任ヲ云フ。

問答　問　例ヘハ百圓ノ株式ニ對シ巳ニ第一回拂込トシテ二十五圓ノ拂込ヲ爲シタル株主カ第二回ノ拂込ヲ爲サヽリシカ爲メ株主タルノ權利ヲ失ヒタルトキハ其己ニ拂込ミタル二十五圓ハ會社ニ對シ拂戻ヲ請求スルコトヲ得ルヤ。

答　巳ニ拂込ミタル金額ハ株主ノ損失ト爲リ會社ヨリ拂戻サシムルコトヲ得ス。

問　株券競賣ノ結果其賣得金カ未納額ヲ超過シタルトキハ株主等ニ返還スヘキヤ。

答　別段ノ明文ナキヲ以テ會社ハ利得ト爲スノ外ナシ。

第百五十四條　前條ニ定メタル讓渡人ノ責任ハ讓渡ヲ株主名簿ニ記載シタル後二年ヲ經過シタルトキハ消滅ス

義解　本條ハ株式讓渡人ノ擔保義務消滅ノ期限ヲ規定ス。

株式ノ讓渡人ハ讓受人カ株金拂込ヲ爲サヽルドキハ擔保ノ義務ヲ負ヒ前條ノ規定ニ依リテ其未納額ノ拂込ヲ爲スヘク若シ之カ拂込ヲ爲サヽレハ競賣ノ不足額ニ付キ株主ノ辨濟ヲ爲ササル場

合ニ之ヲ辨濟スヘキ責任アリ。是レ其讓渡人タル資格ヨリ生スル擔保義務ニ因ルナリトスルカ株式讓渡人ヲシテ永ク此ノ如キ重任ヲ負擔セシムルハ頗ル苛酷ニ失スルノミナラス之カ爲メ株式ノ運轉流通ヲ阻害シ株式會社ノ特長タル資本吸集ノ便利ヲ減少スルノ恐アルヲ以テ。法律ハ諸般ノ事情ヲ斟酌シ其擔保義務ハ株式ノ讓渡ヲ株主名薄ニ記載シタル後二ケ年ヲ經過シタルトキハ消滅スルモノトシ二ケ年ヲ經過シタル後ハ假令此事アルモ讓渡人ハ其責任ナキモノト定メタリ。

問答　問　二年ノ期間ハ何故現實ニ株式ヲ讓渡シタル時期ヨリ起算セスシテ株主名薄ニ讓渡ノ登錄ヲ爲シタル時ヨリ起算スルヤ。

答　株式ノ讓渡ハ第百五十條ノ規定ニ依リ株主名薄ニ記入セサル以前ニ在テハ會社ニ對シテ何等ノ效果ヲ生セサルニ付之ヲ起算點ト爲スコトヲ得ス。

問　無記名式ノ株式ノ讓渡ニモ亦本條ヲ適用シ株式讓渡人ノ擔保義務消滅ノ期間ヲ二ケ年トスルヤ。

答　無記名株式ノ讓渡ニハ擔保義務ナキヲ以テ本條ノ適用ヲ見サルナリ。

第百五十五條　株金金額ノ拂込アリタルトキハ株主ハ其株劵ヲ無記名式ト爲

スコトヲ請求スルコトヲ得

株主ハ何時ニテモ其無記名式ノ株券ヲ記名式ト爲スコトヲ請求スルコトヲ得

字解　記名式株券トハ所有者タル株主ノ氏名ヲ券面ニ記載シ且株主名簿ニ登錄シアルモノヲ云ヒ其讓渡ハ會社ニ屆出テ株券及株主名簿ノ記載ヲ更正セサレハ所有權移轉ノ效ナシ。○無記名式株券トハ株主ノ氏名ヲ券面ニ記載セサルモノヲ云ヒ其讓渡ハ單ニ其株券ノ授受ニ因リテ所有權移轉ノ效アルモノトス。

義解　本條ハ株券ヲ記名式又ハ無記名式ニ變更スルニ付テノ規定ナリ。

株式會社ハ多數ノ株主ヲ以テ組織セラルル資本團體ニシテ人的信用ヲ基礎トシ株主タル資格ニハ毫モ重キヲ措カサルカ故ニ株式ノ無記名式ハ最モ能ク株式會社ノ特質ニ適合スト雖モ。若シ株金全額ノ拂込ヲ終ラサル以前ニ無記名式株券ノ發行ヲ許ストキハ最初ノ讓渡人卽チ株式ノ申込ヲ爲シタル株主ノ外幾人ニ轉輾スルモ株主名簿ノ書換ヲ爲サヽルヲ以テ會社ハ其讓渡人ヲ知ルコト能ハサルニ因リ株式ノ讓受人ニ擔保義務ヲ負ハシムルコト能ハスシテ結局會社ノ損失ト爲リ其基礎ヲ脆弱ナラシメ一般經濟社界ニ影響ヲ及ホスノミナラス公益ヲ害スルノ恐アルヲ以テ株金全額拂込以前ニ在テハ之ヲ禁止セサルヘカラス。是ヲ以テ最初一時ニ全額ノ拂込ヲ爲シタルトキハ其拂込ト同時ニ無記名株券ヲ發行スルコトヲ得ルモ拂込期節ヲ數回ニ分チタルトキハ毎期ノ拂込ヲ終リ株金全額ヲ拂込ミタル後ニ至リ始メテ無記名式ト爲スコトヲ得ヘクシテ此場合ハ最初ニ記名式ニテ發行シ後ニ無記名式ニ變更スルモノナリ。

又一旦無記名式ト爲シタル株券モ再ヒ之ヲ記名式ニ變更スコトヲ得セシムルハ何等ノ弊害ナキノミナラス盜難紛失等ノ危險ヲ避クル爲メ甚タ必要ナルカ故ニ株生ハ何時ニテモ無記名式ノ株券ヲ記名式ト爲スコトヲ請求スルコトヲ得ルモノト爲シタリ。

所謂記名式株券ト無記名式株券トハ何レモ便否ノ伴フアリテ其間ニ優劣ヲ定ムル能ハサルノ觀アリ請フ其概要ヲ示サン。

抑モ記名式株券ハ第百五十條ニ規定スル如ク讓受人ノ氏名、住所ヲ株主名簿ニ記載シ且其氏名ヲ株券ニ記入スルニ非サレハ會社其他ノ第三者ニ對抗スルヲ得サルカ如ク著シキ制限ヲ加ヘ株式讓渡上ノ手續頗ル煩勞ニシテ敏速ヲ尊フ商業社會ニ適合セサルノ不便アルモ一朝盜難紛失等ノ災害ニ逢ヒタル場合ニハ容易ニ之ヲ捜索シ損失ヲ豫防スルノ便アリ。之ニ反シ無記名式株券ハ之ヲ讓渡スルニ株主名簿ノ書換ヲ要セス又株券ニ株主ノ氏名ヲ記載セス單ニ手ヨリ手ニ授受スルノミチ以テ讓渡ノ效アルカ故ニ其轉輾流通極メテ敏捷ニシテ商業上極メテ便益アリト雖モ其券面ニ株主ノ記名ナケレハ何人カ果シテ其所有者ナルヤ之チ知ルニ由ナク隨テ眞所有者ニ非サル者モ亦之チ奪フテ賣却スルコトチ得ヘクシテ殆ント囘復スヘカラサル損害チ被ムル如キ危險チ免カレス。是レ二者ノ一長一短アル主要ノ點ナリ。

問答

問 一時ニ株金全額チ拂込ミテ無記名株券チ發行シタルモノハ後日之チ記名式株券ニ變更スルコトチ得ルヤ。

答 記名式ニ變更スルチ得ルコト尙ホ數回ニ株金全額チ拂込ミタル後記名式ニ改ムル場合ト相異ナルコトナシ。

第三節 會社ノ機關

株式會社ハ一個ノ法人ナレハ株主ト分離シテ法律上獨立ノ人格チ有シ權利義務ノ主體タルモ固ヨリ有形人ノ如ク自ラ活動シテ業務チ執リ事物ノ是非チ辨別スルノ能力ナキコトハ言チ俟タサル所ナリ。是チ以テ株式會社カ法人トシテ一個獨立ノ生存チ爲スニハ其意思チ作リ其意思チ執行シ又其執行チ監督スル所ノ機關チ設備セサルヘカラス。卽チ株主總會チ以テ會社ノ意思チ作リ取締役チ以テ其意思チ承ケテ業務チ執行セシメ。監査役チ以テ其業務ノ執行チ監督セシムル之ヲ株式會社ノ三機關ト云フ。

第一款　株主總會

株式會社ハ通例多數ノ株主ヲ以テ組成スルモノナルヲ以テ會社ノ重要ナル利害ニ關スル事項ニ付各株主共同ノ意思ヲ決定スルカ爲メ株主總會ナル機關ノ必要アリ。而〆所謂株主總會ナルモノハ株式會社最高ノ機關ニシテ其議決ヲ經サルヘカラサル專屬事項ノ重要ナルモノハ定款ノ變更、任意ノ解散、取締役及ヒ監査役ノ選任及ヒ解任、利益ノ配當等ナリトス。

第百五十六條　總會ヲ招集スルニハ會日ヨリ二週間前ニ各株主ニ對シ其通知ヲ發スルコトヲ要ス

前項ノ通知ニハ總會ノ目的及ヒ總會ニ於テ決議スヘキ事項ヲ記載スルコトヲ要ス

會社カ無記名式ノ株券ヲ發行シタル場合ニ於テハ會日ヨリ三週間前ニ總會ヲ開クヘキ旨及ヒ前項ニ掲ケタル事項ヲ公告スルコトヲ要ス

義解　本條ハ株主總會招集ノ方法ヲ規定ス。

總會招集ノ方法ハ定款ヲ以テ別段ニ之ヲ定メタルトキハ之ニ從フヘキコト勿論ナリト雖モ。若シ何等ノ規定ナキトキハ本條ノ規定ニ從フヘキナリ。而シテ此總會招集ハ株券カ盡ク記名式ナル場合ト無記名式ノモノアル場合トニ因リテ其方法ヲ異ニセリ。

第一　株券カ盡ク記名式ナル場合ニ於ケル招集ハ左ノ方法ニ據ル。

（イ）各株主ニ對シ何月何日某所ニ開會スル旨ヲ通知スルコト。

（ロ）其通知ハ職業ノ爲メ何時ニテモ招集ニ應スルコト能ハサル者又ハ他行中若クハ他行セントスル者ニ對シ相當ノ猶豫ヲ置キ豫メ出席ノ故障ヲ差繰ラシムル爲メ會日ヨリ二週間前ニ之ヲ爲スヘキコト。

（ハ）右通知ニハ總會ノ目的即チ定款變更ノ爲メト云フ如キコト及ヒ其決議スヘキ事項即チ增株ヲ爲ストカ資本ノ減少スルトカ又ハ淸算人ヲ選定スルトカヲ記載シテ豫メ各株主ノ調査ト考案トヲ盡サシムルコト。

以上記載ノ要件ノ一ヲ欠キテ招集シタル總會ノ決議ハ其效ナキモノトス。

第二　無記名式ノ株券ヲ發行シタル場合ノ招集ハ左ノ方法ニ據ル。

（イ）無名式ノ株券ハ轉輾流通スルヲ以テ會社ハ何人カ現ニ之ヲ所有シ居ルヤ知悉セサルカ

故ニ招集ノ通知ヲ發スルノ途ナシ。依テ右通知ニ換ユルニ公告ヲ以テスルコト。

（ロ）公告ハ普通通知ヨリ遲ク知リ得ヘキカ故ニ通知ニ比シテ一週間ヲ早メ會日ヨリ三週間前ニ之ヲ爲スヘキコト。

（ハ）右公告ニ總會ノ目的及ヒ總會ニ於テ決議スヘキ事項ヲ掲クルコト猶ホ前ノ（ハ）ト同シ。

以上第一第二ノ場合ニ於テ通知又ハ公告ニ要スル要件ノ一ヲ缺キテ招集シタル總會ノ決議ハ其效力ナキモノトス。

問答

問　第一項ニ依リ各株主ニ對シテ爲スヘキ通知ニ換ユルニ公告ヲ以テスルコトヲ得ヘキヤ。

答　定款ニ其定メアレハ格別其定ナキトキハ公告ヲ以テ通知ニ換ユルコトヲ得ス。

問　記名式株券ト無記名式株券トヲ發行シタル場合ハ總會ノ招集方法如何。

答　定款ニ別段ノ定ナキトキハ記名式株主ニ對シテハ通知ヲ爲シ無記名式株主ニ對シテハ公告ヲ爲スヘキモノトス。

第百五十七條　定時總會ハ毎年一回一定ノ時期ニ於テ取締役之ヲ招集スルコ

ト ヲ要ス

年二回以上利益ノ配當ヲ爲ス會社ニ在リテハ毎配當期ニ總會ヲ招集スルコトヲ要ス

義解 本條ハ定時總會ニ關スル規定ナリ。株主總會ニ二種アリ一ハ定時總會ニシテ一ハ臨時總會ナリ。定時總會ハ定款ノ定ムル一定ノ時期ニ開會スルモノニシテ臨時總會ハ臨時必要ノ場合ニ招集スルモノトス。而シテ本條ノ規定ニ依レハ定時總會ハ少クトモ毎年一回之ヲ招集スヘキモノニシテ我國ノ慣例ニ依レハ大抵一事業年度ヲ上半期下半期ノ二期ニ分チ年二回以上ノ利益配當ヲ爲ス會社多キヲ以テ斯ル會社ハ其配當期毎ニ總會ヲ招集スルコトヲ要ス。定時總會招集ノ任ニ當ルモノハ取締役ニシテ若シ取締役カ其招集ヲ怠リタルトキハ株主ハ第百六十條ノ權利ヲ實行スルコトヲ得ヘク又取締役解任ノ原因ト爲ルコト勿論ナリ。

問答 問 定款ヲ以テ一年間又ハ一配當期間全ク定時總會ヲ開カサルコトヲ定ムルコトヲ得ルヤ。

答 定時總會ハ一年間又ハ配當期間必ス招集スルコトヲ要スルモノナレハ定款ヲ以テ之ヲ開カサ

ルコトヲ定ムルヲ得ス。

第百五十八條 定時總會ハ取締役カ提出シタル書類及ヒ監査役ノ報告書ヲ調査シ且利益又ハ利息ノ配當ヲ決議ス

前項ニ掲ケタル書類ノ當否ヲ調査セシムル爲メ總會ハ特ニ檢査役ヲ選任スルコトヲ得

義解 本條ハ定時總會ニ於テ議決スヘキ事項ヲ規定ス。

定時總會ナルモノハ其一期間ニ於ケル會社事業ノ成績及ヒ計算ヲ調査シ兼テ利益配當ノ額ヲ決議スルモノトス。而シテ總會ノ決議ヲ爲ス順序ハ取締役先ツ財産目錄ヨリ利益又ハ利息ニ關スル數種ノ書類ヲ監査役ニ回附シ(一九〇)其監査ヲ受ケ然ル後之ヲ總會ニ提出シテ株主ニ示シ其議決ヲ求ムヘシ。總會ハ右取締役ノ調成シタル諸書類及ヒ監査役ノ報告書ヲ調査シ且ツ株主ニ配當スヘキ利益又ハ社債權者ニ配當スヘキ利息ノ割合ヲモ精査シ之カ承認ト否トヲ決議スヘキモノトス。

取締役ノ提出シタル書類及ヒ監査役ノ報告書ノ如キハ頗ル浩澣ニシテ一見直チニ其當否ヲ調悉スルコトヲ得ス況ンヤ議場喧囂ノ間ニ於テヲヤ。故ニ總會カ取締役ノ提出セル書類及ヒ監査役ノ報告書ニ信ヲ措ク能ハサル等其他必要ナル場合ニ於テハ特ニ適任ナル者ヲ選ンテ檢査役ト爲シ之ヲシテ徐々ト且精確ニ其調査ヲ爲サシムルコトアリ。此場合ニハ檢査役ノ調査終ルヲ俟チテ再ヒ總會ヲ開キ其調査ノ結果如何ニ因リテ承認ト否トヲ決議スルモノトス。株式會社ノ業務ハ取締役之ヲ執行シ監査役一應調査セシモノナレハ勿論確實ナルニ相違ナキヲ以テ更ニ檢査役ヲ選定スルノ必要ナキカ如シト雖モ或ハ監査役ノ不適任ニシテ調査其當ヲ得ス或ハ取締役ト通謀シテ正實ノ調査ヲ爲サヽルノ疑ナシトセサルヲ以テ是等書類ヲ調査セシムル爲メ總會ハ特ニ檢査役ヲ選任スルコトヲ得ルナリ。

第百五十九條 臨時總會ハ必要アル毎ニ取締役之ヲ招集ス

義解 本條ハ臨時總會招集ニ付テノ規定ナリ。

株主總會ハ法人タル會社ノ意思ヲ作ルノ機關ニシテ取締役ハ其意思ノ範圍内ニ於テ會社ノ業務ヲ執行スルコトヲ得ルニ過キス。故ニ取締役カ其職務上專斷ニテ處理シ難キ事項發生シ定時總會ヲ待ツノ暇ナキトキハ其必要アル毎ニ何時ニテモ之ヲ招集スルコトヲ得ルモノニシテ固ヨリ一定ノ時期ナシ。而シテ此總會ハ必シモ或事項ヲ議決スルカ爲メニ招集スルモノニ非スシテ單ニ或事項ヲ報告スルカ爲メニモ亦之ヲ招集スルコトアルヘシ。

臨時總會ハ通例取締役ニ於テ招集スルモノナレトモ或場合ニハ株主又ハ監査役カ之ヲ招集スルコトアリ（次條二項一八二參照）

第百六十條　資本ノ十分ノ一以上ニ當タル株主ハ總會ノ目的及ヒ其招集ノ理由ヲ記載シタル書面ヲ取締役ニ提出シテ總會ノ招集ヲ請求スルコトヲ得

取締役カ前項ノ請求アリタル後二週間內ニ總會招集ノ手續ヲ爲ササルトキハ其請求ヲ爲シタル株主ハ裁判所ノ許可ヲ得テ其招集ヲ爲スコトヲ得

義解　本條ハ株主カ臨時總會招集ノ請求ニ付規定ス

株主總會招集ノ權利ハ取締役ノ專有スル處ニシテ株主ヲシテ毫モ其招集ニ干涉セシメサルモノトセハ會社ハ遂ニ取締役ノ自由ニ委セラレ恣擅ノ行爲ヲ抑制スルヲ得スシテ株主ノ利益ヲ害スルコトアリ。然レトモ少數株主ヲシテ濫リニ招集スルコトヲ得ル權利アルモノトセハ取締役監査役ノ業務上ノ權利ヲ減殺シ會社事業ノ發達ヲ妨害スルノ弊アリ。故ニ本條ハ資本十分ノ一以上ニ相當スル株式ヲ所有スル株主ニ非サレハ招集ノ請求權ナキモノトシ而シテ此權利ヲ行フノ要件トシテ右株主ハ總會ニ於テ爲サントスルノ目的及ヒ總會招集ノ必要ナル理由ヲ記載シタル書面ヲ提出スルヲ要スルモノトス。右株主ヨリ總會招集ノ請求アリタルトキハ其理由ノ有無當否ヲ問ハス取締役ハ必ス之ヲ招集スヘキモノニシテ假令取締役カ其必要ヲ認メス又ハ招集ヲ不可ナリト認ムル場合タリトモ尙ホ招集セサルヲ得サルノ義務アリ。而シテ株主カ此請求ヲ爲スニハ一人ノ單獨ナルト數人ノ合同ナルトヲ問ハス苟クモ資本金十分ノ一以上ニ當ル株數アレハ可ナリトス。

取締役カ少數株主ヨリ總會招集ノ請求アリシニモ關ラス其理由ヲ不當トシ或ハ其他ノ事由ニ因リ請求ニ週間內ニ之カ招集ノ手續ヲ爲ササルトキハ已ムヲ得ス其請求ヲ爲シタル株主ハ裁判所ニ申請シ其許可ヲ得テ自ラ取締役ニ代リテ總會ヲ招集スルコトヲ得ルモノトセリ。

參照　非訟事件手續法第百二十六條　商法第四十七條、第四十八條、第百十一條第二項、第百二十四條、第百六十一條第二項、第百九十六條第二項、第百九十八條及商法施行法第六十七條第二項ニ定メタル事件ハ會社ノ本店所在地ノ地方裁判所ノ管轄トス

商法第二百六十條ニ定メタル事件ハ閉鎖ヲ命セラルヘキ外國會社ノ支店ノ所在地ノ地方裁判所ノ管轄トス

商法第二百八十八條第一項、第二百八十九條及ヒ第六百七條第一項ニ定メタル事件ハ競賣ニ付スヘキ物品所在地ノ區裁判所ノ管轄トス

非訟事件手續法第百三十一條　商法第百十一條第二項ノ規定ニ依リ檢査ノ許可ヲ申請ス

ル場合ニ於テハ檢査ヲ要スル事由

同法第百六十二條第二項ノ規定ニ依リ總會招集ノ許可ヲ申請スル場合ニ於テハ取締役カ其招集ヲ怠リシ事實ヲ疏明スルコトヲ要ス

前項ノ申請ハ書面ヲ以テ之ヲ爲スコトヲ要ス。

非訟事件手續法第百三十二條、前條ノ規定ニ依ル申請ニ付テハ裁判所ハ理由ヲ附シタル決定ヲ以テ裁判ヲ爲スヘシ

申請ヲ認可スル裁判ニ對シテハ不服ヲ申立ツルコトヲ得ス

第百六十一條　總會ノ決議ハ本法又ハ定款ニ別段ノ定アル場合ヲ除ク外出席シタル株主ノ議決權ノ過半數ヲ以テ之ヲ爲ス

無記名式ノ株券ヲ有スル者ハ會日ヨリ一週間前ニ其株券ヲ會社ニ供託スルニ非サレハ其議決權ヲ行フコトヲ得ス

株主ハ代理人ヲ以テ其議決權ヲ行フコトヲ得但其代理人ハ代理權ヲ證スル書面ヲ會社ニ差出タスコトヲ要ス

總會ノ決議ニ付キ特別ノ利害關係ヲ有スル者ハ其議決權ヲ行フコトヲ得ス

本條ハ株主總會ノ決議法ヲ規定ス

義解

株主總會ノ決議法ハ普通ノ場合ニ於テハ出席株主ノ議決權ノ過半數卽チ出席株主ノ持株總數ノ半分以上ノ同意說ヲ以テ可決スヘキモノナルヲ以テ出席者僅カニ五六人ニ過キスシテ且其株主ノ有スル株式ハ資本ノ百千分ノ一ニ過キサルモ妨ナシ。然レトモ本法ニ於テ別段ノ定ヲ爲シタル場合卽チ第二百九條第二百二十二條ノ規定又ハ定款ニ出席株數ニ制限ヲ加ヘ且其株主ノ議決權ノ三分ノ二以上ヲ要シ或ハ全會一致ヲ要スト云フ如キ規定ヲ設ケタルトキハ固ヨリ其規定ニ從フヘキコト勿論ナリ。

記名式ノ株券ヲ所有スル者ハ何等ノ手續ヲ要セスシテ出席シ議決權ヲ行フコトヲ得ルモ無記名式ノ株券ヲ有スル者ナルトキハ株券ニ記名ナキヲ以テ其者ノ氏名ハ株主名簿ニ記載ナクシテ果シテ何人カ眞ノ株主ナルヤ之ヲ知ルニ由ナキヲ以テ其者カ議決權ヲ行フニハ會日ヨリ一週間前ニ其株券ヲ會社ニ供託シテ以テ其株主タルコトヲ證明スルコトヲ要ストセリ。

記名式株券所有者ト無記名式株券所有者トヲ問ハス代理人ヲ以テ議決權ヲ行フコトヲ得ヘシ。而シテ代理人カ果シテ正當ノ代理權ヲ有スルヤ否ハ總會ノ決議ノ効力ヲ決スルモノナルカ故ニ代理人ハ其代理權ヲ證スル書面卽チ委任狀其他ノ證明書ヲ差出スコトヲ要ス。而シテ其代理人ハ株主ナルヲ要スルヤ否ヤ又委任ニ因リ議決權ヲ行フ場合ニ其數ヲ制限スルヤ否等ハ定款ニ別段ノ定メナキトキハ株主タルト否トヲ論セス又其代理人ノ議決權ノ數ハ無制限ナリ。

總會ノ議決ニ付特別ノ利害關係アル者ヲシテ議決權ヲ有セシムルトキハ其決議ノ公平ニシテ偏頗ナキヲ保セサルカ故ニ其者ハ議決權ヲ行フヲ得ス。例之或取締役ヲ解任セントスルトキ又ハ監査役ヲ出訴セシトスルトキ又ハ株主ノ損害額ヲ定ムルトキノ如キ其取締役、監査役、株主ハ特別ノ關係ヲ有スル者ナルカ故ニ之ニ關スル決議ノ數ニ加ハルコトヲ得サルナリ。

第百六十二條　各株主ハ一株ニ付キ一箇ノ議決權ヲ有ス但十一株以上ヲ有スル株主ノ議決權ハ定款ヲ以テ之ヲ制限スルコトヲ得

義解　本條ハ株主ノ議決權ニ付キ規定ス。

株主ノ議決權ハ一株毎ニ一個タルヲ原則トス是レ他ノ會議ニ於ケル議決權ト異ナリ株式會社特殊ノ方則ナリ。故ニ此原則ニ依レハ十株ヲ有スル株主ハ十個ノ投票ヲ爲シ百株ヲ有スル株主ハ百個ノ投票ヲ爲シ得ヘシト雖モ其議決權ヲシテ株式ノ數ニ應シテ多大ナラシメハ時ニ或ハ大株主カ自巳ノ利益ノ爲メニ其意向ニ依リ總會ノ決議ヲ左右シ小株主ハ其壓倒ヲ受ケテ不利益ヲ被ムルコトアラン。故ニ本條ヲ設ケ十一株以上ヲ有スル株主ノ議決權ニ限リ定款ヲ以テ。之ヲ制限スルコトヲ得ル旨ヲ規定セリ。例之十一株以上ハ五株若クハ十株ニ付キ一個ノ議決權ヲ有スルニ過キストノ制限ヲ定ムルカ如キ是ナリ。

問答 問 定款ヲ以テ一株ニ付キ一個ノ議決權ヲ與ヘスシテ數株ニ一個ノ議決權ヲ與フルノ規定ヲ爲シ得ルヤ。

答 否一株ニ付一個ノ議決權ヲ與フルハ原則ナルヲ以テ之ヲ變更スルコトヲ得ス。彼ノ勸業銀行ノ如キハ特別法ヲ以テ別段ノ規定ヲ爲シタルモノナレハ本條ノ例外ナリト知ルヘシ

第百六十三條 總會招集ノ手續又ハ其決議ノ方法カ法令又ハ定款ニ反スルトキハ株主ハ其決議ノ無效ノ宣告ヲ裁判所ニ請求スルコトヲ得

前項ノ請求ハ決議ノ日ヨリ一ケ月内ニ之ヲ爲スコトヲ要ス

取締役又ハ監査役ニ非サル株主カ第一項ノ請求ヲ爲シタルトキハ其株券ヲ供託シ且會社ノ請求ニ因リ相當ノ擔保ヲ供スルコトヲ要ス

字解 擔保トハ質權若クハ抵當權ヲ設定シ又保證人ヲ立ツルカ如キヲ云フ。

義解 本條ハ株主總會ノ決議ノ效力ニ關スル規定ナリ。

株主總會招集ノ手續ハ第百五十七條乃至第百六十條ニ規定シ其決議ノ方法ハ第百六十一條及ヒ

第百六十二條ニ規定セルノミナラス他ノ法令ヲ以テ之ヲ定ムルコトアルヘキヲ以テ之ニ違反スルコトヲ得サルハ勿論定款ヲ以テ招集ノ手續及ヒ決議ノ方法ヲ定メタルトキハ其定款ニ違反スルコトヲ得ス。若シ之ニ違反シテ總會招集ノ手續ヲ爲シ又ハ決議ヲ爲シタルトキハ其決議ノ無效ナルコト當然ナリ。故ニ若シ是等ノ規定ニ違反シテ招集又ハ決議ヲ爲シタルトキハ株主ハ裁判所ニ其決議ノ無效ノ宣告ヲ請求スルコトヲ得ルモノトス。

然レトモ株主ヲシテ何時ニテモ此無效宣告ノ請求ヲ爲スコトヲ得セシムルトキハ會社ノ事務ヲ澁滯セシメ其秩序ヲ紊亂スルノ恐アルヲ以テ本條ハ決議ノ日ヨリ一ケ月内ニ此請求ヲ爲スコトヲ要スルモノト爲セリ。

右無效宣告ノ請求ヲ爲ス株主カ取締役又ハ監査役ナルトキハ可ナルモ其以外ノ株主ナルトキハ當然其所有スル株券ヲ會社ニ供託シ且會社ノ請求アレハ相當ノ擔保ヲ供セサルヘカラス。蓋シ株式ハ容易ニ讓渡スルコトヲ得ルモノニシテ無記名式ノ株券ハ其交付ノミニ依リ之ヲ讓渡スルコトヲ得ヘク又記名式株券ハ會社ノ承諾ヲ要セス株主名簿及ヒ株券ノ書換ヲ爲ストキハ之ヲ他人ニ讓渡スルコトヲ得ヘキモノナルカ故ニ今日株主トシテ決議無効ノ請求ヲ爲シナカラ明日他人ニ株式ヲ讓渡シ何等ノ責任ヲ負ハサルノ不都合ヲ來タスヘシ。故ニ之ヲ讓渡スコトヲ得サラシムル爲メ其株券ヲ供託セシムルモノトス。殊ニ無記名株式ヲ有スル株主ニ至リテハ其株券ヲ供託セシムルニ非サレハ果シテ眞ニ其株主タルヤ否ヤヲモ確カムルノ途ナキヲ以テ取締役、監査役ニ非サル株主ニシテ決議無効ノ請求ヲ爲シタトキハ必ス其株券ヲ供託スルコトヲ要スルモノトス。又株主カ故意若クハ過失ニテ決議無効ノ請求ヲ爲シタルトキハ爲メニ會社ハ損害ヲ與フルコト少カラサルヘキヲ以テ之カ賠償ヲ爲サシムル爲メ相當ノ擔保ヲ供託セシメ置クハ當然ナリトス。

第二款　取締役

取締役ハ會社ノ執行機關ニシテ株主總會ノ意思ヲ實行スル爲メ會社ヲ代表シ業務ヲ執行スル權利義務ヲ有スル者ナリ。

第百六十四條　取締役ハ株主總會ニ於テ株主中ヨリ之ヲ選任ス

義解　本條ハ取締役ノ選任法ヲ規定ス

取締役ハ株主總會ニ於テ必ス株主中ヨリ選任スヘキ者ニシテ株主以外ノ者ヲ撰任スルコトヲ得ス。蓋シ取締役ハ會社ヲ代表シ其業務ヲ執行スル專權ヲ有スル故取締役其人ノ如何ハ大ニ會社ノ利害ニ關係ヲ有スルヲ以テ若シ株主以外ノ者ヲ以テ取締役ト爲ストキハ會社ノ利害ニ關係薄キカ故ニ其業務取扱上冷淡ニ流レ勉勵注意ヲ爲サヽルノ恐アリ從テ會社ノ不利益ト爲ルヘケレハ必ス株主中ヨリ選任スヘキモノトセリ。

第百六十五條　取締役ハ三人以上タルコトヲ要ス

義解　本條ハ取締役ノ員數ノ最少限ヲ規定ス。

取締役ハ會社ヲ代表シ百般ノ業務ヲ處理スル任アルモノニシテ其權限極メテ廣大ナルカ故ニ十分其職責ヲ盡サンニハ才能ト熟練トヲ有スル者ナラサルヘカラス。然ルニ若シ一人若クハ二人ノ取締役ヲシテ專ラ會社ノ業務ヲ執行セシムルトキハ疎漏失策等ノ恐アルノミナラス往々其權力ヲ濫用シ私利ヲ計ルノ弊アリ。故ニ數人同等ノ者ヲ併立セシメ以テ相戒憚シ相抑制セシメテ其弊害ヲ防止セントシ本條特ニ取締役ノ最少數ヲ三人ト規定シタリ。

第百六十六條　取締役ノ任期ハ三年ヲ超ユルコトヲ得ス但其任期滿了ノ後之ヲ再選スルコトヲ妨ケス

義解　本條ハ取締役ノ任期ノ最長限ヲ規定ス。

取締役ノ任期ノ如キハ之ヲ會社ニ一任シテ可ナルカ如シト雖モ之ヲ制限シテ三年ヲ超エルコトヲ得スト規定シタル所以ノモノハ他ナシ若シ久シク其任ニ在ラシムルトキハ自然弛怠ニ陷リ易

ク且漸ク信用ヲ博スルニ從ヒ往々不正ノ私利ヲ營ム等種々ノ弊害ヲ生スヘキカ故ナリ。然レトモ三年又ハ其以下ノ任期已ニ滿了スルニ當リ株主カ從前ノ取締役ヲ誠實勉勵家ニシテ會社ノ事務ヲ託スルニ足ルモノト認定シタルトキハ更ニ同一人ヲ再選スルモ妨ナシトス。

問答

問　取締役ノ任期ヲ三年以上ニ定メタルトキハ其選任ハ全然無效ナリヤ。

答　任期ヲ三年以上ニ定メタルトキハ當然三年ニ短縮セラレ全然無效ト爲ラス。

問　定款ノ規定ハ總會ノ決議ヲ以テ取締役ノ任期滿了前若クハ選任ノ當初ニ於テ三年ノ任期滿了シタルトキハ當然再選セルモノト看做スト云フ如ク定ムルコトヲ得ルヤ。

答　此ノ如キ定款ノ規定又ハ總會ノ決議ハ無效ナリ。

問　取締役ノ任期三年ハ何レノ時ヨリ起算スルヤ。

答　創立總會ニ於テ撰擧セラレタル取締役ナレハ發起人ヨリ事務ノ引繼キヲ受ケ之ヲ登記シタル時ヨリ其他ノ場合ニ在テハ株主總會ニ於テ選擧セラレ之ヲ承諾シテ登記ヲ爲シタル時ヨリ始マルモノトス。

第百六十七條　取締役ハ何時ニテモ株主總會ノ決議ヲ以テ之ヲ解任スルコトヲ得但任期ノ定アル場合ニ於テ正當ノ理由ナクシテ其任期前ニ之ヲ解任シ

タルトキハ其取締役ハ會社ニ對シ解任ニ因リテ生シタル損害ノ賠償ヲ請求スルコトヲ得

義解　本條ハ取締役ノ解任ニ關スル規定ナリ。

取締役ノ權限ハ極メテ重大ニシテ其才識ノ如何ハ會社ノ利害盛衰ニ至重ノ關係ヲ有スルモノナレハ若シ取締役ノ不適任ナルカ又ハ其權力ヲ濫用シテ私利ヲ計ルカ如キ場合ニ於テ尙ホ三年ノ任滿ツルニ非サレハ解任スルコトヲ得ストセハ會社及ヒ株主ノ利益ヲ害スルコト大ナルヲ以テ取締役ハ其任期ノ有無ニ拘ラス何時ニテモ株主總會ノ決議ヲ以テ解任スルコトヲ得ヘキモノトセリ。

然レトモ株主總會ニ於テ正當ノ理由ナキニ滿期前ニ解任スルハ其取締役ノ名譽ヲ害シ豫期ノ利益ヲ奪フモノナレハ爲メニ生シタル損害ノ賠償ヲ會社ニ對シテ請求スルコトヲ得ヘキモノトス。

問答　問　取締役ノ辭任ハ尙ホ株主總會ノ決議ヲ要スルヤ。

答　總會ノ決議ニ因ルニ非サレハ辭任スルコトヲ得ス。

問　本條ニ正當ノ理由トハ如何ナル場合ヲ云フヤ。

答 例之取締役其職務ヲ懈怠スルカ業務執行ノ拙劣ニシテ其任ニ堪ヘサルカ會社ノ利益ヲ害シテ私利ヲ營ムカ如キヲ云フ。

問 任期ノ定メナキ場合ニ解任セラレタルトキハ取締役ニ損害賠償權ナキヤ。

答 任期不定ノ場合ニ於ケル解任ニ付テハ假令正當ノ理由ナキモ損害賠償ノ請求權ナシ。

第百六十八條 取締役ハ定款ニ定メタル員數ノ株券ヲ監査役ニ供託スルコトヲ要ス

義解 本條ハ取締役ハ責任ニ關スル擔保方法ヲ規定ス。

取締役ノ權限ハ頗ル廣汎ニシテ會社ノ業務ヲ執行シ會社ヲ代表スル等裁判上及ヒ裁判外ノ一切ノ事項ヲ處理スルモノナレハ必ス其誠實ヲ表シ且故意若クハ重大ナル過誤アルトキハ之レニ因リテ生シタル損害ヲ賠償スルノ責任ナカルヘカラス。本條ハ其責任ノ擔保方法トシテ取締役カ所有スル株券ヲ定款ニ定ムル員數ニ依リ之ヲ監査役ニ供託セシメ取締役ヲシテ正當ニ業務執行ノ任ニ當ル保證ト爲スヘキ旨ヲ規定ス。而シテ其定款ニ定メタル員數ノ株券ヲ監査役ニ供託セシメ之ヲ會社ニ預ケ置カサル所以ノモノハ會社ノ業務ヲ執行シ其財產ヲ管理スルハ取締役ナレハ表面上ニ於テハ會社ニ預リ置クモノナルモ實際ニ於テハ取締役カ預リ置クニ外ナラスシテ其結果取締役カ自ラ供託シテ自ラ保管スルコトト爲リ供託ノ實ト擔保ノ效ハ全ク有名無實ニ歸スヘキノミ。故ニ之ヲ會社ニ預ケシメスシテ取締役監督ノ地位ニ立ツ監査役ニ供託セシメ之ヲシテ保管セシムルモノトセリ。

第百六十九條 會社ノ業務執行ハ定款ニ別段ノ定ナキトキハ取締役ノ過半數ヲ以テ之ヲ決ス支配人ノ選任及ヒ解任亦同シ

義解 本條ハ取締役ノ業務執行ニ關スル規定ナリ。

取締役ノ員數ハ元來三人以上タルヲ要スルカ故ニ業務執行ニ付キ取締役各別カ專斷ヲ以テ爲スコトヲ得ルヤ又ハ其全員又ハ若干人共同ニ非サレハ之ヲ爲スコトヲ得サルヤノ點ハ會社カ定款ヲ以テ隨意ニ之ヲ定ムルコトヲ得ルモノニシテ定款ニ其規定アルトキハ之ニ從フヘキコト固ヨリ論ヲ俟タサルモ若シ其定ナキトキハ會社ノ業務執行ハ取締役ノ過半數ニテ決シタル所ニ依リ之ヲ實行スヘキモノトス。

又支配人ノ選任又ハ解任ノ場合ニ於テモ亦本條ヲ適用シ取締役ノ過半數ヲ以テ之ヲ決スヘキモノトス。

第百七十條 取締役ハ各自會社ヲ代表ス

第六十二條ノ規定ハ取締役ニ之ヲ準用ス

義解

取締役ハ會社ノ外部ニ對シテハ各自單獨ニ會社ヲ代表スルノ權限ヲ有スルモノニシテ其行爲ハ會社ト第三者トノ間ニ當然效果ヲ生スルモノトス。第六十二條ハ合名會社ノ社員ノ權限ヲ規定シタルモノニシテ其規定ハ之ヲ取締役ニ準用スヘキカ故ニ取締役ハ會社ノ營業ニ關スル一切ノ裁判上又ハ裁判外ノ行爲ヲ爲ス權限ヲ有スルモノトス。

又民法第四十四條第一項及ヒ第五十四條ノ規定ハ合名會社ニ之ニ準用シ亦從テ取締役ニ準用スヘキコトトナルヲ以テ。若シ取締役カ其職業ヲ行フニ付キ他人ニ損害ヲ加ヘタルトキハ會社自ラ之カ賠償ノ責ニ任スヘク又會社カ取締役ノ代理權ニ制限ヲ加フルコトアルモ唯惡意ナル第三者ニ對抗シ得ルノミニシテ善意ナル第三者ニ對抗スルコトヲ得ザルモノトス。

第百七十一條 取締役ハ定款及ヒ總會ノ決議錄ヲ本店及ヒ支店ニ備ヘ置キ且株主名簿及ヒ社債原簿ヲ本店ニ備ヘ置クコトヲ要ス

株主及ヒ會社ノ債權者ハ營業時間內何時ニテモ前項ニ揭ケタル書類ノ閱覽

ヲ求ムルコトヲ得

義解 本條以下數條ハ取締役ノ義務ヲ規定ス。

取締役ハ定款及ヒ總會ノ決議錄ヲ本店及ヒ支店ニ備ヘ置キ且株主名簿及ヒ社債原簿ヲ本店ニ備ヘ置キ株主又ハ會社ノ債權者ニ於テ之カ閲覽ヲ求ムルトキハ會社ノ營業時間内何時ニテモ之カ閲覽ヲ爲サシムヘキ義務アルモノトス。是レ畢竟會社ノ有スル權利義務及ヒ財産ノ實況ヲ明カニシ公然其業務ヲ行ハシメンカ爲メナリ。

取締役カ若シ右ノ帳簿及ヒ書類ヲ備ヘ置カサルカ又ハ之ニ不正ノ記載ヲ爲スカ又ハ閲覽ノ請求ニ應セサルトキハ過料ノ處分ヲ受クヘキモノトス。

第百七十二條 株主名簿ニハ左ノ事項ヲ記載スルコトヲ要ス

一 株主ノ氏名、住所

二 各株主ノ株式ノ數及ヒ株券ノ番號

三 各株ニ付キ拂込ミタル株金額及ヒ拂込ノ年月日

四 各株式ノ取得ノ年月日

五 無記名式ノ株券ヲ發行シタルトキハ其數、番號及ヒ發行ノ年月日

義解 本條ハ役主名簿ニ記載スヘキ事項ヲ規定ス。取締役ハ其職務上ノ義務トシテ前條ノ規定ニ依リ必ス株主名簿ヲ備ヘ置カサルヘカラス。此株主名簿ニハ本條第一號乃至第五號ノ事項ヲ記載スヘキモノトス。

第四號ニ「各株式ノ取得ノ年月日」トアルハ株主カ株式ヲ自己ノ所有ト爲シタル年月日ニシテ最初株式募集ニ應シテ取得シタルト讓受ニ因リ取得シタルトヲ云フモノト知ルヘシ。

問答 問 會社最初株券ヲ悉皆無記名式ニテ發行シタルトキモ株主名簿ヲ調製スヘキヤ、

答 然リ其場合タリトモ株主名簿ヲ調製シテ本條第五號ノ一事項ヲ記載シ置クモノトス。

第百七十三條 社債原簿ニハ左ノ事項ヲ記載スルコトヲ要ス

一 社債權者ノ氏名、住所

二 債券ノ番號

三 社債ノ總額

四 各社債ノ金額

五 社債ノ利率

六 社債償還ノ方法及ヒ期限

七　債券發行ノ年月日
八　各社債ノ取得ノ年月日
九　無記名式ノ債券ヲ發行シタルトキハ其數、番號及ヒ發行ノ年月日
字解　社債ノ利率トハ會社負債ノ利息制限ニシテ例之年六朱若クハ八朱ト云フ如キヲ云フ。
義解　本條ハ社債原簿ニ記載スヘキ必要事項ヲ規定シタルモノニシテ別ニ説明ヲ要セス。
第百七十四條　會社カ其資本ノ半額ヲ失ヒタルトキハ取締役ハ遲滯ナク株主總會ヲ招集シテ之ヲ報告スルコトヲ要ス
會社財産ヲ以テ會社ノ債務ヲ完濟スルコト能ハサルニ至リタルトキハ取締役ハ直チニ破産宣告ノ請求ヲ爲スコトヲ要ス
義解　本條ハ會社カ非常ノ損失等ヲ蒙リタル場合ニ於ケル取締役ノ爲スヘキ手續ヲ規定ス。
會社カ事業上ノ失敗又ハ天災地變等ニ因リ損失ヲ招キ其資本ノ半額ヲ失ヒタルトキハ會社ノ基礎確實ヲ缺クニ至ルヘシ。然ルニ尙ホ取締役ヲシテ其儘會社ノ業務ヲ繼續セシムルニ於テハ其損失ヲシテ益々大ナラシメ遂ニ破産ニ陷ルノ恐アルヲ以テ此場合ハ取締役ハ其職務上ノ義務ト

シテ遲滯ナク株主總會ヲ招集シ其旨ヲ報告シテ善後ノ策ヲ施スノ必要アリ是レ第一項ノ規定アル所以ナリ。

又會社カ損失等ニ因リ其財產ヲ以テ債務ヲ完濟スルコト能ハサルニ至リタルトキハ取締役ハ又其義務トシテ裁判所ニ對シ直チニ破產宣告ノ請求ヲ爲シ以テ破產手續ニ依リ清算ヲ爲サシメサルヘカラス。是レ會社ハ民法ノ法人ニ於ケル原則ニ準ヒ第二項ノ規定ヲ設ケタルモノナリ。

第百七十五條 取締役ハ株主總會ノ認許アルニ非サレハ自巳又ハ第三者ノ爲メニ會社ノ營業ノ部類ニ屬スル商行爲ヲ爲シ又ハ同種ノ營業ヲ目的トスル他ノ會社ノ無限責任社員ト爲ルコトヲ得ス

取締役カ前項ノ規定ニ反シテ自巳ノ爲メニ商行爲ヲ爲シタルトキハ株主總會ハ之ヲ以テ會社ノ爲メニ爲シタルモノト看做スコトヲ得

前項ニ定メタル權利ハ監查役ノ一人カ其行爲ヲ知リタル時ヨリ二ケ月間之ヲ行ハサルトキハ消滅ス行爲ノ時ヨリ一年ヲ經過シタルトキ亦同シ

義解 本條ハ取締役ノ競業禁止ノ義務ヲ規定ス。

取締役ハ會社ヲ代表スルノ全權ヲ有シ其業務ヲ執行スルノ權利ヲ有シ義務ヲ負フモノナレハ若

シ自己又ハ第三者ノ爲メニ會社ノ營業ノ部類ニ屬スル商行爲ヲ爲シ又ハ同種ノ營業ヲ目的トスル他ノ會社ノ無限責任社員ト爲ルコトヲ得ルモノトセハ會社ノ秘密ヲ漏ラスノ恐アルノミナラス會社ノ營業ト競爭シテ之ニ勝チ不正ノ私利ヲ營ムコト易々タルヘクシテ到底會社ノ利害ト相衝突スルヲ免カレサルヘシ。故ニ株式會社ノ取締役ニ付テモ亦合名會社ノ社員及ヒ合資會社株式合資會社ノ無限責任社員ト其趣意ヲ同フシ株主總會ノ認許アルニ非サレハ自已又ハ第三者ノ爲メニ會社ノ營業ノ部類ニ屬スル商行爲ヲ爲シ又ハ會社ト同種ノ營業ヲ目的トスル他ノ會社ノ無限責任社員ト爲ルコトヲ得サルモノトセリ。

若シ取締役カ株主總會ノ認許ヲ得スシテ自己ノ爲メニ會社ノ營業ノ部類ニ屬スル商行爲ヲ爲シタルトキ會社ヲシテ之ヲ自己ノ爲メニ爲シタルモノト看做シ其商行爲ヲ會社ノ計算ニ引受クルコトヲ得セシメ以テ法律ニ違反シタル取締役ヲシテ其得タル利害ヲ自己ニ收ムルカ如キ不都合ナカラシメタリ。

會社カ右ノ權利ヲ行使スルヲ得ヘキ期間ハ監査役ノ一人カ取締役ノ行爲ヲ知リタル時ヨリ二ケ月間又行爲ノ時ヨリ一ケ年間其權利ヲ行ハサルトキハ消滅スヘキモノトシ法律關係ヲシテ永ク不確定ニ置クコトナカラシメタリ。

第百七十六條 取締役ハ監査役ノ承認ヲ得タルトキニ限リ自己又ハ第三者ノ爲メニ會社ト取引ヲ爲スコトヲ得

義解 前條ハ取締役カ自己又ハ第三者ノ爲メニ他ノ第三者ト會社ハ營業ノ部類ニ屬スル商取引ヲ爲シ又ハ同種ノ營業ヲ目的トスル他ノ會社ノ無限責任社員タルコトヲ得サルノ禁止法ナリシモ本條ハ取締役カ自己又ハ第三者ノ爲メニ會社ト取引ヲ爲スコトノ禁止法ナリ。取締役ハ會社ノ代表者ニシテ營業ノ利益ヲ計ルニ忠實ナラサル可ラサルノ責任アル者ナルニ拘ラス自已又バ第三者ノ爲メニ會社ト取引ヲ爲スコトヲ得ルモノトセハ利害ノ衝突ヲ免カレサルハ普通ノ情態ナリ。例之會社カ航海營業ヲ爲スニ當リ取締役カ自己ノ爲メニ其所有ノ船舶ヲ會社ニ賣却セントスルトキハ可成高價ニ賣却セシコトヲ望ミ又會社ノ代表者タル地位ヨリ言ヘハ可成其代價ノ低廉ナルコトヲ欲セサルヲ得ス。結局利己主義ニ陷リ會社ヲ害シテ高價ニ賣附クルニ至ルヘシ故ニ此弊ヲ防止センカ爲メ本條ハ之ヲ禁止セリ。

然レトモ取締役カ會社ト取引ヲ爲スコトヲ絕對ニ禁止セハ却テ實際上不便ナルノミナラス取締役數人アル場合ニハ其一人會社ヲ代表シ他ノ取締役ト取引ヲ爲スニ於テハ必シモ弊害ノ生スヘキモノニアラス。例之現ニ或取締役ノ外所有セサル會社必需ノ物品ノ如キ何人ノ之ヲ評價スルモ其代價相當ナル場合ノ如キ取締役ハ會社ト取引スルコトヲ得サルモノトセハ看々他方ヨリ買入レサルヲ得スシテ双方ニ不便ヲ感スルカ如シ。故ニ本條ハ取締役ハ監査役ノ承認ヲ得タルトキニ限リ會社ト取引ヲ爲スコトヲ得ヘキ旨ヲ規定セリ。

第百七十七條 取締役カ法令又ハ定款ニ反スル行爲ヲ爲シタルトキハ株主總會ノ決議ニ依リタル場合ト雖モ第三者ニ對シテ損害賠償ノ責ヲ免ルルコトヲ得ス

前項ノ規定ハ其行爲ニ對シ株主總會ニ於テ異議ヲ述ヘ且監査役ニ其旨ヲ通知シタル取締役ニハ之ヲ適用セス

字解 法令トハ帝國議會ノ協賛ヲ經テ公布セラレタル法律及ヒ閣令省令等一切ヲ包稱スルモノヲ云フ。

義解 本條ハ取締役ノ行爲ニ付キ取締役及ヒ會社カ第三者ニ對スル責任ヲ規定ス。取締役カ會社ヲ代表シ業務ヲ執行スルニ付テハ法律命令又ハ定款ニ定ムル所ニ遵據シ其規定ノ範圍内ニ於テ行爲ヲ爲スヘキモノトス。故ニ若シ定款又ハ法律命令ノ規定ニ違背シタル行爲ヲ爲シタルトキハ之カ爲メ生シタル會社ノ損害ハ勿論第三者ニ對スル損害ヲモ賠償スヘキ責任アルコト勿論ナリ。而シテ取締役カ株主總會ノ決議ヲ執行スル爲メニ法令又ハ定款ニ反スル行爲ヲ爲シタル場合ハ會社ノ意思ヲ實行シタルニ外ナラサレハ假令之カ爲メ會社ニ對シ損害ノ生スルコトアルモ取締役ハ賠償ノ責ナシト雖モ。其決議ニ依リ執行シタル行爲ノ爲メニ損害ヲ被リタル相手方即チ第三者ニ對シテ賠償ノ責任ヲ免ルヽコトヲ得ス是レ本條第一項ノ規定アル所以ナリ。

然レトモ若シ取締役ニシテ其行爲ヲ爲スヘキ議決ニ對シ株主總會ニ於テ異議ヲ述ヘ且監査役ニ其旨ヲ通知シタル時ニ於テハ其責任ヲ負ハシムルノ理由ナキヲ以テ取締役ハ其株主總會ノ決議執行ノ上ニ於ケル法令又ハ定款ニ違反シタル行爲ニ付キ損害賠償ノ責任ヲ負ハス是レ第二項ノ規定アル所以ナリ。

第百七十八條 株主總會ニ於テ取締役ニ對シテ訴ヲ提起スルコトヲ決議シタルトキ又ハ之ヲ否決シタル場合ニ於テ資本ノ十分ノ一以上ニ當タル株主カ之ヲ監査役ニ請求シタルトキハ會社ハ決議又ハ請求ノ日ヨリ一ヶ月内ニ訴ヲ提起スルコトヲ要ス

前項ノ請求ヲ爲シタル株主ハ其株券ヲ供託シ且監査役ノ請求ニ因リ相當ノ擔保ヲ供スルコトヲ要ス

會社カ敗訴シタルトキハ右ノ株主ハ會社ニ對シテノミ損害賠償ノ責ニ任ス

義解　本條ハ會社カ取締役ニ對シテ訴ヲ提起スル場合ヲ規定ス。

取締役カ總會ノ決議ニ依ラスシテ法令又ハ定款ニ違反シタル行爲ヲ爲セルニ因リ會社ニ對シ損害ヲ生セシメタルトキハ會社ハ取締役ニ對シテ訴ヲ提起シ之カ賠償ヲ爲サシムヘシ。而シテ會社カ訴ヲ提起スルハ左ノ二個ノ場合ニ區別スヘシ。

（一）株主總會ノ決議アリシ場合。株主總會ハ會社ノ意思機關ナレハ取締役ニ對シテ會社ヨリ其名ヲ以テ訴ヲ提起スヘキコトヲ決議スルヲ得。

（二）會社資本額十分ノ一以上ニ當タル株主ノ請求アル場合。株主總會カ取締役ニ對シテ訴ヲ起スヘキコトヲ否決シタル場合ニ於テ最早他ニ起訴ノ途ナキモノトセハ取締役ハ或ハ奸策ヲ施シ自已ノ不正行爲ノ責ヲ免カルニ至リ遂ニ會社ノ信用ヲ失墜シ其基礎ヲ脆弱ナラシムルノ恐アリ。故ニ株主總會カ取締役ニ對スル訴ノ提起ヲ否決シタル場合ニ限リ少數株主權ヲ認メ資本額ノ十分ノ一以上ニ當ル株主カ其起訴ヲ爲スヘキコトヲ監査役ニ請求シタルトキハ監査役ハ會社ノ名ヲ以テ訴ヲ提起スルコトヲ得ルモノトセリ。

右第一ノ場合ニ於テハ會社ハ起訴ノ決議ヲ爲シタル日ヨリ第二ノ場合ニ於テハ株主ノ請求ノ日ヨリ一ケ月内ニ取締役ニ對スル訴ヲ提起セサルヘカラス。

少數株主カ監査役ニ對シテ訴ノ提起ヲ請求シタルトキハ會社ハ株主ヲシテ其株券ヲ供託セシムル必要アリ。蓋シ此少數株主カ會社ヲシテ取締役ニ對シ訴ヲ提起セシメタル後直チニ自已ノ株券ヲ他ニ讓渡シテ株主タルノ資格ヲ失ヒ會社ハ利害ノ關係ナキモノヨリ訴ノ提起ノ請求ヲ受ケタルコトト爲ル如キ不都合アルノミナラス。無記名株券ノ場合ニ於テ其果シテ株主タルヤ否ヤヲ知ルカ爲メニハ最モ其株券ヲ供託セシムルノ必要アリ。且又訴ヲ提起シテ敗訴シタルトキハ會社ノ自已ノ意思ニ依ラス少數株主ノ請求ニ依リ起訴シタルニ在レトモ既ニ原告トシテ會社ノ名ヲ以テ訴ヲ提起シタル以上ハ其結果ハ會社直接ニ被ムルヘキモノニシテ取締役ニ對シ損害賠償ノ責ヲ免カルヽコトヲ得サルヲ以テ。少數株主ヲシテ他日其責任ヲ盡サシムル爲メ監査役ハ豫メ其株主ニ對シテ相當ノ擔保卽チ株券以外ノ物ノ擔保ヲ供スヘキコトヲ請求スルヲ得ルモノトス。少數株主ヨリ取締役ニ對スル訴ヲ提起スヘキコトヲ請求シ此請求ニ因リ會社ヨリ其名ヲ以テ訴ヲ提起スルモノナルカ故ニ訴訟ノ結果會社カ敗訴シタル場合ニハ相手方タル取締役ニ對シテ損害賠償ノ責ニ任スルハ原告タル會社タリト雖モ。會社カ訴ヲ提起シタル素因ハ少數株主ノ請求ニ在ルカ故ニ其株主ハ敗訴ニ因リ會社カ被ムリタル損害ヲ賠償スヘキハ當然ノ理ナリ是レ第三項ノ規定アル所以ナリ。

玆ニ注意スヘキハ敗訴ノ直接ノ效果ハ會社自ラ之ヲ被ムリ取締役ニ對シテ賠償ノ責ニ任シ訴訟提起ノ請求ヲ爲シタル株主ハ直接ニ被告タル取締役ニ對シテ賠償ノ責ナク只會社カ敗訴ニ因リ被ムリタル損害ニ付キ會社ニ對シテノミ賠償ノ責ニ任スヘキモノニシテ株主ト取締役トハ直接ノ關係ヲ生スルコトナキ是ナリ。

第百七十九條 取締役カ受クヘキ報酬ハ定款ニ其額ヲ定メサリシトキハ株主總會ノ決議ヲ以テ之ヲ定ム

義解 本條ハ取締役ノ報酬ニ付キ規定ス。

取締役カ受クヘキ報酬ハ通例定款ニ於テ之ヲ定ムルモノナリト雖モ若シ定款ニ其定ナケレハ株主總會ノ決議ヲ以テ其額ヲ定メ取締役カ隨意ニ自已ノ受クヘキ報酬ノ額ヲ定ムルコト能サルモノトス。

第三款　監査役

監査役ハ株式會社ノ監督機關ニシテ取締役ト株主總會トノ間ニ立チテ取締役ノ業務執行ヲ監視スル所ノモノナリ。

第百八十條　監査役ノ任期ハ之ヲ一年トス但其任期滿了ノ後之ヲ再選スルコトヲ妨ケス

義解　本條ハ監査役ノ任期ニ關スル規定ナリ。

株式會社ノ監査役ハ取締役ノ業務執行ヲ監督スルモノナレハ長ク其任ニ當ラシムルトキハ取締役ト相狃レ相近ツキ遂ニ結托シテ會社ノ爲メ不利ヲ來タスカ如キ弊害アルノミナラス。總會ハ少タトモ毎年一回招集セラルルヲ以テ監査役ノ任期ヲ一ヶ年ト定メ其任期ヲ經過シタル後再選スルコトヲ得ルモノトシ實際ノ便宜ヲ計レリ。

問答　問　監査役ノ員數ハ法律ニ規定ナキヲ以テ幾人ニテモ可ナルヤ。

答　然リ幾人選任スルモ會社ノ自由ナリ。

問　監査役ノ任期ヲ定款又ハ總會ノ決議ヲ以テ一年以上若クハ以下ニ定ムルコトヲ得ルヤ。

答　監査役ノ任期ヲ一ヶ年以上若クハ以下ト定ムルモ無效ナリ。

第百八十一條　監査役ハ何時ニテモ取締役ニ對シテ營業ノ報告ヲ求メ又ハ會

會社ノ業務及ヒ會社財產ノ狀況ヲ調查スルコトヲ得

義解　本條ハ監查役ノ職權ヲ規定ス。

監查役ハ取締役ヲ監督スルノ地位ニ立チ若シ取締役カ不正若クハ不適當ノ行爲ヲ爲シタルトキハ之ヲ株主總會ニ報告シ以テ總會ヲシテ適當ノ處分ヲ爲サシムヘキ職責アルモノナレハ其職務ヲ實行スルヲ要スル相當ノ權限ヲ與ヘサルヘカラス。卽チ監查役ハ何時ニテモ取締役ニ對シテ事業ノ經過及ヒ現況ノ報告ヲ求メ又ハ會社ノ業務ノ狀況ヲ調查シ及ヒ會社財產ノ狀況ヲ調查スルコトヲ得ルモノトス。而シテ是等ノ調查ヲ爲スニハ隨意隨時ニ會社ニ出入シ以テ各種ノ書類ヲ展閱シ金匣ヲ開視スル等ノ職權ヲ有スルヤ勿論ナリ。

第百八十二條　監查役ハ株主總會ヲ招集スル必要アリト認メタルトキハ其招集ヲ爲スコトヲ得此總會ニ於テハ會社ノ業務及ヒ會社財產ノ狀況ヲ調查セシムル爲メ特ニ撿查役ヲ選任スルコトヲ得

義解　本條ハ監查役ノ總會招集ノ權限ニ關スル規定ナリ。

監查役カ前條ノ規定ニ從ヒ營業ノ報告ヲ求メ又ハ會社ノ業務及ヒ會社財產ノ狀況ヲ調查シタルノ結果、取締役ノ行爲ノ不正若クハ不適當ナルコトヲ發見シタルトキノ如キ監查役ハ自ラ之カ處分ヲ爲スノ權限ヲ有セサルカ故ニ株主總會ヲ招集シ之カ報告ヲ爲シ相當ノ處分ヲ促カサヽルヘカラス。

監査役ノ招集シタル株主總會カ監査役ヨリ會社ノ業務又ハ會社財産ノ狀況ニ付キ精密ノ報告ヲ得サルカ又ハ其報告ニ信ヲ措カサル如キ場合ニ於テハ株主總會ハ更ニ詳密ノ調査ヲ遂クルカ爲メ特ニ檢査役ナルモノヲ選任シ之ヲシテ其調査ヲ爲サシムルコトヲ得ルモノトス。

問答 問 檢査役ハ必ス株主中ヨリ選任スヘキヤ。

答 否ナ必シモ株主ヨリ選任スルヲ要セス株主以外ノ者ヲ選任スルモ妨ケナシ。

第百八十三條 監査役ハ取締役カ株主總會ニ提出セントスル書類ヲ調査シ株主總會ニ其意見ヲ報告スルコトヲ要ス

義解 本條以下四條ハ監査役ノ職務及ヒ責任ヲ規定ス。

株主總會ノ招集ニ付テハ取締役ハ諸種ノ書類ヲ總會ニ提出スヘク而シテ株主總會ハ多數ノ株主ヨリ組織セラルヽモノナルカ故ニ取締役ヨリ提出シタル書類ニ付キ精密ノ調査ヲ遂ケンコト容易ノ業ニハアラサルヲ以テ監査役ヲシテ豫メ取締役カ總會ニ提出セントスル書類ヲ調査セシムルヲ便宜ト爲スニ因リ取締役ハ先ツ其書類ヲ監査役ニ提出スヘキモノトス。而メ監査役ハ之カ調査ノ結果ニ付必ス其意見ヲ總會ニ報告スヘシ。若シ其意見ヲ總會ニ報告スルニ當リ不實ノ申立ヲ爲シ又ハ事實ヲ隱蔽シタルトキハ過料ノ制裁ヲ受クルモノトス。

問答 問 監査役ノ意見各相異ナル場合ハ如何。

答 其場合ハ監査役各自ニ其意見ヲ報告スヘキモノトス

第百八十四條 監査役ハ取締役又ハ支配人ヲ兼ヌルコトヲ得ス但取締役中ニ缺員アルトキハ取締役及ヒ監査役ノ協議ヲ以テ監査役中ヨリ一時取締役ノ職務ヲ行フヘキ者ヲ定ムルコトヲ得

前項ノ規定ニ依リテ取締役ノ職務ヲ行フ監査役ハ第百九十二條第二項ノ規定ニ從ヒ株主總會ノ承諾ヲ得ルマテハ監査役ノ職務ヲ行フコトヲ得ス

義解 監査役ハ獨立不偏ノ位地ニ立チ取締役ノ執行シタル會社ノ業務及ヒ其管理セル會社財産ヲ公平且正實ニ監査スヘキ職責アルモノナレハ取締役若クハ支配人ヲ兼ヌルコトヲ禁スルノ必要タルヤ言ヲ俟タス。然レトモ取締役ハ三人以上タルヲ要シ且會社ノ定款ニ於テ通例其員數ヲ一定スヘキモノナルヲ以テ取締役中ノ一人又ハ數人カ死亡其他ノ原因ヨリ缺員ヲ生シタル場合ニ於テハ株主總會ハ其補缺員ヲ選任セサルヘカラスト雖モ。其之ヲ選任スルニハ多少ノ時日ヲ隔ツヘク去リトテ其間會社ノ業務ヲ停止スルコトヲ得サルハ勿論定員ニ滿タサル取締役ヲシテ依然其職務ヲ行フコトヲ得セシムルモノトセハ定款カ取締役ノ定員ヲ定メタル主意ニ反シ。且若シ定員カ三人タリシトキハ第百二十六條ノ規定ニ反スルカ故ニ此場合ニハ便宜上取締役ト監査役トノ協議ヲ以テ一時監役査ヲシテ取締役ノ職務ヲ行ハシムルコトヲ得ルモノトス。右ノ如ク監査役カ取締役ノ職務ヲ行フトキハ第百二十九條第一項ノ規定ニ依リ取締役カ必要ノ書類ヲ株主總會ニ提出シ其承認ヲ得テ責任解除セラルルマテハ繼續シテ取締役ノ職務ヲ行ヒ其本職タル監査役ノ職務ヲ行フコトヲ得ス。何トナレハ補缺員タル取締役カ尙ホ監査役ノ職務ヲ行フモノトセハ法律カ取締役ノ監督ノ地ニ立ツ監査役ヲ設ケタル主旨ニ反スルカ故ナリ。

第百八十五條 會社カ取締役ニ對シ又ハ取締役カ會社ニ對シ訴ヲ提起スル場合ニ於テハ其訴ニ付テハ監査役會社ヲ代表ス但株主總會ハ他人ヲシテ之ヲ代表セシムルコトヲ得

資本ノ十分ノ一以上ニ當タル株主カ取締役ニ對シテ訴ヲ提起スルコトヲ請

求シタルトキハ特ニ代表者ヲ指定スルコトヲ得

義解 取締役カ業務執行ニ付キ不正若クハ不適當ノ行爲ヲ爲シタルニ因リ會社ニ損害ヲ被ラシメタルトキノ如キ會社ハ取締役ニ對シテ訴ヲ提起スルコトアリ。又會社カ株主總會ノ決議又ハ少數株主ノ請求ニ因リ訴ヲ提起シ會社カ敗訴シ爲メニ取締役ニ損害ヲ被ラシメタルトキノ如キ取締役ハ會社ニ對シテ訴ヲ提起スルコトアリ。其何レノ場合タルヲ問ハス取締役ハ會社ヲ代表スルノ權利ノアリト雖モ此場合ハ二者利害相反スルヲ以テ其代理權ヲ行フコトヲ得サルカ故(民一〇八參照)監査役ヲシテ會社ヲ代表セシメ其訴訟行爲ヲ爲サシムルコトヲ得ルモノトス。然レトモ株主總會ニ於テ監査役ヲ不適任ナリトシ他人ヲ以テ代表者ト爲スノ必要ヲ認ムルトキハ他人ヲ以テ代理セシムルモ其隨意ナリトス。

又資本ノ十分ノ一以上ニ當ル株主カ同意シテ取締役ニ對シ訴ヲ提起スヘキコトヲ請求シタルトキハ其請求株主ハ會社敗訴ノ結果ニ付第百七十八條第三項ノ規定ニ依リ損害賠償ノ責任ヲ負ハサルヘカラサルヲ以テ。訴ノ勝敗ハ其訴訟行爲ヲ爲ス者ノ行動如何ニ因ルコト多ケレハ株主カ監査役ヲ代表者トシ訴訟行爲ニ當ラシムルヲ不適任ト認ムルトキハ他ニ自ラ適任ト信スル者ヲ指定シテ會社ヲ代表セシメ其訴訟ノ局ニ當ラシムコトヲ得ルヘキモノト爲セリ。

參照 民法第百八條 何人ト雖モ同一ノ法律行爲ニ付キ其ノ相手方ノ代理人ト爲リ又ハ當事者双方ノ代理人ト爲ルコトヲ得ス但シ債務ノ履行ニ付テハ此ノ限ニ在ラス

第百八十六條 監査役カ其任務ヲ怠リタルトキハ會社及ヒ第三者ニ對シテ損害賠償ノ責ニ任ス

義解 本條ハ監査役ノ責任ニ付キ規定ス。

監査役ハ取締役ノ業務執行ヲ監督シ及ヒ會社財産ノ管理ヲ監視スル等以テ會社ノ安全ヲ保護スル職責アルモノナレハ其職務ニ誠實ナルト否トハ會社株主及ヒ第三者ニ利害關係アルヲ以テ監査役カ若シ是等ノ任務ヲ怠リタル爲メ會社ニ損害ヲ加ヘタルトキハ之カ賠償ノ責ニ任スヘキハ勿論之カ爲メ第三者ニ損害ヲ加ヘタルトキモ亦同時ニ其第三者ニ對シ直接ニ之カ賠償ノ責ニ任セサルヘカラス。

問答 問 數人ノ監査役中一人カ任務ヲ盡サヽリシ爲メ會社又ハ第三者ニ損害ヲ加ヘタルトキモ監査役全員カ其責ニ任スヘキヤ。

答 其任務ヲ盡サヽリシ監査役ノミ責任ヲ負フヘキモノトス。

問 監査役カ過失ニテ其任務ヲ盡サヽリシ場合モ其責任ヲ免カレサルヤ。

答　故意ハ勿論假令過失ニテモ其責ヲ免カルルコトヲ得ス。

第百八十七條　株主總會ニ於テ監査役ニ對シテ訴ヲ提起スルコトヲ決議シタルトキ又ハ之ヲ否決シタル場合ニ於テ資本ノ十分ノ一以上ニ當タル株主カ之ヲ取締役ニ請求シタルトキハ會社ハ決議又ハ請求ノ日ヨリ一ケ月內ニ訴ヲ提起スルコトヲ要ス此場合於テハ第百八十五條第一項但書及ヒ第二項ノ規定ヲ準用ス

前項ノ請求ヲ爲シタル株主ハ其株劵ヲ供託シ且取締役ノ請求ニ因リ相當ノ擔保ヲ供スルコトヲ要ス

會社カ敗訴シタルトキハ右ノ株主ハ會社ニ對シテノミ損害賠償ノ責ニ任ス

義解　本條ハ監査役ニ對スル起訴ニ付キ規定ス。

本條ノ規定ハ第百七十八條ニ規定セル取締役ニ對スル訴訟ノ場合ト同一ノ主旨ニシテ再ヒ說明スルノ要ナシ。唯タ第百八十五條ノ如ク株主總會又ハ訴ノ提起ヲ請求シタル株主カ特ニ代表者ヲ指定セサル場合ニ於テ當然會社ヲ代表スヘキ者ヲ規定セサル所以ノモノハ他ナシ。監査役ニ對スル訴訟ニ付テハ株式會社ノ法定代理人タル取締役カ當然會社ヲ代表スヘキヲ以テナリ。

然レトモ第百八十五條第一項但書及ヒ第二項ノ規定ハ之ヲ玆ニ準用スヘキモノナレハ他人ヲ以テ特ニ代表者ト爲スコトヲ得ヘキモノトス。

第百八十八條 監査役ハ其破産又ハ禁治産ニ因リテ退任ス

義解 本條ハ監査役退任ノ事由ヲ規定ス。

取締役ノ代理權ハ民法第百十一條ノ規定ニ依リ同條ニ規定セル事由發生スルトキハ當然終了スヘキヲ以テ特別ノ規定ヲ設クルノ必要ナシト雖モ。監査役ハ特別ノ場合即チ取締役ノ缺員ニ因リ一時職務ヲ行フ場合會社ト取締役トノ間ニ於ケル訴訟ニ付キ會社ヲ代表スル場合ノ外代理權ヲ有セス從テ破産又ハ禁治産ノ宣告ヲ受クルモ當然其任務ヲ終了スルコトナカルヘシ。是ヲ以テ本條ハ特ニ其代理權消滅ノ原因トシテ破産及ヒ禁治産ノ二ヲ擧ケ當然退任スヘキモノナル旨ヲ規定セリ。

一、破産ノ宣告ヲ受ケタルトキ。監査役ニシテ破産スルトキハ自已ノ財産ヲ管理處分スルノ能力ヲ失フヲ以テ會社ノ爲メ其任務ヲ盡スコト能ハサルノミナラス。資力ナキカ爲メ第百八十六條ニ定メタル責任モ充分之ヲ盡サシムルコトヲ得ス。從テ其職務ノ履行ニ關スル擔保ヲ缺クニ至ルヘキヲ以テ此場合ハ當然退任セサルヘカラス。

二　禁治産ノ宣告ヲ受ケタルトキ。監査役ニシテ禁治産者ト爲ルトキハ心神喪失ノ常況ニ在リテ通例自ラ職務ヲ行フノ能力ヲ失ヒタルニ拘ヲス。引續キ監査役ノ任ニ當ラシメ後見人ヲシテ其事ヲ攝行セシムルハ之ヲ選任シタル株主總會ノ意思ニ反スルヲ以テ是亦當然退任セサルヘカラス。

參照　民法第百十一條　代理權ハ左ノ事由ニ因リテ消滅ス

一　本人ノ死亡

二　代理人ノ死亡禁治産又ハ破産

此他委任ニ因ル代理權ハ委任ノ終了ニ因リテ消滅ス

第百八十九條　第百六十四條、第百六十七條及ヒ第百七十九條ノ規定ハ監査役ニ之ヲ準用ス

義解　本條ハ監査役ノ選任解任及ヒ其報酬ニ付テハ取締役ニ關スル規定即チ第百六十四條、第百六十七條及ヒ第百七十九條ノ規定ヲ準用スヘキ旨ヲ定メタルモノナリ。

第四節　會社ノ計算

本節ハ會社ノ計算ニ關スル規定ヲ揭ケタルモノニシテ。計算トハ會社財産ノ況、營業ノ成行、損益計算、準備金及利益又ハ利息ノ配當等ヲ詳ニシ以テ會社ノ盛衰ヲ明ニシ往ヲ鑑ミ來ヲ誡メ會

社ノ目的ヲ完フセシムルニ在ルモノナリ。

第百九十條　取締役ハ定時總會ノ會日ヨリ一週間前ニ左ノ書類ヲ監査役ニ提出スルコトヲ要ス

一　財産目錄　二　貸借對照表　三　營業報告書　四　損益計算書　五　準備金及ヒ利益又ハ利息ノ配當ニ關スル議案

義解　本條ハ取締役ノ監査役ニ提出スヘキ書類及期間ニ關スル規定ナリ。

會社ノ定時總會ハ會社ノ決算期ニ於テ之ヲ開クヘキモノニシテ。此定時總會ハ會社ノ決算報告ヲ受ケ之ヲ承認スルカ或ハ否ラサルカヲ定ムルノ基本タル書類ナカラサル可ラス。而シテ監査役ハ第百八十三條ノ規定ニ因リ此書類ヲ調査シ株主總會ニ其意見ヲ報告スルコトヲ要スルカ故ニ監査役カ十分其責任ヲ盡ス爲メ此等ノ書類ヲ調査スルニハ亦相當ノ期間ヲ要スルヤ明ナリ。故ニ本條ニ於テ取締役ハ定時總會ノ會日ヨリ一週間前ニ左ノ書類ヲ監査役ニ提出スヘキ旨ヲ規定セリ。

(一)　財産目錄

財産目錄トハ會社ノ所有ニ係ル動産不動産債權等會社ノ資産ニ關スル金品ヲ記載シタル書類ヲ云フ。而シテ之ヲ提出スルハ會社ノ現在ノ資産カ若干ナルヤヲ見ルニ供スルモノナリ。

（二）　貸借對照表
貸借對照表トハ會社ノ貸方ト借方ノ差引勘定ヲ一目暸然ナラシムル爲メ作成シタル一覽表ヲ云フ。之ヲ提出スルハ會社ノ資産ヲ明ニセシムル爲メナリ。
（三）　營業報告書
營業報告書トハ會社ノ事業ノ現況ヲ詳記シタルモノニシテ之ニ依リ會社ノ營業カ如何ナル盛衰ノ度ニ在ルカヲ詳ニスルヲ得ルモノナリ。
（四）　損益計算書
損益計算書トハ損失ト利益トヲ勘定シタル處ノ書類ニシテ之ニ因リ會社ノ營業カ果シテ損失アリシヤ利益アリシヤヲ明ニスルニ在リ。
五　準備金利益又ハ利息ノ配當ニ關スル議案
準備金トハ會社カ營業上得タル利益ヲ分配セス將來會社ノ事業ヲ營ムニ付流動資金トシテ殘シ置ク金員ヲ云フ。

利益トハ會社カ營業年度卽計算期間ノ六ケ月若クハ一ケ年間ニ得タル總收入ト總支出トヲ差引キ殘ル處ノ利得ヲ云フ。

利息トハ或ル元本ニ對シ附與スル處ノ一定ノ利得ニシテ前項利益ト異ナリ收入支出ノ差引勘定ノ如キハ敢テ問フ處ニ非ス。

右ノ配當ニ關スル議案トハ會社カ營業年度中ニ得タル利益ヨリ社債其利息ヲ辨濟シ準備金ヲ積立テ差引キ殘ル處ノ利益若干宛ヲ株主ニ配當スルカヲ協議スル處ノ原案又ハ假令利益ナキモ第百九十六條ノ如ク株主ニ利息ヲ配當スルトキ其配當ヲ協議スル處ノ原案ヲ云フ。

右ノ各項ハ孰レモ會社ノ利益配當ノ割合カ會社營業ノ現況ト必適シテ會社ノ隆盛ヲ謀ルニ足ルヤ否ヲ見ルニ供スルモノナリ。

問答 問 會日ヨリ一週間前トアルヲ以テ一週間ヨリ四五日早キモ妨ケナキヤ又ハ一週間ノ一日中ニ於テセサル可ラサルヤ。

答 法文ニ一週間前ニトアルヲ以テ少クモ一週間ノ一日中ナルコトハ之ヲ必要トスルモ兩三日若クハ四五日前ニ提出スルモ別ニ妨ケナシ。

問 本條五種外ノ書類ヲ提出シ得ルヤ。

答 五種以外ノ書類ヲ提出スルモ別ニ違法ニ非ス。

第百九十一條 取締役ハ定時總會ノ會日前ニ前條ニ掲ケタル書類及ヒ監査役

ノ報告書ヲ本店ニ備フルコトヲ要ス
株主及ヒ會社ノ債權者ハ營業時間内何時ニテモ前項ニ揭ケタル書類ノ閲覽ヲ求ムルコトヲ得

義解　本條ハ取締役ノ書類備付ノ義務及株主並ニ債權者ノ書類閲覽ノ權利ニ關スル規定ナリ會社ニ利害ノ關係ヲ有スル株主及ヒ會社ノ債權者ハ會社ノ業務及財產ノ狀況ヲ詳ニシ或ハ定時總會ニ於テ議決ノ資料ニ供ス可ク。或ハ會社ニ對スル所置ヲ爲スノ必要アル可ク。而シテ此等ノ爲メ不都合ナカラシムル爲メ本條第一項ニ於テ取締役ハ定時總會ノ會日前ニ前條ニ揭ケタル財產目錄、貸借對照表、營業報告書、損益計算書、準備金及利益又ハ利息ノ配當ニ關スル議案並ニ此等ニ就テ監査役カ作成シタル報告書ヲ會社ノ本店ニ備フヘキコトヲ命セリ。是レ此等ノ書類ヲ備フルニ非サレハ株主又ハ會社ノ債權者カ自己ノ欲スル取調ヲ爲サントスルモ其目的ヲ達スル能ハサルヲ以テナリ。

第一項規定ノ如ク取締役ヲシテ總會ノ會日前ニ書類ヲ備ヘシムルト雖トモ之カ閲覽ヲ爲サントスルニハ何時之ヲ爲シ得ルヤ若シ時間ノ規定ナキニ於テハ數十若クハ數百ノ株主カ朝夕夜間ヲ問ハス之カ閲覽ヲ求ムルニ當リ亂雜極リナキヲ以テ第二項ニ於テ株主及會社ノ債權者ハ會社ノ

營業時間內ハ何時ニテモ第一項ニ掲ケタル書類ノ閲覽ヲ求ムルコトヲ得ルトセリ。

問答　問　本條第一項ノ書類ヲ備ヘサルトキハ如何

答　第二百六十一條第九號ノ制裁アリ。

問　會社ノ營業時間外ニ書類ノ閲覽ヲ請求スル株主又ハ會社ノ債權者アルトキハ會社ハ之ヲ拒絶シ得ルヤ。

答　拒絶シ得ルナリ之レ本條第二項ノ規定外ナルヲ以テナリ。

第百九十二條　取締役ハ第百九十條ニ掲タル書類ヲ定時總會ニ提出シテ其承認ヲ求ムルコトヲ要ス

取締役ハ前項ノ承認ヲ得タル後貸借對照表ヲ公告スルコトヲ要ス

義解　本條ハ取締役カ總會ニ對シ盡スヘキ責務ニ關スル規定ナリ。

取締役ハ會社ノ業務ニ從事シ財產ヲ管理スル處ノ會社唯一ノ執行機關ニシテ取締役カ其責任ヲ完フスルト否トハ會社ノ盛衰ニ大關係ヲ有スルカ故ニ其責任ヲ完全ニ盡サシメントノ目的ヲ以テ監査役ナルモノヲ設ケ常ニ取締役ノ執務ヲ監視スト雖トモ尙果シテ適當ニ營業ヲ爲スヤ否ヤヲ見ルニ未タ以テ十分ナリトセス。而シテ總會ハ會社最高ノ機關ニシテ總會ノ決議ハ會社ノ意思ヲ發表スヘキモノナレハ第百九十條ニ從ヒ取締役カ總會ノ會日一週間前ニ監査役ニ提出シタル財産目錄、貸借對照表、營業報告書、損益計算書、準備金及利益又ハ利息ノ配當ニ關スル議按ニ付監査役ハ之ヲ調査シ其意見ヲ付シ會日前ハ共ニ此等ノ書類ヲ會社ノ本店ニ備置キ定時總會ノ開會セラルヽニ至リ取締役ハ此等ノ書類ヲ總會ニ提出シテ其承認ヲ求ムルコトヲ必要トス。尤モ監査役カ付シタル意見書ハ之ヲ提出スルヲ要セス。

右ノ如クシテ取締役カ提出シタル書類ニ付總會カ之ヲ承認シタルトキハ其取締役ノ爲シタル事務管理卽チ營業ハ適當ニ執行セラレタルモノト認定スルヲ得。從テ第三者ナル世間ニ對シ會社ノ確實ヲ公ニシ其信用ヲ得ルニ必要ナルヲ以テ右書類中貸借對照表ハ之ヲ公告スヘキモノトス。

問答

問　貸借對照表ノ公告ハ何人ノ名ヲ以テ之ヲ爲スヘキモノナルヤ。

答　取締役ノ名義ヲ以テ公告スヘキモノトス。

問　公告ノ方法如何。

答　第百二十條第七號ニ從ヒ定款ノ定ムル所ノ方法ニ從フヘキモノトス。

問　定時總會カ本條ノ承認ヲ爲サヽル結果如何。

答 取締役監査役ノ解任カ又ハ訴訟ト變スルノ外ナシ。

第百九十三條 定時總會ニ於テ前條第一項ノ承認ヲ爲シタルトキハ會社ハ取締役及ヒ監査役ニ對シテ其責任ヲ解除シタルモノト看做ス但取締役又ハ監査役ニ不正ノ行爲アリタルトキハ此限ニ在ラス

義解 本條ハ取締役及監査役ノ責任終了ニ關スル規定ナリ。

取締役ハ會社ヲ代表シテ業務ヲ執行シ監査役ハ其執行カ適當ニ爲サルヽヤ否ヲ監視シ以テ其當否ヲ總會ノ判斷ニ任シ之ヲ承認セサルノ結果ハ屢々訴訟又ハ解任トナルモ之ヲ承認シタルトキハ又其效果ヲ規定セサル可ラス。而シテ取締役及監査役カ會社ニ對スル責任ヲシテ無限ニ免ルヽノ機會ナカラシメンカ其責任重大ニシテ之ニ堪フル能ハサルノ嫌アルヲ以テ。前條第一項ノ規定ニ因リ總會カ提出書類ノ承認ヲ爲シタルトキハ取締役監査役ハ適當ニ會社ノ業務ヲ執行又ハ監視シタルトノ推測ヨリシテ會社ハ其責任ヲ解除シタルモノト見做スヘキコトヲ規定セリ。然レトモ右ハ取締役又ハ監査役カ只會社ノ業務執行上怠慢又ハ不注意等ノ過失ニ關スル普通ノ責任ニシテ故意ヲ以テ爲セル不正ノ行爲アリタルトキハ假令總會カ一旦承認ヲ爲シタリト雖トモ爲メニ其責任ヲ免ル可ラス。故ニ他日會社カ其不正ノ行爲ヲ發見セハ一旦承認ヲ與ヘタル後ド雖トモ更ニ其職ヲ解キ又ハ損害賠償ヲ請求スル固ヨリ妨ケナシ之レ本條但書ノ規定ナリ。

第百九十四條 會社ハ其資本ノ四分ノ一ニ達スルマテハ利益ヲ配當スル毎ニ準備金トシテ其利益ノ二十分ノ一以上ヲ積立ツルコトヲ要ス

額面以上ノ價額ヲ以テ株式ヲ發行シタルトキハ其額面ヲ超ユル金額ハ前項ノ額ニ達スルマテ之ヲ準備金ニ組入ルルコトヲ要ス

字解 額面トハ株式面ニ記載シアル金額ヲ云フ。

義解 本條ハ準備金積立ニ關スル規定ナリ。

合名會社合資會社ノ如キ資本ノ多少ハ會社ノ成立ニ關係スル少クシテ專ラ社員其人ノ信用ニ基キ組織セラレタル會社ニ在テハ無限責任社員アリテ會社ノ債務ヲ負擔スルヲ以テ會社ノ信用强大ナリト雖トモ。株式會社ニ在リテハ何人カ株主タルモ差支ナク苟モ株金ヲ出スモノハ乞食ノ徒ト雖トモ亦株主ト爲ルヲ得單ニ資本ノミニ因テ成立ツモノナレハ此資本ノ多少ハ會社信用ノ厚薄ニ關スル少カラス。故ニ若シ一朝不幸ニ遭遇シ資本ヲ減スルコトアリトセンカ會社ノ信用忽チ地ニ墮チ營業ヲ繼續スル能ハサルニ至リ株主ハ勿論利害關係者ノ損失ヲ來シ延テ商業社會ニ攪亂ヲ生スルヲ以テ。此等不虞ノ準備ノ爲メ資本以外ニ金額ヲ積立テ置キ假令多少資本ノ減少ヲ來スコトアリトスルモ此積立金ヲ以テ之ヲ塡補シ資本缺損ノ程度ヲ輕減シ營業ヲ繼續シ。一方ニ於テハ利害關係者株主ノ利益ヲ謀リ他方ニ於テハ社會ノ信用ヲ維持スルヲ得ルノ方法ヲ設ケサル可ラズ。之レ本條第一項ニ於テ會社ハ其資本金ノ四分ノ一ニ達スル迄ハ利益ヲ配當ズル每ニ準備金トシテ其利益ノ二十分ノ一以上ヲ積立ツルコトヲ要スト規定セル所以ナリ。假令ハ一事業年度ニ利益金百萬圓アルトキハ準備金カ資本金ノ四分ノ一ニ達スル迄ハ百萬圓ノ內五萬圓以上ヲ準備金トシテ之ヲ積立テ置カサル可ラサルカ如シ。

信用厚キ株式會社ニ於テハ額面以上ノ價額ヲ以テ株式ヲ發行スルコト往々見ル處ニシテ假令ハ一株百圓ノ株式ヲ百五圓又ハ百六圓ニテ發行シ實際ハ百五圓若クハ百六圓ヲ拂込マシメ乍ラ額面百圓ノ株式ヲ與フルカ如シ。之レ多クハ會社カ資本增加ノ爲メ新株ヲ發行スル場合ニアリトス。現ニ我勸業銀行ノ如キ屢此方法ヲ行フコトアリ。而シテ其超過額タル五圓又ハ六圓ハ會社ノ利益ナリト雖トモ營業上ノ利益ニ非サルヲ以テ之ヲ株主ニ配當セサルモ何ノ障害ナキノミナラス若シ之ヲ配當スルトキハ却テ株式ノ投機的取引ヲ奬勵スルノ弊害ヲ生スルニ至ルヲ以テ本條第二項ニ於テ此差額ハ擧ケテ之ヲ準備金ニ組入ルヘキモノトセリ然レトモ無限ニ準備金ニ組入ルノ必要ナキヲ以テ第一項ト同シク會社資本ノ四分ノ一ニ達スル迄ヲ以テ制限トセリ。

問答　問　第二項ノ場合ニ於テ配當スヘキ利益ナキトキモ準備金ヲ積立ツヘキヤ。

答　積立ヲ爲スヘキモノナキヲ以テ積立ヲ爲スヲ要セス。

問　本條ノ場合ニ準備金カ資本ノ四分ノ一ニ達セシ後モ積立ヲ爲シ得ルヤ。

答　資本ノ四分ノ一ニ準備金カ達セシ以上ハ之ヲ積立ツルト否トハ敢テ法律ノ問フ處ニ非ス。

第百九十五條　會社ハ損失ヲ塡補シ且前條第一項ニ定メタル準備金ヲ控除シタル後ニ非サレハ利益ノ配當ヲ爲スコトヲ得ス

前項ノ規定ニ違反シテ配當ヲ爲シタルトキハ會社ノ債權者ハ之ヲ返還セシムルコトヲ得

義解　本條ハ利益配當ニ關スル規定ナリ。

利益配當ノ多少ハ會社事業ノ盛否ト世人信用ノ厚薄ニ關シ株式價格ノ騰貴ト低落ニ影響ヲ及ホス少ラサルヲ以テ。若シ利益ノ配當ヲシテ全ク會社ノ自由ニ放任スルトキハ啻ニ利益ノ配當ヲ多クシ株券ノ價格ヲ騰貴セシメ詐欺ノ暴利ヲ博シ遂ニ會社ノ破產ヲ招クノ憂ナシトセサルヲ以テ本條ニ於テ之レカ制限ヲ設ケタリ。即チ會社ハ總收入ヨリ總支出ヲ差引キ若シ損失アリシトキハ其損失ヲ塡補シ次ニ前條第一項ニ定メタル資本ノ四分ノ一ニ達スルマテハ利益ノ二十分ノ一ヲ準備金積立トシテ之ヲ控除シ然ル後始メテ其殘額ヲ以テ利益ノ配當ヲ爲スヘキモノトス。右ノ如ク詐欺手段ヲ防禦スル爲メ第一項ノ規定ヲ爲シタリト雖トモ。之ニ違反シタルトキノ制裁ヲ設クルニ非サレハ往々之ヲ遵守セサル結果ヲ生スルヲ以テ。第二項ニ於テ第一項ノ規定ニ違反シテ配當ヲ爲シタルトキハ會社ノ債權者ハ株主ニ對シ直接ニ其受ケタル配當額ハ之ヲ返還セシムルコトヲ得ルモノナリ。

問答 問 本條第一項ノ規定ニ反シテ利益ノ配當ヲ爲シタルトキハ取締役其他會社ノ債權者ニ非サル者ヨリ之レカ返還ヲ請求シ得ルヤ。

答 利益ノ分配金ハ元來會社ノ益金ナルヲ以テ第三者タル債權者等ニ損害ナキ以上ハ假令多少ノ違法ノ事アルモ法律ハ害ナキモノト推測シ敢テ之レカ返還ヲ命セサルヲ以テ債權者以外ノモノハ其返還ヲ請求スルヲ得ス。

第百九十六條 會社ノ目的タル事業ノ性質ニ依リ第百四十一條第一項ノ規定ニ從ヒ本店ノ所在地ニ於テ登記ヲ爲シタル後貳年以上開業ヲ爲スコト能ハサルモノト認ムルトキハ會社ハ定款ヲ以テ開業ヲ爲スニ至ルマテ一定ノ利

息ヲ株主ニ配當スヘキコトヲ定ムルコト ヲ得但其利率ハ法定利率ニ超ユルコトヲ得ス

前項ニ掲ケタル定款ノ規定ハ裁判所ノ認可ヲ得ルコトヲ要ス

義解 本條ハ開業前ノ利息配當ニ關スル規定ナリ。

會社利息ノ配當ハ之ヲ適當ニ爲ストキハ株主ノ利益ハ勿論會社ノ隆盛信用ヲ來スモノトナルモ若シ之ヲ濫用スルトキハ幾多ノ弊害ヲ生シ或ハ會社ノ債權者ヲ害シ或ハ會社ノ顚覆ヲ來スコト少シトセス。故ニ前條ニ於テ利益配當ハ損失ヲ塡補シ法定準備金ヲ控除シタル後ニ非サレハ之ヲ爲スヲ得スト規定シタリ。然レトモ此ノ原則ヲ墨守シテ如何ナル場合ニモ此以外ノ配當ヲ許サストスルトキハ二年以上モ開業ヲ爲ス能ハサル性質ノ株式會社ニ在テハ數年ノ久シキ只資本ヲ卸シタルノミニテ之ニ對スル利益ヲ得ル能ハス。然ルトキハ莫大ノ貯蓄ヲ爲シ居ル者ニ非サレハ右等性質ノ會社株主タルコトヲ得サルニ至リ遂ニ廣大ナル事業ヲ企圖スル處ノ會社ノ成立ハ之ヲ見ル能ハサルニ至ルヲ以テ本條ニ於テ之レカ例外ヲ規定シタリ。假令ハ鐵道會社ノ如キ會社設立ノ登記ヲ爲シテヨリ線路布設ノ爲メ土地ヲ買上ケ「レール」敷設ノ工事ヲ爲シ鐵路貫通ノ上滊車ヲ運轉シ營業ヲ爲スニハ二年以上ノ月日ヲ要スルカ如シ。此ノ如キ場合ニ於テハ前條ノ規定ニ拘ラス開業前ト雖トモ左ノ制限ヲ以テ利息ヲ株主ニ分配スルコトヲ許セリ。

（一）會社ノ目的タル事業ノ性質ニ依リ第百四十一條第一項ノ規定ニ從ヒ本店ノ所在地ニ於テ登記ヲ爲シタル後二年以上開業ヲ爲スコト能ハサルモノト認ムルトキ。

若シ事業ノ性質カ二年以下ニシテ開始スルコトヲ得ルモノナルトキハ假令利息ヲ配當セサルモ甚タシキ不都合ヲ生セサルヲ以テ此場合ニハ一般普通ノ原則ニ從フヘキモノトナシ二年ヲ以テ之レカ分界ヲ定メタリ。

（二）定款ヲ以テ之ヲ定ムルコト。

會社ノ事業性質カ二年以上開始スル能ハサルモノト認ムルトキト雖トモ妄リニ其以前ニ利息ヲ配當スルハ亂雜ニ流ルルノ恐アルヲ以テ必ス豫メ定款ヲ以テ開業ヲ爲スマテ利息ノ配當ヲ爲スコト其利率若干ナルコトヲ定ムヘキモノトス。

（三）開業ヲ爲スニ至ルマテナルコト。

會社カ營業ヲ開始シタルトキハ通常ノ原則ニ復スルヲ以テ特別ニ本條ノ利息ノ分配ハ必ス會社カ營業ヲ開始スル迄ナルコトヲ必要トス。

（四）利率ヲ一定スルコト。

利益ハ事業ヲ營ムニ因リ得タル總ノ收入ヨリ支出ヲ控除シ殘ル處ノ益金ナルヲ以テ時ニ依リ多少ノ差異アルヘキヲ以テ豫メ之ヲ一定シ置ク能ハス。之ニ反シ利息ハ場合ニ依リ其額ヲ異ニスヘキモノニ非サルヲ以テ豫メ之レヲ定メ得ルノミナラス支拂フヘキ利息ハ會社カ營業ヲ爲サヽルニ依リ利益ヲ得ル筈ナケレハ資本ノ中ヨリ之ヲ融通セサル可ラサルヲ以テ豫メ之ヲ一定シ置クニ非サレハ會社ノ經濟ヲ紊亂スルヲ以テ本條ニ於テ之ヲ一定シ置クコトトセリ。

（五）法定利率以內ナルコト。

配當スヘキ利息ノ標準ハ會社ノ勝手ナリト雖トモ未タ營業ヲモ開始セサル前ニ爲スヘキモノナレハ妄リニ高額ノ配當ヲ爲スニ於テハ會社ノ不利益ハ勿論遂ニ事業ノ成功ヲ見ル能ハサルニ至ルモ計リ難キニ付必ス法定利率卽チ年六分ヲ超ユルコトヲ得サル旨ヲ規定セリ。

（六）裁判所ノ認可ヲ得ルコト。

前ニモ述ヘタル如ク利息配當ノ適否ニ因リ株主及ヒ會社ノ債權者ノ損得ニ關スルノミナラス經濟社會ニ變亂ヲ生スルニ至ルモ計リ難キヲ以テ利息配當ノ果シテ必要ナルヤ否ヤニ付裁判所ノ公ナル認可ヲ得ヘキコトトセリ。

問答

問 本條ノ二年以上開業スルコト能ハスト認ムルハ何人カ之ヲ爲スヤ。

答 會社カ之ヲ認ムヘキモノナリ。然レトモ本條第二項ニ於テ裁判所ノ認可ヲ得ヘキモノナルヲ以テ會社ノ認メカ果シテ正當ナルヤ否ヤハ裁判所ニ於テ之ヲ調査スヘキハ勿論ナリ。

問 開業前支拂フタル利息ハ開業ノ上ハ如何ニシテ之ヲ塡補スルヤ。

答 開業前ノ利息ハ資本ノ一部ヲ以テ支出スルモノナレハ會社ノ營業開始ノ上ハ前條ノ規定ニ因リ之ヲ塡補スヘキモノナリ。

問 本條ノ認可ヲ求ムル裁判所ハ何處ナルヤ。

答 非訟事件手續法第百二十六條ノ規定ニ從ヒ會社ノ本店所在地ノ地方裁判所ノ管轄トス。

第百九十七條

利益又ハ利息ノ配當ハ定款ニ依リテ拂込ミタル株金額ノ割合ニ應シテ之ヲ爲ス但會社カ優先株ヲ發行シタル場合ニ於テ之ニ異ナリタル定アルトキハ此限ニ在ラス

字解

優先株トハ普通ノ株式ヨリハ利益多キ株式ヲ云フ。

義解

本條ハ利益及利息配當ノ割合ニ關スル規定ナリ。

會社ノ株主ハ何時ニテモ同一ノ株金額ナルモノニ非ス或ハ一株百圓ニシテ全額拂込ミタル後資

本增加ノ爲メ一株七十圓ノ新株ヲ募集シ此新株中現在ノ拂込ハ五十圓ナルモ二十五圓丈ノ拂込ヲ爲シタル者アル如キ場合ニ於テ利益又ハ利息ヲ配當スルニハ定款ニ依リテ實際拂込ミタル株金額ノ割合ニ應シテ之ヲ分配ス可キモノトス。故ニ百圓株ニ對シ拾圓ノ配當ヲ爲ストキハ五十圓拂込ノ者ハ五圓二十五圓拂込ノ者ニハ二圓五十錢ノ配當ヲ爲スカ如シ。然レトモ優先株ナルモノハ普通一割ノ利益配當ヲ爲ストキハ一割一分又ハ一割二分ヲ配當スルカ如ク株主ヲ優待スヘキ性質ノモノナルヲ以テ此ノ如キ場合ニハ定款ニ依リ拂込ミタル株金額ノ割合ニ應シ利息又ハ利益ヲ分配セスシテ不平等ノ配當ヲ爲スコトヲ得ルモノナリ。之レ其優先株ノ性質ノ然ラシムルモノナルヲ以テ本條但書ニ於テ優先株ヲ發行シタル場合ニ於テ之ニ異リタル定アルトキハ此限ニ非スト規定シタル所以ナリ。

第百九十八條 裁判所ハ資本ノ十分ノ一以上ニ當タル株主ノ請求ニ因リ會社ノ業務及ヒ會社財產ノ狀況ヲ調査セシムル爲メ檢査役ヲ選任スルコトヲ得檢査役ハ其調査ノ結果ヲ裁判所ニ報告スルコトヲ要ス此場合ニ於テ裁判所ハ必要アリト認ムルトキハ監査役ヲシテ株主總會ヲ招集セシムルコトヲ得

義解 本條ハ會社ノ檢査ニ關スル規定ナリ。

會社ノ事業會計ノ整否ハ株主ノ利害ニ關スル少ラサルヲ以テ之カ株主タル者ハ常ニ注意シテ之レカ監督ヲ爲サヽル可ラスト雖トモ。個々ノ株主トシテハ直接ニ會社ノ事ニ容喙シ取締役等ヲ左右スルノ權利ナキヲ以テ適當ノ方法ニ依リテ自己ノ利害ヲ保護セサル可ラス。何ヲカ適當ノ方法ト云フ。曰ク株主總會ヲ組織シテ其意見ヲ發表セサル可ラス。然レトモ株主總會ハ定時總會及或規定ノ外常ニ成立スルモノニ非サルヲ以テ假令會社ノ事業ニ付集會ノ必要アリト雖トモ之レカ方法ヲ規定セサルニ於テハ之ヲ爲ス能ハサルヲ以テ。本條ニ於テ之レカ方法ヲ設ケ第一着手トシテ株主ノ請求ニ因リ會社ノ業務及會社財產ノ狀況ヲ調査セシムル爲メ裁判所ハ檢查役ヲ選任スルコトヲ得ルトセリ。然レトモ一人ノ株主ノ請求ニ因リ他ノ總テノ株主カ反對ナルニモ拘ラス檢查役ヲ選任スル如キハ會社ノ面目ヲ汚シ株主ノ不利益ヲ招クノミニシテ他ニ何ノ益スル處ナケレハ。株主カ會社ノ業務及會社ノ財產ノ狀況カ如何ナル狀況ニアルカヲ疑フトキト雖トモ會社ノ資本ノ十分ノ一以上ニ當ル株主ノ請求アルニ非サレハ裁判所ハ檢查役ヲ選任スヘキモノニ非ラスト規定セリ。

裁判所カ資本ノ十分ノ一以上ノ株主ノ請求ニ因リ檢查役ヲ選任シ會社ノ業務及會社財產ノ狀況ヲ調査セシメタルトキハ其調査ノ結果カ如何ナルヲ問ハス檢查役ハ之ヲ裁判所ニ報告セサル可

ラス。之レ検査役ハ只之ヲ調査スルノ權限ノミヲ有シ其正否ノ判斷ハ裁判所自ヲ之ヲ爲スヘキモノナルヲ以テナリ。

右ノ報告ニ因リ裁判所カ會社ニ不當ノ處爲ナキモノト認ムルトキハ別ニ何等ノ問題ヲ生セスト雖トモ若シ會社ノ業務執行カ不正又ハ怠慢ニ基キ會社ノ損失株主等ノ不利益ナリト思料シ必要アリト認ムルトキハ監査役ヲシテ株主總會ヲ招集セシムルコトヲ得ルトセリ。之レ裁判所カ私人ノ事ニ干渉スルカ如キ嫌アルモ必竟會社ノ事業ノ興廢ハ經濟社會ニ變動ヲ來シ公益ニ關スルヲ以テ此ノ如キ權限ヲ裁判所ニ附與セル所以ナリ。而シテ株主總會ノ招集ヲ監査役ニ命シテ取締役ニ命セサルハ會社ノ事務ハ取締役カ之ヲ執行スルモノニシテ其原因多クハ取締役ノ不正怠慢ニ基クヲ以テナリ。

問答

問　検査役ハ何人ヲ撰任スルヤ。

答　別ニ制限ナキヲ以テ何人ヨリ撰任スルモ差支ナシ。是レ此調査ハ往々特別ノ才能智識ヲ要スルヲ以テ裁判所ノ意見ニ一任シタル所以ナリ。

問　監査役カ本條第二項ノ裁判所ノ命令ニ反シテ株主總會ヲ招集セサルトキハ如何。

答　第二百六十一條第十號ノ制裁ヲ免レス。

問 取締役等カ本條監査役等ノ調査ニ便利ヲ與ヘスシテ妨ケタルトキハ如何。

答 第二百六十二條第三號ノ制裁アリ。

問 前二問ノ場合ノ制裁ハ過料ノミニテ他ニハナキヤ。

答 過料ハ多ク公益上ノ規定ニシテ若シ夫等ノ爲メ損害ヲ生シタルトキハ勿論之レカ賠償ヲ爲サヽル可ラサルナリ。

問 本條ノ裁判所ノ管轄ハ如何。

答 非訟事件手續法第百二十六條ニ依リ會社ノ本店所在地ノ地方裁判所ノ管轄トス。

第五節 社債

社債トハ會社ノ債務ト云フ略語ニシテ普通ノ負債ト異ナラス。卽チ社債權者ト會社トノ關係ハ純然タル貸借上ノ債權者債務者ノ關係ト同シク會社ハ社債權者ニ對シ債權及其利息ノ辨濟ヲ爲ス義務ノ外何等ノ債務ナク社債權者ハ右會社ノ義務ニ對スル債權ノ外利益ノ配當ヲ受ケ又ハ總會ニ出席スル等ノ權利ナキモノナリ。然レトモ玆ニ注意スヘキハ機械買入未拂代金ニ對スル債務工事ニ付勞働者賃金ノ債務等トハ全ク異ナルコトコレナリ。而シテ社債ヲ起ス場合ノ方式、其額、募集方法等本節ニ於テ之ヲ規定セリ。

第百九十九條　社債ハ第二百九條ニ定メタル決議ニ依ルニ非サレハ之ヲ募集スルコトヲ得ス

字解　社債トハ會社カ世間ヨリ募リタル負債ヲ云フ。

義解　本條ハ社債募集ノ要件ニ關スル規定ナリ。

凡ソ株式會社ハ有限責任ニシテ一定ノ資本ヲ以テ營業ヲ爲スモノナルニ妄リニ社債ヲ募リ之ヲ辨償スル能ハサルトキハ第三者ヲ害シ株主ノ利害ニ影響ヲ及ホスコト少ラス會社ノ爲メ重大ナル事項ナルヲ以テ社員連帶無限ノ責任アルモノト大ニ其趣キヲ異ニシ法律ハ種々ノ干渉制限ヲ爲シ以テ此等ノ弊害ナカラシメントス。本條ハ其一ニシテ社債ヲ募集スルニハ第二百九條ニ定メル決議ノ方法ニ依ラサル可ラストセリ。卽チ總株主ノ半數以上ニシテ資本ノ半額以上ニ當タル株主出席シ其議決權ノ過半數ヲ以テ之ヲ決セサル可ラス。若シ右員數ノ株主カ出席セサルトキハ出席シタル株主ノ議決權ノ過半數ヲ以テ假議決ヲ爲スコトヲ得ルモ。此場合ニ於テハ各株主ニ對シテ其假議決ノ趣旨ノ通知ヲ發シ且無記名式債劵ヲ發行シタルトキハ其趣旨ヲ公告シ更ニ一個月ヲ下ラサル期間內ニ第二回ノ株主總會ヲ招集シ出席シタル株主ノ議決權ノ過半數ヲ以テ假議決ノ認否ヲ決セサル可ラス。

問答

問 第二百九條ノ決議ニ依ラスシテ募集シタルトキハ如何。

答 其募集ハ無效ナリ。

第二百條 社債ノ總額ハ拂込ミタル株金額ニ超ユルコトヲ得ス

最終ノ貸借對照表ニ依リ會社ニ現存スル財産カ前項ノ金額ニ滿タサルトキハ社債ノ總額ハ其財産ノ額ニ超ユルコトヲ得ス

義解 本條ハ社債募集ノ制限ニ關スル規定ナリ。

社債ハ會社ノ負債ニシテ現ニ拂込ミタル株金額ハ之レカ擔保ナリ。若シ此擔保タル株金額ヨリ社債ノ總額カ超過スル如キ場合アリトセンカ。會社經濟ノ安全到底望ム可ラサルノミナラス社債ノ募集ニ應シタル者ニモ種々ノ人アリテ債權額ノ辨濟ヲ受クル能ハス往々公安ヲ害スルニ至ルヲ以テ本條コレカ制限ヲ設ケ社債ノ總額ハ現ニ拂込ミタル株金額ニ超ユルコトヲ得サルモノトス。例ヘハ會社ノ資本總額五百萬圓ナルモ拂込ミタル株金額ハ其内二百萬圓ナルトキハ社債モ亦二百萬圓ヲ上ルヲ得ス必ス二百萬圓以下ナラサル可ラサルカ如シコレ第一項ノ規定ナリ。右ノ如ク社債ノ總額ハ拂込ミタル株金額ニ超ユルコトヲ得ストスルモ事業ノ失敗損失等ニ因リ會社現存スル財産ハ拂込ミタル株金額ヨリ少キコト往々コレアリ。此ノ如キ場合ニモ尚ホ株金額ヲ標準トシテ社債ヲ募集スルトセンカ之レカ制限ヲ設ケタル精神ヲ貫徹スル能ハサルヲ以テ。第二項ニ於テ最終ノ貸借對照表ニ依リ會社ニ現存スル財産ニ滿タサルトキハ社債ノ總額ハ現在ノ財産ニ超ユルコトヲ得ストセリ。前例拂込ミタル金額二百萬圓ナルモ損失ニ因リ百五十萬圓ニ減少シタル時ハ社債ハ百五十萬圓ヲ超ユルヲ得サルモノトス。

問答　問　現存ノ財産トハ如何。

答　流通資本固定資本ヲモ包含ス。故ニ在金ハ五十萬圓ナルモ店舖商品器具並ニ債權五十萬圓ナルトキハ現存ノ財産百萬圓ナリ。

問　本條ノ制限ニ超過シテ社債ヲ募集シタルトキハ如何。

答　會社ニ對シテハ無效ニシテ之ヲ爲シタル者ハ第二百六十二條第八號ノ制裁アリ。

第二百一條　各社債ノ金額ハ二十圓ヲ下ルコトヲ得ス

義解　本條ハ社債ノ金額制限ニ關スル規定ナリ。

社債ヲ募集スルニ當リ若シ金額三十萬圓ヲ得ントスルニハ一口三拾圓ニシテ之ヲ一萬口ニ分ツカ如ク必ス各個平分ニ募集スルモノナリ。而シテ會社ハ前條ノ制限ニ超過セサル以上ハ假令幾千萬圓ヲ募集スルモ差支ナク又之ヲ幾口ニ分ツモ敢テ法律ノ干渉スル所ニ非サルモ。株式一株ノ金額五十圓ヲ下ルヲ得サルモ株金全額ヲ一時ニ拂込ムトキハ其最少限ヲ更ニ二十圓ト爲スヲ許スト(一四五以下)同一ノ理由ニ依リ社債一口ノ金額ハ貳拾圓ヲ下ルコトヲ得スト規定セリ。コレ社債ハ必ス全額ヲ一時ニ拂込ムヘキモノナルヲ以テナリ。

問答　問　總社員ノ議決アルトキト雖トモ二拾圓以下ニ下スコトヲ得サルヤ。

答　本條ハ公益規定ナルヲ以テ假令總社員ノ議決アリト雖トモ一口二拾圓ヲ下ルヲ得ス。

第二百二條　社債權者ニ償還スヘキ金額カ劵面額ニ超ユヘキコトヲ定メタルトキハ其金額ハ各社債ニ付キ同一ナルコトヲ要ス

義解　本條ハ社債償還ノ制限ニ關スル規定ナリ。

社債權者ニ對シ會社カ債劵面ノ金額ヲ償還スルニ當リ劵面額ノ如ク償還スルトキハ各債權者カ受クヘキ處ノ額亦同一ナルコト明ナルモ。會社カ社債ヲ募集スルニ當リ其募集ノ容易ナランコトヲ欲シ其劵面額ヨリ多クノ金額ヲ償還スヘシト定ムルコトアリ。例ヘハ社債ノ劵面額ハ貳拾圓ナルモ貳拾五圓ヲ償還スルト定ムルカ如シ此ノ如キ場合ニ於テ或債權者ニハ貳拾五圓或ル債權者ニハ貳拾參圓或ル債權者ニハ貳拾六圓ヲ償還スルト云フ如ク劵面超過額ノ不同ナルヲ許サス必ス各債權者トモ其超エタル額ハ同一ナラサル可ラス。コレ甲乙其額ヲ異ニスル如キハ富籤興業ニ類シ公安ヲ害スルヲ以テナリ。然レトモ現今勸業銀行カ全ク本條ノ規定ニ反シ債權ノ幾部ハ劵面額ヲ償還シ他ノ幾部ハ劵面額ノ二部若クハ三部以上ヲ償還スル如キハ勸業銀行法ナル特別法ヲ以テ之ヲ許シタル一ノ例外ト見ルノ外ナシ。

問答 問 同時ニ募集シタル社債ニ一ハ償却ノ際劵面額ニ五圓ノ超過額ヲ拂フト記載シ一ハ此條件ノ記載ナキトキハ如何。

答 等シク劵面額ニ超過シタル金額ヲ償還ス可キモノトス。

第二百三條 社債ヲ募集セントスルトキハ取締役ハ左ノ事項ヲ公告スルコトヲ要ス

一 第百七十三條第三號乃至第六號ニ掲ケタル事項

二 會社ノ商號

三 前ニ社債ヲ募集シタルトキハ其償還ヲ了ヘサル總額

四 社債發行ノ價額又ハ其最低價額

五 會社ノ資本及ヒ拂込ミタル株金ノ總額

六 最終ノ貸借對照表ニ依リ會社ニ現存スル財産ノ額

義解 本條ハ社債募集ノ公告ニ關スル規定ナリ。

社債ノ募集カ果シテ法律ノ規定ニ違背セサルヤ否又社債ヲ募集スルモ償還ニ差支ナキヤ否ヲ知ルハ募集ニ應セントスル者ノ尤モ知ラント欲スル所ニシテ之ヲ知ラシムル爲メ左ノ事項ヲ公告セサル可ラス。而シテ此公告ヲ爲スハ取締役ノ一ノ義務ナリ。

一 第百七十三條第三號乃至第六號ニ掲ケタル事項。

(甲)ハ社債ノ總額(一七三ノ三號)ニシテ募集ヲ爲ス處ノ社債ノ總テノ額ヲ云フ。コレ第五號ト比較シテ前條ノ規定ニ背カサルヤ否ヲ知ルノ必要アルヲ以テナリ。

(乙)ハ各社債ノ金額(一七三ノ四號)ニシテ募集ヲ爲ス社債一口ノ金額ヲ云フ。コレ第二百一條ノ規定ニ違背セサルヤ否ヤ又應募者カ出金額ヲ知ルノ必要アルヲ以テナリ。

(丙)ハ社債ノ利率(一七三ノ五號)ニシテ募集ヲ爲ス社債ニハ若干ノ利息ヲ附スルヤ其割合ヲ云フ。而シテ應募者ハコレカ多少ニ因リ關係少ラサルヲ以テ之ヲ知ラシムル尤必要ナレハナリ。」

(丁)ハ社債償還ノ方法及期限(一七三ノ六號)ニシテ償還ノ方法トハ抽籤ニ因リ償還スルカ又ハ番號順ニ因リ償還スルカノ如キヲ云ヒ。其期限トハ償還ヲ爲ス處ノ期限ヲ云フ。而シテ償還ノ方法如何期限ノ長短ニ因リ應募者ノ考慮ヲ要スルモノナルヲ以テナリ。

二　會社ノ商號。

會社ノ商號ハ會社ヲ代表スル處ノモノナルヲ以テ社債ノ對手人ニ何會社ナルカヲ示スハ尤モ必要ナリ。

三　前ニ社債ヲ募集シタルトキハ其償還ヲ了ヘサル總額。

嘗テ會社カ社債ヲ募集シ未タ償還ヲ了ヘサルトキハ其殘額ノ多少ニ因リ會社ノ信用ニ影響ヲ及ホス少ラス從テ償還ノ確否ニ關スル少ラサルヲ以テコレヲ公告スルヲ要ス。

四　社債發行ノ價額又ハ其最低價額。

社債發行ノ價額トハ社債ノ劵面額又ハ其以上又ハ其以下ニテ發行スル價額ヲ云フ。假令ハ劵面額ハ五十圓ナルニ劵面通リニテ又ハ五十二圓又ハ四十八圓ニテ發行スルト云フカ如シ。

最低價額トハ前例ノ如ク五十二圓五十圓又ハ四十八圓ト豫メ定メス其最低價額ヲ四十七圓又ハ四十八圓ト定メ其以上ハ若干ニテモ之ヲ制限セサルヲ云フ。

右ノ價額ハ應募者ノ利害ニ關スル少ラサルヲ以テ應募者ヲシテ熟慮ヲ爲サシメンカ爲メ之ヲ公告ス。

五　會社ハ資本及拂込ミタル株金ノ總額。

會社資本及拂込ミタル株金ノ總額如何ニ因リテハ第二百條第一項ノ制限ニ背カサルヤ否ヤ會社カ償還ノ資力ヲ有スルヤ否ヲ知ルニ尤モ必要ナルヲ以テ之ヲ公告スル所以ナリ。

六　最終ノ貸借對照表ニ因リ會社ニ現存スル財産ノ額。

本號ヲ公告スル所以ハ第二百條第二項ニ違背セサルヤ否ヲ知ルニ尤モ必要ナルヲ以テナリ。

問答

問　公告ノ方法如何

答　第百二十條第七號ニ依リ定款ノ定ムル所ニ依ル可シ。

問　取締役カ本條ノ公告ヲ怠ルトキハ如何。

答　第二百六十一條第二號ニ依リ罰セヲル可シ。

第二百四條　社債ノ募集カ完了シタルトキハ取締役ハ各社債ニ付キ其全額ヲ拂込マシムルコトヲ要ス

取締役ハ前項ノ規定ニ從ヒ全額ノ拂込ヲ受ケタル日ヨリ二週間内ニ本店及ヒ支店ノ所在地ニ於テ第百七拾三條第三號乃至第六號ニ掲ケタル事項ヲ登

記スルコトヲ要ス

義解　本條ハ社債募集カ完了シタルトキ取締役カ爲スヘキ手續ニ關スル規定ナリ。社債ノ募集ニ應シタル者ハ應募ノ申込ト同時ニ社債ノ拂込ヲ爲ス可キ義務ヲ負フモノナルヲ以テ取締役ヨリ拂込ミノ通知ヲ受ケタルトキハ直チニ自己ノ引受ケタル部分ノ拂込ヲ爲サヽル可ラス。而シテ取締役ハ社債ヲ募集シテ豫定ノ額ニ達シタルトキ卽チ完了シタルトキハ各社債ニ付其金額ヲ拂込ムヘキ通知ヲ爲シ以テ應募者ヲシテ之ヲ拂込マシメサル可ラス。從來我國ノ慣例トシテ株式ト同シク數回ニ分テ之ヲ拂込マシメタリト雖トモ抑會社カ社債ヲ募集スルハ金錢ノ必要ヨリ生シタルモノナルニ目下必要ナラサル金錢ヲ募集スル如キハ社債ノ主旨ニ反スルノミナラス數回ニ分チ拂込ムトキハ後ノ拂込延期シテ債主ノ支拂資力ヲ減シ會社ハ支拂ヲ受クル能ハサル位地ニ至ルコト少シトセス繁雜ヲ生スルヲ以テ本條ニ於テ其全額ナルコトヲ規定シ一部拂込ヲ許サス。

右ノ規定ニ依リ各社債ニ付全額ノ拂込アリタルトキハ會社財産ノ狀態ニ一大變更ヲ來シ從來會社ト關係アルモノハ勿論將來關係ヲ生セントスル者ニ對シ影響ヲ及ホス少ラサルヲ以テ。取締役ハ全額拂込ヲ受ケタルヨリ二週間內ニ其會社ノ本店及支店ノ所在地ニ於テ左ノ事項ヲ登記セサル可ラス。

(一) 社債ノ總額

(二) 各社債ノ金額

(三) 社債ノ利率

(四) 社債償還ノ方法及期限

右(一)乃至(四)ノ如何ナルモノナルカ前條ノ說明ヲ參照ス可シ。

問答 問 定款又ハ總會ノ決議ヲ以テ社債ヲ數度ニ分チ拂込マシメ得ルヤ。

答 社債拂込ハ之ヲ數度ニ分ツヲ得ス必ス一回ニ拂込マシメサル可ラス。

問 本條ノ登記ヲ怠ルトキハ如何。

答 第三者ニ對シテ效力ヲ生セス而シテ取締役ハ第二百六十一條第一號ノ罰ヲ受ケサル可ラス。

第二百五條 債券ニハ第二百三條第一號及ヒ第二號ニ掲ケタル事項及ヒ番號ヲ記載シ取締役之ニ署名スルコトヲ要ス

義解 本條ハ債券ノ方式ニ關スル規定ナリ。

債券ハ會社カ債務ヲ負擔シ居ルコトヲ證明スヘキ唯一ノ證據ナルヲ以テ最モ正確ナルヲ必要トス。故ニ本條ニ於テ債券ニ記載スヘキ事項ヲ定メタリ即チ左ノ如シ。

一　第百七十三條第三號乃至第六號ニ掲ケタル事項ニシテ（甲）社債ノ總額（乙）各社債ノ金額（丙）社債ノ利率（丁）社債償還ノ方法及期限。

コレ等ヲ記載スルハ約束ヲ證書ニ認ムル所以ニシテ若シ否サレハ如何ナル約束ナリシヤ後日ノ紛爭ヲ生スルヲ以テナリ詳細ハ第百七十三條ニ在リ。

（二）　會社ノ商號

會社ノ商號ヲ記載スルハ社債ノ義務者ハ何會社ナルカヲ明ニスル所以ナリ。

（三）　番號

番號トハ社債券ノ番號ニシテ之ヲ記載スルハ自己ノ債權ハ第何番ニ在ルカヲ知ルヘク又第何號ハ如何ニ爲リ居リシカヲ知ルニ必要ナルヲ以テナリ。

（四）　取締役之ニ署名スルコト

會社ハ社債權者ニ向ヒ義務ヲ負フト雖トモ會社ハ元來無形人ニシテ之ヲ代表スル所ノモノナヲサル可ラス。而シテ取締役ハ會社ヲ代表シテ會社ノ行動ヲ爲スモノナレハ署名シテ以テ愼ニ會社ハ何人カ代表シタルカ其責任ノ歸スル所ヲ明ニスル所以ナリ。

問答 問 各社債毎ニ債券ヲ作ルヘキモノナルヤ。

答 通例各社債毎ニ債券一通ヲ作ルモ何等ノ制限ナキヲ以テ數個ノ社債ヲ合シテ一ノ債券ヲ作ルモ差支ナシ。

問 利息支拂ノ時期及債券發行ノ年月日ハ債券ニ記載ス可キモノナルヤ。

答 本條ニハコレカ規定ナキヲ以テ之ヲ記載スルヲ要セスト雖トモ假令之ヲ記載シタリトテ債權ノ效力ニ影響ヲ及ホスヘキモノニ非ス。故ニ之ヲ記載スルト否トハ會社ノ勝手ナリ。

問 債券ニハ社印又ハ取締役ノ印ヲ押捺セサルモ可ナルヤ。

答 社印又ハ取締役ノ印ヲ押捺スルヲ要セス。

第二百六條 記名社債ノ讓渡ハ讓受人ノ氏名、住所ヲ社債原簿ニ記載シ且其氏名ヲ債券ニ記載スルニ非サレハ之ヲ以テ會社其他ノ第三者ニ對抗スルコトヲ得ス

字解 記名社債トハ持主ノ名前ヲ記載シアル社債ヲ云フ○社債原簿トハ社債ノ元帳ニシテ債券ノ枚數番號記名社債ハ債權者ノ氏名住所等一切ノ事項ヲ記載シタルモノナリ。

義解　本條ハ記名社債ノ讓渡ニ關スル規定ナリ。社債々券ハ之ヲ無記名式ニ爲スト記名式ニ爲ストハ敢テ法律ノ問フ處ニ非ス。當事者ノ自由ニシテ之ヲ無記名式ト爲シタルトキハ單ニ其交付ノミヲ以テ讓渡ノ效力ヲ生スルモノナリ。之ニ反シ記名式ト爲シタルトキハ當事者間ニ在テハ一般普通ノ原則ニ從ヒ意思ノ合致ヲ以テ讓渡ノ效力ヲ生スト雖トモ會社其他ノ第三者ニ對抗センニハ必ス本條ノ規定ニ從ヒ讓受人ノ氏名住所ヲ社債原簿ニ記載シタル上尙債券ニ讓受人ノ氏名ヲ記載セサル可ラス。

問答　問　社債原簿ヲ備ヘス又ハ記載ヲ爲サス又ハ記載ヲ爲スモ不正ノ記載ヲナストキハ如何

答　第二百六十一條第九號ノ制裁ヲ受クヘキモノトス。

問　本條ニ記載シアル手續ノ一ヲ缺クトキハ其讓渡ハ如何。

答　讓渡ハ無效ナリ。

第二百七條　第百五十五條ノ規定ハ債券ニ之ヲ準用ス

義解　本條ハ債券ノ方式ニ關シ第百五十五條ヲ準用ス可キコトヲ規定セリ。第百五十五條第一項ニ於テ株金全額ノ拂込アリタルトキハ株主ハ其株券ヲ無記名式ト爲スコトヲ請求シ得ルト規定シタルモ社債ハ最初ヨリ全額拂込ナルヲ以テ社債權者ハ社債ノ拂込ミト同時ニ會社ニ對シ債券ヲ無記名式ト爲スコトヲ得ルモノナリ。而シテ此無記名式ト爲スニ付テハ本條ノ規定ヲ待タス第三百五條ニ依リ之ヲ推知シ得ルモ其時期又ハ何人ヨリ之ヲ定ムルヤ明ナラサルヲ以テ本條ニ之ヲ規定セリ。

右ノ如ク社債券ハ記名ト爲スモ無記名ト爲スモ應募者卽社債權者ノ隨意ニシテ一旦其無記名式ニ定メタル後ニ至リ之ヲ變更シ能ハサルノ理由ナク其先後ヲ以テ之レカ區別ヲ爲スノ必要ナキヲ以テ第百五十五條第二項ヲ準用シ社債權者ハ何時ニテモ其無記名式ノ債券ヲ記名式ト爲スコトヲ會社ニ請求スルコトヲ得ルトセリ。

問答 問 社債權者ハ記名式ト爲シタル社債券ヲ無記名式ニ爲サンコトヲ請求シ得ルヤ。

答 別ニ明文ナキヲ以テ之ヲ請求シ得ヘシ。

第六節 定款ノ變更

定款ハ會社ノ憲法ニシテ會社カ據リテ以テ活動スル處ノ基礎ナレハ之ヲ變更スル容易ノ事ニ非ス。故ニ本節ヲ設ケ定款ノ變更ニ關スル規定ヲ掲ケタリ。

第二百八條 定款ハ株主總會ノ決議ニ依リテノミ之ヲ變更スルコトヲ得

義解 本條ハ定款變更ノ要件ニ關スル規定ナリ。

株主總會ハ會社最高ノ機關ニシテ其決議ハ會社ナル法人ノ意思ト云フヘク此機關ニ依リ會社ノ運命ヲ決スルコト少シトセス。而シテ會社ノ據リテ以テ活動スル憲法トモ名ツク可キ定款ノ變更ハ忽チ會社ノ方針ニ影響ヲ及ホスコト少ラサルヲ以テ會社ノ意思ト見ルヘキ株主總會ノ決議ニ依ルニ非サレハ之ヲ爲スコト得ス。只茲ニ注意ス可キハ定款中ニ如何ナル場合ハ定款ヲ變更シテ如何ニ爲スコトヲ得ルト規定シタル場合例ヘハ汽船會社カ神戸門司間及鹿兒島臺灣間ニ運送業ヲ爲スト規定シ更ニ將來荷物輻輳ノ場合ニハ更ニ鹿兒島門司間ノ航海ヲ連結スルヲ得ルト定款ニ規定シタル如キ場合ニ荷物輻輳ナル條件カ到來シタルトキハ別ニ定款ノ變更ヲ待タス定款ノ規定ニ從ヒ其事業ヲ爲シ得ルモノナルヲ以テカヽル場合ヲ本條ノ定款ノ變更ト混同セサルコトヲ要ス。

問答

問　會社ノ取締役又ハ監査役ハ定款ヲ變更シ得ルヤ。

答　變更スルヲ得ス。何トナレハ本條ニ定款ハ株主總會ノ決議ニ依リテノミ之ヲ變更スルコトヲ得ト規定シタルヲ以テ固ヨリ其以外ヲ許サヽレハナリ。

問　定款ニ於テ定款ノ變更ハ取締役又ハ監査役ニ於テ之ヲ爲シ得ルト定メアルトキハ取締役等ハ之ヲ變更シ得ルヤ。

答 取締役等ニ定款ノ變更ヲ許スハ本條ノ規定ニ違背スルヲ以テ其許シタル規定ハ無效ナリ必ス本條ニ依ラサル可ラス。

第二百九條 定款ノ變更ハ總株主ノ半數以上ニシテ資本ノ半額以上ニ當タル株主出席シ其議決權ノ過半數ヲ以テ之ヲ決ス

前項ニ定メタル員數ノ株主カ出席セサルトキハ出席シタル株主ノ議決權ノ過半數ヲ以テ假議決ヲ爲スコトヲ得此場合ニ於テハ各株主ニ對シテ其假決議ノ趣旨ノ通知ヲ發シ且無記名式ノ株券ヲ發行シタルトキハ其趣旨ヲ公告シ更ニ一个月ヲ下ラサル期間內ニ第二回ノ株主總會ヲ招集スルコトヲ要ス

第二回ノ株主總會ニ於テハ出席シタル株主ノ議決權ノ過半數ヲ以テ假決議ノ認否ヲ決ス

前二項ノ規定ハ會社ノ目的タル事業ヲ變更スル場合ニハ之ヲ適用セス

義解 本條ハ定款變更ノ決議方法ニ關スル規定ナリ。

前ニモ述ヘタル如ク定款ハ會社ノ憲法トモ云フ可キ規則ニシテ會社一切ノ事項ハ定款ノ範圍內ニ於テ行動スヘク而シテコレヲ規定スルニハ會社ノ發起人ニ於テ之ヲ作成シ株主引受人後チニ

株主ト爲リタル者カ創立總會ニ於テ之ヲ認メタルモ（一二〇以下及一三八）ナルヲ以テ之ヲ變更スルハ非常重大ノ事柄ト云ハサル可ラス。故ニ前條ニ於テ株主總會ノ決議ノミニ因リ之ヲ爲スヘキコトヲ許セルモ株主總會ニ全員ノ出席及一致ヲ希望スル如キハ到底能ハサルノ事柄ナルヲ以テ。本條ニ於テ第一ニ可成完全ノ本則ヲ定メ第二ニ本則ニ從フ能ハサルトキノ救濟法トシテ變則ノ便法ヲ設ケタリ。

第一本則トハ本條第一項ノ規定ニシテ出席株主議決權ノ二種ニ制限ヲ設ケタリ。

（甲）出席株主及資本ノ半額以上ナルコトヲ要ス。

（イ）出席株主ハ人數ニ於テ總株主ノ半數以上ナルコトヲ要ス。例ヘハ一株五十圓ニシテ二萬株資本ノ總額百萬圓ニシテ株主ノ總數五千人ナルトキハ（一人ニシテ數株ヲ有スルモノアルヲ以テ株數ヨリ株主ノ數ニ於テ減少ヲ見ル）二千五百人以上ノ出席アルヲ要ス。故ニ二千五百人以上ノ出席人數ナキトキハ假令其他ノ條件具備スルモ定款變更ノ決議ヲ爲スコトヲ得ス。

（ロ）資本ノ半額以上ナルコトヲ要ス。例ヘハ前條ニ於テ出席シタル株主ノ有スル株券ノ金高ヲ合シテ資本總額百萬圓ノ半額以上卽五十萬圓以上ナラサル可ラス。故ニ假令出席人員ハ二千五百人アルモ此人人カ有スル資本金額カ五十萬圓ニ達セサルトキハ定款變更ノ決議ヲ爲スコトヲ得ス。

(乙)　議決權ノ過半數ナルコトヲ要ス。

議決權ナルモノハ一株ニ付一個アルモノナルヲ以テ一人ニテ五株ヲ有スルモノハ從テ議決權ハ五個アルモノナリ（一六二）。故ニ假令出席人員ニ於テ過半數ナルモ議決權ニ於テ過半數ニ達セサルトキハ定款變更ノ議決ヲ爲スヲ得ス。例ヘハ前例三千人ノ出席アリテ一萬五千ノ議決權アルトキハ七千五百一個以上ノ議決權ヲ有スル人ノ同意ヲ要スルカ如シ。

第二　變則ノ便法トハ本條第二項第三項ノ規定ニシテ本則タル第一項ノ規定ニ從フヲ得ス去リトテ定款ハ變更スルノ必要アル如キ場合ニ於テ之ヲ爲シ得ルモノニシテ之ヲ左ノ如ク數段ニ分チ説明ス可シ。

(甲)　出席シタル株主ノ議決權ノ過半數ヲ要ス。

本則ニ從ヒ出席人員ノ揃フヲ待ツトキハ徒ニ時日ヲ經過シ爲メニ會社ノ不利益ヲ招クコトナシトセサルヨリ便法ヲ設ケタルモノナレハ已ムヲ得ス現ニ出席シタル株主ノ議決權ノ過半數ヲ以テ假リニ決議ヲ爲シ定款ヲ變更スルコトヲ得。假令ハ前例ニ於テ總株主五千人ナルニ現實ノ出席員數ハ二千人ノ外得ル能ハス此議決權九千個ナルトキハ四千五百一個以上ノ議決權ノ同意アレハ可ナルカ如シ。

（乙）通知及公告。

右ノ如ク議決ヲ爲シ定款ヲ變更スト雖トモ假ノ決議ナルヲ以テ之ヲシテ眞正ノ決議ト同一ノ效力ヲ有セシムルニハ相當ノ手續ヲ爲サヽル可ラス。其第一トシテ通知及公告ヲ爲ス可キモノトス。

（イ）無記名式株券ノ發行ナルトキ。

定款ノ變更カ無記名式株券ノ發行ナルトキハ假決議ノ趣旨ヲ各株主ニ通知シ且其趣旨ヲ公告セサル可ラス。

（ロ）無記名式株券發行ノ以外ナルトキ。

定款變更ノ假決議カ無記名式株券發行ノ以外ナルトキハ單ニ各株主ニ其趣旨ヲ通知セハ足ルモノニシテ別ニ公告ヲ爲スヲ要セス。

右ノ通知及公告ニハ第二回ノ株主總會ヲ招集スルコト幷ニ其總會ノ會日ヲ記載スヘキハ當然ナリ。

（丙）第二回總會ノ招集。

右ハ變則トシテ法律カ許シタルハ一ノ假決議ナルヲ以テ之ヲシテ效力ヲ有セシメントスルニハ更ニ一段ノ手續ヲ爲サヽル可ラサルハ勿論ニシテ右通知公告ト第二回總會ノ招集トニ依リ始メテ完全ナル決議トナルモノナリ。

（イ） 招集ノ時期。

第二回總會招集ノ時期ハ短クトモ假決議ノ時ヨリ一ケ月ヲ經サル可ラス。即チ一ケ月ノ猶豫ヲ與ヘテ之ヲ招集ス可キモノトス。

（ロ） 議決ノ方法。

第二回總會ニ於テハ前假決議ヲ承認スルヤ又ハ否認スルヤヲ定ムル者ニシテ此承認ヲ爲シタルトキハ假議決ハ始メテ完全ナル效力ヲ有スルニ至ルモ若シ否認セラレタルトキハ其時ヨリ效力ヲ失フモノナリ。而シテ此議決ノ方法ハ現ニ出席シタル株主カ有スル議決權ノ過半數ヲ以テ爲ス可キモノトス。

右ノ如ク會社定款ノ變更ハ本則タル第一項ニ從フ能ハサルトキハ第二項第三項ノ變則ニ從ヒ之ヲ變更シ得ルノ便法ヲ設ケタリト雖トモ會社ノ目的タル事業ヲ變更スル場合ニハ變則ニ從フヲ許サス。コレ目的事業ノ變更ハ他ノ定款ノ變更ヨリハ一層重大ナルヲ以テナリ。事業ノ變更トハ例ヘハ製絲ヲ目的トシタル會社カ之ヲ改メテ織物會社ト爲シ鐵道事業ヲ變シテ馬車會社ト爲スカ如キヲ云フ。

問答 問 假議決ノ通知公告ヲ怠リタルトキハ如何。

答 第二百六十一條第二號ノ制裁アリ。

一問 假議決通知ノ方法如何。

答 別ニ何等ノ定メナキヲ以テ郵便其他ノ方法ヲ以テスルモ差支ナシ。

第二百十條 會社ノ資本ハ株金全額拂込ノ後ニ非サレハ之ヲ增加スルコトヲ得ス

義解 本條ハ資本增加ニ關スル規定ナリ

資本ノ增加トハ定款ニ定メアル一定ノ資本ヲ更ニ增加スルヲ云フ。例ヘハ會社ノ資本百萬圓ナルニ之ヲ增加シテ百二十萬圓又ハ百五十萬圓ト爲スカ如シ。

會社ノ資本ハ會社ノ資產ニシテ會社カ營業ヲ爲ス基本金ナリ。其多寡ハ會社盛衰ノ分ルヽ所ナレハ之ヲ增加スル如キ最モ鄭重ニセサル可ラス。而シテ本條何等ノ明文ナシト雖トモ資本ノ增加ハ定款ノ變更ナルヲ以テ固ヨリ前條ノ議決ヲ要スルヤ言ヲ待タサルナリ。

株金ノ全額カ未タ拂込マレサル場合ニ於テ會社カ事業ヲ爲スニ費用ノ不足ヲ生スル如キ場合アラハ更ニ未拂ノ株金ヲ拂込マシムレハ足レルモノニシテ。此ノ如キ場合ニ資本ヲ增加セシムルノ必要ナク又其時期ニ非サルナリ。故ニ本條コレカ制限ヲ設ケ會社ノ資本ハ株金全額拂込ノ後ニ非サレハ之ヲ增加スルヲ得スト規定セリ。

第二百十一條　會社ハ其資本ヲ增加スル場合ニ限リ優先株ヲ發行スルコトヲ得此場合ニ於テハ其旨ヲ定款ニ記載スルコトヲ要ス

字解　優先株トハ他ノ株ヨリ割ノヨキ株ニシテ例ヘハ每利益配當期ニ他ノ株主ヨリ先キニ利益ノ配當ヲ受ケ又ハ會社解散ノ場合ニ於テ殘餘財產ノ分配ニ付他ノ株主ヨリ先キニ其分配ヲ受クルカ如シ。

義解　本條ハ優先株發行ニ關スル規定ナリ。

優先株ナルモノハ字解ニ示シタル如ク他ノ株主ニ先チ種々ノ優先權ヲ有スルヲ以テ會社カ設立ノ際ニ總株中ノ幾部ヲ優先株ト爲シ又ハ既ニ發行シタル株式中ノ或ル一部ヲ優先株ト爲ス如キハ一部ノ株主ニ利益ヲ與ヘ他ノ株主ニ不利益ヲ來シ不公平ヲ生スルヲ以テ。法律ハ堅ク之ヲ禁スルモ絕體的之ヲ禁スルノ必要ナク又之ヲ許サヽル可ラサル場合アルヲ以テ。本條ニ於テ資本ヲ増加スル場合ニ限リ新ニ發行スル株式ヲ優先株ト爲スコトヲ許セリ。蓋シ會社カ或ル目的ノ爲メ社債ヲモ募集スルヲ得ス是非新株式ヲ發行セサル可ラサルモ之ヲ引受クル者ナク是非資本増加ヲ爲サヽレハ其目的ヲ達スル能ハサル如キ場合ニハ假令新株ニ優先株ヲ與フルモ舊株主ヲ害スルコトナク却テ利益ヲ受クルモノナルカ故ニ資本増加ノ場合ニノミ之ヲ許シタル所以ナリ。

右ノ如ク資本増加ノ新株式ヲ優先株ト爲シタルトキハ他ノ株式ト區別ヲ爲スノ必要アルヲ以テ増加ノ爲メ發行スル新株ニ若干ノ優先權ヲ與フル處ノ優先株ト爲ス旨ヲ定款ニ記載セサル可ラス。

問答

問　優先株ヲ發行スル旨及其優先權カ若干ナルコトヲ定款ニ記載セサルトキハ其效力如何。

答　優先株所有者ト會社トニハ何等ノ關係ナシト雖トモ優先ナルモノハ第一[illegible]ナル他人ニ對抗スルヲ目的ト爲スヲ以テ若シ定款ニ優先株タルコトノ記載ナキトキハ第三者ニ對シ優先權ヲ實行シ得サルナリ。

問　優先株ハ取締役カ發行シ得ルヤ。

答 優先株發行ハ資本增加ノ場合ニ限ルモノニシテ資本增加ハ定款ノ變更ナレハ第二百八第二百九條ニ從ヒ株主總會ニ於テ之ヲ決スヘク取締役ニ於テ之ヲ發行スルヲ許サス。

第二百十二條 會社カ優先株ヲ發行シタル場合ニ於テ定款ノ變更カ優先株主ニ損害ヲ及ホスヘキトキハ株主總會ノ決議ノ外優先株主ノ決議アルコトヲ要ス

優先株主ノ總會ニハ株主總會ニ關スル規定ヲ準用ス

義解 本條ハ優先株ヲ發行シタル場合ノ定款變更ニ關スル規定ナリ。

優先株ナルモノハ財產上他ノ株主ヨリモ優先ノ權利ヲ有スルニ止マリ總會ノ議決權等ニ至テハ他ノ株主ト異同アルモノニ非ス。然ルニ會社カ最初ノ定款ヲ變更シテ優先株ヲ發行シタル場合ニ於テ（前條）更ニ定款ヲ變更シ其變更カ優先株主ニ損害ヲ及ホスヘキトキ例ヘハ更ニ優先株ヲ發行スルカ又ハ以前ノ優先株カ年一割ノ配當ヲ先取スルモノナルニ之ヲ八分ニ減セントスル如キ場合ニ於テハ忽チ優先權ノ侵害ヲ受クルニ至リ法律カ優先株發行ヲ許シタルノ精神ヲ貫ク能ハサルヲ以テ。カカル場合ニハ株主總會ニ於テ之ヲ決議シタル外尙優先株主ノ總會ノ決議アルコトヲ必要トセリ。若シ優先株主總會ヲ設ケテ之レカ決議ヲ要セストスルトキハ優先株主ハハ常ニ普通株主ヨリ少數ニシテ其株數モ少ク從テ議決ノ場合ニ何時モ多數ノ壓制ヲ受クルニ至リ優先株主ノ權利ヲ害スルヲ以テ之カ決議ヲ要スルモノトセリ。右ノ如ク別ニ優先株主ノ總會ヲ設クルト雖トモ尙ホ株主ノ總會ナル以上ハ其招集決議ノ方法、議決權ノ多少、其他總テ株主總會ニ關スル規定ヲ準用スルカ故ニ。本章第三節第一款株主總會ノ規定ニ從フハ勿論其他各所ノ規定卽チ第二百九條ノ總會ノ規定ノ如キ皆之ヲ準用スヘキモノナリ。

問答 問 普通株主ノ總會ト優先株主ノ總會ト其意見ヲ異ニスルトキハ優先株主ニ損害ヲ及ホスヘキ定款ノ變更ハ如何。

答 定款ノ變更ハ。普通株主總會ト優先株主總會トノ決議ヲ要スルカ故其意見ヲ異ニシタルトキハ之カ變更ヲ爲スコトヲ得ス。

第二百十三條 會社カ其資本ヲ增加シタル場合ニ於テ各新株ニ付キ第百二十九條ノ拂込アリタルトキハ取締役ハ遲滯ナク株主總會ヲ招集シテ之ニ新株ノ募集ニ關スル事項ヲ報告スルコトヲ要ス

義解 本條ハ資本增加ノ新株拂込ニ付取締役ノ責任ニ關スル規定ナリ。

會社資本ノ增加ハ會社一部ノ新設立ト等シクシテ之ヲ爲スニハ定款ヲ變更セサル可ラス。定款ノ變更ハ株主總會ノ決議ニ因リ之ヲ爲ス可キモノニシテ增加ノ方法ハ新株ヲ募集スルニ在リ。而シテ資本增加ノ爲メ募集シタル各新株ニ付總數ノ引受アリタルトキハ取締役ハ遲滯ナク第一回ノ拂込ヲ爲サシム應募者カ第一回ノ拂込ヲ爲シタルトキハコレカ爲メ會社ノ財産上ニ一變動ヲ來シ會社ノ信用ニ影響ヲ及ホスト同時ニ增加シタル資本ノ運用ニ付株主總會ノ意思ヲ確定スル爲メ之カ招集ノ必要ナルコト勿論ナリ其總會ヲシテ意思ヲ發表セシメンニハ之レカ基本タル新株ノ募集ニ關スル事項ヲ報告シ之ヲ知ラシムルコト尤モ必要ナリ。而シテ資本增加ノ新株募集ニ於ケル取締役ノ職務ハ恰モ會社設立ノ株式募集ニ於ケル發起人ノ職務ト同一ナルヲ以テ本條ニ於テ會社カ其資本ヲ增加シタル場合ニ於テ各新株ニ付第百二十九條ノ拂込アリタルトキハ取締役ハ株主總會ヲ招集シテ之ニ新株ノ募集ニ關スル事項ヲ報告スルコトヲ要スト規定セル所以ナリ（一二九、一三一、參照）

第二百十四條　監査役ハ左ニ揭ケタル事項ヲ調査シ之ヲ株主總會ニ報告スルコトヲ要ス

一　新株總數ノ引受アリタルヤ否ヤ

二　各新株ニ付キ第百二十九條ノ拂込アリタルヤ否ヤ

三　金錢以外ノ財產ヲ以テ出資ノ目的ト爲シタル者アルトキハ其財產ニ對シテ與フル株式ノ數ノ正當ナルヤ否ヤ

株主總會ハ前項ノ調査及ヒ報告ヲ爲サシムル爲メ特ニ監査役ヲ選任スルコトヲ得

義解　本條ハ新株募集ニ付監査役ノ調査スヘキ事項ニ關スル規定ナリ。

資本增加ノ爲メ募集シタル新株ニ付株主總會ニ對シ取締役ヲシテ之レカ報告ヲ爲サシムルコト前條ノ如シト雖トモ。取締役ハ新株募集ノ衝ニ當リ會社設立ノ場合ニ於ケル發起人ト殆ント同一ノ地位ニ在リ。若シ自己ノ爲シタル行爲ニシテ瑕疵アリトセンカ之ヲ庇保スルハ人情ノ免ル能ハサル所ナレハ事ノ公平正實ヲ望ム可ラサルヲ以テ。前條ノ報告カ果シテ其當ヲ得タルモノナルヤ否ヤハ別ニ之カ調査ノ方法ヲ求メサル可ラス。而シテ監査役ハ取締役カ株主總會ニ提出セントスル書類ヲ調査シ株主總會ニ其意見ヲ報告スルノ任務ヲ有スルヲ以テ（一八三）此調査モ亦監査役ヲシテ其任ニ當ラシメ之ヲ株主總會ニ報告セシムルハ至當ノ事ナリトス。コレ本條第一項ノ規定アル所以ナリ。

資本増加ノ新株募集ニ關シテハ會社一部ノ創立トモ看做ス可キモノナルヲ以テ前條ノ規定ニ依リ取締役カ爲スヘキ責務ハ勿論本條ノ監査役ノ調査報告等會社設立ノ場合ト殆ント同一ニシテ(一)新株式總數ノ引受アリタルヤ否ヤ。(二)各新株ニ付第百二十九條ノ拂込アリタルヤ否ヤ。(三)金錢以外ノ財産ヲ以テ出資ノ目的ト爲シタル者アルトキハ其財産ニ對シテ與フル株式ノ數ノ正當ナルヤ否ヤノ三點ナリトス。而シテ何故ニ右等ノ事項ヲ取調ヘ之ヲ株主總會ニ報告スルヤニ至テハ第百三十四條ト同一ノ趣旨ニ基キタルモノトス。

株主總會ハ會社ノ意思ヲ發表スル機關ニシテ會社ノ盛衰存亡ノ依テ繫ル所ナリ然ルニ本條第一項ノ規定ニ從ヒ監査役カ爲シタル調査報告ニ盲從セサル可ラサル如キハ會社ノ意思ニ非サルヲ以テ。第百五十八條第二項ト同シク總會ニ於テ若シ必要ト認ムルトキハ特ニ檢査役ヲ選任シテ監査役カ爲スヘキ本條第一項ノ調査及報告ヲ爲サシムルコトヲ得ルモノトシ以テ會社ノ意思ヲ十分伸張セシムルノ方法ヲ許セリ是レ本條第二項ノ規定ナリ。

第二百十五條　株主總會ニ於テ金錢以外ノ財産ニ對シテ與フル株式ノ數ヲ不當ト認メタルトキハ之ヲ減少スルコトヲ得此場合ニ於テハ第百三十五條但

書ノ規定ヲ準用ス

義解　本條ハ新株募集ニ付金錢以外ノ出資ニ關スル規定ナリ。

新株募集ノ場合モ亦會社設立ノ場合ト同シク出資ハ金錢ヲ以テ拂込ムヲ普通トスルモ株主カ會社ニ對シ自己ノ有スル債權專賣特許權ノ如キ金錢以外ノ財產ヲ以テ其出資ト爲スコト少シトセス然レトモ金錢以外ノ財產ニ付テハ之カ評價ヲ爲シ其價値ヲ定ムル困難ニシテ往々正確ナル標準ヲ得サルコト多シ。故ニ前條ノ規定ニ當リ出資トスル金錢以外ノ財產ニ對シ會社カ與フル株式ノ數ハ果シテ正當ナルヤ否ヤヲ監查役又ハ檢查役カ調查報告スト雖トモ株主總會ハ尙ホ之ヲ調查シ若シ株式ノ數カ過當ナルコトヲ認ムルトキハ之ヲ減少スルノ權利ヲ有スルモノナリ。右ノ如ク金錢以外ノ財產ニ對シテ與フル株式ノ數ヲ不當トシテ之ヲ減少スルノ權利ヲ株主總會ニ附與スト雖モ之カ爲メ株主タルコトヲ申込ミ金錢以外ノ財產ヲ出資ト爲シタル者ノ權利ヲ害ス可ラサルヲ以テ。若シ出資者ニ於テ總會カ爲シタル株式ノ減少ヲ以テ不當ト爲ストキハ第百三十五條但書ヲ準用シ出資ノ方法ヲ變シ金錢ヲ以テ拂込ヲ爲スコトヲ得ルコトト爲セリ。コレ本條但書ノ規定ナリ。

問答　問　金錢以外ノ財產ヲ以テ出資ノ目的ト爲ス者カ其財產ニ對シテ與フル株式ノ數ヲ總會ニ於テ減セラレタル場合ニ於テ之ヲ不當トシテ出資ヲ爲ササルコトヲ得ルヤ。

答　右ノ場合ニハ出資ヲ爲サザルコトヲ得ス。何トナレハ株式ノ數ヲ減少スルハ總會ノ權利ニシテ此場合ニ對シ只申込ノ株數ニ應シ金錢ノ拂込ミヲ許スノ規定ヲ設ケタルノミニシテ他ニ何等ノ規定ナキヲ以テナリ。

第二百十六條　引受ナキ株式又ハ第百二十九條ノ拂込ノ未濟ナル株式アルトキハ取締役ハ連帶シテ其株式ヲ引受ケ又ハ其拂込ヲ爲ス義務ヲ負フ株式ノ申込カ取消サレタルトキ亦同シ

義解　本條ハ新株拂込ニ付取締役ノ責任ニ關スル規定ナリ。

新株募集ハ會社ノ增資ニシテ取締役ハ新株總數ノ引受アリテ第百二十九條ノ拂込ヲ了ヘ然ル後始メテ株主總會ヲ招集シテ之ニ新株募集ニ關スル事項ヲ報告スルヲ（二一三）至當ノ順序トスルモ。取締役ハ其速成ヲ望ミタル爲メ或ハ第三者ニ信用ヲ粧フ爲メ或ハ募集ノ方法其宜シキヲ得サル爲メ株主總會ヲ招集シ之ヲ報告シタルノ曉ニ至リ。（一）引受ナキ株式アルコトアリ。又（二）引受アルモ第百二十九條ノ第一回ノ拂込ヲ爲サヽル株式アルコトアリ。又（三）一旦株式ノ申込ヲ爲シ乍ラ之ヲ取消シタル株式アルコトアリ。此等ハ悉ク募集ヲ完了シテ增資ノ目的ヲ達シタリト云フ可ラス。從テ取締役ハ其職務ヲ盡サヽルモノナルヲ以テ。其制裁トシテ（一）引受ナキ株式ハ之ヲ引受ケ。（二）第百二十九條ノ拂込未濟ノ株式ハ第一回ノ拂込ヲ爲シ。（三）申込カ取消サレタル株式ハ之ヲ引受ケ拂込マサル可ラス。而シテ此等責任ハ取締役總テ各自ノ連帶トス詳細ハ第百三十六條ヲ參照ス可シ。

問答 問 取締役ハ自己ニ過失ナク他ノ取締役ニ過失アリシヲ證明シテ本條ノ責任ヲ免レ得ルヤ

答 本條ノ責任ヲ免ルヽヲ得スコレ本條ノ責任ハ連帶ナルヲ以テナリ。

第二百十七條 會社ハ第二百十三條ノ規定ニ依リテ招集シタル株主總會終結ノ日ヨリ二週間內ニ本店及ヒ支店ノ所在地ニ於テ左ノ事項ヲ登記スルコトヲ要ス

一 增加シタル資本ノ總額

二 資本增加ノ決議ノ年月日

三 各新株ニ付キ拂込ミタル株金額

四 優先株ヲ發行シタルトキハ其株主ノ權利

前項ノ規定ニ從ヒ本店ノ所在地ニ於テ登記ヲ爲スマテハ新株券ノ發行及ヒ

新株ノ讓渡又ハ其豫約ヲ爲スコトヲ得ス

義解　本條ハ新株募集ノ登記ニ關スル規定ナリ。

會社ハ其設立ノ初ニ於テ定款中重要ナル事項ヲ登記スヘキコトハ第百四十一條ノ規定ニシテ。此登記ヲ爲スニ非サレハ株式ヲ讓渡シ又ハ其讓渡ノ豫約ヲ爲スコトヲ得サルハ第百四十九條ニ於テ説明シタル如クニシテ。新株募集ハ資本ノ增加ニ基キ資本ノ增加ハ定款ニ變更ヲ來シ當初設立ノ際ニ於ケル登記事項ニ變更ヲ生スルヲ以テ更ニ之ヲ登記スルハ勿論ナリ。而シテ登記スヘキ時期ハ第二百十三條ニ依リ招集シタル株主總會終結ノ日ヨリ二週間内ニシテ。之ヲ爲スヘキ場所ハ會社ノ本店又ハ支店ノ所在地ナリ。今其登記スヘキ事項ヲ擧クレハ左ノ如シ。

（一）　增加シタル資本ノ總額

コレ新株募集ノ基礎ニシテ會社ノ信用ニ關スル少ラサルヲ以テ之ヲ登記セシムルハ當然ナリ。

（二）　資本增加ノ決議ノ年月日

資本ノ增加ハ何時如何ナル決議ニ基キシヤヲ知ルハ會社ト關係ヲ有スル者ノ知ラント欲スル處ナルヲ以テコレヲ登記セシムルハ當然ナリ。

（三）　各新株ニ付拂込ミタル株金額

資本增加ノ新株ニ付拂込ミタル金額ノ多少ハ會社信用ノ厚薄ニ關スル少ラサルヲ以テ世人ヲシテ之ヲ知ラシムルノ必要ヨリ之ヲ登記セシム。

（四）優先株ヲ發行シタルトキハ其株主ノ權利

優先株ヲ有スル者ハ他ノ株主ニ對シ優先ノ權利ヲ有シ種々ノ利益アルヲ以テ之ヲ明ニセサレハ不測ノ損害ヲ被ルコト少シトセス。故ニ此優先株ヲ發行シタルトキハ其株主ノ權利カ如何ナルモノナルカヲ登記セシムルヲ必要トス。

種々ノ必要ヨリ右各項ノ事柄ヲ登記セシムルヲ以テ若シ之カ登記ヲ爲サヽル前ニ新株ヲ發行シ或ハ之ヲ讓渡シ又ハ其豫約ヲ爲スコトヲ許スニ於テハ登記ヲ爲サシムルノ目的ヲ達スル能ハサルヲ以テ。本條第二項ニ於テ第一項ノ規定ニ從ヒ本店ノ所在地ニ於テ登記ヲ爲スマテハ新株券發行及ヒ新株ノ讓渡又ハ其豫約ヲ爲スコトヲ得スト規定セリ。

問答　問　本店ノ所在地ニ本條第一項ノ登記ヲ爲シタルトキハ假令支店ノ所在地ニハ之ヲ登記セサルモ新株ノ讓渡又ハ其豫約ヲ爲スコトヲ得ルヤ。

答　得ルナリ。何トナレハ本條第二項ノ制限ハ本店ノ所在地ニ於テ登記ヲ爲スコトヲ必要トスルモノニシテ支店ノ登記ハ之ヲ要セサレハナリ。

問 本店所在地ニ登記ヲ爲ス以前ニ新株ヲ發行シ及新株ノ讓渡又ハ其豫約ヲ爲シタルトキハ如何。

答 本條第二項ノ規定ニ違背スルヲ以テ無效ナルハ勿論（二一九、一四七ノ二項）新株券ヲ發行シタル取締役ハ第二百六十一條第七號ノ制裁ヲ受ケサル可ラス。

第二百十八條 新株ヲ發行シタルトキハ前條第一項ノ規定ニ從ヒ本店ノ所在地ニ於テ登記ヲ爲シタル年月日ヲ株券ニ記載スルコトヲ要ス

優先株ヲ發行シタルトキハ其株主ノ權利ヲ株券ニ記載スルコトヲ要ス

義解 本條ハ新株券及優先株券ニ記載スヘキ事項ニ關スル規定ナリ。

會社ノ資本增加ニ付發行スル新株券ハ前條ノ規定ニ依リ本店ノ所在地ニ於テ登記ヲ爲シタル時ヨリ其效力ヲ生シ之ヲ讓渡シ又ハ讓渡ノ豫約ヲ爲スヲ得ルモノナレハ登記ノ外此年月日ヲ株券ニ記載シテ以テ一見之ヲ知ラシムルハ尤モ必要ノ事ナリ。故ニ本條第一項ニ於テ新株ヲ發行シタルトキハ本店ノ所在地ニ於テ登記ヲ爲シタル年月日ヲ株券ニ記載スルコトヲ要スト規定セリ。

會社ノ資本增加ノ爲メ發行シタル新株ニ優先株アルトキハ其株カ如何ナル優先權アルカヲ株券ニ記載シ之ヲ明瞭ナラシムルハ最モ必要ノ事ナリ。例ヘハ普通ノ株主一割ノ利益ヲ受クルトキハ一割五分利益配當ヲ受ケ損失ノ負擔ハ普通ノ株主ト平等タルヘキコト又如何ナル場合ニ於テモ優先株ニハ一割ノ利益ヲ配當スルコト又ハ普通株主ニ先シシテ利益ノ配當ヲ爲スコト等ノ如キ權利アルトキ之ヲ株券ニ記載セシムルカ如シ。

問答　問　優先株ニハ本店ノ所在地ニ於テ登記ヲ爲シタル年月日ヲ株券ニ記載スルヲ要セサルヤ。

答　優先株ニハ登記ノ年月日ヲ記載シタル上尙第二項ノ優先株主ノ權利ヲ記載セサル可ラス。コレ第二項ハ殊ニ優先株ニ記載スヘキ事項ヲ規定シタルモノニシテ優先株モ第一項ノ新株中ニ包含スルヲ以テナリ。

第二百十九條　第百二十七條乃至第百三十條、第百四十條、第百四十二條及ヒ第百四十七條第二項ノ規定ハ新株發行ノ場合ニ之ヲ準用ス

義解　本條ハ新株發行ノ場合ニ準用スヘキ法條ニ關スル規定ナリ。

第百二十七條ヲ準用スルカ故ニ新株式ノ申込ヲ爲シタル者ハ其引受クヘキ株式ノ數ニ應シテ拂込ヲ爲スノ義務ヲ負フモノトス。

第百二十八條ヲ準用スルカ故ニ新株式發行ノ價額ハ劵面額ヲ下ルヲ得ス。

第一回拂込ノ金額ハ株金ノ四分ノ一ヲ下ルコトヲ得ス。

第百二十九條ヲ準用スルカ故ニ新株式總數ノ引受アリタルトキハ取締役ハ遲滯ナク各株ニ付第一回ノ拂込ヲ爲サシムルコトヲ要ス。

額面以上ノ價額ヲ以テ新株式ヲ發行シタルトキハ其額面ヲ超ユル金額ハ第一回ノ拂込ト同時ニ之ヲ拂込マシムルヲ要ス。

第百三十條ヲ準用スルカ故ニ新株式引受人カ前條ノ拂込ヲ爲サザルトキハ取締役ハ一定ノ期間内ニ其拂込ヲ爲スヘキ旨及其期間内ニ之ヲ爲ササルトキハ其權利ヲ失フヘキ旨ヲ其株式引受人ニ通知スルコトヲ得。但其期間内ハ二週間ヲ下ルコトヲ得ス。

取締役カ前項ノ通知ヲ爲シタルモ新株式引受人カ拂込ヲ爲ササルトキハ其權利ヲ失フ。此場合ニ於テ取締役ハ其者カ引受ケタル株式ニ付キ更ニ株主ヲ募集スルコトヲ得。

前二項ノ規定ハ株式引受人ニ對スル損害賠償ノ請求ヲ妨ケス。

第百四十條ヲ準用スルカ故ニ新株式總數ノ引受アリタル後一年内ニ第二百十三條第百二十九條ノ拂込カ終ラサルトキ又ハ其拂込カ終リタル後六ケ月内ニ取締役カ株主總會ヲ招集セサルトキハ株式引受人ハ其申込ヲ取消シ拂込ミタル金額ノ返還ヲ請求スルコトヲ得。

第百四十二條ヲ準用スルカ故ニ會社カ第二百十八條第一項ノ規定ニ從ヒ本店ノ所在地ニ於テ登記ヲ爲シタル後ハ株式引受人ハ詐欺又ハ强迫ニ因リテ其申込ヲ取消スコトヲ得ス。第百四十七條第二項ヲ準用スルカ故ニ第二百十七條第二項ノ規定ニ反シテ發行シタル新株券ハ之ヲ無效トス。但株券ヲ發行シタル者ニ對スル損害賠償ノ請求ヲ妨ケス。

第二百二十條 株主總會ニ於テ資本減少ノ決議ヲ爲ストキハ同時ニ其減少ノ方法ヲ決議スルコトヲ要ス

第七十八條乃至第八十條ノ規定ハ資本減少ノ場合ニ之ヲ準用ス

義解 本條ハ會社ノ資本減少ニ關スル規定ナリ。

資本ハ會社カ據テ以テ其生命ヲ維持スル原料ナルヲ以テ其不足スルヤ會社ヲ害スル少ヲス其過多ナルモ亦會社ノ不利益タルヤ明ナリ。故ニ不足アルトキ資本ヲ增加スルト同シク過多ナルトキハ之ヲ減少セサル可ラス。而シテ資本ノ減少モ亦會社定款ノ變更ナルヲ以テ株主總會ニ於テ之ヲ議決ス可キハ勿論減少方法ノ如何ニ因リ會社ノ利害ニ關スル少ラサルヲ以テ總會ハ資本減少ノ決議ヲ爲スト同時ニ其減少方法ヲモ之ヲ決議セサル可ラス。然レトモ如何ナル方法ヲ執ルカハ總會ノ全權ニシテ大概左ノ數種中ノ孰レカニ歸著ス可シ。

(一) 各株ノ金額ヲ減少スルコト

各株ノ金額ヲ減少スルトキハ從來ノ株式ノ數ヲ變セスシテ只其株式ノ金額ヲ減少スルノミナリ。而シテ此減少ノ方法ニ亦數種アリ。

(甲) 株金拂込ノ未タ終ラサル前ニ於テハ其未拂込金額ヲ免除スルコトアリ。

(乙) 金額拂込終了後其幾部ヲ各株主ニ拂戻スコトアリ。

(丙) 會社カ損失ニヨリ資本ノ實額減少シタルトキハ單ニ定款及株券ノ書換ヲ爲シテ實際ノ資本額ニ至ルマテ資本ヲ減少スルコトアリ。

(二) 株式ノ總數ヲ減少スルコト

株式ノ總數ヲ減少スルトキハ從來ノ株金額ハ之ヲ變更スルコトナク單ニ株數ヲ減少シテ以テ資本ヲ減少スルモノナリ。而シテ此方法亦數種アリ左ノ如シ。

(甲) 抽籤ヲ以テ消却スヘキ株式ヲ定メ以テ之ヲ減少スルモノアリ。

(乙) 適宜ニ株式ヲ買入レテ之ヲ消却シ以テ之ヲ減少スルモノアリ。

(丙) 各株主ノ所有スル株式數ニ比例シテ强行的ニ其内幾分ノ株式ニ當ル金額ヲ消却シテ之ヲ減少スルコトアリ。

（三）株金額及株數ヲ減少スルコト。
株金額及株數ヲ減少スルトキハ（一）（二）ノ双方ヲ同時ニ行フモノコレナリ。

會社資本ノ增加ハ毫モ債權者ニ利害ノ關係ヲ及ホサヽルモ。之ニ反シ資本ノ減少ハ大ニ會社債權者ノ利害ニ關係スルヲ以テ第七十八條乃至第八十條ヲ準用シ債權者ヲ害セサルノ方法ヲ盡サヽル可ラス即チ左ノ如シ。

第一　會社カ資本減少ノ決議ヲ爲シタルトキハ其決議ノ日ヨリ二週間內ニ財產目錄及貸借對照表ヲ作ルコトヲ要ス。

會社ハ前項ノ期間內ニ其債權者ニ對シ異議アラハ一定ノ期間ヲ定メ其期間內ニ之ヲ述フヘキ旨ヲ公告シ且知レタル債權者ニハ各別ニ之ヲ催告スルコトヲ要ス。但其期間ハ二個月ヲ下ルコトヲ得ス（七八）。

第二　債權者カ右一定ノ期間內ニ資本ノ減少ニ對シテ異議ヲ述ヘサリシトキハ之ヲ承認シタルモノト看做ス。

債權者カ異議ヲ述ヘタルトキハ會社ハ之ニ辨濟ヲ爲シ又ハ相當ノ擔保ヲ供スルニ非サレハ資本ノ減少ヲ爲スコトヲ得ス。

前項ノ規定ニ反シテ資本ノ減少ヲ爲シタルトキハ之ヲ以テ異議ヲ述ヘタル債權者ニ對抗スルコトヲ得ス(七九)

第三　會社カ右記載ノ公告ヲ爲サスシテ資本ノ減少ヲ爲シタルトキハ其減少ハ之ヲ以テ其債權者ニ對抗スルコトヲ得ス。

會社カ知レタル債權者ニ催告ヲ爲サスシテ資本減少ヲ爲シタルトキハ其減少ハ之ヲ以テ其催告ヲ受ケサリシ債權者ニ對抗スルコトヲ得ス。

問答　問　株主總會ニ於テ資本減少ノ決議ヲ爲シタルモ其方法ヲ決議セサレハ取締役ハ勝手ニ其方法ヲ定メ得ルヤ。

答　取締役ハ之ヲ定ムルヲ得ス。減少ノ方法ヲ決議セサルトキハ假令資本減少ノ決議ヲ爲スモ之ヲ實行スルノ方法ナキヲ以テ資本減少ノ決議モ無效ナリ。

第七節　解散

凡物始メアレハ必ス終アリ出生アルノ人ハ必ス死亡ナカラサル可ラス。法律カ普通人ニ擬シテ以テ法人ナル會社ヲ創設シタル以上ハ此創設ハ卽チ法律上會社ノ出生ナレハ必ス法人ナル資格ヲ失フ死亡ノ時ナカラサル可ラス。而シテ法人ノ出生ハ法律ノ規定ニ基クヲ以テ死亡モ亦法律

規定ニ基カサルヲ得ス。卽チ法人ナル會社カ其資格ヲ失ヒ死亡スルヲ稱シテ法律上解散ト云フ

本節ハ會社ノ死亡卽チ解散ニ關スル總テノ規定ヲ揭ケタリ。

第二百二十一條　會社ハ左ノ事由ニ因リテ解散ス

一　第七十四條第一號、第二號、第四號、第六號ト及ヒ第七號ニ揭ケタル事由

二　株主總會ノ決議

三　株主カ七人未滿ニ減シタルコト

義解　本條ハ會社解散ノ事由ニ關スル規定ナリ。

會社ノ解散ハ會社カ死亡スルノ謂ヒニシテ會社ハ法律ノ規定ニ因リ始メテ成立スルモノナレハ其死亡モ亦法律ノ定メタル事由ニ依ルニ非サレハ之ヲ來スヲ得ス。卽チ解散ノ事由左ノ如シ。

一　第七十四條第一號第二號第四號第六號及第七號ニ揭ケタル事由。

(甲)　存立時期ノ滿了其他定款ニ定メタル事由ノ發生。

存立時期ノ滿了其他定款ニ定メタル事由ノ發生ニ因リ解散スルハ最初ヨリ定メアルヲ以テ固ヨリ當然ノ事ナリ（七四ノ一號）。

（乙） 會社ノ目的タル事業カ成功又ハ其成功ノ不能。

會社ノ目的タル事業カ成功シタルトキ又ハ其成功カ不能ニ歸シタルトキハ會社ハ爲スヘキノ事業ナクシテ會社トシテ存在スルノ必要ナキヲ以テコレ當然解散ノ原因タルヤ明ナリ（七四ノ二號）。


（丙） 會社ノ合併。

會社カ合併シタルトキハ以前ノ會社ト異ナル一ノ法人ヲ創設スルヲ以テ以前ノ會社カ解散スルハ言ヲ待タサルナリ（七四ノ四號）。


（丁） 會社ノ破產。

會社ノ破產ハ會社カ財產ノ減少ニ因リ其營業ヲ持續スル能ハス普通ノ方法ニ依リ負債ヲ辨償スル能ハス遂ニ法律上或ル一種特別ノ手續ニ依リ善後ノ策ヲ爲スヘキモノニシテ會社タルノ能力ヲ失フモノナレハ之ヲ以テ解散ノ原因ト爲スヤ亦明ナリ（七四ノ六號）。


（戊） 裁判所ノ命令。

會社カ公ノ秩序又ハ善良ノ風俗ニ反スル行爲ヲ爲シタルトキハ裁判所ハ檢事ノ請求ニ因リ又ハ職權ヲ以テ其解散ヲ命スルコトヲ得ルモノナルヲ以テ。（四八）裁判所カ解散ヲ命シタルトキハ固ヨリ之ヲ拒ムヲ得ス乃チ解散セサル可ラサルナリ（七四ノ七號）。

二　株主總會ノ決議。株主ノ總會ハ會社ノ意思ヲ發表スル最高ノ機關ニシテ此機關ノ意思ハ其決議ニ因リ之ヲ發表ス可シ。此機關ノ發シタル意思ハ會社ノ意思ニシテ解散ヲ爲スハ當然ナリ。

三　株主カ七人未滿ニ減シタルコト。株式會社ノ設立ニハ七人以上ノ發起人アルコトヲ要スト（一一九）規定シタルノ結果株式會社ノ存在ニハ少クトモ七人ノ社員アルコトヲ要件トスルヲ以テ。若シ七人ニ滿タサルノ數即六人以下ニ社員カ減シタルトキハ此要件ヲ缺クモノト爲シ之ヲ解散ノ一事由ト爲シタリ。以上一乃至三號ニ列記シタル七場合ノ一ニ該當スル事由アルトキハ株式會社ハ玆ニ解散ヲ來スモノナリ。

問答

問　會社ノ財産カ非常ニ減少シタルトキハ解散ノ原因トナラサルヤ。

答　會社ノ財産カ如何ニ減少スルモ之レカ爲メ會社ハ解散スルコトナシ。然レトモ此場合ハ多クハ破産ヲ來シコレカ爲メ解散スルハ往々見ル處ナルモコレヲ以テ直ニ財産減少ノ爲メ解散スルト云フ可ラサルヤ明ナリ。

問 株式會社ノ取締役及監査役等カ一致シテ會社ノ解散ヲ爲サントト決議シタルトキハ有效ノ決議ナルヤ。

答 此ノ如キ決議ハ無效ニシテコレカ爲メ會社ノ解散ヲ來スコトナシ。解散ハ本條一號乃至三號ノ場合ノ外如何ナルコトアルモ爲ス可キモノニアラス。

第二百二十二條 前條第二號及ヒ合併ノ決議ハ第二百九條ノ規定ニ從フニ非サレハ之ヲ爲スコトヲ得ス

義解 本條ハ株式會社ノ解散及合併ノ決議方法ニ關スル規定ナリ。

株式會社ヲ解散スヘキ株主總會ノ決議ハ之レカ爲メ會社ノ消滅ヲ來シ。會社ノ合併ハ其結果或ハ會社ノ解散ヲ來シ或ハ他方ノ會社ハ解散スルモ一方ノ會社ハ資本ノ增加ト同一ノ效果ヲ來スヲ以テ孰レモ重大ノ事ト云ハサル可ラサルヲ以テ之カ決議ヲ爲スノ方法モ亦愼重ヲ加ヘサル可ラス。故ニ此二場合ノ決議ハ第二百九條ノ規定ニ從ヒ之ヲ爲スヘキモノトス。卽チ總株主ノ半數以上ニシテ資本ノ半額以上ニ當タル株主出席シ其議決權ノ過半數ヲ以テ之ヲ決ス。若シ右員數ノ株主カ出席セサルトキハ出席シタル株主ノ議決權ノ過半數ヲ以テ假議決ヲ爲スコトヲ得ルモ。此場合ニ於テハ各株主ニ對シテ其假議決ノ趣旨ノ通知ヲ發シ更ニ一個月ヲ下ラサル期間內ニ第二回ノ株主總會ヲ招集スルコトヲ要ス。
第二回ノ株主總會ニ於テハ出席シタル株主ノ議決權ノ過半數ヲ以テ假議決ノ方法ニ依ルニアラサレハ株主總會ノ決議ニ因ル解散及合併ヲ爲スコトヲ得サルモノトス。

第二百二十三條 會社カ合併ヲ爲サントスルトキハ其旨ヲ公告シテ株主總會ノ會日前一个月ヲ超エサル期間及ヒ開會中記名株ノ讓渡ヲ停止スルコトヲ得株主總會ニ於テ合併ノ決議ヲ爲シタルトキハ其決議ノ日ヨリ第八十一條ノ規定ニ從ヒ本店ノ所在地ニ於テ登記ヲ爲スマテハ株主ハ其記名株ヲ讓渡スルコトヲ得ス

字解 公告トハ定款ニ定メタル方法ニ依リ世間ニ公ケニ知ラセルヲ云フ。

義解 本條ハ會社合併ニ際シ記名株讓渡ノ停止ニ關スル規定ナリ。二個若クハ二個以上ノ會社カ合併セントスルトキハ前條ノ規定ニ依リ株主總會ノ決議ヲ經ルヘキハ勿論ナルモ。此總會ノ開會前ヨリ開會ニ臨ミ記名株ヲ讓渡シ株主ノ變更アルトキハ株券及株主名簿ノ記載ヲ變更スルノ煩雜ニ耐エサルト總會ニ出席スヘキ株主カ常ニ變動シテ總會ノ成立ヲ見ル能ハス遂ニ合併ノ決議ヲ爲ス能ハサルニ至ルヲ以テ。此等ノ弊ヲ防カン爲メ本條ノ規定ヲ爲シ一定ノ期間內記名株ノ讓渡ヲ停止スルコトヲ得トセリ。然レトモ此期間ニシテ長キニ失スルトキハ株主ノ有スル讓渡權利ヲ害スルノ恐アルヲ以テ記名株ノ讓渡停止ハ株主總會ノ會日前一个月ヲ超エサル期間及總會ノ開會中トシ。而シテ會社カ合併ヲ爲サントスルトキハ合併ニ因リ右記載シタル期間中記名株ノ讓渡ヲ停止スルコトヲ公告セサル可ラス。此ノ如ク記名株ノ讓渡ヲ停止シ株主總會ヲ開キ其會ニ於テ彌合併ノ決議ヲ爲シタルトキハ其決議ノ日ヨリ第八十一條ノ規定ニ從ヒ二週間內ニ合併後存續スル會社ニ付テハ變更ノ登記ヲ合併ニ因リテ消滅シタル會社ニ付テハ解散ノ登記ヲ爲シ合併ニ因リテ設立シタル會社ニ付テハ第五十一條第一項ニ定メタル登記ヲ本店ノ所在地ニ於テ爲スマテハ株主ハ其記名株ヲ讓渡スルコトヲ得サルナリ。コレ此期間內ハ會社ノ成立カ不確定ノ地位ニアリ會社ノ不便少ラサルノミナラス往々詐欺ノ行爲其間ニ行ハレンコトヲ恐ルルヲ以テナリ。

問答 問 本條第一項第二項ノ場合ト雖トモ無記名株ハ之ヲ讓渡シ得ルヤ。

答 無記名株ハ之ヲ讓渡シ得ルナリ。コレ本條殊ニ記名株トアルヲ以テ文字ノ解釋上當然ナルト無記名株ハ其讓渡ノ容易ナルト何時讓渡サレタルカハ後日之ヲ知ルノ困難ナルヨリ假令停止スルモ其實功ナキヲ以テナリ。

問　本條公告ノ方法如何。

答　第百二十條第七號ニ從ヒ定款ノ定ムル處ノ方法ニ依ル可シ。

第二百二十四條　會社カ解散シタルトキハ破產ノ場合ヲ除ク外取締役ハ遲滯ナク株主ニ對シテ其通知ヲ發シ且無記名式ノ株劵ヲ發行シタル場合ニ於テハ之ヲ公告スルコトヲ要ス

義解　本條ハ解散ノ際ニ爲スヘキ取締役ノ義務ニ關スル規定ナリ。會社ノ解散ハ營業ノ能力ヲ失ヒ各株主ニ取リテハ重大ノ關係アルヲ以テ直ニ株主ヲシテ其事實ヲ知ラシムルノ必要アル言ヲ俟タサル所ナリ。故ニ取締役ハ遲滯ナク株主ニ對シテ解散ノ通知ヲ發シ之ヲ知ラシメサル可ラス。然レトモコレ皆記名株主ニ限ルモノニシテ若シ會社カ無記名式ノ株劵ヲ發行シタル場合ニ於テハ取締役ハ之ヲ通知セントスレモ何人カ株主ナルヤ之ヲ知ル能サルヲ以テ巳ムヲ得ス之ヲ公告セサル可ラス。而シテ此公告方法ハ第百二十條第七號ニ依リ定款ノ定ムル處ニ從ハサル可ラス。

右述ヘタル取締役ノ責務ハ第二百二十一條ニ記載シタル解散ノ事由中破產ノ場合ノミハ之ヲ除ケリ。コレ會社カ破產ヲ爲シタルトキハ破產裁判所ヨリ破產管財人ヲ選任シ會社ノ事務ハ悉ク破産管財人ニ移リ取締役ハ最早其間ニ喙ヲ容ルヽコト能ハサルヲ以テナリ。然レトモ破産ノ場合ヲ除ク外假令會社ハ解散スルモ取締役ハ其殘務ヲ處理スルノ責任アルヲ以テナリ。

第二百二十五條　第七十六條及ヒ第七十八條乃至第八十二條ノ規定ハ株式會社ニ之ヲ準用ス

義解　本條ハ株式會社解散ニ際シ第七十六條及第七十八條乃至第八十二條ノ規定ヲ準用スヘキ規定ナリ。

第七十六條ヲ準用スルカ故ニ會社カ解散シタルトキハ合併及破産ノ場合ヲ除ク外二週間内ニ本店及支店ノ所在地ニ於テ其登記ヲ爲サヽル可ラス。

第七十八條ヲ準用スルカ故ニ會社カ合併ノ決議ヲ爲シタルトキハ其決議ノ日ヨリ二週間内ニ財産目錄及貸借對照表ヲ作ルコトヲ要ス。

會社ハ前項ノ期間内ニ其債權者ニ對シ異議アラハ一定ノ期間内ニ之ヲ述フヘキ旨ヲ公告シ且知レタル債權者ニハ各別ニ之ヲ催告スルコトヲ要ス但其期間ハ二个月ヲ下ルコトヲ得ス。

第七十九條ヲ準用スルカ故ニ債權者カ右異議ヲ述フヘキ一定ノ期間内ニ會社ノ合併ニ對シテ異議ヲ述ヘサリシトキハ之ヲ承認シタルモノト看做ス。

債權者カ異議ヲ述ヘタルトキハ會社ハ之ニ辨濟ヲ爲シ又ハ相當ノ擔保ヲ供スルニ非サレハ合併ヲ爲スコトヲ得ス。

右ノ規定ニ反シテ合併ヲ爲シタルトキハ之ヲ以テ異議ヲ述ヘタル債權者ニ對抗スルコトヲ得ス。

會社カ知レタル債權者ニ催告ヲ爲サスシテ合併ヲ爲シタルトキハ其合併ハ之ヲ以テ其催告ヲ受ケサリシ債權者ニ對抗スルコトヲ得ス。

第八十一條ヲ準用スルカ故ニ會社カ合併ヲ爲シタルトキハ二週間內ニ本店及支店ノ所在地ニ於テ合併後存續スル會社ニ付テハ變更ノ登記ヲ爲シ合併ニ因リテ消滅シタル會社ニ付テハ解散ノ登記ヲ爲シ合併ニ因リテ設立シタル會社ニ付テハ第五十一條第一項ニ定メタル登記ヲ爲スコトヲ要ス。

第八十二條ヲ準用スルカ故ニ合併後存續スル會社又ハ合併ニ因リテ設立シタル會社ハ合併ニ因リテ消滅シタル會社ノ權利義務ヲ承繼ス。

第八節　清算

清算ハ決算ニシテ解散シタル會社財產ノ現況ヲ調査シ債權ハ之ヲ取立テ債務ハ之ヲ辨濟シ殘

餘財産アルトキハ株金額ノ割合ニ應シ之ヲ株主ニ分配スル等ノ手續ヲ云フ。然トモ茲ニ注意スヘキハ會社ノ解散ト清算トハ之ヲ區別セサル可ラサルコトコレナリ。何トナレハ會社ノ解散必スシモ清算ノ必要存スルモノニアラスシテ解散シタル會社ニ殘存ノ權利義務アリ又殘餘ノ財産アリ之ヲ處分スル時始メテ清算ノ必要アルモノナレハ會社ノ解散ニハ多ク清算ノ伴フヲ常トスルモ必スシモコレアルモノニ非サレハナリ。本節ハ此清算ニ關スル一切ノ規定ヲ揭ケタリ。

第二百二十六條 會社カ解散シタルトキハ合併及ヒ破産ノ場合ヲ除ク外取締役其清算人ト爲ル但定款ニ別段ノ定アルトキ又ハ株主總會ニ於テ他人ヲ選任シタルトキハ此限ニ在ラス

前項ノ規定ニ依リテ清算人タル者ナキトキハ裁判所ハ利害關係人ノ請求ニ因リ清算人ヲ選任ス

字解 清算トハ會社カ解散シタルトキ跡仕舞ノ爲メ爲ス處ノ手續ヲ云フ〇清算人トハ右ノ跡仕舞ヲ爲ス處ノ人ヲ云フ。利害關係人トハ會社ト關係アル人々ヲ云フ。

義解 本條ハ何人カ清算人タルカニ關スル規定ナリ。

清算ハ會社解散後殘務ヲ處理スル法律上ノ手續ナルモ必スシモ株式會社ノ解散ニ伴フヘキモノ

ニ非サルコトハ前述ノ如シ。即チ會社カ合併ニ因リテ解散シタルトキハ其權利義務ハ合併後存在スル會社又ハ合併ニ因リ設立セラレタル會社ニ於テ之ヲ承繼處辨スルヲ以テ清算ヲ爲スノ必要ナシ。破產ノ場合ニ於テハ假令會社ハ之ニ因リ解散スルモ嚴格ナル破產法ノ手續ニ依リ善後ノ處分ヲ爲スヘキモノニシテ清算ヲ爲ス可キモノニ非ス。故ニ此二場合ハ清算人ヲ定ムルヲ要セサルモ其他ノ解散ハ悉ク清算ヲ爲スヲ以テ從テ其局ニ當ル清算人ヲ定ムルノ必要アルヤ勿論ナリ。故ニ本條ニ於テハ合併及破產ノ二場合ヲ除クノ外會社カ解散シタルトキハ取締役其清算人ト爲ルヘキコトヲ規定セリ。コレ會社ノ解散ト共ニ取締役ナル機關ハ玆ニ消滅セルモ平素會社ノ事務ニ從事シ之ニ精通シ居ルヲ以テ此人ヲ以テ清算人ト爲スハ最モ適任ナレハナリ。然レトモ右ハ普通ノ場合ニシテ命令的ノモノニ非サレハ之ニ對スル二個ノ例外アリ。即チ一ハ定款ニ別段ノ定アルトキハ之ニ從ヒ取締役カ清算人ト爲ルヘキモノニアラス。一ハ株主總會ニ於テ他人ヲ選任シタルトキハ其選任セラレタル人カ清算人ト爲リ取締役カ清算人ト爲ルヘキモノニ非ス。

右ノ如ク清算人タル者ノ規定ヲ爲スト雖トモ取締役タリシ者カ總テ死亡辭任シ或ハ株主總會ヲ招集スルコト能ハサル場合。或ハ株主總會ヲ招集シタルモ總會ニ於テ之ヲ選任セサル場合又ハ選任シタルモ此者カ辭任シタル場合。或ハ定款ニ定メタル者カ現ニ存在セス又ハ死亡シタル場合等ノ如ク本條第一項ノ規定ニ依リ清算人タル者ナキトキハ會社ハ解散シ乍ラ殘務ヲ處理スルモノナク利害關係人ハ不測ノ損害ヲ被ルニ至ルヲ以テ。此等ノ不都合ヲ補フ爲メ本條第二項ニ於テ利害關係人ノ請求ニ因リ裁判所ニ於テ清算人ヲ選任ス可キモノトセリ。

參照　非訟事件手續法第百三十六條　清算人ノ選任又ハ解任ニ關スル事件ハ會社ノ本店所在地ノ區裁判所ノ管轄トス

同第百三十七條　清算人ノ選任又ハ解任ノ裁判ニ對シテハ不服ヲ申立ツルコトヲ得ス

同第百三十八條　左ニ掲ケタル者ハ清算人トシテ之ヲ選任スルコトヲ得ス

一　未成年者
二　禁治產者及ヒ準禁治產者
三　剝奪公權者及ヒ停止公權者
四　裁判所ニ於テ解任セラレタル清算人
五　破產者

問答

問　利害關係人ノ請求ニ因リ清算人ヲ選任スルハ何裁判所ノ管轄ナルヤ。

答　非訟事件手續法第百三十六條ニ依リ會社ノ本店所在地ノ區裁判所ノ管轄トス。

問　解散シタル會社ノ淸算人ト爲ルニハ資格ニ制限アリヤ。

答　非訟事件手續法第百三十八條ニ依リ未成年者、禁治產者、剝奪公權者、停止公權者、裁判所ニ於テ解任セラレタル淸算人、破產者ハ淸算人ト爲ルヲ得サルモノトス。

第二百二十七條　淸算人ハ就職ノ後遲滯ナク會社財產ノ現況ヲ調査シ財產目錄及ヒ貸借對照表ヲ作リ之ヲ株主總會ニ提出シテ其承認ヲ求ムルコトヲ要ス

第百五十八條第二項及ヒ第百九十二條第二項ノ規定ハ前項ノ場合ニ之ヲ準用ス

字解　財產ノ現況トハ淸算人カ其職務ニ就クノ際ニ現存スル會社ノ財產ノ有樣ヲ云フ○財產目錄トハ淸算人カ其職ニ就テ當時會社ニ存在スル財產ノ名目ヲ記載シタル目錄ヲ云フ○貸借對照表トハ淸算人カ其職ニ就テノ當時ニ現存スル會社ノ財產ノ貸方借方ヲ記載シタル處ノ表ヲ云フ。

義解　本條ハ淸算人ノ職務ニ關スル規定ナリ。

會社財產ノ現況ヲ確メ株主全體ヲシテ之ヲ承認セシムルコトハ淸算事務ノ基礎ナルヲ以テ。淸算人ハ其職務ニ從事スルニ當リ第一ニ爲スヘキ手續ハ就職後可成速ニ會社ノ債權債務及ヒ現在ノ動產不動產等一切ノ現況ヲ調査シ此ノ調査ヲ基礎トシ財產目錄及貸借對照表ヲ作成シ株主總會ヲ招集シテ右ノ書類ヲ提出シ其承認ヲ求ムヘキモノトス。

右ノ如ク財產目錄及貸借對照表ヲ提出シテ承認ヲ求メラレタルトキハ株主總會ハ果シテ其書類ノ正當ナルヤ否ヲ調査スル爲メ第百五十八條第二項ニ準シ特ニ檢査役ヲ選任シ其檢査役ノ調査報告ニ依リ清算人ヨリ求メラレタル書類ヲ承認スルト否トヲ決スヘキモノトス。

株主總會カ財產目錄及貸借對照表ヲ承諾スルノ決議ヲ爲シタルトキハ清算人ハ第百九十二條第二項ニ準シ貸借對照表ヲ公告ス可キモノトス。

問答

問　貸借對照表公告ノ方法如何。

答　第百二十條第七號ニ從ヒ定款ニ定メタル方法ニ依ルヘキモノトス。

問　右公告ヲ爲サヽルトキノ制裁如何。

答　清算人ハ第二百六十一條第二號ニ依リ過料ニ處セラルヽモノナリ。

問　本條ニ從ヒ選任セラレタル檢査役ノ調査ヲ妨ケタルトキハ如何。

答　第二百六十二條第三號ノ制裁ヲ受クルモノナリ。

第二百二十八條　株主總會ニ於テ選任シタル清算人ハ何時ニテモ株主總會ノ決議ヲ以テ之ヲ解任スルコトヲ得
重要ナル事由アルトキハ裁判所ハ監査役又ハ資本ノ十分ノ一以上ニ當タル株主ノ請求ニ因リ清算人ヲ解任スルコトヲ得

字解　解任トハ清算人ヲやめさせるヲ云フ。

義解　本條ハ清算人ノ解任ニ關スル規定ナリ。

清算人ハ解散シタル會社ノ殘務ヲ整理シ善後ノ策ヲ講スル者ナレハ若シ其目的ヲ達スルニ不適任ナルカ又ハ不當ノ行爲アルトキハ假令一旦選任シタル人ナルモ之ヲ解任シ得ルヤ當然ナリ。然レトモ其解任ノ方法ニ至テハ場合ニ因リ多少ノ區別アリ。

清算人カ株主總會ニ於テ選任セラレタル者ナルトキハ株主總會ニ於テ之ヲ不當ト見認ムルトキハ其決議ヲ以テ何時ニテモ之ヲ解任スルコトヲ得ルモノニシテ他ニ何等ノ條件ヲ要セサルナリ。コレ自ラ選任ノ力ヲ有スル總會カ自ラ之ヲ解任シ得ルハ當然ナレハナリ。

其他取締役カ清算人ト爲リシ場合定款ノ定メニ從ヒ清算人ト爲リシ場合利害關係人ノ請求ニ因リ裁判所カ選任シタル場合ハ株主總會ハ之ヲ解任スルノ權ナク裁判所カ或ル條件ヲ以テ之ヲ解

任スル場合ニアリ左ノ如シ。

第一　監査役ノ請求アリタル場合。第二　資本ノ十分ノ一以上ニ當タル株主ノ請求アル場合ニシテ。此二場合トモ解任スルニ足ルヘキ重要ナル事由アルコトヲ要ス。

抑監査役ハ其性質トシテ會社ノ業務及會社財産ノ狀況ヲ調査シ不正ノ行爲ヲ防止シ會社ノ利益ヲ計ルヘキモノナルヲ以テ淸算ノ場合ニ於テモ淸算人カ不適當ナルヤ不正ノ行爲アルトキハ之ニ對スル權限ヲ與ヘサレハ其目的ヲ至フスル能ハス。然レトモ監査役ニ於テ直ニ解任スルコトヲ得ルトスルトキハ事ヲ誤ルノ恐ナシトセサルヲ以テ。許否ノ權ハ裁判所ニ於テ之ヲ有シ監査役ハ只自ラ進テ解任ヲ裁判所ニ求ムルコトヲ得ルトセリ。

資本ノ十分ノ一以上ニ當ル株主ノ請求ヲ許スハ株主ノ利益ヲ保護セントノ目的ヨリ出ルト雖トモ若シ無制限ニ少數ノ株主ニ此權限ヲ與フルトキハ却テ多數ノ意思ニ反スルコトナシトセサルヲ以テ此等ヲ參酌シテ十分ノ一以上ト定メタル所以ナリ。

問答

問　重要ナル事由トハ如何。

答　不當ノ處分ヲ爲シ不適任ナルコトカ職務ヲ解クニ足ル程ノ事ナラサル可ラサルモ事實問題ニシテ之ヲ定ムルノ標準ナク畢竟裁判所ノ認定ニ因ルノ外ナシ。

問　清算人ノ解任ハ何レノ裁判所ニ請求スルヤ。

答　非訟事件手續法第百三十六條ニ從ヒ會社ノ本店所在地ノ區裁判所ニ請求スヘキモノトス。

問　解任シタル清算人ハ不服ヲ唱ヘ得ルヤ。

答　非訟事件手續法第百三十七條ニ依リ不服ヲ申立ツルコトヲ得ス。

第二百二十九條　殘餘財産ハ定款ニ依リテ拂込ミタル株金額ノ割合ニ應シテ之ヲ株主ニ分配スルコトヲ要ス但會社カ優先株ヲ發行シタル場合ニ於テ之ニ異ナリタル定アルトキハ此限ニ在ラス

字解　殘餘財産トハ會社ノ債權ヲ取立テ債務ヲ支拂ヒ清算ノ費用ヲ差引キ勘定シテ殘リタル財産ヲ云フ。

義解　本條ハ殘餘財産ノ處分ニ關スル規定ナリ。

清算人カ其職務トシテ會社ノ現務ヲ結了シ債權ヲ取立テ債務ヲ辨濟シ（二三四、九一、）清算ニ要シタル費用ヲ計算シ尚殘餘財産アルトキハ其財産ヲ分配セサル可ラス。而シテ其財産ノ分配ヲ受クルモノハ會社ノ現在ノ株主ニシテ其記名株主ナルト無記名株主ナルト優先株主ナルトハ敢テ問フ處ニ非サルモ其割合ニ至テハ自ラ區別アリ。卽チ定款ニ依リテ拂込ミタル株金額ノ割合ニ依ルヘキモノニシテ例ヘハ百圓ト五拾圓ト貳拾五圓ヲ拂込ミタル者アルトキハ百圓拂込ニ對シテ分配スヘキ割合ヲ一トシ五拾圓拂込ニ對シテハ二分ノ一貳拾五圓拂込ニ對シテハ四分ノ一トス。故ニ百圓拂込ニ對シ分配金ヲ拾圓トスルトキハ五拾圓拂込ニ對シテハ五圓貳拾五圓拂込ニ對シテハ貳圓五拾錢ノ分配アルカ如シ。コレ往々會社ニ新舊株アリテ舊株ハ全部拂込アルモ新株ハ其半額若クハ第一回ノ拂込（四分ノ一）等アリテ拂込金額ニ差異アルヲ以テナリ。然レトモコレ普通ノ場合ニシテ若シ會社カ優先株ヲ發行シタル場合ニ於テ之ニ異リタル定アルトキ例ヘハ會社ノ總株數一萬株ノ內二千株ハ如何ナル損失アルモ常ニ半額ヲ分配スルノ特權ヲ附與シタル如キ規定アル場合ニ於テハ先ツ此優先株ニ配當シ其殘餘ヲ普通ノ方法ニ從ヒ分配スルカ如シ。

問答 問 殘餘財產ノ分配ハ金錢以外ノモノヲ以テ爲スコトヲ得ルヤ。

答 通例金錢ヲ以テ分配スルモ別ニ制限ナキヲ以テ定款ノ定若クハ總會ノ決議ニ於テ之ニ異ナルトキハ其定若クハ決議ニ從フヘキモノトス。

第二百三十條 清算事務カ終ハリタルトキハ清算人ハ遲滯ナク決算報告書ヲ作リ之ヲ株主總會ニ提出シテ其承認ヲ求ムルコトヲ要ス

第百五十八條第二項及ヒ第百九十三條ノ規定ハ前項ノ場合ニ之ヲ準用ス

字解　決算報告書トハ清算ノ顚末ニ付勘定ノ仕上ヲ知ラセル書類ヲ云フ。

義解　本條ハ清算事務ノ終了ニ關スル規定ナリ。

前數條及第二百三十四條ニ從ヒ清算人カ法律ノ規定シタル手續ヲ爲シ且前條ノ殘餘財產ノ分配ヲ終リタルトキハ清算ノ事務ハ玆ニ終了シタルモノナルモ此ノ儘ニテ其任ヲ退クヘキモノトセンカ果シテ清算ノ職務ヲ全フシタルヤ否ヤハ之ヲ知ル能ハス後日ニ紛爭ノ憂ヲ殘スヲ以テ最終ノ責任トシテ清算人ハ前條ノ殘餘財產ノ分配ヲ終リタル時ヨリ遲滯ナク清算ニ關シ出入ノ顚末ヲ明ニシタル決算報告書ヲ作リ之ヲ株主總會ニ提出シテ其承諾ヲ求メサル可ラス。株主總會ハ株式會社最高ノ機關ニシテ此ノ總會ノ決議ハ會社ノ意思ナレハ右ノ決算報告書カ果シテ正當ナルヤ否ヤ清算人カ果シテ其職務ヲ全フシタルヤ否ヤ之ヲ調査シテ自己ノ意見ヲ發表セサル可ラス。故ニ第百五十八條第二項ヲ準用シ清算人ヨリ承認ヲ求メラレタル決算報告書カ正當ナルヤ否ヤヲ調査セシムル爲メ總會ハ特ニ撿査役ヲ選任スルコトヲ得。而シテ其報告書カ正當ナルトキハ總會ハ之ニ向テ承認ヲ與フルモノトス。第百九十三條ヲ準用スルカ故ニ清算人カ承認ヲ求メタル決算報告書ニ付總會カ承認ヲ與フル決議ヲ爲ストキハ會社ハ清算人ニ對シテ其責任ヲ解除シタルモノト看做ス可キモノトス。然レトモ若シ清算人ニ不正ノ行爲アリタルトキハコレ民法上ノ所謂不法行爲ナルヲ以テ承認ニ關係ナケレハ假令一旦承認ヲ與ヘタル後ト雖トモ清算人ヲシテ其責ニ任セシムヘキヤ當然ナリ。是レ本條第二項ノ明示スル所ナリ。

問答　問　清算人ハ決算報告書カ正當ナリト信スルニ株主總會カ承認ヲ與ヘスト決議スルトキハ清算人ハ如何スヘキヤ。

答　清算人ニシテ其決議ニ不服ナルトキハ普通ノ原則ニ從ヒ裁判所ニ訴ヘ其曲直ヲ爭フノ外ナシ。

第二百三十一條　總會招集ノ手續又ハ其決議ノ方法カ法令又ハ定款ニ反スルトキハ清算人ハ其決議ノ無效ノ宣告ヲ請求スルコトヲ要ス

字解　法令トハ議會ノ協贊ヲ經タル法律命令ハ勿論省令訓令ヲモ包含ス卽チ法律規則ト云フ意味ナリ。

義解　本條ハ不法ノ總會ニ對スル清算人ノ義務ニ關スル規定ナリ。

總會招集ノ手續又ハ其決議ノ方法カ法令又ハ定款ニ反スルトキトハ第百五十六條ノ通知ヲ發セス又ハ公告ヲ爲サス又ハ之ヲ爲スモ相當ノ期間ヲ與ヘス又ハ第百六十二條ノ議決權ニ從ハス又

同條但書ニ於テ定款ニ制限シタル其定款ニ從ハサル如キヲ云フ。而シテ此違反カ故意又ハ怠慢ニ出ツルヲ問ハス其總會ハ之ヲ無效ト云ハサル可ラス。無效ノ總會ハ第百六十三條ニ依リ株主ヨリ其決議ノ無效ノ宣告ヲ裁判所ニ請求スルコトヲ得ルモ個ハコレ權能ニ屬シ株主ノ義務ニ非ラス。又裁判所モ株主ノ請求ニ因リ始メテ無效ノ宣告ヲ爲スヘク職權ヲ以テ之ヲ宣告スヘキモノニ非ラス。故ニ假令無效ノ決議アルモ遂ニ之ヲ救濟スルノ機會ナキニシモ限ラス。然ルニ清算人ノ方面ヨリ之ヲ觀ルトキハ總會カ爲シタル無效ノ決議ハ假令清算人ニ對シ責任解除ノ承認ヲ與フルモ其責任ハ實際解除ナキト同一ナレハ何時清算ニ關スル問題生スルヤ枕ヲ高スルノ時ナキヲ以テ。更ニ本條ヲ設ケ株主ノ請求アルト否トヲ問ハス清算人ノ義務トシテ其決議ノ無效ノ宣告ヲ裁判所ニ請求スヘキモノトシ。裁判所ハ之レニ因リテ以テ無效ヲ宣告スルコトヲ得ルナリ。

問答 問 本條ニ於テ總會ノ決議ヲ無效トスルノ宣告アリタルトキハ其後如何ナル手續ヲ爲スヤ。

答 更ニ正當ノ手續ヲ爲シテ總會ヲ招集スルノ外ナシ。

第二百三十二條 會社カ事業ニ著手シタル後其設立ノ無效ナルコトヲ發見シ

タルトキハ解散ノ場合ニ準シテ清算ヲ為スコトヲ要ス此場合ニ於テハ裁判所ハ利害關係人ノ請求ニ因リ清算人ヲ選任ス

義解 本條ハ事業ニ著手シタル會社ノ設立カ無效ナル場合ニ關スル規定ナリ。

株式會社ヲ設立シ既ニ事業ニ著手シタル後ニ至リ其設立ノ無效ナルコトヲ發見スル場合少シトセス。假令ハ七人以上ノ發起者カ作成セシ定款ノ署名者カ詐欺强迫等アリテ其署名ヲ取消サレ爲メニ其定款無效トナリ從テ會社ノ設立カ無效トナリタル場合又ハ定款補足ノ決議カ方式ニ違ヒ定款成立ニ至ラサル爲メ（一二一）會社設立ノ無效ナル場合ノ如シ。此ノ如キ場合ニ於テ會社ハ最初ヨリ成立セサリシモノナルヲ以テ本節ノ解散ナルモノノ生スヘキ理由ナシ。然レトモ既ニ一タヒ事業ニ著手シタル以上ハ必ス多少ノ事務アリ從テ取立ツヘキ債權辨濟ス可キ債務アリ分配スヘキ殘餘財產アルヲ以テ之カ處分ヲ爲スノ必要アリト云ハサル可ラス。コレ假令名義上理論上解散ナク從テ清算及清算人ナキモ其實際ニ於テハ會社ノ解散ト同一ナルヲ以テ本條ニ於テ解散ノ場合ニ準シ清算ヲ爲スコトヲ要スト規定シ。此場合ニ於テハ清算人ハ利害關係人ノ請求ニ因リ裁判所カ之ヲ選任ス可キモノトス。而シテ解散ノ場合ヲ準用スル以上ハ清算ニ關シテハ總テ解散ノ場合ト同一ニ取扱フヘキモノトス。

第二百三十三條 會社ノ帳簿、其營業ニ關スル信書及ヒ清算ニ關スル一切ノ書類ハ本店ノ所在地ニ於テ清算結了ノ登記ヲ爲シタル後十年間之ヲ保存スルコトヲ要ス其保存者ハ清算人其他ノ利害關係人ノ請求ニ因リ裁判所之ヲ選任ス

義解 本條ハ帳簿其他ノ書類ノ保存ニ關スル規定ナリ。

商人ハ其商業帳簿及其營業ニ關スル信書ハ十年間之ヲ保存スヘキ義務アルコトハ第二十八條ノ規定スル所ニシテ。會社モ亦商業ヲ營ム一ノ商人ニ外ナラサルヲ以テ此原則ノ支配ヲ受クルハ當然ナリ。然レトモ會社ノ解散ハ法人ノ死亡ニシテ死亡後ハ會社ノ帳簿其他營業ニ關スル信書清算ニ關スル一切ノ書類ハ何人カ之ヲ如何ニスルヤ直ニ右ノ原則ヲ適用ス可ラサルヲ以テ。本條特ニコレカ規定ヲ爲シ解散ノ場合ニハ此等ノ書類ハ十年間之ヲ保存スルコトヲ要スト爲シ。會社本店所在地ニ於テ清算結了ノ登記ヲ爲シタル時ヲ以テ十年ノ起算點トセリ。右ノ如ク十年間之ヲ保存スルコトヲ規定スト雖トモ會社ナル法人ハ解散ニ因リ死亡シ其形跡ヲ留メス從テ書類ヲ保管スルモノナキヲ以テ清算人其他ノ利害關係人ノ請求ニ因リ裁判所カ其保存者ヲ選任ス可キモノトス。

問答 問 解散シタル會社ノ書類保存者ヲ選任スル裁判所ハ何裁判所ナルヤ。

答 非訟事件手續法第百二十六條第二項ニ依リ解散シタル株式會社ノ本店所在地ノ區裁判所ノ管轄トス。

問 解散シタル會社ノ書類保存者ヲ選任スルニハ何人ニテモ可ナルヤ。

答 法律上何等ノ制限ナキヲ以テ何人ヲ選任スルモ差支ナシ。然レトモ多クハ其會社ノ淸算人又ハ取締役タリシ者又ハ重ナル株主ヲ選任スルヲ適當トス可シ。

第二百三十四條 第八十四條、第八十九條乃至第九十三條、第九十五條、第九十七條、第九十九條、第百五十九條、第百六十條、第百六十三條、第百七十六條、乃至第百七十八條、第百八十一條、第百八十三條、乃至第百八十五條、第百八十七條及ヒ民法第七十九條、第八十條ノ規定ハ株式會社ノ淸算ノ場合ニ之ヲ準用ス

義解 本條ハ合名會社合資會社ハ淸算ニ關スル規定及法人ニ關スル民法ノ規定ハ若干ヲ株式會社ノ淸算ニ準用スヘキコトヲ規定シタリ。コレ淸算ノ目的ハ殘務ノ結了、債權ノ取立、債務ノ辨濟及殘餘財產ノ分配ニアルヲ以テ獨リ株式會社ニ特有ノモノニ非サルヲ以テナリ。

第八十四條ヲ準用スルカ故ニ株式會社ハ解散ノ後ト雖トモ淸算ノ目的ノ範圍內ニ於テハ尙ホ存續スルモノト看做ス。

第八十九條ヲ準用スルカ故ニ株式會社カ裁判所ノ命令ニ因リテ解散シタルトキハ裁判所ハ利害關係人又ハ檢事ノ請求ニ因リ淸算人ヲ選任ス。

第九十條ヲ準用スルカ故ニ株式會社ノ淸算人ノ選任アリタルトキハ其淸算人ハ二週間內ニ本店及支店ノ所在地ニ於テ自己ノ氏名住所ヲ登記スルコトヲ要ス。

第九十一條ヲ準用スルカ故ニ淸算人ノ職務ハ第一現務ノ結了第二債權ノ取立及債務ノ辨濟第三殘餘財產ノ分配ニシテ。淸算人ニハ此職務ヲ行フ爲メニ必要ナル一切ノ裁判上又ハ裁判外ノ行爲ヲ爲ス權限ヲ有ス。

淸算人ノ代理權ニ加ヘタル制限ハ之ヲ以テ善意ノ第三者ニ對抗スルコトヲ得ス。

淸算中ニ法人ノ財產カ其債務ヲ完濟スルニ不足ナルコト分明ナルニ至リタルトキハ淸算人ハ直チニ破產宣告ノ請求ヲ爲シテ其旨ヲ公告スルコトヲ要ス。

淸算人ハ破產管財人ニ其事務ヲ引渡シタルトキハ其任ヲ終ハリタルモノトス。

右ノ場合ニ於テ既ニ債務者ニ支拂ヒ又ハ歸屬權利者ニ引渡シタルモノアルトキハ破產管財人ハ

之ヲ取戻スコトヲ得（民八一）。

第九十二條ヲ準用スルカ故ニ株式會社ニ現存スル財產カ其債務ヲ完濟スルニ不足ナルトキハ清算人ハ辨濟期ニ拘ハラス社員ヲシテ出資ヲ爲サシムルコトヲ得。

第九十三條ヲ準用スルカ故ニ清算人數人アルトキハ清算ニ關スル行爲ハ其過半數ヲ以テ之ヲ決ス。但第三者ニ對シテハ各自會社ヲ代表ス。

第九十五條ヲ準用スルカ故ニ清算人ハ會社ノ債務ヲ辨濟シタル後ニ非サレハ會社財產ヲ社員ニ分配スルコトヲ得ス。

第九十七條ヲ準用スルカ故ニ清算人ノ解任又ハ變更ハ二週間內ニ本店及支店ノ所在地ニ於テ之ヲ登記スルコトヲ要ス。

第九十九條ヲ準用スルカ故ニ清算カ結了シタルトキハ清算人ハ遲滯ナク本店及支店ノ所在地ニ於テ其登記ヲ爲スコトヲ要ス。

第百五十九條ヲ準用スルカ故ニ臨時總會ハ必要アル每ニ清算人之ヲ招集ス。

第百六十條ヲ準用スルカ故ニ資本ノ十分ノ一以上ニ當タル株主ハ總會ノ目的及其招集ノ理由ヲ記載シタル書面ヲ清算人ニ提出シテ總會ノ招集ヲ請求スルコトヲ得。

清算人カ前項ノ請求アリタル後二週間內ニ總會招集ノ手續ヲ爲サヽルトキハ其請求ヲ爲シタル株主ハ裁判所ノ許可ヲ得テ其招集ヲ爲スコトヲ得。

第百六十三條ヲ準用スルカ故ニ總會招集ノ手續又ハ其決議ノ方法カ法令又ハ定款ニ反スルトキハ株主ハ其決議ノ無效ノ宣告ヲ裁判所ニ請求スルコトヲ得。

前項ノ請求ハ決議ノ日ヨリ一个月內ニ之ヲ爲スコトヲ要ス。

清算人ニ非サル株主カ第一項ノ請求ヲ爲シタルトキハ其株券ヲ供託シ會社ノ請求ニ因リ相當ノ擔保ヲ供スルコトヲ要ス。

第百七十六條ヲ準用スルカ故ニ清算人ハ監查役ノ承認ヲ得タルトキニ非サレハ自己又ハ第三者ノ爲メニ會社ト取引ヲ爲スコトヲ得ス。

第百七十七條ヲ準用スルカ故ニ清算人カ法令又ハ定款ニ反スル行爲ヲ爲シタルトキハ株主總會ノ決議ニ依リタル場合ト雖トモ第三者ニ對シテ損害賠償ノ責ヲ免ルコトヲ得ス

前項ノ規定ハ其行爲ニ對シ株主總會ニ於テ異議ヲ述ヘ且監查役ニ其旨ヲ通知シタル清算人ニハ之ヲ適用セス。

第百七十八條ヲ準用スルカ故ニ株主總會ニ於テ清算人ニ對シテ訴ヲ提起スルコトヲ決議シタル

トキハ又ハ之ヲ否決シタル場合ニ於テ資本ノ十分ノ一以上ニ當タル株主カ之ヲ監査役ニ請求シタルトキハ會社ハ決議又ハ請求ノ日ヨリ一个月內ニ訴ヲ提起スルコトヲ要ス

前項ノ請求ヲ爲シタル株主ハ其株券ヲ供託シ且監査役ノ請求ニ因リ相當ノ擔保ヲ供スルコトヲ要ス。

會社カ敗訴シタルトキハ右ノ株主ハ會社ニ對シテノミ損害賠償ノ責ニ任ス。

第百八十一條ヲ準用スルカ故ニ監査役ハ何時ニテモ清算人ニ對シテ清算ニ關スル事業ノ報告ヲ求メ又ハ會社ノ業務及會社財產ノ狀況ヲ調査スルコトヲ得。

第百八十三條ヲ準用スルカ故ニ監査役ハ清算人カ株主總會ニ提出セントスル書類ヲ調査シ株主總會ニ其意見ヲ報告スルコトヲ要ス。

第百八十四條ヲ準用スルカ故ニ監査役ハ清算人ヲ兼ヌルコトヲ得ス。但清算人中ニ缺員アルトキハ清算人及監査役ノ協議ヲ以テ監査役中ヨリ一時清算人ノ職務ヲ行フヘキ者ヲ定ムルコトヲ得。

前項ノ規定ニ依リテ取締役ノ職務ヲ行フ監査役ハ第百九十二條第一項ノ規定ニ從ヒ株主總會ノ承認ヲ得ルマテハ監査役ノ職務ヲ行フヲ得ス。

第百八十五條ヲ準用スルカ故ニ會社カ清算人ニ對シ又ハ清算人カ會社ニ對シ訴ヲ提起スル場合ニ於テハ其訴ニ付テハ監査役會社ヲ代表ス。但株主總會ハ他人ヲシテ之ヲ代表セシムルコトヲ得。

資本ノ十分ノ一以上ニ當タル株主カ清算人ニ對シテ訴ヲ提起スルコトヲ請求シタルトキハ特ニ代表者ヲ指定スルコトヲ得。

第百八十七條ヲ準用スルカ故ニ株主總會ニ於テ監査役ニ對シテ訴ヲ提起スルコトヲ決議シタルトキ又ハ之ヲ否決シタル場合ニ於テ資本ノ十分ノ一以上ニ當タル株主カ之ヲ清算人ニ請求シタルトキハ會社ハ決議又ハ請求ノ日ヨリ一ケ月内ニ訴ヲ提起スルコトヲ要ス。此場合ニ於テハ第百八十五條第一項但書及第二項ノ規定ヲ準用ス。

前項ノ請求ヲ爲シタル株主ハ其株券ヲ供託シテ且清算人ノ請求ニ因リ相當ノ擔保ヲ供スルコトヲ要ス。

會社カ敗訴シタルトキハ右ノ株主ハ會社ニ對シテノミ損害賠償ノ責ニ任ス。

民法第七十九條ヲ準用スルカ故ニ清算人ハ其就職ノ日ヨリ二ケ月内ニ少クトモ三回ノ公告ヲ以テ債權者ニ對シ一定ノ期間内ニ其請求ノ申出ヲ爲スヘキ旨ヲ催告スルコトヲ要ス。但其期間ハ二个月ヲ下ルコトヲ得ス。

前項ノ公告ニハ債權者カ期間內ニ申出ヲ爲サヽルトキハ其債權ハ淸算ヨリ除斥セラルヘキ旨ヲ附記スルコトヲ要ス。但淸算人ハ知レタル債權者ヲ除斥スルコトヲ得ス。

淸算人ハ知レタル債權者ニハ各別ニ其申出ヲ催告スルコトヲ要ス。

民法第八十條ノ規定ヲ準用スルカ故ニ前記載ノ期間後ニ申出テタル債權者ハ法人ノ債務完濟ノ後未タ歸屬權利者ニ引渡サヽル財產ニ對シテノミ請求ヲ爲スコトヲ得。

第五章　株式合資會社

株式合資會社ナルモノハ現行商法ニ於テ始メテ之カ成立ヲ認メタルモノニシテ其以前ニ在テハ我邦未タ嘗テ見サル所ノ商事會社ナリ。而シテ其如何ナル理由ニ依リ現行商法ニ於テ之ヲ認メタルカニ至テハ法典調査會ノ手ニ成レル本法原按參考書ノ理由ニ明ナルヲ以テ之ヲ引用シテ說明ニ代フヘシ。曰ク蓋シ合資會社ノ社員カ或ル場合ニ感スル不便ハ其持分ヲ融通スルノ困難ニシテ株式會社ノ株主カ或ル場合ニ感スル不便ハ會社ヲ代表シ其業務ヲ執行スルノ任ニ當ル者カ會社ト休戚ヲ共ニスルノ決心不十分ナルニ在リ。故ニ一方ニ於テ充分ニ信用スヘキ實際家アリ他方ニ於テ自ラ營業ノ局ニ當ルコトヲ好マサル數多ノ資本家アル場合ニ前者ヲシテ無限ノ責任ヲ負擔シ以テ營業ノ局ニ當ラシメ後者ハ單ニ資本ヲ供給シ且其供給シタル資本ヲ株式ト化シ以テ融通ニ便ナラシムルハ株式會社及合資會社ノ外ニ之ヲ求メサル可ラス。而シ株式合資會社ハ有限責任社員ト無限責任社員トヨリ成リ其ノ有限責任社員ハ其持分ヲ株式ニ分チ容易ニ之ヲ融通スルヲ得ルコト恰モ株式會社ノ株主ニ同シク又其無限責任社員ハ連帶無限ノ責任ヲ以テ會社ヲ代表シ其業務ヲ執行スルノ任ニ當ルコト恰モ株式會社ノ取締役ト合資會社ノ業務擔當社員トノ兩資格ヲ兼ヌルニ似タリ。是レ株式合資會社カ實際上必要ナル所以ニシテ本案カ新ニ之ヲ規定シタル立法ノ趣旨モ之ニ外ナラス。或ハ株式合資會社ハ我國ニ未タ嘗テ存セサリシ會社ナレハ其利害得失ヲ疑ヒ新ニ之カ規定ヲ設クルコトヲ躊躇スル者アルヘシ雖トモ我國會社ノ發達ノ初期ニ當リテ現行商法(舊商法)中會社ニ關スル規定ヲ實施セラレタルニ依リ商事會社トシテ成立ヲ認ムルハ合名會社合資會社及株式會社ノ三種類ニ限リ其他ノ種類ニ屬スル會社ニ至リテハ全ク之レカ成立ヲ認メサリシ故ニ株式合資會社ナルモノヽ發達ヲ見サルハ當然ナリ。決シテ我國ノ現狀ニ適應セサルカ爲メニ非サルナリ。加之ナラス假令本按中ニ株式合資會社ニ關スル規定ヲ設クト雖トモ必スシモ從テ會社ヲ組織セサル可ラサルモノニ非サルコト勿論ナレハ之ヲ規定スルハ其發達ヲ奬勵シ實際ニ便宜ヲ與フルモ決シテ禍源ト爲ルノ恐レナシ。是レ本按カ斷然株式合資ノ規定ヲ設クルコト、爲シタル所以ナリト。亦以テ此會社ノ如何ナルモノナルカ其性質ヲ窺フニ足ル可シ。

第二百三十五條　株式合資會社ハ無限責任社員ト株主トヲ以テ之ヲ組織ス

義解　本條ハ株式合資會社ノ組織ニ關スル規定ナリ。

無限責任社員トハ會社ニ出資シタル資本額ノ外尚ホ自巳ノ全財産ヲ擧ケテ會社ノ債務ニ對スル抵償トシ以テ無限ニ會社ノ債務ヲ辨濟スル責任ヲ負フ社員ニシテ。株主トハ會社カ募集シタル株式ヲ引受ケ其株數ニ應シテ出資シタル其額ニ限リ責任ヲ負フヘキ有限責任社員ヲ云フ。而シテ株式合資會社ハ此資格ヲ有スル兩社員ヨリ成立スルノ一種變體ノ會社ヲ云フ。茲ニ注意スヘキハ本條ノ會社ト有限責任及無限責任ノ兩社員ヲ有スル合資會社ト混同セサルコト是ナリ。卽チ無限責任社員ハ株式合資會社モ普通ノ合資會社ト異ナルナシト雖トモ有限責任社員ニ至テハ株式合資會社ト普通ノ合資會社トハ大ニ其趣ヲ異ニセリ。今其區別ノ要點ヲ擧クレハ普通ノ合資會社ノ有限責任社員ハ其氏名ヲ登記スルモ（一〇七）株式合資會社ノ株主ハ之ヲ登記スルヲ要セス。普通ノ合資會社ノ有限責任社員ハ無限責任社員ノ承諾アルニ非サレハ妄リニ其持分ヲ讓渡スルヲ得サルモ（二二二）株式合資會社ノ株主ハ隨意ニ株式ヲ處分スルヲ得ルナリ。之ヲ要スルニ普通ノ合資會社ノ有限責任社員ト會社トハ財產上ト人物上ノ兩關係ヲ有スルモ株式合資會社ノ株主ト會社トハ只財產上ノ關係タルニ過キサルナリ。

第二百三十六條 左ノ事項ニ付テハ合資會社ニ關スル規定ヲ準用ス

一 無限責任社員相互間ノ關係

二 無限責任社員ト株主及ヒ第三者トノ關係

三 無限責任社員ノ退社

此他株式合資會社ニハ本章ニ別段ノ定アル場合ヲ除ク外株式會社ニ關スル規定ヲ準用ス

義解 本條ハ株式合資會社ノ社員相互間及第三者トノ關係又ハ退社ニ關スル規定ナリ。

株式合資會社ハ無限責任社員ト有限ノ責任アル株主トヨリ成立スル一種變體ノ會社ナルヲ以テ。無限責任社員カ連帶無限責任ヲ負ヒ業務執行ノ任ニ當リ會社ト休戚ヲ共ニシ業務執行ニ熱心誠實ナル點ハ合資會社ト其趣ヲ一ニシ同株式ノ制規ヲ採用シ巨額ノ資本ヲ集メテ宏大ナル事務ヲ爲シ社員ノ責任ハ有限ナルノ點ニ至テハ株式會社ト其趣ヲ同フス。故ニ之レカ爲メ特別ノ規定ヲ要スル外ハ一方ニハ合資會社ノ規定ヲ準用シ他方ニ於テハ株式會社ノ規定ヲ準用スルハ當然ノ事ナルヲ以テ。本條ニ於テ之レカ規定ヲ爲セリ合資會社ニ關スル規定ヲ適用スヘキ事項左ノ如シ。

一　無限責任社員相互間ノ關係

無限責任社員相互間ノ關係トハ各無限責任社員ハ定款ニ別段ノ定メナキトキハ會社ノ業務ヲ執行スルノ權利ヲ有シ義務ヲ負ヒ若シ數人アルトキハ會社ノ業務執行ハ其過半數ヲ以テ之ヲ決スル（一〇九）如キ又無限責任社員ハ自己又ハ第三者ノ爲メニ會社ノ營業ノ部類ニ屬スル商行爲ヲ爲シ又ハ同種ノ營業ヲ目的トスル他ノ會社ノ無限責任社員ト爲ルコトヲ得サルカ如シ（一一三）。

二　無限責任社員ト株主及第三者トノ關係

株主ハ株式ニ依リ出資スルモ無限責任社員ハ金錢其他ノ財産以外ノ出資ヲ爲シ得ル如キ（一〇八）又無限責任社員ハ別段ノ定メナキトキハ會社ヲ代表シテ第三者ニ對スル如キ（一一四）關係ヲ有スルモノナリ。

三　無限責任社員ノ退社

無限責任社員ノ退社ハ第六十八條第六十九條ニ依ルカ如キヲ云フ。

以上ハ合資會社ノ規定ヲ株式合資會社ニ準用スル事項ノ概略ヲ示シタルモノナルヲ以テ右一號乃至三號ノ事項ノ如何ナルモノナルカハ各場合ニ臨ミ合資會社ニ關スル諸規定ト事實トヲ對照シテ之ヲ究ム可シ。

右ノ外本章即第五章ニ別段ノ定メアル場合ノ外株式合資會社ニハ總テ株式會社ノ規定ヲ準用スルコトヽセリ。

第二百三十七條 無限責任社員ハ發起人ト爲リテ定款ヲ作リ之ニ左ノ事項ヲ記載シテ署名スルコトヲ要ス

一 第百二十條第一號、第二號、第四號、第六號、及ヒ第七號ニ掲ケタル事項

二 株金ノ總額

三 無限責任社員ノ氏名、住所

四 無限責任社員ノ株金以外ノ出資ノ種類及ヒ價格又ハ評價ノ標準

字解 出資ノ種類トハ資本ヲ出スニ金錢又ハ他財産ヲ以テスルカ如キ其出ス處ノ種類ヲ云

フ。

義解　本條以下六條ハ株式合資會社設立ニ關スル規定ニシテ本條ハ發起人ノ資格及定款ニ記載スヘキ事項ニ關スル規定ナリ。

前ニモ陳ヘタル如ク無限責任社員ハ連帶無限ノ責任ヲ負ヒ會社ト休戚ヲ共ニシ其業務執行ニ付誠實親切ヲ要スルモノニシテ此ノ如キハ自ラ進ンテ其局ニ當ル人ニ非サレハ募集シテ以テ得ヘキモノニ非ス。之ニ反シ株主ハ只財產上ノ關係ニ止マルヲ以テ何時ニテモ之ヲ募集シ得ルモノナレハ此兩資格ヲ有スル株式合資會社ノ發起人タルコトヲ得ルモノハ必ス無限責任社員ナラサル可ラス。而シテ無限責任ヲ負フノ社員發起人ト爲リタルトキハ定款ヲ作リテ左ノ事項ヲ記載シ之ニ署名スヘキモノトス。

一　第百二十條第一號第二號第四號第六號及第七號ニ揭ケタル事項

(甲)　目的（一二〇ノ一號）

(乙)　商號（同上二號）

(丙)　一株ノ金額（同上四號）

(丁)　本店及支店ノ所在地（同上六號）

（戊　會社カ公告ヲ爲ス方法（同上七號）

右ハ第百二十條ニ於テ説明シアルヲ以テ之ヲ省略ス。

二　株金ノ總額

本號ハ第百二十條第三號資本ノ總額ト其性質ヲ同フスルモ株式合資會社ニ在リテハ資本ト云ハスシテ株金ト云フヲ以テ直ニ之ヲ準用スルト記載シ能ハサルヨリ殊ニ之ヲ株金ノ總額ト記載シタル所以ナリ。其理由ノ如キハ第百二十條ヲ參照ス可シ。

三　無限責任社員ノ氏名住所

合資會社ニ在テハ單ニ發起人ト云フモ株式合資會社ニ在テハ無限責任社員ナルヲ以テ此ノ氏名住所ヲ記載スヘキモノニシテコレ亦第百二十條ノ第八號ト同一ノ精神ナリ。

四　無限責任社員ノ株金以外ノ出資ノ種類及價格又ハ評價ノ標準

右ハ第百二十條ノ五號ト同一ノ精神ヨリ出ツルモ亦異ナル所アルヨリ之ヲ規定シタリ。卽株式會社ニ在テハ資本ノ總額ハ之ヲ株式ニ分ツヲ以テ資本ノ總額ヲ記載スルヲ以テ足ルモ株式合資會社ニ在リテハ資本ノ一部分ヲ株式ニ分チ他ハ無限責任社員ノ株式以外ノ出資ヲ許スヲ以テ株金額ノミニテハ資本ノ總額ヲ知ル能ハス。故ニ本號ニ於テ無限責任社員ノ株金以外ノ出資ノ種類及價格又ハ評價ノ標準ヲ記載シ以テ資本ノ總額ヲ見ルヲ得ルトセリ。株金以外ノ出資ノ種類トハ無限責任社員カ出ス處ノ金錢其他ノ財產、社員ノ勞務、信用等ニシテ株金以外ノモノヲ云フ。而シテ金錢ノ如キハ直ニ其額ヲ知リ得ルモ其他ノ財產、社員ノ勞務信用ノ如キハ之ヲ知ルコト能ハサルヲ以テ其價格ヲ記載スルカ否ラサレハ之ヲ評價シタル評價ノ標準ヲ記載スヘキモノトス。

問答　問　定款ニハ發起人ト爲リシ無限責任社員ノ署名ノミニテ捺印ハ要セサルヤ。

答　捺印ヲ要セスコレ本條ニ署名スルヲ要ストアルヲ以テナリ。

第二百三十八條　無限責任社員ハ株主ヲ募集スルコトヲ要ス

株式申込證ニハ左ノ事項ヲ記載スルコトヲ要ス

一　第百二十二條、第百二十六條第二項第一號、第四號及ヒ前條ニ掲ケタル事項

二　無限責任社員カ株式ヲ引受ケタルトキハ其各自カ引受ケタル株式ノ數

義解　本條ハ株式合資會社設立當時株主募集ニ關スル規定ナリ。株式合資會社ハ無限責任社員ト有限責任ノ株主トヲ併有スルノ性質ナルヲ以テ若シ無限責任社員カ株式ノ總數ヲ引受クルトキハ一面株式ニ對シテハ有限責任ナルモ他ノ一面ハ卽チ無限責任社員ニシテ到底有限ノ二字ハ有名無實ニ歸シ株式合資會社ノ性質ニ反スルヲ以テ是非トモ株主ヲ募集セサル可ラス。本條第一項ハ此主義ヲ明ニシテ設立ノ際無限責任社員ハ必ス株主ヲ募集スルコトヲ要ストセリ。然レトモ募集シタル株式ノ内一部ヲ無限責任社員カ引受ケ得ルコトハ第二項第二號ノ規定ニヨリ之ヲ見ルヲ得ヘシ。

右ノ如ク株主ヲ募集スルヲ以テ之ニ應セント欲スル者ハ之レカ申込ヲ爲サヽル可ラス。此申込ヲ爲スニハ必ス株式申込證ナルモノヲ作成シ之ニ左ノ事項ヲ記載ス可キモノトス。

一　第百二十二條第百二十六條第二項第一號第四號及前條ニ掲ケタル事項

（イ）存立時期又ハ解散ノ事由

（ロ）株式ノ額面以上ノ發行

（ハ）發起人カ受クヘキ利益及之ヲ受クヘキ者ノ氏名

（ニ）金錢以外ノ財產ヲ以テ出資ノ目的ト爲ス者ノ氏名、其財產ノ種類價格及之ニ對シテ與フ

ル株式ノ數

(ホ) 會社ノ負擔ニ歸スヘキ設立費用及發起人カ受クヘキ報酬ノ額(以上一二二)

(ヘ) 定欵作成ノ年月日(一二六第二項ノ一號)

(ト) 第一回拂込ノ金額(同上四號)

(チ) 目的(一二〇ノ一號)

(リ) 商號(同上二號)

(ヌ) 一株ノ金額(同上四號)

(ル) 本店及支店ノ所在地(同上六號)

(ヲ) 會社カ公告ヲ爲ス方法(同上七號)

(ワ) 株金ノ總數(二三七ノ二號)

(カ) 無限責任社員ノ氏名、住所(同上ノ三號)

(ヨ) 無限責任社員ノ株金以外ノ出資ノ種類及價格又ハ評價ノ標準(同上ノ四號)

右(イ)乃至(ヨ)ノ事項ニ關シテハ各條ノ下ニ於テ説明シアルヲ以テ之ヲ畧ス。

二、無限責任社員カ株式ヲ引受ケタルトキハ其各自カ引受ケタル株式ノ數株式會社設立ニ際シテハ發起人ハ必ス株式ノ全部若クハ其幾部ヲ引受ケサル可ラサルヲ以テ株式申込證ニハ必ス其引受ケタル數ヲ記入セサル可ラサルモ。株式合資會社ノ場合ニ在テハ發起人タル無限責任社員ハ必ス株式ノ引受ヲ要セサルヲ以テ若シ之ヲ引受ケタルトキハ其各自カ引受ケタル所ノ株數ヲ記載セサル可ラス。コレ第百二十六條第二項第三號ノ發起人カ引受ケタル株式ノ數ヲ記載スルト同一ノ理由ニ基クモノナリ。

問答 問 株式申込證ニ本條規定ノ外ノ事項ヲ記入シタルトキハ無效ニ非スヤ。

答 本條規定ノ外ノ事柄ヲ記載スルモ本條ノ條項ヲ備ヘアルニ於テハ申込證トシテ有效ナリ。

問 株式申込證記載ノ事項ハ本條列擧ノ順序ニ依ラサル可ラサルヤ。

答 否適宜ニ之ヲ先後スルヲ得ヘシ。

第二百三十九條 創立總會ニ於テハ監査役ヲ選任スルコトヲ要ス

無限責任社員ハ監査役ト爲ルコトヲ得ス

義解 本條ハ監査役撰任ニ關スル規定ナリ。

監査役ハ會社代表者カ其業務ヲ執行スルニ當リ之レヲ監視スルノ地位ニ在ルモノナレハ株式合資會社ヲ設立ニ付テモ亦必要ノ機關ナリ。故ニ本條第一項ニ於テ創立總會ハ此機關ヲ選任スヘキコトヲ規定セリ。而シテ監査役ハ必ス株主中ヨリ之ヲ選任スヘキモノトセリ。

右ノ如ク株式合資會社ノ無限責任社員ハ會社ヲ代表シ其業務ヲ執行スヘキ地位ニアリ。監査役ハ無限責任社員ノ職務執行ヲ監視スヘキモノニ付無限責任社員ハ監査役タルコトヲ得サルハ監視者被監視者ノ地位ヨリ當然ノ事ナリト雖トモ。株式合資會社ノ無限責任社員中ニハ會社ノ業務實行ニ當ラサルモノアリ（二三六ノ一項、一〇九、一一四）此等ノ無限責任社員ハ外見上監視者被監視者ノ地位ニ在ラサル如キヲ以テ一見監査役タルニ差支ナキヤノ疑アルヲ以テ此點ヲ明ニセン爲メ。本條殊ニ業務ニ從事スル者ト云ハスシテ無限責任社員ト記載シ一般ニ之ヲ禁シタリ。蓋シ無限責任社員ハ假令自ラ會社ヲ代表シ業務ヲ執行セスト雖トモ其責任ニ至テハ會社ヲ代表シ業務ヲ執行スル他ノ無限責任社員ト連帶無限ナルヲ以テ間接ニハ監視者被監視者ノ關係ヲ有シ第二百四十四條第二百四十五條ノ如ク株主總會ト無限責任社員トハ相對立シ。監査役ハ無限責任社員ヲシテ總會ノ決議ヲ執行セシムルノ責任アルモノナレハナリ。

問答　問　株式合資會社ノ創立總會ハ何時招集スルモノナルヤ。

答　第二百三十八條ニ依リ無限責任社員カ株主ヲ募集シ株式總數ノ引受アリタルトキハ第百二十九條ヲ準用シテ第一回ノ拂込ヲ爲サシメ其拂込アリタルトキハ第百三十一條ヲ準用シテ遲滯

ナク創立總會ヲ招集スヘキモノトス。此等ハ皆株式會社ノ規定ヲ準用スルヲ以テ別ニ何等ノ規定ヲ爲サス突然此ニ監査役ノ選任ノミヲ規定セル所以ナリ。

問 株式合資會社ノ創立總會ハ何故ニ監査役ノミヲ選任スルヤ。

答 株式會社ノ創立總會ニテハ取締役ヲ選任セサレハ業務執行者ナキヲ以テ業務執行者ナル取締役ト之ヲ監督スル監査役ヲ選任スルノ必要アルモ。株式合資會社ノ場合ニハ業務執行者ハ無限責任社員ニシテ初ヨリ確定シ居レハ之ヲ選任スルノ必要ナク只之ニ對スル監査役ノミカ未定ニ付之ヲ選任スヘキモノトス。

第二百四十條 無限責任社員ハ創立總會ニ出席シテ其意見ヲ述フルコトヲ得

但株式ヲ引受ケタルトキト雖モ議決ノ數ニ加ハルコトヲ得ス

無限責任社員カ引受ケタル株式其他ノ出資ハ議決權ニ關シテハ之ヲ算入セス

前二項ノ規定ハ株主總會ニ之ヲ準用ス

義解 本條ハ無限責任社員ト創立總會及株主總會トノ關係及議決權ニ關スル規定ナリ。

株式合資會社ノ無限責任社員ハ株式ヲ有スルト否トヲ問ハス又出資ノ多寡ニ拘ハラス自己ノ全資産ヲ擧ケテ無限ノ責任ヲ負擔シ會社ノ盛衰ハ自己ノ盛衰ニシテ會社ト休戚ヲ共ニスルモノナレハ。會社ノ爲メニハ常ニ注意ヲ怠ラス其事務ヲ行フニ當リ誠實親切ヲ盡シ會社ノ事情ニ通スル尤モ精密ナルヲ以テ創立總會ニ於テ其意見ヲ述ヘシムルハ自己ノ利益ヲ保護スルト同時ニ會社及總會ニ利益アルニ因リ。本條ニ於テ無限責任社員ハ創立總會ニ於テ意見ヲ述フルコトヲ得ルモノトセリ。

然レトモ無限責任社員ノ全體ト株主總會トハ常ニ相對立シテ無限責任社員ノ專横ヲ注意シ。合資會社ノ總社員ノ同意ヲ要スル事項ニ付テハ株主總會ノ決議ト無限責任社員ノ一致トヲ必要トシ(二四三、二四四)株主總會ノ決議ト無限責任社員ノ一致トハ全ク之ヲ別ニセリ。故ニ無限責任社員カ偶株式ヲ有スルノ故ヲ以テ創立總會ニ於テ株主タル資格ヲ以テ議決ノ數ニ加ハルトセンカ。他方ニ於テハ無限責任社員トシテ其決議ノ數ニ加ハリ一人ノ意見カ重複スルコトヽナリ奇モ亦甚タシク。且無限責任社員ノ許多ノ株式ヲ有スルトキハ創立總會ハ其左右スル處トナリ折角法律カ株式合資會社ヲ設ケタル精神ヲ失ヒ普通ノ合資會社ト其區別ヲ見サルニ至ルヘキヲ以テ。第一項但書ニ於テ無限責任社員ハ假令株式ヲ引受ケタルトキト雖トモ議決ノ數ニ加ハルコトヲ得サルモノト規定セリ。

右ノ如ク無限責任社員ヲシテ創立總會ノ議決ノ數ニ加フルコトヲ得サラシメタル結果其引受ケタル株式其他ノ出資ハ之ヲ議決權ニハ算入セサルモノトス。

右說明ノ如ク無限責任社員ハ只意見ヲ述フルヲ得ルニ止マリ議決ノ數ニ加フルコトヲ得ス。又其引受ケタル株式出資ニ關シテ議決權ノ數ニ算入セサルノ規定ハ創立總會ノ場合ナリ。而シテ株主總會ハ其名異ナルモ性質上創立總會ト異ナルナキヲ以テ前說明ノ理由ヲ貫徹セン爲メ第三項ニ於テ株主總會ニ前二項ノ規定ヲ準用ス可キ旨ヲ規定セリ。

第二百四十一條 監査役ハ第百三十四條第一項及ヒ第二百三十七條第四號ニ揭ケタル事項ヲ調査シ之ヲ創立總會ニ報告スルコトヲ要ス

義解 本條ハ創立總會ニ際シ監査役ノ任務ニ關スル規定ナリ。

創立總會ニ於テ監査役ヲ選任シタル曉ニ於テ株式合資會社ノ發起人タル無限責任社員カ招集シタル創立總會カ果シテ其會社トシテ活動スルニ足ルヤ否ヲ知ラシムル爲メ。監査役ハ本條ニ依リ左ノ事項ヲ調査シ之ヲ總立總會ニ報告セサル可ラス。

一　株式總數ハ引受アリタルヤ否ヤ

二　各株ニ付第百二十九條ノ拂込アリタルヤ否

三　第百二十二條第三號乃至第五號ニ揭ケタル事項ハ正當ナルヤ否ヤ

（甲）發起人カ受クヘキ特別ノ利益及之ヲ受クヘキ者ノ氏名（一二二、ノ三號）

（乙）金錢以外ノ財產ヲ以テ出資ノ目的ト爲ス者ノ氏名其財產ノ種類價格及之ニ對シテ與フル株式ノ數（同上四號）

（丙）會社ノ負擔ニ歸スヘキ設立費用及發起人カ受クヘキ報酬（同上五號）

四　無限責任ハ株金以外ハ出資ハ種類及價格又ハ評價ノ標準

右各事項ノ如何ナルモノナルカハ各條說明ヲ參照ス可シ。

問答　問　普通ノ株式會社ハ創立總會ニ報告スヘキ事項ノ調查ハ取締役、監查役ナルニ株式合資會社ノ場合ハ何故ニ監查役ニ限ルヤ。

答　株式會社ノ場合ハ發起人ハ他ニアリテ取締役監查役ハ總會ニ於テ之ヲ選任スルヲ以テ從テ調查モ亦兩役ニ於テ爲サシムヘキモ。株式合資會社ニハ別ニ發起人ナク無限責任社員カ發起人トナリ別ニ取締役ニ該當スヘキモノナキヲ以テ監查役ノミニ調查セシムルモノナリ。

第二百四十二條　會社ハ創立總會終結ノ日ヨリ二週間內ニ其本店及ヒ支店ノ

所在地ニ於テ左ノ事項ヲ登記スルコトヲ要ス

一　第百二十條第一號、第二號、第四號、第七號及ヒ第百四十一條第一項第二號乃至第六號ニ揭ケタル事項

二　株金ノ總額

三　無限責任社員ノ氏名、住所

四　無限責任社員ノ株金以外ノ出資ノ種類及ヒ財產ヲ目的トスル出資ノ價格

五　會社ヲ代表スヘキ無限責任社員ヲ定メタルトキハ其氏名

六　監査役ノ氏名、住所

義解　本條ハ創立總會終結ノ時設立登記ニ關スル規定ナリ。

發起人アリテ株主ヲ募集シ株式總數ノ引受アリタル場合ニ於テ第一回ノ拂込ヲ爲サシメ其拂込アリタルトキハ又遲滯ナク創立總會ヲ招集スル如キハ會社設立ノ準備ニ過キスシテ會社ハ創立總會終結ノ日ヲ以テ成立スルモノトス。故ニ株式合資會社カ成立シタル時ハ其成立ノ日卽創立

總會終結ノ日ヨリ二週間內ニ其本店及支店ノ所在地ニ於テ左ノ事項ヲ登記シ以テ其成立シタルコトヲ世間ニ發表スルモノナリ。

一　第百三十條第一號、第二號、第四號、第七號及第百四十二條第一項第二號乃至第六號ニ掲ケタル事項

（一）目的（二）商號（三）一株ノ金額（一二〇ノ四號）（四）會社カ公告ヲ爲ス方法（一二〇ノ七號）（五）本店及支店（一四〇ノ二號）（六）設立ノ年月日（一四〇ノ三號）（七）存立時期又ハ解散ノ事由ヲ定メタルトキハ其時期又ハ事由（一四〇ノ四號）（八）各株ニ付拂込ミタル株金額（一四〇ノ五號）（九）開業前ニ利息ヲ配當スヘキコトヲ定メタルトキハ其利率（一四〇ノ六號）

以上ノ如何ナルモノナルカハ各條ノ說明ヲ參照ス可シ。

二　株金ノ總額

株金ノ總額トハ株式合資會社カ募集シタル株式金額ノ總高ニシテ第四號ト合シ其多少ハ會社ノ信用ニ影響ヲ及ホス少ラサルヲ以テ之ヲ公告シ世人ヲシテ之ヲ知ラシムルハ最モ必要ナルコトナルヲ以テナリ。

三　無限責任社員ノ氏名住所

無限責任社員ハ無限ノ責任ヲ負フヲ以テ其住所ニ於ケル財産モ擧ケテ會社債務ノ擔保ニ供シアルモノナレハ其社員カ何人ニシテ何處ニ住スルカヲ公示シ置クハ亦必要ノ事柄ナリ。

四　無限責任社員ノ株金以外ノ出資ノ種類及財産ヲ目的トスル出資ノ價格

株金以外ノ出資ト前二號株金ノ總額ト相待テ會社資產ノ全額ヲ知ルコトヲ得ルヲ以テ會社ノ信用ノ厚薄ハ多ク資產ノ多少ニ關シ出資ノ種類モ亦同一ナルヲ以テ殊ニ本號ヲ登記セシムル所以ナリ。

五　會社ヲ代表スヘキ無限責任社員ヲ定メタルトキハ其氏名。

株式合資會社ニ於テハ無限責任社員カ業務ニ從事スルハ當然ナルモ定款又ハ總會ノ決議ト無限責任會員ノ一致トニ依リ會社ヲ代表スヘキ無限責任社員ヲ定ムルコトヲ得（二四四、一四四、二三六、ノ一項）ルヲ以テ。コレヲ定メタルトキハ之ヲ記載シ如何ナル人カ業務ヲ擔當スルヤ其人物ノ如何ハ亦大ニ會社ノ信用ニ關係スルヲ以テ之ヲ登記シテ公示スルハ必要ノ事ナリ。

六　監查役ノ氏名住所

監查役ノ何人ナルカ亦會社ノ信用ニ影響スルヲ以テ之ヲ登記事項ト爲シタル所以ナリ。

問答

(ろ)問 登記ハ何人カ之ヲ申請スヘキモノナルヤ。

答 非訟事件手續法第百九十六條ニ依リ無限責任社員ノ全員及總監査役ノ申請ニ因リ之ヲ爲スヘキモノトス。

問 本條列記以外ノ事項ヲ登記セント請求シ得ルヤ。

答 登記ヲ請求スル固ヨリ妨ケナシ然レトモ之ヲ爲スノ必要ナシ。

第二百四十三條 會社ヲ代表スヘキ無限責任社員ニハ株式會社ノ取締役ニ關スル規定ヲ準用ス但第百六十四條乃至第百六十八條、第百七十五條及ヒ第百七十條ノ規定ハ此限ニ在ラス

義解

本條ハ會社ヲ代表スル無限責任社員ニ準用スヘキ規定ニ關スル規定ナリ。

株式合資會社ヲ代表スル無限責任社員ハ會社ヲ代表シテ業務ヲ擔當シ之ヲ實行スルモノナレハ株式會社ニ於ケル取締役ニ該當スルヲ以テ之ニ關スル規定ヲ準用スヘキコトヲ規定シ。之レヲ本則トシ其差異アル點ニ付準用スルヲ得サル場合ヲ例外トシテ之ヲ擧示シタリ卽チ。

(一) 第百六十四條ノ取締役ハ株主總會ニ於テ株主中ヨリ選任ストノ規定ハ之ヲ準用セス。コレ株式合資會社ニ在リテハ株主總會ノ選任ヲ待タス當然無限責任社員ノ全部又ハ一部カ會社ノ

業務ニ當ルヲ以テ之レカ選任ヲナスノ必要ナケレハナリ。

（二）第百六十五條ノ取締役ハ三人以上タルコトヲ要ストノ規定ハ之ヲ準用セスコレ株式合資會社ニ於テハ之ヲ制限スルノ必要ナケレハナリ。

（三）第百六十六條ノ任期ハ三年ヲ超ユルコトヲ得ス但其任期滿了ノ後之ヲ再選スルコトヲ妨ケストノ規定ハ之ヲ準用セス。コレ株式合資會社ノ無限責任社員ニ在テハ性質上之ヲ制限スル能ハサルヲ以テナリ。

（四）第百六十七條ノ取締役ハ何時ニテモ株主總會ノ決議ヲ以テ之ヲ解任スルコトヲ得トノ規定ハ之ヲ準用セス。コレ取締役ハ株主總會カ選任シタルヲ以テ之ヲ解任シ得ルハ當然ナルモ。無限責任社員ハ法律ノ規定上其業務ヲ擔任スルモノナルヲ以テ株主總會カ之ヲ解任シ能ハサルヤ明ナルヲ以テナリ。

（五）第百六十八條ノ取締役ハ定款ニ定メタル員數ノ株券ヲ監査役ニ供託スルコトヲ要ストノ規定ハ之ヲ準用セス。コレ取締役ハ會社ノ事務ヲ取扱ヒ其事業ヲ實行スルニモ拘ヲス無責任ノ處置ヲ爲シ會社ニ損失ヲ與フルノ憂ヲ防カン爲メニ第百二十條第五號ノ規定ヲ設ケ其精神ヲ貫徹セン爲メ供託ノ規定ヲ設ケタルモ株式合資會社ノ無限責任社員ハ無限責任ヲ負ヒ會社ト休戚ヲ供ニスルヲ以テ此等ノ憂ナキヲ以テナリ。

（六）第百七十五條ノ規定ハ株式合資會社ニ在テハ第二百三十六條第一項ニ依リ當然第六十條ヲ準用シ重複ニ亘ルヲ以テ之ヲ準用セサルナリ。

（七）第百七十九條ノ取締役カ受クヘキ報酬ハ定款ニ其額ヲ定メサリシトキハ株主總會決議ヲ以テ之ヲ定ムトノ規定ハ之ヲ準用セス。コレ株式會社ノ取締役ハ他ノ株主ト同一ニ利益配當ヲ受クルニ過キサルヲ以テ報酬ヲ與フルノ必要アルモ株式合資會社ニ在テハ普通ノ株主ト無限責任社員トハ其責任ノ異ナルヨリ配當ノ割合モ亦異ナラサルヲ得ス。定款ニ定ムルカ否ラサレハ株主總會ト無限責任社員ノ一致トヲ以テ自由ニ之ヲ定メ得ルモノニシテ株主總會ノミニテ之ヲ定メ得ルモノニ非サルヲ以テナリ。

問答　問　會社ヲ代表スヘキ無限責任社員カ受クル配當ノ外ニ報酬ヲ與フルコトヲ得ルヤ。

答　定款ニ定メアルカ又ハ株主總會ト無限責任社員ノ一致トアルトキハ之ヲ與ルコトヲ得ルナリ。

第二百四十四條　合資會社ニ於テ總社員ノ同意ヲ要スル事項ニ付テハ株主總會ノ決議ノ外無限責任社員ノ一致アルコトヲ要ス

第二百九條ノ規定ハ前項ノ決議ニ之ヲ準用ス

義解　本條ハ合資會社ハ總社員ノ同意ヲ要スル事項ニ付株式合資會社ハ議決ノ方法ニ關スル規定ナリ。

株式合資會社ノ株主總會ニ在テハ無限責任社員ハ只其意思ヲ發表スルニ止マリ議決ノ數ニ加フルコトヲ得サルヲ以テ此總會ノ決議ハ會社ノ意思ト云フヲ得ス。從テ普通ノ合資會社ニ於テ總社員ノ同意ヲ要スル重大ノ事項ニ付テハ株主總會ノ決議ノミニ之ヲ定ムル能ハサルヲ以テ本條ニ於テ此總會ノ決議ト無限責任社員ノ一致トヲ以テ之ヲ決スルコトヲ必要トセリ。其事項ノ概略ヲ擧クレハ左ノ如シ。

(一)定款ノ變更其他會社ノ目的ノ範圍ニ屬セサル行爲ヲ爲スコト（一〇五、五八）

(二)會社ヲ代表スヘキ無限責任社員ヲ定ムルコト（一一四）

(三)社員ノ退社（一〇五、六九、ノ二號）

(四)社員ノ除名（一〇五、七〇、）

(五)會社ノ解散（一〇五、七四、ノ三號）

(六)會社ノ合併（一〇五、七七、）

（七） 會社財産ノ處分方法（一〇五、八五）

株式合資會社ノ無限責任社員ハ其責任重大ナルヲ以テ重要ノ事項ニ付テハ一々其承認ヲ經テ之ヲ爲スハ正當ナルノミナラス其人員モ少數ナレハ一致ヲ得ル事難カラス。之ニ反シ株主ニ至リテハ其人員非常ニ多數ニシテ其一致ヲ得ルコト到底望ミ難キヲ以テ合名會社ニ於テ總社員ノ同意ヲ要スル事項ニ付株式合資會社カ決議ヲ爲ス方法トシテ株主總會ノ決議ハ第二百九條ヲ準用シ總株主ノ半數以上ニシテ資本ノ半額以上ニ當タル株主出席シ其議決權ノ過半數ヲ以テ之ヲ決シ。若シ右員數ノ株主カ出席セサルトキハ例外トシテ出席シタル株主ノ決議權ノ過半數ヲ以テ假議決ヲ爲シ各株主ニ對シテ其假議決ノ趣旨ノ通知ヲ發シ且無記名式ノ株券ヲ發行シタルトキハ其趣旨ヲ公告シ更ニ一个月ヲ下ラサル期間内ニ第二回ノ株主總會ヲ招集シ出席シタル株主ノ議決權ノ過半數ヲ以テ假決議ノ認否ヲ決スヘキモノトス。但會社ノ目的タル事業ヲ變更スルトキハ例外ノ議決方ハ之ヲ適用セサルモノトス。

問答

問　合資會社ニ於テ總社員ノ同意ヲ要スル事項ニ付株式合資會社ノ株主總會ノ決議カ又ハ無限責任社員ノ一致ニシテ少シニテモ缺クル處アルトキハ無效ナリヤ。

答　無論無效ナリ。

第二百四十五條　監査役ハ無限責任社員ヲシテ株主總會ノ決議ヲ執行セシムル責ニ任ス

義解　本條ハ株主總會ノ決議ニ付監査ノ責任ニ關スル規定ナリ、株式合資會社ニ在テハ株主總會ノ決議ト無限責任社員ノ一致トニ非サレハ會社ノ意思ト云フ可ラス株主總會ノ決議ノミニテハ直ニ會社ヲ代表スル無限社員ヲ羈束スル能ハサルヲ以テ株主總會ニ對シテ之ヲ執行セシムルノ責ニ任スヘキ者ヲ定ムルノ必要アリ。而シテ監査役ハ株主總會ヲ代表シテ其利益ヲ保護スル爲メ尤モ適當ノ地位ナルヲ以テ本條ニ於テ監査役ハ無限責任社員ヲシテ株主總會ノ決議ヲ執行セシムルノ責ニ任スト規定シタル所以ナリ。

問答　問　監査役ト無限責任社員ト意見ヲ異ニシ總會ノ決議ヲ執行スル能ハサルトキハ如何スルヤ

答　普通ノ方法ニ從ヒ裁判所ニ出訴スルノ外ナシ。

第二百四十六條　株式合資會社ハ合資會社ト同一ノ事由ニ因リテ解散ス但第八十三條ノ場合ハ此限ニ在ラス

義解　本條ハ株式合資會社ノ解散ニ關スル規定ナリ。

株式合資會社ハ合資會社ト同一ノ事由ニ因リ解散スル規定ナルヲ以テ其原因ヲ擧クレハ左ノ如シ。

一、存立時期ノ滿了其他定款ニ定メタル事由ノ發生
二、會社ノ目的タル事業ノ成功又ハ其成功ノ不能
三、株主總會ノ決議及無限責任社員ノ一致
四、會社ノ合併
五、會社ノ破產
六、裁判所ノ命令
七、株主又ハ無限責任社員ノ全員カ退社シタルトキ

以上列擧シタルハ合資會社ノ解散事由ニシテ（一〇五、七四）又株式合資會社ノ解散事由ナリ而シテ其各場合理由ノ說明等ハ重複スルヲ以テ之ヲ略ス。只玆ニ注意スヘキハ第七十四條第五號ノ社員カ一人ト爲リタルコトコレナリ。株式會社ニ在テハ株主七人ト爲リタルトキハ解散ノ一事由トナスモ株式合資會社ハ之ヲ要セス。株式合資會社ノ性質トシテ株主ト無限責任社員アルコトハ必要ナル條件ニシテ若シ此一ヲ缺クトキハ最早株式合資會社タルノ性質ヲ失ヒ會社ト

シテ成立シ居ルノ理由ナキヲ以テ少クトモ株主一人無限責任社員各一人アルコトヲ必要トスルコト第七號ニ該當スルヲ以テ第七十四條第五號ハ解散ノ一事由ト爲スヘキモノニ非サルナリ。

合資會社ニ在テハ已ムコトヲ得サル事由アルトキハ各社員ハ會社ノ解散ヲ裁判所ニ請求スルコトヲ得ルトシ。裁判所ハ社員ノ請求ニ因リ會社ノ解散ニ代ヘテ或社員ヲ除名スルコトヲ得ル旨ヲ第八十三條ニ規定シタルモ。株式合資會社ニ在リテハ株式會社ト同シク此ノ如キ請求ヲ許スノ必要ナキヲ以テ本條但書ニ於テコレカ規定ヲ爲セリ。

第二百四十七條 無限責任社員ノ全員カ退社シタル場合ニ於テ株主ハ第二百九條ニ定メタル決議ニ依リ株式會社トシテ會社ヲ繼續スルコトヲ得此場合ニ於テハ株式會社ノ組織ニ必要ナル事項ヲ決議スルコトヲ要ス

第百十八條第二項ノ規定ハ前項ノ場合ニ之ヲ準用ス

義解 本條ハ會社解散ノ場合ニ之ヲ繼續シ得ルコトニ關スル規定ナリ。

株式合資會社ノ株式會社及合資會社ト異ナル所ハ社員カ一方ニ偏セス株主ノ外ニ無限責任社員アルノ一點ノミ。然ルニ無限責任社員ノ全員カ退社シタルトキハ前條説明ノ七號ニ依リ會社解散ノ一事由ニ當リ株式合資會社ハ此ニ解散シ殘ル處ハ恰モ株式會社ト同一ノ事實形體ヲ備フルモノナリ。此ノ場合ニ於テ若シ殘存スル株主カ株式會社トシテ會社ヲ繼續セント欲スルトキハ一應合資會社解散及淸算ノ手續ヲ爲シ更ニ株式會社設立ノ手續ヲスコト普通ノ道理ナルカ如キモコレ徒ニ繁雜不便ヲ極ムルノミニシテ何ノ益スル所ナケレハ本條ニ於テ解散後淸算ノ手續ヲ爲サスシテ直ニ之ヲ繼續スルコトヲ許セリ。

株主カ株式會社トシテ繼續セントスルニ當リ株主ノ一致ヲ得ルハ到底望ム可ラス又株式會社ヲ創立スルト同一ニシテ重大ナル事柄ナレハ輕々ニ之ヲ決議ス可ラサルヲ以テ之ヲ繼續セントノ決議ハ第二百九條ニ定メタル決議ノ方法ニ從フヘキモノトス。然レトモ繼續ノ決議ヲ爲シタルノミニテハ株式會社トシテ有效ニ存續セシムル能ハサルヲ以テ此場合ニハ株式會社ノ組織ニ必要ナル事項ヲ決議セサル可ラス。何ヲカ會社ノ組織ニ必要ナル事項ト云フ。曰ク其概畧ヲ擧クレハ第百二十條ニ準シ定款ヲ作リ之ニ同條第一號乃至第八號ノ事項ヲ記載スルコト第百三十三條ノ規定ヲ準用シ取締役及監査役ヲ選任スルコト其他取締役ノ有スヘキ株數ヲ定ムルカ如キコレナリ。

右ノ如ク株式會社トシテ繼續スルコトヲ得ルハコレ只前會社ノ解散及淸算後會社ノ創設ノ手續

ヲ省畧シタルノミニ過キスシテ其實ハ前株式合資會社ハ解散シテ新株式會社カ成立スルモノナレハ第百十八條第二項ヲ準用シ前會社ニ付テハ無限責任社員ノ全員カ退社シタル時ヨリ二週間内ニ本店及支店ノ所在地ニ於テ解散ノ登記ヲ爲シ後會社ニ付テハ定款ヲ作リタル日ヨリ二週間内ニ其本店及支店ノ所在地ニ於テ株式會社設立ノ登記ヲ爲スヘキモノトス（一四一）

問答

問　本條ノ登記ハ何人カ請求ス可キモノナルヤ。

答　解散ノ登記ハ非訟事件手續法第二百條ニ依リ無限責任社員又ハ其相續人ヨリ申請シ。設立ノ登記ハ同法第二百一條ニ依リ設立シタル株式會社ノ總取締役及監査役ヨリ申請ス可キモノトス。

第二百四十八條　會社カ解散シタルトキハ合併、破産又ハ裁判所ノ命令ニ因リテ解散シタル場合ヲ除ク外清算ハ無限責任社員ノ全員又ハ其選任シタル者及ヒ株主總會ニ於テ選任シタル者之ヲ爲ス但定款ニ別段ノ定アルトキハ此限ニ在ラス

無限責任社員カ清算人ヲ選任スルトキハ其過半數ヲ以テ之ヲ決ス

株主總會ニ於テ選任スル清算人ハ無限責任社員ノ全員若クハ其相續人又ハ其選任スル者ト同數ナルコトヲ要ス

義解　本條ハ株式合資會社ノ清算人ニ關スル規定ナリ。

株式合資會社カ解散シタル場合ニ於テ其原因合併ナルトキハ合併ニ因リ存續スル會社又ハ設立セラレタル新會社ニ於テ解散會社ノ權利義務ハ總テ之ヲ繼承スルヲ以テ清算人ノ必要ナク。又解散ノ原因破產ニ在ランカ破產法ニ依リ嚴格ナル手續ヲ要スル破產管財人アルヲ以テ清算人ノ必要ナク。又裁判所ノ命令ニ依リ解散スルトキハ利害關係人ノ請求ニ因リ裁判所之ヲ選任スルヲ以テ別ニ之ヲ定ムルノ必要ナシ。

右ノ三場合ヲ除ク外會社カ解散シタルトキハ何時ニテモ清算人ヲ必要トスルヲ以テ之ヲ定メサル可ラス卽チ左ノ如シ。

（一）　定款ニ定アル場合

清算人ニ關シ定款ニ定メアル場合ハ勿論之ニ從フヘキモノニシテ別ニ問題ヲ生スルコトナシ。

（二）　其他ノ場合

（甲）　無限責任社員ノ全員及株主總會ヨリ選任シタル同數ノ清算人。株式合資會社ノ事務ハ無限責任社員カ之ヲ行フト同時ニ監査役ニ依リ株主總會ノ決議ヲ執行セシメラルルモノニシテ（二四五）。無限責任社員全體ト株主總會トハ常ニ對立シテ會社ノ事業ニ當リ會社ノ意思ヲ發表シ相待テ會社ノ利益ヲ計ルモノナレハ。清算ノ場合ニモ亦此精神ヲ貫カン爲メ無限責任社員ノミニ之ヲ委セス或ハ株主總會ノミニモ之ヲ委セス必ス無限責任社員ノ全員ト同數ノ清算人ヲ株主總會ニ於テ選任シ共同シテ清算ノ事務ヲ取扱ハシムルモノトス。

無限責任社員ハ會社ノ業務執行ノ任ニ當ルノ點ニ於テ株式會社ノ取締役ト同一ナルヲ以テ株式合資會社カ解散スル場合ニ進テ清算人ト爲リ得ルヤ當然ナリ。尙ホ社員死亡シテ其相續人アルトキモ第二百五十條ノ制限ノ外同様ナリトス。

（乙）　無限責任社員カ選任シタル清算人及株主總會カ選任シタル同數ノ清算人。無限責任社員ハ會社ノ業務ヲ執行スルノ權利ヲ有シ義務ヲ負フノ結果自ラ進テ清算人ト爲リ得ルハ前述ノ如クナルヲ以テ。自ラ之ヲ爲サスシテ他人ヲ選任シ得ルヤ言ヲ待タス。故ニ無限責任社員自ラ清算ヲ爲ササルトキハ必ス清算ヲ爲スヘキ者ヲ選任セササル可ラス。而シテ此選任ノ方法ハ全員ノ一致ヲ要セス過半數ヲ以テ之ヲ決ス可キモノトス。
無限責任社員カ清算ヲ爲スヘキ者ヲ選任シタルトキハ前述甲ノ場合ト同一ノ理由ニ依リ株主總會ハ清算ヲ爲サシムル爲メ無限責任社員ノ選任シタル者ト同數ノ者ヲ選任スルコトヲ要ス。

問答 問 無限責任社員カ全部退社シタルトキ又ハ株式ノ總數ヲ無限責任社員カ取得シタルトキ清算人ハ如何ニシテ選定スルヤ。

答 別ニ何等ノ規定ナキヲ以テ無限責任社員カ全部退社シタルトキハ株主總會ニ於テ選任シタル者ノミニテ清算ヲ爲シ株主ナキニ至リタルトキハ無限責任社員若クハ其相續人又ハ其選任シタル者ノミニテ清算ヲ爲スノ外ナシ。

第二百四十九條 無限責任社員ハ何時ニテモ其選任シタル清算人ヲ解任スルコトヲ得

前條第二項ノ規定ハ清算人ノ解任ニ之ヲ準用ス

義解 本條ハ無限責任社員カ選任シタル清算人解任ニ關スル規定ナリ。
無限責任社員ハ自己カ清算人ト爲ルノ代リニ他人ヲ清算人ニ選任スルコトヲ得ルモノナレハ其

選任シタル人カ不適當ナル場合ニ於テ之ヲ解任シ得ルヤ當然ナリ。而シテコレヲ解任スルモ選任ト同シキヲ以テ前條第二項ノ規定ニ從ヒ無限責任社員ノ過半數ヲ以テ之ヲ決スヘキモノトス。

問答 問 株主總會ハ其選任シタル清算人ヲ解任シ得サルヤ。

答 解任シ得ルナリ。然レトモ本條ニ其規定ナキ所以ハ第二百三十六條第二項ニ依リ第二百二十八條第一項ヲ準用シ得ルヲ以テ別ニ之レカ規定ヲ設ケサルナリ。

第二百五十條 第百二條ノ規定ハ株式合資會社ノ無限責任社員ニ之ヲ準用スル規定ナリ。

義解 本條ハ無限責任社員カ死亡シ相續人數人アルトキ清算ニ關シ會社ノ權利ヲ行フ者ニ關スル規定ナリ。

株式合資會社ノ無限責任員社カ死亡シテ其相續人數人アルトキハ清算ニ關シテ數人共ニ社員ノ權利ヲ行フカ又ハ其中一人ヲ定ムルカ不明ナルヲ以テ第百二條ヲ準用シ數人中ノ一人ヲ定メテ清算ニ關スル社員ノ權利ヲ行フヘキモノトセリ。詳細ハ第百二條ヲ參照ス可シ。

第二百五十一條 清算人ハ第二百二十七條第一項及ヒ第二百三十條第一項ニ定メタル計算ニ付キ株主總會ノ承認ノ外無限責任社員全員ノ承認ヲ得ルコ

トヲ要ス

義解　本條ハ清算人ノ職務ニ關スル規定ナリ。

清算人ハ會社ノ清算ヲ爲スニ當リ種々ノ任務ヲ有スルコト勿論ニシテ此任務ヲ盡ス爲メニハ會社或部ノ承認ヲ得サル可ラス。而シテ株式合資會社ニ在リテハ株主總會及無限責任社員ノ一致ハ會社最高ノ機關ニシテ合資會社ノ社員一致ヲ要スル事項株式會社ノ株主總會ノ決議ヲ要スル事項ハ悉ク此機關ニ依ラサル可ラス。故ニ第二百二十七條第一項ニ準シ清算人カ就職ノ後遲滯ナク會社財產ノ現況ヲ調査シ財產目錄及貸借對照表ヲ作リタル場合及第二百三十條第一項ニ準シ清算事務カ終リタルトキ清算人カ遲滯ナク決算報告書ヲ作リタル場合ニ於テハ株主總會ノ承認ノ外無限責任社員全員ノ一致ヲ要スルコト、セリ。

第二百五十二條　株式合資會社ハ第二百四十四條ノ規定ニ從ヒ其組織ヲ變更シテ之ヲ株式會社ト爲スコトヲ得

義解　本條ハ株式合資會社ヲ變シテ株式會社ト爲スコトニ關スル規定ナリ。

會社ノ組織ヲ變シテ他ノ種類ノ會社ト爲スコトハ頗ル困難ニシテ實際其必要アルヲ見ス。故ニ第百十八條第一項但書ニ於テ合資會社ヲ變シ合名會社トシテ之ヲ繼續シ第二百四十七條ニ於テ株式合資會社ヲ變シ株式會社トシテ之ヲ繼續スルコトヲ許スノ外會社組織ノ變更ヲ許サヽルヲ以テ原則トセリ。然レトモ株式合資會社ノ組織ヲ變シテ株式會社ト爲スコトハ別ニ困難ヲ感スルコトナク只無限責任社員ヲ止メテ株主ト爲スノ外ナキヲ以テ其事頗ル行ハレ易シ。之ニ反シ若シ普通ノ原則ニ從ヒ成立シ居ル株式合資會社ヲ解散シテ淸算ノ手續ヲ爲シ更ニ株式會社設立ノ手續ヲ爲サシムルカ如キハ却テ無用ノ煩累ヲ來スヲ以テ此場合ニ限リ其組織ヲ變更シテ之ヲ株式會社ト爲スコトヲ得ルト規定セリ。

然レトモ會社組織ノ變更ハ事體頗ル重大ナルヲ以テ第二百四十四條ノ規定ニ從ヒ株主總會ノ決議ト無限責任社員ノ一致アルヲ必要トシ。其株主總會ハ第二百九條ノ規定ヲ準用シ總株主ノ半數以上ニシテ資本ノ半額以上ニ當タル株主出席シ其議決權ノ過半數ヲ以テ之ヲ決スルヲ本則トシ。若シ此員數ノ株主カ出席セサルトキハ出席シタル株主議決權ノ過半數ヲ以テ假議決ヲ爲シ各株主ニ對シテ其假決議ノ趣旨ノ通知ヲ發シ更ニ一ヶ月ヲ下ラサル期間內ニ第二回ノ株主總會ヲ招集スルコトヲ必要トス。而シテ此總會ニ於テハ出席シタル株主ノ議決權ノ過半數ヲ以テ假決議ノ認否ヲ決スルヲ許スノ例外法ニ從フモノトセリ。

問答

問　本條株主總會ノ決議ヲ爲スニ當リ總株主ノ半數以上ニシテ資本ノ半額以上ニ當タル

株主出席シ其議決權ノ過半數ヲ得ル能ハス例外法ニ從フトキ假決議ノ通知ハ何人カ之ヲ爲スヘキモノナルヤ。

答　會社ヲ代表スル無限責任社員カ爲スヘキモノトス。

第二百五十三條　前條ノ場合ニ於テハ株主總會ハ直チニ株式會社ノ組織ニ必要ナル事項ヲ決議スルコトヲ要ス此總會ニ於テハ無限責任社員モ亦其引受クヘキ株式ノ數ニ應シテ議決權ヲ行フコトヲ得

第七十八條及ヒ第七十九條第一項、第二項ノ規定ハ前項ノ場合ニ之ヲ準用ス

義解　本條ハ株式合資會社ノ組織變更ノ會議ニ引續キ株式會社ノ組織ニ必要ナル事項決議ニ關スル規定ナリ。

前條ノ規定ニ從ヒ株式合資會社ノ組織ヲ變更シテ株式會社ト爲スコトノ議決ヲ爲シタルトキ其總會ハ之ヲ閉チ更ニ株式會社ノ組織ニ必要ナル事項議決ノ爲メ更ニ株主總會ヲ招集スル如キハ無用ノ手續ナルヲ以テ。本條ニ於テハ却テ前總會ヲ閉ツルコトナク引續キ株式會社ノ組織ニ必要ナル事項ヲ議スヘキコトヲ必要トセリ。

株式合資會社ノ無限責任社員ハ株主總會ニ於テ其議決ノ數ニ加フルコトヲ得サルハ第二百四十

條第三項ノ規定ナルモ前條ニ於テ株式會社ノ組織ニ變更シタル以上ハ最早普通ノ株式會社ナルヲ以テ以前株式合資會社ノ無限責任社員タリシ故ヲ以テ議決權ニ加エサルハ不當ナルヲ以テ其引受クヘキ株式ノ數ニ應シテ議決權ヲ行フコトヲ得ルモノトセリ。

抑株式合資會社ナルモノハ一方ニハ多數ノ株主アリテ巨多ノ資本ヲ供シ他方ニハ若干ノ無限責任社員アリテ會社ノ債務ニ付連帶シテ無限ニ辨濟ノ責ヲ負ヒタルニ。一朝其組織ヲ變更シテ株式會社ト爲スニ當リテハ會社ノ信用ニ變動ヲ生シ資本總額ニ增減ヲ生スル場合アリ。會社ノ債權者ハコレカ爲メ利害ノ關係ヲ受クルコト少ラサルヲ以テ第七十八條第七十九條第一項第二項ノ規定ヲ準用スルコトヲ規定セリ即チ。

會社カ變更ノ決議ヲ爲シタルトキハ其決議ノ日ヨリ二週間內ニ財產目錄及貸借對照表ヲ作ルコトヲ要ス（七八ノ一項）。

會社ハ右ノ期間內ニ異議ヲ述フヘキ旨ヲ公告シ且知レタル債權者ニハ各別ニ之ヲ催告スルコトヲ要ス但其期間ハ二ケ月ヲ下ルコトヲ得ス（七八ノ二項）。

債權者カ右公告ノ期間內ニ會社ノ組織變更ニ對シテ異議ヲ述ヘサリシトキハ之ヲ承認シタルモノト看做ス（七九ノ一項）。

債權者カ異議ヲ述ヘタルトキハ會社ハ之ニ辨濟シ又ハ相當ノ擔保ヲ供スルニ非サレハ會社ノ組織ヲ變更スルコトヲ得ス（七九ノ二項）。

第二百五十四條　會社ハ組織變更ニ付キ債權者ノ承認ヲ得又ハ第七十九條第二項ニ定メタル義務ヲ履行シタル後二週間內ニ其本店及ヒ支店ノ所在地ニ於テ株式合資會社ニ付テハ解散ノ登記ヲ爲シ株式會社ニ付テハ第百四十一條第一項ニ定メタル登記ヲ爲スコトヲ要ス

字解　義務履行トハ債務ヲ辨濟シ又ハ相當ノ擔保ヲ供スルヲ云フ。

義解　本條ハ組織變更ニ付會社カ爲スヘキ登記ニ關スル規定ナリ。

株式合資會社カ株式會社ニ組織ヲ變更スルニ當リ債權者カ之ヲ承認シ又ハ異議ヲ述ヘタル爲メ第七十九條第二項ニ從ヒ債務ヲ辨濟シ又ハ相當ノ擔保ヲ供シタルトキハ變更ハ玆ニ成就スルヲ以テ承認若クハ履行ヲ爲シタル後二週間內ニ其本店及支店ノ所在地ニ於テ株式合資會社ニ付テハ解散ノ登記ヲ爲シ株式會社ニ付テハ第百四十一條第一項ニ定メタル登記ヲ爲スコトヲ要ス。コレ理論上株式合資會社ハ解散シテ株式會社新ニ成立スルモ解散ノ手續ヲ爲シ再ヒ設立ノ手續ヲ爲ス如キハ無用ノ手續ナルヲ以テ本條ハコレカ手續ヲ省略スルコトヲ許シタルモ登記ハ理論ニ從ヒ之ヲ爲サシムヘキモノナレハナリ。第百四十一條第一項ハ株式會社設立ノ登記事項ニシテ詳細ハ同條ノ説明ニ在ルヲ以テ之ヲ略ス。

第六章　外國會社

現時條約ハ改正セラレ各國トノ交通日ニ頻繁ニ趣クカ爲メ外國ノ會社ニシテ吾國ニ支店或ハ本店ヲ設ケテ商業ヲ營ムモノアル可ク或ハ株式ヲ發行シ社債ヲ募集スルコトアル可シ。而シテ我國ノ民法ハ外國人ノ私權享有ニ付其第二條ニ於テ外國人ハ法令又ハ條約ニ禁止アル場合ヲ除ク外私權ヲ享有スト規定シ商事會社モ亦其成立ヲ認メタレハ(民三六)公ノ秩序又ハ善良ノ風俗ニ反セス商業界ノ信用ヲ維持スルニ足ルヘキ監督ノ方法ヲ爲スコトヲ要ス。然レトモ其監督ノ方法トシテ內國會社ト同一ノ取扱ヲ爲サンカ取モ直サス外國人ノ人格ヲ認メサル頑固ノ法律ト云フ可ク。之ニ反シ全ク各本國ノ法律ニ從ヒ內國會社ニ關スル規定ニ從フヲ要ストセンカ內國會社ト比シ其權衡ヲ失スルノミナラス監督ノ精神ヲ貫ク能ハサルヲ以テ。本法ハ之ヲ折衷シテ或ル制限ノ下ニ於テ內國會社ニ關スル規定ヲ外國會社ニ適用スルコトヽセリ。本章ハ卽チ此外國會社ニ關スル規定ヲ掲ケタリ。

第二百五十五條 外國會社カ日本ニ支店ヲ設ケタルトキハ日本ニ成立スル同種ノモノ又ハ最モ之ニ類似セルモノト同一ノ登記及ヒ公告ヲ爲スコトヲ要ス

右ノ外日本ニ支店ヲ設ケタル外國會社ハ其日本ニ於ケル代表者ヲ定メ且支店設立ノ登記ト同時ニ其氏名、住所ヲ登記スルコトヲ要ス

第六十二條ノ規定ハ外國會社ノ代表者ニ之ヲ準用ス

字解 外國會社トハ外國人カ日本ニ會社ヲ立テ又ハ支店ヲ設クル處ノ會社ヲ云フ。

義解 本條ハ外國會社カ日本ニ支店ヲ設ケタルトキノ登記公告及代表者ニ關スル規定ナリ外國會社ハ各其本國法ニ依リ設立セラレタルモノナレハ其組織ノ如何ナルモノナルカハ之レト取引ヲ爲ス者ノ知ラント欲スル所ニシテ容易ニ知リ得ヘカラサル所ノモノナレハ不測ノ損害ヲ被ムルコトナシトセス。故ニ本條第一項ニ於テ日本ニ支店ヲ設クル外國會社カ其如何ナル性質ノ會社ナルカ之レカ登記及公告ヲ爲サシメ以テ第三者ヲ保護セリ。然レトモ各本國法ニ從ヒ設立シタルモノナレハ日本ノ合名、合資、株式、株式合資會社ト同種ノ

モノアルト同時ニ又必スシモ其種類ヲ同フセサルモノ無シトセス。故ニ日本ニ成立スル會社ト同種類ノ會社ナルトキハ其同種ノモノト同一ノ登記公告ヲ爲スヘク又種類ノ異ナルトキハ已ムヲ得ス最モ之レニ類似セル日本ノ會社ト同一ノ登記及公告ヲ爲スヘキモノトス。

日本ニ支店ヲ設ケタル外國會社其本國ノ本店ニ於テ會社ノ代表者ヲ有スルハ勿論ナリト雖トモ同支店ニ於テ取引ヲ爲ス商業ニ付テ一々本店ノ代表者ニ依ラサル可ラストスルトキハ不便ニシテ之ト取引スル第三者ノ迷惑甚タシト云ハサル可ラス。故ニ本條第二項ニ於テ日本ニ於ケル代表者ヲ定メ且支店設立ノ登記ト同時ニ其氏名住所ヲ登記スルコトヲ要スト規定シタリ。

右第二項ノ規定ニ從ヒ定メタル外國會社支店ノ代表者ハ如何ナル權限ヲ有スルヤ疑ナキニ非サルヲ以テ本條第三項ニ於テ之ヲ定メ第六十二條ヲ準用スルコトヽ爲シタリ。卽チ代表者ハ會社ノ營業ニ關スル一切ノ裁判上又ハ裁判外ノ行爲ヲ爲ス權限ヲ有シ會社ハ代表者カ其職務ヲ行フニ付他人ニ加ヘタル損害ヲ賠償スル責ニ任シ又代表者ノ代理權ニ加ヘタル制限ハ之ヲ以テ善意ノ第三者ニ對抗スルコトヲ得サルモノトス。

參照　非訟事件手續法第二百二條　外國會社カ日本ニ支店ヲ設ケタル場合ニ於テ其登記ヲ申請スルトキハ會社ノ代表者ハ申請書ニ支店ノ代表者ノ氏名住所ヲ記載シ且左ノ書面ヲ添

附スルコトヲ要ス

一 本店ノ存在ヲ認ムルニ足ル書面

二 代表者タル資格ヲ證スル書面

三 會社ノ定款又ハ會社ノ性質ヲ識別スルニ足ル書面

前項ノ書面ハ外國會社ノ本國ノ管轄官廳又ハ日本ニ在ル領事ノ認證ヲ受ケタルモノナルコトヲ要ス

問答 問 外國會社ノ支店ノ登記ハ何人カ申請ス可キモノナルヤ。

答 會社ノ代表者ヨリ申請ス可キモノトス。

問 支店ノ登記ヲ爲サヽルトキハ如何ナル制裁アルヤ。

答 第二百五十七條ニ依リ第三者ヨリ會社ノ成立ヲ否認セラルヽト同時ニ會社ノ代表者ハ第二百六十一條第一號第二號ニ依リ罰セラル可シ。

第二百五十六條 前條第一項及ヒ第二項ノ規定ニ依リ登記スヘキ事項カ外國ニ於テ生シタルトキハ登記ノ期間ハ其通知ノ到達シタル時ヨリ之ヲ起算ス

字解 登記ノ期間トハ登記ヲ爲スヘキ日限ヲ云フ

義解　本條ハ前條ニ規定シタル登記期間ノ起算點ニ關スル規定ナリ。前條ノ規定ニ因リ支店設立又ハ代表者選定ニ付爲スヘキ登記ハ內國會社ノ登記ト同シク其事實ノ生セシ日ヨリ二週間內ニ於テスヘキモノナルモ。日本ニ支店ヲ設クル外國會社ハ登記スヘキ事項多クハ外國ニ於テ生スルモノナルヲ以テ其生シタル時ヨリ二週間內ニ登記セシムル如キハ到底望ム可ラサル事ナルヲ以テ。本條ニ於テ登記スヘキ事項カ外國ニ於テ生シタルトキハ其通知ノ到達シタル時ヨリ之ヲ起算シ二週間內ニ登記ヲ爲スヘキモノトス。

問答　問　本條ノ通知ヲ本店ニ於テ怠ルトキハ如何スルヤ。

答　別ニ制裁ナシ只之ヲ登記セサル間ハ日本ニ於テ第三者ニ對スル效力ナキノミ。

第二百五十七條　外國會社カ始メテ日本ニ支店ヲ設ケタルトキハ其支店ノ所在地ニ於テ登記ヲ爲スマテハ第三者ハ其會社ノ成立ヲ否認スルコトヲ得

義解　本條ハ外國會社カ登記ヲ爲ササル時ノ制裁ニ關スル規定ナリ。登記ハ第三者ニ對シ登記シタル或事柄ヲ公示スルノ方法ニシテ之ニ依リ第三者ハ其登記ノ事項ヲ知リ會社ノ性質ヲ察シ自ラ決スル所アラシムルモノナルヲ以テ。外國會社カ始メテ日本ニ支店ヲ設ケタルトキハ其支店所在地ニ於テ登記ヲ爲サシムル旨ヲ規定シタリト雖トモ怠リテ之ヲ登記セサルモ何等ノ制裁ナキニ於テハ登記ヲ命シタルノ精神ヲ貫ク能ハサルヲ以テ。若シ此ノ如キ場合ニ怠リテ登記ヲ爲ササル時ハ其制裁トシテ第三者ハ其會社ノ成立ヲ否認スルコトヲ得ルモノトセリ。故ニ登記ヲ爲ササル間ハ會社トシテ法人タルノ資格ヲ生セサルモノトセリ。

参照　民法第四十九條、第四十五條第三項、第四十六條及ヒ前條ノ規定ハ外國法人カ日本ニ事務所ヲ設クル場合ニモ亦之ヲ適用ス但外國ニ於テ生シタル事項ニ付テハ其通知ノ到達シタル時ヨリ登記ノ期間ヲ起算ス

外國法人カ始メテ日本ニ事務所ヲ設ケタルトキハ其事務所ノ所在地ニ於テ登記ヲ爲スマテハ他人ハ其法人ノ成立ヲ否認スルコトヲ得

問答　問　規定ノ登記ヲ爲ササルモ第三者ハ之ヲ會社ト認メテ取引スルヲ得ルヤ。

答　本條ハ第三者ハ之ヲ否認スルヲ得トアルヲ以テ之ヲ認メテ法人ト爲スハ自ラ權利ヲ拋棄スルモノナルヲ以テ敢テ法律ノ問フ處ニアラス。

第二百五十八條　日本ニ本店ヲ設ケ又ハ日本ニ於テ商業ヲ營ムヲ以テ主タル目的トスル會社ハ外國ニ於テ設立スルモノト雖モ日本ニ於テ設立スル會社ト同一ノ規定ニ從フコトヲ要ス

義解　本條ハ外國會社設立ニ關スル規定ナリ。

外國會社ニシテ其本店ヲ日本ニ設ケ又ハ假令其本店ハ外國ニ在ルモ日本ニ於テ商業ヲ營ムヲ主タル目的トスル會社往々少カラス。此等ハ假令外國會社ト雖トモ内國會社ト毫モ異ナルコトナシ。然ルニ若シ之ヲ内國會社ト同一ノ規定ニ從フヲ要セストスルトキハ會社監督ノ爲メ種々ノ嚴格ナル手續ヲ設ケタル法律ノ適用ヲ避ケン爲メ外國會社ヲ企テ其設立ノ目的ハ却テ日本ニ於テ實行セントスル奸黠ノ徒少シトセス。故ニ此二場合ハ假令外國會社ト雖トモ日本ニ於テ設立スル内國會社ト同一ノ規定ニ從フコトヲ要スト規定セリ。

問答　問　本條ハ外國ニ在ル外國會社ニ日本ノ法律ヲ適用スル不法ノ結果ヲ生スルニ非スヤ。

答　否内國會社ト同一ノ規定ニ從フヲ要スルハ只日本ニ於テ本店ヲ設ケ又ハ日本ニ於テ商業ヲ營ムヲ以テ主タル目的トスル會社ニ日本中ニ於テ之ヲ適用スルモノニシテ外國ニ在ルモノニハ何ノ關係ナキナリ。

第二百五十九條　第百四十七條、第百四十九條、第百五十條、第百五十五條第一項、第二百六條、第二百七條及ヒ第二百十七條第二項ノ規定ハ日本ニ於テスル外國會社ノ株式ノ發行及ヒ其株式若クハ社債ノ讓渡ニ之ヲ準用ス此場合

ニ於テハ始メテ日本ニ設ケタル支店ヲ以テ本店ト看做ス

義解　本條ハ外國會社ノ株式ノ發行及其株式若クハ社債ノ讓渡ニ關スル規定ナリ。會社ノ株式發行及其株式若クハ社債ノ讓渡ハ大ニ經濟社會ニ影響ヲ及ホシ其國ノ公益ニ關スル少ラサレハ其信用ヲ鞏固ニシ其流通ヲ安全容易ナラシムル爲メ會社監督ノ手續ヲ規定シ之ヲ內國會社ニ適用スル以上ハ外國會社ト雖トモ亦之ヲ準用ス可キハ當然ナリ。故ニ本條ニ於テ外國會社カ若シ此等ノ事ヲ爲ストキハ第百四十七條以下此等ニ關スル現定ヲ準用スル旨ヲ規定セリ。

第百四十七條ヲ準用スルカ故ニ外國會社ノ株券ハ第百四十一條第一項ノ規定ニ從ヒ本店ノ所在地ニ於テ登記ヲ爲シタル後ニ非サレハ之ヲ發行スルコトヲ得ス。前項ノ規定ニ反シテ發行シタル株券ハ之ヲ無效トス。但株券ヲ發行シタル者ニ對スル損害賠償ノ請求ヲ妨ケス。

第百四十九條ヲ準用スルカ故ニ株式ハ定款ニ別段ノ定ナキトキハ會社ノ承諾ナクシテ之ヲ他人ニ讓渡スコトヲ得。但第百四十一條第一項ノ規定ニ從ヒ本店ノ所在地ニ於テ登記ヲ爲スマテハ之ヲ讓渡シ又ハ其讓渡ノ豫約ヲ爲スコトヲ得ス。

第百五十條ヲ準用スルカ故ニ記名株式ノ讓渡ハ讓受人ノ氏名住所ヲ株主名簿ニ記載シ且其氏名ヲ株券ニ記載スルニ非サレハ之ヲ以テ會社其他ノ第三者ニ對抗スルコトヲ得ス。第百五十五條第一項ヲ準用スルカ故ニ株金全額ノ拂込アリタルトキハ株主ハ其株券ハ無記名式ト爲スコトヲ請求スルコトヲ得。

第二百六條ヲ準用スルカ故ニ記名社債ノ讓渡ハ讓受人ノ氏名住所ヲ社債原簿ニ記載シ且其氏名ヲ債券ニ記載スルニ非サレハ之ヲ以テ會社其他ノ第三者ニ對抗スルコトヲ得ス。

第二百七條ヲ準用スルカ故ニ債券ノ全額ヲ拂込ミタルトキハ社債權者ハ其債券ヲ無記名式ト爲スコトヲ請求スルコトヲ得。

社債權者ハ何時ニテモ其無記名式ノ債券ヲ記名式ト爲スコトヲ請求スルコトヲ得。

第二百十七條第二項ヲ準用スルカ故ニ同條第一項ノ規定ニ從ヒ本店ノ所在地ニ於テ登記ヲ爲スマテハ新株券ノ發行及新株ノ讓渡又ハ其豫約ヲ爲スコトヲ得ス。

右ノ如ク內國會社ノ規定ヲ準用スルニ當リ外國會社ハ日本ニ支店ノミヲ設クルコトアルヨリ準用規定中ニ本店トアルニ牴觸ヲ生スルヲ以テ此場合ニ於テハ日本ニ於テ始メテ設ケタル支店ヲ本店ト看做スヘキモノトセリ。

問答　問　本條ノ規定ニ反シテ株券ヲ發行シタルトキノ制裁如何。
答　外國會社ノ代表者ハ第二百六十一條第七號ノ制裁アリ。

第二百六十條　外國會社カ日本ニ支店ヲ設ケタル場合ニ於テ其代表者カ會社ノ事務ニ付キ公ノ秩序又ハ善良ノ風俗ニ反スル行爲ヲ爲シタルトキハ裁判所ハ檢事ノ請求ニ因リ又ハ職權ヲ以テ其支店ノ閉鎖ヲ命スルコトヲ得

義解　本條ハ外國會社支店閉鎖ニ關スル規定ナリ。
會社ノ業務ニ付其代表者カ公ノ秩序又ハ善良ノ風俗ニ反スル行爲アルトキハ公安ノ爲メ之ヲ取締ルコト尤モ必要ナルヲ以テ内國會社ハ之ヲ解散スルモ(四八)外國會社ハ外國ニ在ルモノナレハ之ヲ解散シ能ハサルヲ以テ外國會社カ日本ニ支店ヲ設ケタル場合ニ於テハ裁判所ハ檢事ノ請求ニ因リ又ハ職權ヲ以テ其支店ノ閉鎖ヲ命スルコトヲ得ルモノナリ。

第七章　罰則

會社ノ盛衰興廢ハ獨リ會社ノ損得ニ止マラス延テ社會ノ安寧幸福ニ關スル少ラサルヲ以テ會社ニ付テノ規定ハ公ノ秩序ニ關スルモノ少ラス。故ニ若シ之ニ違背シタル行爲アルトキ私法上普通ノ制裁トシテ其行爲ヲ無效トシ損害賠償ノ責任ヲ負ハシムルノミニテハ未タ其目的ヲ達スル能ハサルヲ以テ本章ヲ設ケ過料ノ制裁ヲ附シタリ。
然レトモ此ニ注意スヘキハ過料ハ私法上科スル處ノ一ノ過料ニシテ刑法上ノ刑罰ノ性質ヲ帶ヒサルコトコレナリ故ニ罰金及禁錮ノ如ク刑罰ノ性質ヲ帶ヒタルモノハ之ヲ本法ヨリ除キタリ。

第二百六十一條 發起人會社ノ業務ヲ執行スル社員取締役、外國會社ノ代表者監査役又ハ清算人ハ左ノ場合ニ於テハ五圓以上五百圓以下ノ過料ニ處セラル、

一 本編ニ定メタル登記ヲ爲スコトヲ怠リタルトキ
二 本編ニ定メタル公告若クハ通知ヲ爲スコトヲ怠リ又ハ不正ノ公告若クハ通知ヲ爲シタルトキ
三 本編ノ規定ニ依リ閲覽ヲ許スヘキ書類ヲ正當ノ理由ナクシテ閲覽セシメサリシトキ
四 本編ノ規定ニ依ル調査ヲ妨ケタルトキ
五 第四十六條ノ規定ニ違反シテ開業ノ準備ニ著手シタルトキ
六 第百二十六條第二項及ヒ第二百三十八條第二項ノ規定ニ反シ株式申

込證ヲ作ラス、之ニ記載スヘキ事項ヲ記載セス又ハ不正ノ記載ヲ爲シタルトキ

七　第百四十七條第一項又ハ第二百十七條第二項ノ規定ニ違反シテ株劵ヲ發行シタルトキ

八　株劵又ハ債劵ニ記載スヘキ事項ヲ記載セス又ハ不正ノ記載ヲ爲シタルトキ

九　定款、株主名簿、社債原簿、總會ノ決議錄、財産目錄、貸借對照表、營業報告書、損益計算書及ヒ準備金幷ニ利益又ハ利息ノ配當ニ關スル議按ヲ本店若クハ支店ニ備ヘ置カス、之ニ記載スヘキ事項ヲ記載セス又ハ之ニ不正ノ記載ヲ爲シタルトキ

十　第百七十四條第一項又ハ第百九十八條第二項ノ規定ニ反シテ株主總會ヲ招集セサルトキ

字解　本條ハ事體輕キ所爲ニ科スル過料ニ關スル規定ナリ。發起人會社ノ業務ヲ執行スル社員取締役外國會社ノ代表者、監査役又ハ淸算人ハ各爲スヘキ規定アルニ之ヲ爲サヽルトキハ五圓以上五百圓以下ノ過料ニ處セラルヘキモノトス。本條ハ卽チ此等過料ニ處セラルヘキ場合ヲ列擧シタルモノナリ。

參照　非訟事件手續法第二百六條　民法第八十四條第千百七條及ヒ民法施行法第二十二條及ヒ商法第十八條第二項第二百六十一條第二百六十二條第五百三十六條及ヒ商法施行法第十一條第二項第二十七條第三十九條第二項第五十四條第六十條第二項第六十九條第七十五條第三項第八十七條第九十五條第三項ニ定メタル事件ハ過料ニ處セラルヘキ者ノ住所地ノ地方裁判所ノ管轄トス

同第二百七條　過料ノ裁判ハ理由ヲ附シタル決定ヲ以テ之ヲ爲スヘシ裁判所ハ裁判ヲ爲ス前當事者ノ陳述ヲ聽キ檢事ノ意見ヲ求ムヘシ當事者及ヒ檢事ハ過料ノ裁判ニ對シテ卽時抗告ヲ爲スコトヲ得抗告ハ執行停止ノ效力ヲ有ス

手續ノ費用ハ過料ニ處スル言渡アリタル場合ニ於テハ其言渡ヲ受ケタル者ノ負擔トシ其他ノ場合ニ於テハ國庫ノ負擔トス

抗告裁判所カ當事者ノ申立ニ相當スル裁判ヲ爲シタルトキハ抗告手續ノ費用及ヒ

前審ニ於テ當事者ノ負擔ニ歸シタル費用ハ國庫ノ負擔トス

同 第二百八條 過料ノ裁判ハ檢事ノ命令ヲ以テ之ヲ執行ス此命令ハ執行力ヲ有スル債務名義ト同一ノ効力ヲ有ス

過料ノ裁判ノ執行ハ民事訴訟法第六編ノ規定ニ從ヒテ之ヲ爲ス但執行ヲ爲ス前裁判ノ送達ヲ爲スコトヲ要セス

問答

問 本條各號ノ行爲カ二個以上並ヒ有リシトキハ一行爲トシテ過料ニ處スルヤ又ハ各別ニ過料ニ處スルヤ。

答 各別ニ過料ニ處スヘキモノトス。

一號中ノ二事幷起シタルトキハ如何

一號中ノ時ハ二事アルモ一事アルモ一個ノ過料ニ處スヘキモノナリ。

問 本條過料ノ裁判管轄ハ何レナルヤ。

答 過料ニ處セラルヘキ者ノ住所地ノ地方裁判所ノ管轄トス。

第二百六十二條 發起人、會社ノ業務ヲ執行スル社員、取締役、外國會社ノ代表者、監査役又ハ清算人ハ左ノ場合ニ於テハ十圓以上千圓以下ノ過料ニ處セラル

一　官廳又ハ總會ニ對シ不實ノ申立ヲ爲シ又ハ事實ヲ隱蔽シタルトキ
二　第七十八條乃至第八十條ノ規定ニ違反シテ合併、會社財産ノ處分、資本ノ減少又ハ組織ノ變更ヲ爲シタルトキ
三　監査役ノ調査ヲ妨ケタルトキ
四　第百五十一條第一項ノ規定ニ反シ株式ヲ取得シ若クハ質權ノ目的トシテ之ヲ受ケ又ハ同條第二項ノ規定ニ違反シテ之ヲ消却シタルトキ
五　第百五十五條第一項ノ規定ニ違反シテ株劵ヲ無記名式ト爲シタルトキ
六　第百七十四條第二項又ハ民法第八十一條ノ規定ニ反シ破産宣告ノ請求ヲ爲スコトヲ怠リタルトキ
七　第百九十四條ノ規定ニ反シ準備金ヲ積立テス又ハ第百九十五條第一項若クハ第百九十六條ノ規定ニ違反シテ配當ヲ爲シタルトキ
八　第二百條ノ規定ニ違反シテ社債ヲ募集シタルトキ
九　第二百六十條ノ規定ニ依ル裁判所ノ命令ニ違反シタルトキ

十 民法第七十九條ノ期間内ニ或債權者ニ辨濟ヲ爲シ又ハ第九十五條ノ規定ニ違反シテ會社財産ヲ分配シタルトキ

義解 本條ハ前條ト同シク過料ニ處スヘキ行爲過料ニ處セラルヘキ人及過料ノ額ヲ定メタルモノニシテ別ニ說明ヲ要セス。只前條ヨリ事體稍重キヲ以テ過料ノ額ヲ高クシタルニ過キサルナリ。

改正商法實用　附　商業登記申請手續
〔第一分冊　總則・會社〕　別巻 1227

2019(令和元)年５月20日　復刻版第１刷発行

著　者　古　川　五　郎
発行者　今　井　　貴
　　　　渡　辺　左　近
発行所　信　山　社　出　版
〒113-0033　東京都文京区本郷６-２-９-102
モンテベルデ第２東大正門前
電　話　03（3818）1019
ＦＡＸ　03（3818）0344
郵便振替　00140-2-367777（信山社販売）
Printed in Japan.

制作／(株)信山社，印刷・製本／松澤印刷・日進堂

ISBN 978-4-7972-7345-8 C3332

別巻　巻数順一覧【950～981巻】

巻数	書名	編・著者	ISBN	本体価格
950	実地応用町村制質疑録	野田藤吉郎、國吉拓郎	ISBN978-4-7972-6656-6	22,000円
951	市町村議員必携	川瀬周次、田中迪三	ISBN978-4-7972-6657-3	40,000円
952	増補 町村制執務備考 全	増澤鐵、飯島篤雄	ISBN978-4-7972-6658-0	46,000円
953	郡区町村編制法 府県会規則 地方税規則 三法綱論	小笠原美治	ISBN978-4-7972-6659-7	28,000円
954	郡区町村編制 府県会規則 地方税規則 新法例纂 追加地方諸要則	柳澤武運三	ISBN978-4-7972-6660-3	21,000円
955	地方革新講話	西内天行	ISBN978-4-7972-6921-5	40,000円
956	市町村名辞典	杉野耕三郎	ISBN978-4-7972-6922-2	38,000円
957	市町村吏員提要〔第三版〕	田邊好一	ISBN978-4-7972-6923-9	60,000円
958	帝国市町村便覧	大西林五郎	ISBN978-4-7972-6924-6	57,000円
959	最近検定 市町村名鑑 附 官国幣社 及 諸学校所在地一覧	藤澤衛彦、伊東順彦、増田穆、関惣右衛門	ISBN978-4-7972-6925-3	64,000円
960	鼇頭対照 市町村制解釈 附 理由書 及 参考諸布達	伊藤寿	ISBN978-4-7972-6926-0	40,000円
961	市町村制釈義 完　附 市町村制理由	水越成章	ISBN978-4-7972-6927-7	36,000円
962	府県郡市町村 模範治績　附 耕地整理法 産業組合法 附属法令	荻野千之助	ISBN978-4-7972-6928-4	74,000円
963	市町村大字読方名彙〔大正十四年度版〕	小川琢治	ISBN978-4-7972-6929-1	60,000円
964	町村会議員選挙要覧	津田東璋	ISBN978-4-7972-6930-7	34,000円
965	市制町村制 及 府県制　附 普通選挙法	法律研究会	ISBN978-4-7972-6931-4	30,000円
966	市制町村制註釈 完　附 市制町村制理由〔明治21年初版〕	角田真平、山田正賢	ISBN978-4-7972-6932-1	46,000円
967	市町村制詳解 全　附 市町村制理由	元田肇、加藤政之助、日鼻豊作	ISBN978-4-7972-6933-8	47,000円
968	区町村会議要覧 全	阪田辨之助	ISBN978-4-7972-6934-5	28,000円
969	実用 町村制市制事務提要	河邨貞山、島村文耕	ISBN978-4-7972-6935-2	46,000円
970	新旧対照 市制町村制正文〔第三版〕	自治館編輯局	ISBN978-4-7972-6936-9	28,000円
971	細密調査 市町村便覧(三府 四十三県 北海道 樺太 台湾 朝鮮 関東州)　附 分類官公衙公私学校銀行所在地一覧表	白山榮一郎、森田公美	ISBN978-4-7972-6937-6	88,000円
972	正文 市制町村制 並 附属法規	法曹閣	ISBN978-4-7972-6938-3	21,000円
973	台湾朝鮮関東州 全国市町村便覧 各学校所在地〔第一分冊〕	長谷川好太郎	ISBN978-4-7972-6939-0	58,000円
974	台湾朝鮮関東州 全国市町村便覧 各学校所在地〔第二分冊〕	長谷川好太郎	ISBN978-4-7972-6940-6	58,000円
975	合巻 佛蘭西邑法・和蘭邑法・皇国郡区町村編成法	箕作麟祥、大井憲太郎、神田孝平	ISBN978-4-7972-6941-3	28,000円
976	自治之模範	江木翼	ISBN978-4-7972-6942-0	60,000円
977	地方制度実例総覧〔明治36年初版〕	金田謙	ISBN978-4-7972-6943-7	48,000円
978	市町村民 自治読本	武藤榮治郎	ISBN978-4-7972-6944-4	22,000円
979	町村制詳解　附 市制及町村制理由	相澤富蔵	ISBN978-4-7972-6945-1	28,000円
980	改正 市町村制 並 附属法規	楠綾雄	ISBN978-4-7972-6946-8	28,000円
981	改正 市制 及 町村制〔訂正10版〕	山野金蔵	ISBN978-4-7972-6947-5	28,000円

別巻　巻数順一覧【915～949巻】

巻数	書　名	編・著者	ISBN	本体価格
915	改正 新旧対照市町村一覧	鍾美堂	ISBN978-4-7972-6621-4	78,000円
916	東京市会先例彙輯	後藤新平、桐島像一、八田五三	ISBN978-4-7972-6622-1	65,000円
917	改正 地方制度解説〔第六版〕	狭間茂	ISBN978-4-7972-6623-8	67,000円
918	改正 地方制度通義	荒川五郎	ISBN978-4-7972-6624-5	75,000円
919	町村制市制全書 完	中嶋廣蔵	ISBN978-4-7972-6625-2	80,000円
920	自治新制 市町村会法要談 全	田中重策	ISBN978-4-7972-6626-9	22,000円
921	郡市町村吏員 収税実務要書	荻野千之助	ISBN978-4-7972-6627-6	21,000円
922	町村至宝	桂虎次郎	ISBN978-4-7972-6628-3	36,000円
923	地方制度通 全	上山満之進	ISBN978-4-7972-6629-0	60,000円
924	帝国議会府県会郡会市町村会議員必携 附関係法規 第1分冊	太田峯三郎、林田亀太郎、小原新三	ISBN978-4-7972-6630-6	46,000円
925	帝国議会府県会郡会市町村会議員必携 附関係法規 第2分冊	太田峯三郎、林田亀太郎、小原新三	ISBN978-4-7972-6631-3	62,000円
926	市町村是	野田千太郎	ISBN978-4-7972-6632-0	21,000円
927	市町村執務要覧 全 第1分冊	大成館編輯局	ISBN978-4-7972-6633-7	60,000円
928	市町村執務要覧 全 第2分冊	大成館編輯局	ISBN978-4-7972-6634-4	58,000円
929	府県会規則大全 附 裁定録	朝倉達三、若林友之	ISBN978-4-7972-6635-1	28,000円
930	地方自治の手引	前田宇治郎	ISBN978-4-7972-6636-8	28,000円
931	改正 市制町村制と衆議院議員選挙法	服部喜太郎	ISBN978-4-7972-6637-5	28,000円
932	市町村国税事務取扱手続	広島財務研究会	ISBN978-4-7972-6638-2	34,000円
933	地方自治制要義 全	末松偕一郎	ISBN978-4-7972-6639-9	57,000円
934	市町村特別税之栞	三邊長治、水谷平吉	ISBN978-4-7972-6640-5	24,000円
935	英国地方制度 及 税法	良保両氏、水野遵	ISBN978-4-7972-6641-2	34,000円
936	英国地方制度 及 税法	髙橋達	ISBN978-4-7972-6642-9	20,000円
937	日本法典全書 第一編 府県制郡制註釈	上條慎蔵、坪谷善四郎	ISBN978-4-7972-6643-6	58,000円
938	判例挿入 自治法規全集 全	池田繁太郎	ISBN978-4-7972-6644-3	82,000円
939	比較研究 自治之精髄	水野錬太郎	ISBN978-4-7972-6645-0	22,000円
940	傍訓註釈 市制町村制 並ニ 理由書〔第三版〕	筒井時治	ISBN978-4-7972-6646-7	46,000円
941	以呂波引町村便覧	田山宗堯	ISBN978-4-7972-6647-4	37,000円
942	町村制執務要録 全	鷹巣清二郎	ISBN978-4-7972-6648-1	46,000円
943	地方自治 及 振興策	床次竹二郎	ISBN978-4-7972-6649-8	30,000円
944	地方自治講話	田中四郎左衛門	ISBN978-4-7972-6650-4	36,000円
945	地方施設改良 訓諭演説集〔第六版〕	鹽川玉江	ISBN978-4-7972-6651-1	40,000円
946	帝国地方自治団体発達史〔第三版〕	佐藤亀齢	ISBN978-4-7972-6652-8	48,000円
947	農村自治	小橋一太	ISBN978-4-7972-6653-5	34,000円
948	国税 地方税 市町村税 滞納処分法問答	竹尾高堅	ISBN978-4-7972-6654-2	28,000円
949	市町村役場実用 完	福井淳	ISBN978-4-7972-6655-9	40,000円

別巻　巻数順一覧【878 ～ 914 巻】

巻数	書　名	編・著者	ISBN	本体価格
878	明治史第六編 政黨史	博文館編輯局	ISBN978-4-7972-7180-5	42,000 円
879	日本政黨發達史 全〔第一分冊〕	上野熊藏	ISBN978-4-7972-7181-2	50,000 円
880	日本政黨發達史 全〔第二分冊〕	上野熊藏	ISBN978-4-7972-7182-9	50,000 円
881	政党論	梶原保人	ISBN978-4-7972-7184-3	30,000 円
882	獨逸新民法商法正文	古川五郎、山口弘一	ISBN978-4-7972-7185-0	90,000 円
883	日本民法鼇頭對比獨逸民法	荒波正隆	ISBN978-4-7972-7186-7	40,000 円
884	泰西立憲國政治攬要	荒井泰治	ISBN978-4-7972-7187-4	30,000 円
885	改正衆議院議員選擧法釋義 全	福岡伯、横田左仲	ISBN978-4-7972-7188-1	42,000 円
886	改正衆議院議員選擧法釋義 附 改正貴族院令,治安維持法	犀川長作、犀川久平	ISBN978-4-7972-7189-8	33,000 円
887	公民必携 選擧法規ト判決例	大浦兼武、平沼騏一郎、木下友三郎、清水澄、三浦數平	ISBN978-4-7972-7190-4	96,000 円
888	衆議院議員選擧法輯覽	司法省刑事局	ISBN978-4-7972-7191-1	53,000 円
889	行政司法選擧判例總覽―行政救濟と其手續―	澤田竹治郎・川崎秀男	ISBN978-4-7972-7192-8	72,000 円
890	日本親族相續法義解 全	髙橋捨六・堀田馬三	ISBN978-4-7972-7193-5	45,000 円
891	普通選擧文書集成	山中秀男・岩本溫良	ISBN978-4-7972-7194-2	85,000 円
892	普選の勝者 代議士月旦	大石末吉	ISBN978-4-7972-7195-9	60,000 円
893	刑法註釋 巻一～巻四(上巻)	村田保	ISBN978-4-7972-7196-6	58,000 円
894	刑法註釋 巻五～巻八(下巻)	村田保	ISBN978-4-7972-7197-3	50,000 円
895	治罪法註釋 巻一～巻四(上巻)	村田保	ISBN978-4-7972-7198-0	50,000 円
896	治罪法註釋 巻五～巻八(下巻)	村田保	ISBN978-4-7972-7198-0	50,000 円
897	議會選擧法	カール・ブラウニアス、國政研究科會	ISBN978-4-7972-7201-7	42,000 円
901	鼇頭註釈 町村制　附 理由 全	八乙女盛次、片野続	ISBN978-4-7972-6607-8	28,000 円
902	改正 市制町村制　附 改正要義	田山宗堯	ISBN978-4-7972-6608-5	28,000 円
903	増補訂正 町村制詳解〔第十五版〕	長峰安三郎、三浦通太、野田千太郎	ISBN978-4-7972-6609-2	52,000 円
904	市制町村制 並 理由書　附 直接間接税類別及実施手続	高崎修助	ISBN978-4-7972-6610-8	20,000 円
905	町村制要義	河野正義	ISBN978-4-7972-6611-5	28,000 円
906	改正 市制町村制義解〔帝國地方行政学会〕	川村芳次	ISBN978-4-7972-6612-2	60,000 円
907	市制町村制 及 関係法令〔第三版〕	野田千太郎	ISBN978-4-7972-6613-9	35,000 円
908	市町村新旧対照一覧	中村芳松	ISBN978-4-7972-6614-6	38,000 円
909	改正 府県郡制問答講義	木内英雄	ISBN978-4-7972-6615-3	28,000 円
910	地方自治提要 全　附 諸届願書式 日用規則抄録	木村時義、吉武則久	ISBN978-4-7972-6616-0	56,000 円
911	訂正増補 市町村制問答詳解　附 理由及追輯	福井淳	ISBN978-4-7972-6617-7	70,000 円
912	改正 府県制郡制註釈〔第三版〕	福井淳	ISBN978-4-7972-6618-4	34,000 円
913	地方制度実例総覧〔第七版〕	自治館編輯局	ISBN978-4-7972-6619-1	78,000 円
914	英国地方政治論	ジョージ・チャールズ・ブロドリック、久米金彌	ISBN978-4-7972-6620-7	30,000 円

別巻　巻数順一覧【843～877巻】

巻数	書　名	編・著者	ISBN	本体価格
843	法律汎論	熊谷直太	ISBN978-4-7972-7141-6	40,000円
844	英國國會選擧訴願判決例 全	オマリー、ハードカッスル、サンタース	ISBN978-4-7972-7142-3	80,000円
845	衆議院議員選擧法改正理由書 完	内務省	ISBN978-4-7972-7143-0	40,000円
846	戇齋法律論文集	森作太郎	ISBN978-4-7972-7144-7	45,000円
847	雨山遺稾	渡邉輝之助	ISBN978-4-7972-7145-4	70,000円
848	法曹紙屑籠	鷺城逸史	ISBN978-4-7972-7146-1	54,000円
849	法例彙纂 民法之部 第一篇	史官	ISBN978-4-7972-7147-8	66,000円
850	法例彙纂 民法之部 第二篇〔第一分冊〕	史官	ISBN978-4-7972-7148-5	55,000円
851	法例彙纂 民法之部 第二篇〔第二分冊〕	史官	ISBN978-4-7972-7149-2	75,000円
852	法例彙纂 商法之部〔第一分冊〕	史官	ISBN978-4-7972-7150-8	70,000円
853	法例彙纂 商法之部〔第二分冊〕	史官	ISBN978-4-7972-7151-5	75,000円
854	法例彙纂 訴訟法之部〔第一分冊〕	史官	ISBN978-4-7972-7152-2	60,000円
855	法例彙纂 訴訟法之部〔第二分冊〕	史官	ISBN978-4-7972-7153-9	48,000円
856	法例彙纂 懲罰則之部	史官	ISBN978-4-7972-7154-6	58,000円
857	法例彙纂 第二版 民法之部〔第一分冊〕	史官	ISBN978-4-7972-7155-3	70,000円
858	法例彙纂 第二版 民法之部〔第二分冊〕	史官	ISBN978-4-7972-7156-0	70,000円
859	法例彙纂 第二版 商法之部・訴訟法之部〔第一分冊〕	太政官記録掛	ISBN978-4-7972-7157-7	72,000円
860	法例彙纂 第二版 商法之部・訴訟法之部〔第二分冊〕	太政官記録掛	ISBN978-4-7972-7158-4	40,000円
861	法令彙纂 第三版 民法之部〔第一分冊〕	太政官記録掛	ISBN978-4-7972-7159-1	54,000円
862	法令彙纂 第三版 民法之部〔第ニ分冊〕	太政官記録掛	ISBN978-4-7972-7160-7	54,000円
863	現行法律規則全書（上）	小笠原美治、井田鐘次郎	ISBN978-4-7972-7162-1	50,000円
864	現行法律規則全書（下）	小笠原美治、井田鐘次郎	ISBN978-4-7972-7163-8	53,000円
865	國民法制通論 上巻・下巻	仁保龜松	ISBN978-4-7972-7165-2	56,000円
866	刑法註釋	磯部四郎、小笠原美治	ISBN978-4-7972-7166-9	85,000円
867	治罪法註釋	磯部四郎、小笠原美治	ISBN978-4-7972-7167-6	70,000円
868	政法哲學 前編	ハーバート・スペンサー、濱野定四郎、渡邊治	ISBN978-4-7972-7168-3	45,000円
869	政法哲學 後編	ハーバート・スペンサー、濱野定四郎、渡邊治	ISBN978-4-7972-7169-0	45,000円
870	佛國商法復説 第壹篇自第壹巻至第七巻	リウヒエール、商法編纂局	ISBN978-4-7972-7171-3	75,000円
871	佛國商法復説 第壹篇第八巻	リウヒエール、商法編纂局	ISBN978-4-7972-7172-0	45,000円
872	佛國商法復説 自第二篇至第四篇	リウヒエール、商法編纂局	ISBN978-4-7972-7173-7	70,000円
873	佛國商法復説 書式之部	リウヒエール、商法編纂局	ISBN978-4-7972-7174-4	40,000円
874	代言試驗問題擬判録 全 附録明治法律學校民刑問題及答案	熊野敏三、宮城浩蔵 河野和三郎、岡義男	ISBN978-4-7972-7176-8	35,000円
875	各國官吏試驗法類集 上・下	内閣	ISBN978-4-7972-7177-5	54,000円
876	商業規篇	矢野亨	ISBN978-4-7972-7178-2	53,000円
877	民法実用法典 全	福田一覺	ISBN978-4-7972-7179-9	45,000円

巻数	書　名	編・著者	ISBN	本体価格
810	訓點法國律例 民律 上卷	鄭永寧	ISBN978-4-7972-7105-8	50,000円
811	訓點法國律例 民律 中卷	鄭永寧	ISBN978-4-7972-7106-5	50,000円
812	訓點法國律例 民律 下卷	鄭永寧	ISBN978-4-7972-7107-2	60,000円
813	訓點法國律例 民律指掌	鄭永寧	ISBN978-4-7972-7108-9	58,000円
814	訓點法國律例 貿易定律・園林則律	鄭永寧	ISBN978-4-7972-7109-6	60,000円
815	民事訴訟法 完	本多康直	ISBN978-4-7972-7111-9	65,000円
816	物権法(第一部)完	西川一男	ISBN978-4-7972-7112-6	45,000円
817	物権法(第二部)完	馬場愿治	ISBN978-4-7972-7113-3	35,000円
818	商法五十課 全	アーサー・B・クラーク、本多孫四郎	ISBN978-4-7972-7115-7	38,000円
819	英米商法律原論 契約之部及流通券之部	岡山兼吉、淺井勝	ISBN978-4-7972-7116-4	38,000円
820	英國組合法 完	サー・フレデリック・ポロック、榊原幾久若	ISBN978-4-7972-7117-1	30,000円
821	自治論 一名人民ノ自由 卷之上・卷之下	リーバー、林董	ISBN978-4-7972-7118-8	55,000円
822	自治論纂 全一册	獨逸學協會	ISBN978-4-7972-7119-5	50,000円
823	憲法彙纂	古屋宗作、鹿島秀麿	ISBN978-4-7972-7120-1	35,000円
824	國會汎論	ブルンチュリー、石津可輔、讃井逸三	ISBN978-4-7972-7121-8	30,000円
825	威氏法學通論	エスクバック、渡邊輝之助、神山亨太郎	ISBN978-4-7972-7122-5	35,000円
826	萬國憲法 全	高田早苗、坪谷善四郎	ISBN978-4-7972-7123-2	50,000円
827	綱目代議政體	J・S・ミル、上田充	ISBN978-4-7972-7124-9	40,000円
828	法學通論	山田喜之助	ISBN978-4-7972-7125-6	30,000円
829	法學通論 完	島田俊雄、溝上與三郎	ISBN978-4-7972-7126-3	35,000円
830	自由之權利 一名自由之理 全	J・S・ミル、高橋正次郎	ISBN978-4-7972-7127-0	38,000円
831	歐洲代議政體起原史 第一册・第二册／代議政體原論 完	ギゾー、漆間眞學、藤田四郎、アンドリー、山口松五郎	ISBN978-4-7972-7128-7	100,000円
832	代議政體 全	J・S・ミル、前橋孝義	ISBN978-4-7972-7129-4	55,000円
833	民約論	J・J・ルソー、田中弘義、服部德	ISBN978-4-7972-7130-0	40,000円
834	歐米政黨沿革史總論	藤田四郎	ISBN978-4-7972-7131-7	30,000円
835	内外政黨事情・日本政黨事情 完	中村義三、大久保常吉	ISBN978-4-7972-7132-4	35,000円
836	議會及政黨論	菊池學而	ISBN978-4-7972-7133-1	35,000円
837	各國之政黨 全〔第1分冊〕	外務省政務局	ISBN978-4-7972-7134-8	70,000円
838	各國之政黨 全〔第2分冊〕	外務省政務局	ISBN978-4-7972-7135-5	60,000円
839	大日本政黨史 全	若林清、尾崎行雄、箕浦勝人、加藤恒忠	ISBN978-4-7972-7137-9	63,000円
840	民約論	ルソー、藤田浪人	ISBN978-4-7972-7138-6	30,000円
841	人權宣告辯妄・政治眞論一名主權辯妄	ベンサム、草野宣隆、藤田四郎	ISBN978-4-7972-7139-3	40,000円
842	法制講義 全	赤司鷹一郎	ISBN978-4-7972-7140-9	30,000円

巻数	書　名	編・著者	ISBN	本体価格
776	改正 府県制郡制釈義〔第三版〕	坪谷善四郎	ISBN978-4-7972-6602-3	35,000 円
777	新旧対照 市制町村制 及 理由〔第九版〕	荒川五郎	ISBN978-4-7972-6603-0	28,000 円
778	改正 市町村制講義	法典研究会	ISBN978-4-7972-6604-7	38,000 円
779	改正 市制町村制講義 附 施行諸規則 及 市町村事務摘要	樋山廣業	ISBN978-4-7972-6605-4	58,000 円
780	改正 市制町村制義解	行政法研究会、藤田謙堂	ISBN978-4-7972-6606-1	60,000 円
781	今時獨逸帝國要典 前篇	C・モレイン、今村有隣	ISBN978-4-7972-6425-8	45,000 円
782	各國上院紀要	元老院	ISBN978-4-7972-6426-5	35,000 円
783	泰西國法論	シモン・ビッセリング、津田真一郎	ISBN978-4-7972-6427-2	40,000 円
784	律例權衡便覽 自第一冊至第五冊	村田保	ISBN978-4-7972-6428-9	100,000 円
785	檢察事務要件彙纂	平松照忠	ISBN978-4-7972-6429-6	45,000 円
786	治罪法比鑑 完	福鎌芳隆	ISBN978-4-7972-6430-2	65,000 円
787	治罪法註解	立野胤政	ISBN978-4-7972-6431-9	56,000 円
788	佛國民法契約篇講義 全	玉乃世履、磯部四郎	ISBN978-4-7972-6432-6	40,000 円
789	民法疏義 物權之部	鶴丈一郎、手塚太郎	ISBN978-4-7972-6433-3	90,000 円
790	民法疏義 人權之部	鶴丈一郎	ISBN978-4-7972-6434-0	100,000 円
791	民法疏義 取得篇	鶴丈一郎	ISBN978-4-7972-6435-7	80,000 円
792	民法疏義 擔保篇	鶴丈一郎	ISBN978-4-7972-6436-4	90,000 円
793	民法疏義 證據篇	鶴丈一郎	ISBN978-4-7972-6437-1	50,000 円
794	法學通論	奥田義人	ISBN978-4-7972-6439-5	100,000 円
795	法律ト宗教トノ關係	名尾玄乘	ISBN978-4-7972-6440-1	55,000 円
796	英國國會政治	アルフユース・トッド、スペンサー・ヲルポール、林田龜太郎、岸清一	ISBN978-4-7972-6441-8	65,000 円
797	比較國會論	齊藤隆夫	ISBN978-4-7972-6442-5	30,000 円
798	改正衆議院議員選擧法論	島田俊雄	ISBN978-4-7972-6443-2	30,000 円
799	改正衆議院議員選擧法釋義	林田龜太郎	ISBN978-4-7972-6444-9	50,000 円
800	改正衆議院議員選擧法正解	武田貞之助、井上密	ISBN978-4-7972-6445-6	30,000 円
801	佛國法律提要 全	箕作麟祥、大井憲太郎	ISBN978-4-7972-6446-3	100,000 円
802	佛國政典	ドラクルチー、大井憲太郎、箕作麟祥	ISBN978-4-7972-6447-0	120,000 円
803	社會行政法論 全	H・リョースレル、江木衷	ISBN978-4-7972-6448-7	100,000 円
804	英國財産法講義	三宅恒徳	ISBN978-4-7972-6449-4	60,000 円
805	國家論 全	ブルンチュリー、平田東助、平塚定二郎	ISBN978-4-7972-7100-3	50,000 円
806	日本議會現法 完	増尾種時	ISBN978-4-7972-7101-0	45,000 円
807	法學通論 一名法學初歩 全	P・ナミュール、河地金代、河村善益、薩埵正邦	ISBN978-4-7972-7102-7	53,000 円
808	訓點法國律例 刑名定範 卷一卷二 完	鄭永寧	ISBN978-4-7972-7103-4	40,000 円
809	訓點法國律例 刑律從卷 一至卷四 完	鄭永寧	ISBN978-4-7972-7104-1	30,000 円

別巻　巻数順一覧【741 ～ 775 巻】

巻数	書　名	編・著者	ISBN	本体価格
741	改正 市町村制詳解	相馬昌三、菊池武夫	ISBN978-4-7972-6491-3	38,000 円
742	註釈の市制と町村制　附 普通選挙法	法律研究会	ISBN978-4-7972-6492-0	60,000 円
743	新旧対照 市制町村制 並 附属法規〔改訂二十七版〕	良書普及会	ISBN978-4-7972-6493-7	36,000 円
744	改訂増補 市制町村制実例総覧 第１分冊	田中廣太郎、良書普及会	ISBN978-4-7972-6494-4	60,000 円
745	改訂増補 市制町村制実例総覧 第２分冊	田中廣太郎、良書普及会	ISBN978-4-7972-6495-1	68,000 円
746	実例判例 市制町村制釈義〔昭和十年改正版〕	梶康郎	ISBN978-4-7972-6496-8	57,000 円
747	市制町村制義解　附 理由〔第五版〕	櫻井一久	ISBN978-4-7972-6497-5	47,000 円
748	実地応用町村制問答〔第二版〕	市町村雑誌社	ISBN978-4-7972-6498-2	46,000 円
749	傍訓註釈 日本市制町村制 及 理由書	柳澤武運三	ISBN978-4-7972-6575-0	28,000 円
750	鼇頭註釈 市町村制俗解　附 理由書〔増補第五版〕	清水亮三	ISBN978-4-7972-6576-7	28,000 円
751	市町村制質問録	片貝正晉	ISBN978-4-7972-6577-4	28,000 円
752	実用詳解町村制 全	夏目洗藏	ISBN978-4-7972-6578-1	28,000 円
753	新旧対照 改正 市制町村制新釈　附 施行細則及執務條規	佐藤貞雄	ISBN978-4-7972-6579-8	42,000 円
754	市制町村制講義	樋山廣業	ISBN978-4-7972-6580-4	46,000 円
755	改正 市制町村制講義〔第十版〕	秋野沆	ISBN978-4-7972-6581-1	42,000 円
756	註釈の市制と町村制 市制町村制施行令他関連法収録〔昭和4年4月版〕	法律研究会	ISBN978-4-7972-6582-8	58,000 円
757	実例判例 市制町村制釈義〔第四版〕	梶康郎	ISBN978-4-7972-6583-5	48,000 円
758	改正 市制町村制解説	狭間茂、土谷覺太郎	ISBN978-4-7972-6584-2	59,000 円
759	市町村制註解 完	若林市太郎	ISBN978-4-7972-6585-9	22,000 円
760	町村制実用 完	新田貞橘、鶴田嘉内	ISBN978-4-7972-6586-6	56,000 円
761	町村制精解 完　附 理由 及 問答録	中目孝太郎、磯谷郡爾、高田早苗、両角彦六、高木守三郎	ISBN978-4-7972-6587-3	35,000 円
762	改正 町村制詳解〔第十三版〕	長峰安三郎、三浦通太、野田千太郎	ISBN978-4-7972-6588-0	54,000 円
763	加除自在 参照条文　附 市制町村制　附 関係法規	矢島和三郎	ISBN978-4-7972-6589-7	60,000 円
764	改正版 市制町村制並ニ府県制及ビ重要関係法令	法制堂出版	ISBN978-4-7972-6590-3	39,000 円
765	改正版 註釈の市制と町村制 最近の改正を含む	法制堂出版	ISBN978-4-7972-6591-0	58,000 円
766	鼇頭註釈 市町村制俗解　附 理由書〔第二版〕	清水亮三	ISBN978-4-7972-6592-7	25,000 円
767	理由挿入 市町村制俗解〔第三版増補訂正〕	上村秀昇	ISBN978-4-7972-6593-4	28,000 円
768	府県制郡制註釈	田島彦四郎	ISBN978-4-7972-6594-1	40,000 円
769	市制町村制傍訓 完　附 市制町村制理由〔第四版〕	内山正如	ISBN978-4-7972-6595-8	18,000 円
770	市制町村制釈義	壁谷可六、上野太一郎	ISBN978-4-7972-6596-5	38,000 円
771	市制町村制詳解 全　附 理由書	杉谷庸	ISBN978-4-7972-6597-2	21,000 円
772	鼇頭傍訓 市制町村制註釈 及 理由書	山内正利	ISBN978-4-7972-6598-9	28,000 円
773	町村制要覧 全	浅井元、古谷省三郎	ISBN978-4-7972-6599-6	38,000 円
774	府県制郡制釈義 全〔第三版〕	栗本勇之助、森惣之祐	ISBN978-4-7972-6600-9	35,000 円
775	市制町村制釈義	坪谷善四郎	ISBN978-4-7972-6601-6	39,000 円